디지털 시대의
애드테크 신론

The Principles of AdTech in the Digital Age

디지털 시대의
애드테크 신론

이경렬 저

학지사

머리말

필자는 한양대학교 ICT융합학부에서 애드테크(AdTech) 트랙을 가르치면서 애드테크를 위한 책 집필의 필요성을 느껴 왔으나, 급변하는 디지털 광고 및 마케팅 환경에 따라가는 데 급급하여 책의 집필을 차일피일 미루어 왔다. 그러다가 그간 학생들을 가르치면서 나름대로 쌓아 온 애드테크에 관한 지식들을 체계적으로 정리하고, 이를 디지털 광고 및 마케팅에 관심을 가지고 있는 여러 사람과 나누고자 하는 마음으로 이 책을 집필하게 되었다. 이 책은 디지털 광고 및 마케팅에 관심이 있거나 이 분야에 입문하고자 하는 대학생, 대학원생, 취업 준비생들을 대상으로 하는 기본 서적이다.

4차 산업혁명에서 주목받고 있는 빅데이터(big data), 머신러닝(machine learning), 클라우드(cloud), 증강현실(AR), 가상현실(VR), 블록체인(blockchain) 등의 ICT 기술이 광고에 접목되어, 광고가 단순히 전략과 크리에이티브의 조합만이 아닌 광고주의 문제를 해결해 주는 솔루션(solution)으로 발전하고 있다. 예를 들어, 프로그래매틱 바잉(programmatic buying)으로 불리는 광고 자동 구매 시스템은 불과 0.1초 이내에 소비자 데이터 분석을 통해 프로그램이 자동으로 사용자를 분석·타겟팅하고, 실시간 입찰을 통해 광고주와 매체사가 모두 만족하는 적절한 가격으로 원하는 고객의 위치에 원하는 광고와 마케팅 메시지를 노출한다.

저자는 이 책을 통해 ICT 기술의 접목으로 새롭게 확장되고 있는 디지털 광고 및 마케팅 생태계에 대한 이해를 높이고, 전반적인 디지털 광고 및 마케팅 과정을 다루려고 노력하였다. 이 책은 크게 15개 장으로 구성되어 있다.

제1장에서 제4장까지는 애드테크의 개념, 디지털 광고 생태계, 디지털 광고 및 마케팅의 기본 용어, 광고 플랫폼과 프로그래매틱 바잉을 소개함으로써 애드테크에 대한 기본적인 이해를 돕고자 하였다. 제5장과 제6장은 웹과 앱 사용자의 데이터 유형 및 수집 방법과 이러한 웹과 앱 사용자 데이터를 기반으로 한 다양한 타겟팅 기법을 소개함으로써 사용자 빅데이터가 다양한 타겟팅 기법과 과정에서 어떻게 활용되는가에 초점을 맞추었다. 제7장은 소비자의 구매 여정이라고 할 수 있는 마케팅 퍼널의 분석 및 전략을 다루었고, 제8장은 디지털 캠페인의 최종 목표라고 할 수 있는 전환율 최적화의 다양한 방법을 소개하였다. 제9장과 제10장에서는 전환율을 높이는 데 중요한 역할을 하는 검색 엔진 최적화 전략과 A/B 테스트에 대해 다루었다. 제11장은 디지털 캠페인 종료 후 성과를 분석하는 과정인 어트리뷰션을 다루었고, 제12장은 2000년대 이후에 등장한 퍼포먼스 마케팅, 콘텐츠 마케팅, 리마케팅/리타겟팅, 온드 미디어 마케팅, 인바운드 마케팅, 키워드 마케팅, 바이럴 마케팅, 인플루언서 마케팅, 제휴마케팅, 옴니채널 마케팅, O2O 마케팅 등을 포함한 새로운 빅데이터 기반의 디지털 마케팅 기법들을 소개하는 데 많은 내용을 할애하였다. 제13장은 디지털 마케팅에서 활용하는 다양한 유형의 마케팅 콘텐츠를 사례와 함께 설명하였고, 제14장에서는 네이버 광고시스템, 구글 애즈, 카카오모먼트, 페이스북 및 인스타그램 광고 플랫폼 등의 주요 광고 플랫폼들을 소개하였다. 마지막으로 제15장은 대표적인 웹로그 및 앱로그 분석 도구인 구글 애널리틱스(Google Analytics)를 소개하였다.

필자가 오랫동안 한양대학교에서 광고원론, 광고매체론, 애드테크개론 등을 가르친 경험이 이 책을 집필하는 데 큰 밑거름이 되었다. 특히 2017년부터 새롭게 몸담게 된 한양대학교 ICT융합학부에서 배우고 익힌 빅데이터 기반의 애드테크 지식들이 이 책을 내는 데 큰 도움이 되었다. 또한 이 책의 집필 도중 수차례 수정을 거치는 과정에서 이 책의 교정에 많은 도움을 준 데이터 마케터 장제형 씨, 광고홍보학과의 문진명 학생, ICT융합학부의 김수민 학생과 허수정 학생에게도 감사를 드린다. 마지막으로 이 책이 나오기까지 정신적으로 큰 힘이 되어 준 나의 가족과 하나님께 모든 감사를 돌린다.

2022년 8월
저자 이경렬

차례

■ 머리말 _ 5

제1장 **광고와 기술의 만남: 애드테크 · 14**

1. 애드테크란 / 16

2. 애드테크의 주요 기술 / 17

제2장 **디지털 광고환경의 이해 · 34**

1. 디지털 광고환경 / 36

2. 디지털 광고 생태계 / 42

제3장 **디지털 마케팅의 성과 측정 지표 · 52**

1. 트래픽 효과 측정 단위 / 54

2. 인게이지먼트 효과 측정 단위 / 63

3. 캠페인 성과 측정 단위 / 65

4. 캠페인의 효율성 측정 단위 / 69

제4장 **광고 플랫폼과 프로그래매틱 바잉 · 72**

1. 디지털 광고 거래 방식의 변화와 광고 플랫폼의 진화 / 74

2. 프로그래매틱 바잉 / 86

제5장 **사용자 데이터의 유형 및 수집 · 90**

1. 디지털 마케팅에서 사용자 데이터의 활용 / 92

2. 사용자 데이터의 분류 및 유형 / 93

3. 고객 프로파일링 / 99

4. 사용자 데이터의 분석과 수집 / 99

제6장 **빅데이터와 AI 기반의 타겟팅의 고도화 · 132**

1. 전통적 마케팅의 타겟팅 / 134

2. 디지털 마케팅의 타겟팅 / 135

3. 빅데이터, 머신러닝, 타겟팅의 고도화 / 136

4. 광고 플랫폼과 타겟팅 / 137

5. 타겟팅에 활용되는 사용자 데이터의 유형 / 139

6. 디지털 광고 타겟팅의 유형과 분류 / 140

제7장 **마케팅 퍼널의 이해 · 164**

1. 퍼널이란 / 166

2. 마케팅 퍼널의 이론적 틀: 효과 위계 모델 / 168

3. 퍼널의 유형 / 176

4. 마케팅 퍼널의 설계, 분석 및 전략 수립 / 191

5. 퍼널 분석 사례 / 193

6. 퍼널 전략의 수립 / 196

7. ToMoBoFu 모델과 콘텐츠 마케팅 전략 / 196

8. 리드 매니지먼트 / 210

제8장 **전환율 최적화 · 214**

1. 전환율 최적화란 / 216

2. 전환의 종류 / 217

3. 구매 전환율 / 219

4. 구매 전환율 결정 요소 / 221

5. 전환율 최적화의 방법 / 226

6. 전환율 최적화 테스트의 사례 / 263

7. 정리하기 / 265

제9장 **검색 엔진 최적화 · 266**

1. 검색 엔진 최적화의 개념 / 268

2. 검색 엔진 최적화의 핵심 성과 지표 / 269

3. 블로그 검색 엔진 최적화 / 278

4. 카페 검색 엔진 최적화 / 280

제10장 **A/B 테스트의 이해 · 282**

1. A/B 테스트란 / 284

2. A/B 테스트의 목적 / 286

3. A/B 테스트의 과정 / 288

4. A/B 테스트의 단점과 한계 / 292

5. 구글 옵티마이즈 / 294

6. A/B 테스트의 적용 산업 분야 / 298

7. A/B 테스트의 활용 사례 / 299

제11장 **어트리뷰션 · 304**

1. 어트리뷰션이란 / 306

2. 어트리뷰션 모델 / 308

3. 어트리뷰션 측정 방법 / 314

4. 어트리뷰션 도구 / 324

5. 룩백 윈도우 / 331

제12장 **디지털 마케팅의 기법 · 334**

1. 마케팅 패러다임의 변화 / 336
2. 디지털 마케팅 기법 / 337

제13장 **디지털 마케팅 콘텐츠 · 386**

1. 디지털 마케팅 콘텐츠의 분류 / 388
2. 디지털 마케팅 콘텐츠의 유형 / 389

제14장 **국내외 주요 광고 플랫폼 소개 · 418**

1. 네이버 광고 / 420
2. 구글 애즈 / 428
3. 카카오모먼트 / 436
4. 페이스북 광고 / 445
5. 인스타그램 광고 / 450

제15장 **구글 애널리틱스(GA) · 454**

1. 구글 애널리틱스(GA)란 / 456
2. 구글 애널리틱스 활용하기 / 457
3. 구글 애널리틱스의 계층 구조 / 459
4. 구글 애널리틱스 추적 코드 설치 / 463
5. 구글 애널리틱스 표준 보고서의 5가지 유형 / 468

■ 참고문헌 _ 477
■ 찾아보기 _ 487

디 지 털 시 대 의 애 드 테 크 신 론

제1장

광고와 기술의 만남: 애드테크

1. 애드테크란

ICT[1] 기술의 발달로 효과적인 광고 집행을 위해 테크놀로지가 도입되면서 광고 및 마케팅 환경이 더욱 스마트하게 진화하고 있다. 애드테크(AdTech)란 광고(Advertising: Ad)와 기술(Technology: Tech)의 합성어로, ICT 기술을 이용해 광고하는 것을 의미한다. 4차 산업에서 주목받고 있는 빅데이터, 인공지능(AI)의 머신러닝, 클라우드, 증강현실(AR), 가상현실(VR), 블록체인 등의 기술을 광고 및 마케팅을 위한 커뮤니케이션에 사용하는 것이 '애드테크'이다.

애드테크의 등장으로 광고는 단순히 전략과 크리에이티브의 결합이 아닌 광고주의 문제를 해결해 주는 솔루션(solution)으로 발전하고 있다. 즉, 전통적인 광고는 소비자의 니즈(Needs)를 분석하여 타겟과 전략을 개발하고, 이를 바탕으로 크리에이티브 콘셉트를 개발한다. 예를 들어, 신사복에 대한 소비자의 니즈가 '값싸고 품질 좋은 신사복'이라면, 크리에이티브는 "거품을 뺐습니다."라는 카피로 표현할 수 있다. 하지만 애드테크 기반의 광고는 이 모든 과정이 빅데이터 분석으로 시작하여 빅데이터 분석으로 끝난다. 예를 들어, 사용자가 웹이나 앱에 접속하면 불과 1초 이내에 사용자 추적을 통해 광고 플랫폼이 자동으로 사용자를 타겟팅하고, 실시간 입찰(Real Time Bidding: RTB)을 통해 가장 싼 가격으로 원하는 고객의 위치에 광고주가 적절한 광고 메시지를 노출할 수 있다. 그뿐만 아니라 웹이나 앱에 방문한 사용자가 장바구니에 물건을 담았는지 아니면 들어왔다가 바로 나갔는지를 추적해서 그 이유를 분석하고, 그 사용자에게 다시 리타겟팅 메시지를 노출할 수도 있다. 디지털 마케팅에서는 웹이나 앱에서의 사용자의 행위가 모두 빅데이터로 남기 때문에, 이러한 빅데이터 분석을 통하여 소비자 인사이트(consumer insight)를 추출하고 KPI[2]

---

[1] ICT(Information & Communication Technology)는 정보 기술(Information Technology: IT)과 통신 기술(Communication Technology: CT)의 합성어로, 정보통신 기술을 의미한다. ICT는 정보기기의 하드웨어 및 이들 기기의 운영 및 정보 관리에 필요한 소프트웨어 기술과 이들 기술을 이용하여 정보를 수집, 생산, 가공, 보존, 전달, 활용하는 모든 방법을 의미한다. ICT의 범위는 하드웨어(hardware), 소프트웨어(software), IT 서비스, 통신 서비스의 4개의 영역을 포함한다.

[2] Key Performance Indicator의 약어로 캠페인을 통하여 얻고자 기대하는 핵심 성과 지표들을 말한다. 여기에는 노출, 클릭, 앱 설치, 회원 가입, 구매 등의 전환(conversions)이 포함된다.

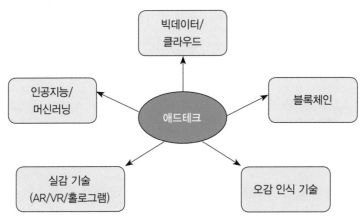

[그림 1-1] 애드테크의 주요 기술

를 향상할 수 있는 마케팅 전략을 전개할 수 있다. 이러한 애드테크 기술의 발달로 값비싼 대중매체를 사용하지 않고 비교적 적은 비용으로도 광고 메시지를 확산할 수 있으며, 효율적인 마케팅을 통해 광고주가 기대하는 효과를 얻을 수 있다. 이러한 애드테크 기술의 발전은 그동안 시장에 없던 기술, 검색, 분석 기법, 실시간 데이터 처리 등 광고 및 마케팅 기획 및 집행, 효과 평가에 획기적인 변화를 이끌고 있다. 애드테크의 주요 기술적 요소로는 빅데이터, 클라우드, 인공지능, 증강현실(AR), 가상현실(VR), 블록체인, 오감 인식 기술 및 홀로그램(hologram)과 같은 실감 기술(tangible technologies)이 있다.

2. 애드테크의 주요 기술

1) 빅데이터

빅데이터(big data)는 기존 데이터보다 규모가 너무 방대하여 기존의 방법이나 도구로 수집, 저장, 분석 등이 어려운 정형 데이터[3]와 형식이 정해지지 않은 파일 형태의 방대한

3] 일정한 규격이나 형태를 지니고 연산이 가능한 데이터로, 예를 들어 키와 몸무게, 스프레드시트 데이터, 숫자 데이터처럼 데이터베이스에 잘 정리된 데이터를 말한다.

비정형 데이터[4]를 말한다. 빅데이터는 공공행정, 건강 및 의료, 복지, 국방, 교육 등의 공공 부문과 소매 및 유통, 제조업, ICT 산업 등 다양한 민간 부문에 활용된다. 예를 들어, 서울특별시는 신용카드 결제 데이터, 휴대전화 통화 데이터, 택시 스마트카드 데이터 등의 빅데이터 분석으로 유동 인구가 많은 구간을 파악하여 심야 버스 노선 최적화 서비스를 개발하였다. 또한 언론에서도 빅데이터를 깊이 파내고 정제하고 솎아 내어 보기 좋은 기사로 만드는 데이터 저널리즘이 등장하였으며, ICT 산업에서도 인터넷 포털 사업자들이 사용자 데이터에 기반을 둔 실시간 및 연관어 검색서비스 및 콘텐츠 및 음악 추천 서비스 등의 서비스를 제공하고 있다.

광고마케팅에서 활용되는 빅데이터는 주로 웹과 앱 사용자 데이터(user data)로 시장 발굴, 상품 추천, 타겟팅, 매체 및 크리에이티브 개발, 성과 분석 등에 사용된다. 광고, 마케팅, 커머스 영역에서 활용되는 사용자 데이터는 웹이나 앱 사용자들이 디지털 미디어들을 활용하면서 남긴 흔적들(digital breadcrumbs)이라고 할 수 있다. 여기에는 텍스트 데이터, 영상 및 이미지 데이터, 로그 데이터, 검색 데이터, 위치 데이터, 구매 데이터 등이 포함된다.

좁은 의미에서의 애드테크는 사용자 데이터를 분석하여 정확한 시점에 광고매체를 통해 타겟 오디언스에게 적절한 메시지를 전달하여 수익을 극대화할 수 있는 기술로 정의된다. 넓은 의미에서의 애드테크는 사용자가 여러 사이트를 이용하면서 남긴 기록을 기반으로 잠재고객[5], 리드고객[6], 가망고객[7], 신규고객[8], 기존고객[9], 충성고객[10], 옹호고객[11], 휴면

---

4) 그림, 영상, 음성, 이미지, 웹문서처럼 형태와 구조가 복잡해 구조화되지 않은 데이터로, 예를 들어 이메일, 블로그, 트위터, 페이스북, 게시판 등 온라인과 모바일에서 생성되는 소셜 데이터 등을 말한다.
5) 잠재고객(potential customer)은 제품/서비스에 대해 인지하고 있지 않거나, 인지하고 있어도 관심이 없는 고객을 말한다.
6) 리드고객(lead customer)은 제품/서비스에 대해 인지하고 있으며, 제품이나 서비스에 어느 정도 관심이 있어서, 기꺼이 일정 수준의 정보(이메일 주소, 휴대폰 번호 등)를 주는 관심고객을 말한다. 줄여서 리드(lead)라고 한다.
7) 가망고객(prospective customer)은 제품/서비스에 관심을 보이면서 구매 의사가 있거나 신규고객이 될 가능성이 있는 고객을 말한다.
8) 신규고객(new customer)은 처음 제품/서비스를 구매하거나 기업과 거래를 처음 시작한 단계의 고객을 말한다.
9) 기존고객(existing customer)은 기업과 지속적인 거래를 하며 반복 구매가 가능해지는 단계의 고객이다.
10) 충성고객(royal customer)은 기업과 제품/서비스에 대한 충성도가 높아 반복 구매를 하는 단골고객을 말한다.
11) 옹호고객(advocacy customer)은 단골고객 중 자사 상품에 대해 다른 사람들에게 적극적으로 구전 활동을 하는 고객을 말한다.

고객[12] 등을 예측하고, 타겟팅이 된 고객에게 효율적으로 도달할 수 있는 채널을 선택하고, 광고 콘텐츠를 개발하고, 광고를 발송하고, 캠페인 종료 후 트래픽 및 성과를 분석하는 것 등으로 정의할 수 있다. 이 때문에 마케팅 활동에서 사용자 데이터를 분석·적용하는 데이터 마케터나 퍼포먼스 마케터, 혹은 그로스 해커(gross hacker)[13]의 영향력이 점점 커지고 있다. 특히 웹과 앱에서의 사용자 추적 기술의 발달로 성별, 나이, 거주 지역 등 기본적인 인구통계학적 정보뿐 아니라 사용자들의 성향 및 관심사, 구매 빈도, 구매 행동 등과 같은 행태 정보의 수집이 가능하며, 이를 이용하여 더 효과적으로 고객을 식별할 수 있게 되었다. 또한 웹로그(weblog)[14] 등의 사용자 데이터를 분석하여 고객이 어떻게 유입되었으며, 유입된 후 매출까지 이루어지는 과정은 어떠한지, 매출이 일어난 후 재방문과 재구매가 다시 이루어지는지 등을 파악할 수 있다. 이를 통하여 기업의 웹사이트와 쇼핑몰 등에 유입된 고객들의 선택이 매출로 전환되는 과정을 확인하고 개선하기 위한 인사이트(insight)를 얻을 수 있다. 이처럼 과거 대중매체 시대에는 광고를 제작한 후 길목(매체)에서 소비자에게 노출되기만을 기다렸으나, 디지털 매체 시대에는 빅데이터를 활용해서 고객을 적극 찾아 나서야 한다.

최근에는 사용자 데이터와 머신러닝을 활용하여 인지, 고려, 구매 단계에 이르는 소비자 구매 여정을 예측하고, 단계별로 타겟팅을 최적화하고, 맞춤형 콘텐츠를 제작하여 배포할 수 있다. 이를 통해 광고비는 줄이고 구매 전환율(purchase conversion rate)[15]은 높이는 전환율 최적화(conversion rate optimization)[16]라는 개념이 강조되고 있다. 세계적인 IT 기업인 구글(Google), 페이스북(Facebook), 오라클(Oracle), 아마존(Amazon), 어도비(Adobe) 등이 사용자 빅데이터를 수집·보유하고, 이를 판매 및 분석해 주는 클라우드 기반의 서비

---

12) 휴면고객(lapsed customer)은 자사의 고객이었던 사람 중에 구매를 할 시기가 지났는데도 더 이상 구매하지 않거나 일정 기간 활동을 하지 않는 고객을 말한다.

13) 마케터와 엔지니어가 결합된 직무를 담당하며 데이터를 기반으로 브랜드나 스타트업을 성장시키는 역할을 하는 마케터를 말한다.

14) 웹서버에서 이루어지는 모든 일을 구체적으로 기록해서 보관한 데이터를 말한다. 주로 사용자들이 사이트를 방문하고 떠나기 전까지의 기록을 담고 있다.

15) 웹이나 앱에서 광고주나 마케터가 기대하는 구매 행위를 사용자가 하는 비율을 말한다.

16) 콘텐츠 마케팅에서 웹사이트의 가장 큰 존재 이유는 고객의 전환이다. 고객 이탈률을 줄이고 고객 여정을 전환으로 이끌어 매출로 연결하기 위해서는 고객 경험을 지속해서 최적화해야 한다. 전환율 최적화를 통해 전환율을 높이고, CPA(Cost Per Acquisition)를 줄이며, 수익을 향상시키고 비용을 절감할 수 있다.

스를 제공하고 있다. 오라클의 빅데이터 클라우드 서비스(Oracle Big Data Cloud Service)를 예로 들 수 있다.

2) 인공지능

인공지능(Artificial Intelligence: AI)이란 인간의 학습능력과 추론능력, 지각능력, 자연언어의 이해능력 등을 컴퓨터 프로그램으로 실현한 기술을 말한다. 인공지능은 슈퍼컴퓨팅 능력을 활용해 인간이 예측할 수 있는 수십, 수백의 많은 대응 방법을 실시간으로 검토할 수 있는 능력이 있어 인간이 예측할 수 없는 부분까지 빠르게 생각해 낼 수 있다. 머신러닝(machine learning) 혹은 기계학습은 인공지능의 연구 분야 중 하나로, 인간의 학습능력과 같은 기능을 컴퓨터에서 실현하는 기술 및 기법이다. 머신러닝은 경험적 데이터를 기반으로 기계(컴퓨터)를 학습시켜 의사결정을 할 수 있게 하는 알고리즘을 개발하는 기술이다. 최근 머신러닝은 기존의 텍스트나 웹페이지 내의 콘텐츠를 분석하는 단계를 넘어서 음성 인식 기술과 결합한 인공지능 스피커처럼 사용자에게 더욱 깊숙이 침투할 수 있도록 음성 인식 및 개인화 추천 서비스 영역으로 진화하고 있다. 개인화 추천 서비스에서 인공지능은 사용자로부터 수많은 데이터 인풋(input)을 학습하여 개인이 원하고 필요로 하는 서비스, 제품, 콘텐츠를 예측하고 추천한다. 예를 들어, 넷플릭스는 인공지능 기술을 활용하여 사용자 개개인이 선호하는 콘텐츠를 추천해 주는 시네매치(Cinematch) 서비스를 제공하고 있다. 또한 페이스북의 친구 추천 시스템은 사용자가 입력하는 사용자 프로필 정보를 바탕으로 정보에 관계된 사람들을 인공지능 시스템을 통하여 추적한다. 예를 들어, 페이스북 사용자가 직장 정보를 입력하면 그 정보를 근거로 같은 직장을 입력한 다른 사람과의 상호관계성을 추적하며, '알 수도 있는 친구'로 상호 노출하여 친구 관계 형성을 유도한다. 페이스북 마케터는 이러한 기능을 사용하여 타겟을 추적할 수 있으며, 페친(페이스북 친구)들을 비즈니스의 타겟으로 구성할 수 있다.

광고, 마케팅, 커머스 등 비즈니스 분야에서 머신러닝은 표적 시장을 보다 정교하게 프로파일링하고, 소비자들의 구매로 가는 여정(마케팅 퍼널)을 학습하여 타겟팅을 최적화함으로써 광고 및 마케팅 비용의 효율과 구매 전환율을 높일 수 있다. 예를 들어, 페이스북은 머신러닝으로 비즈니스 페이지, 포스팅, 동영상, 광고 등에 반응하는 타겟들을 탐지하고 추적하여 타겟화하는 타겟팅 최적화 시스템을 제공한다. 구체적으로 페이스북은 프로필 정보뿐 아니라 페이스북 페이지 내에서 사용자의 행동, 즉 어떤 페이지의 '좋아요'를 누르는지, 어느 그룹에 가입해 활동하는지, 어떤 콘텐츠 혹은 어떤 광고에 반응하는지 등을 포함한 웹 및 앱에서의 사용자 행동과 활동 데이터를 수집하고, 이를 머신러닝이 학습하게 하여 페이스북 광고에서 자사 제품의 맞춤형 타겟을 정교하게 찾아 준다.

예를 들어, 동서식품의 화이트 골드 캠페인은 런칭 후 화이트 골드 유튜브 영상을 끝까지 본 사용자의 이용 내역을 저장한 쿠키(Cookie)[17]를 추적하여 주로 어떤 관심사를 가지고 있는 고객들이 영상에 대한 반응이 높은지를 머신러닝으로 분석해서 상위 10개의 관심사 카테고리를 도출했다. 이 중에는 뷰티나 엔터테인먼트와 같이 마케터가 예상할 수 있는 카테고리도 있었지만, 캐주얼 게임이나 '반려동물을 사랑하는 사람들의 모임'과 같이 새롭게 알게 된 카테고리도 있었다. 이렇게 분석된 관심사를 다시 광고 타겟팅에 적용함으로써 비용 효율성을 21% 높이고, 조회율과 클릭률도 개선하였다.

3) 블록체인

(1) 블록체인의 구조와 원리

블록체인(blockchain) 기술은 누구나 열람할 수 있는 장부에 거래 내역을 투명하게 기록하고 여러 대의 컴퓨터에 이를 복제해 저장하는 분산형 데이터 저장 기술이다. 블록체인은 중앙 집중형 서버에 거래 기록을 보관·관리하지 않고 거래에 참여하는 개개인의 서버들이 모여 네트워크를 유지 및 관리한다. 따라서 여러 대의 컴퓨터가 기록을 검증하여 해킹을 막는다. 즉, 거래에 참여하는 모든 사용자에게 거래 내역을 보내 주며, 거래 때마다 모든 거래 참여자가 정보를 공유하고 이를 대조해 데이터 위조나 변조를 할 수 없도록 되어 있다.

블록체인은 블록에 데이터를 담아 체인 형태로 연결하고, 수많은 컴퓨터에 동시에 이를

---

17) 사용자의 웹사이트 방문 및 이용 기록을 저장한 작은 텍스트 파일로서 웹사이트(서버)를 통해 인터넷 사용자의 컴퓨터 하드웨어(웹브라우저 폴더)에 저장된다. 쿠키는 웹사이트 로그인이나 쇼핑몰 장바구니의 상품 보관 등을 기억하는 작업에 유용하게 사용되나, 광고주나 퍼블리셔들이 온라인에서 사용자를 추적하도록 하는 데에도 사용되어 왔다.

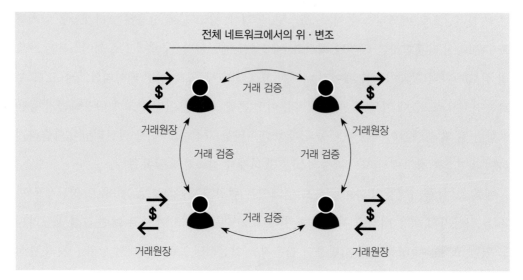

[그림 1-2] 위·변조 방지 기능

출처: LG CNS 정보기술연구소(2018. 5. 15.).

복제해 저장한다. 블록체인은 블록(block)과 노드(node)로 구성되어 있다. 노드는 개개인의 서버, 즉 참여자를 말한다. 블록체인은 중앙 관리자가 없으므로 블록을 배포하는 노드의 역할이 중요하며, 참여하는 노드들 가운데 절반 이상이 동의해야 새 블록이 생성된다. 노드들은 블록체인을 컴퓨터에 저장해 놓고 있는데, 일부 노드가 해킹을 당해 기존 내용이 틀어져도 다수의 노드에 데이터가 남아 있어 계속하여 데이터를 보존할 수 있다.

블록은 데이터를 저장하는 단위로, 바디(body)와 헤더(header)로 구분된다. 바디에는 거래 내용이, 헤더에는 암호 코드가 담겨 있다. 블록은 약 10분을 주기로 생성되며, 거래 기록을 끌어모아 블록을 만들어 신뢰성을 검증하면서 이전 블록에 연결하여 블록체인 형태가 된다. 여기서 처음 시작된 블록을 제네시스 블록이라고 부른다. 즉, 제네시스 블록은 그 앞에 어떤 블록도 생성되지 않은 최초의 블록을 말한다.

블록체인에 저장하는 정보는 다양하기 때문에 블록체인을 활용할 수 있는 분야도 매우 광범위하다. 대표적으로 가상통화에 사용되는데, 이때는 블록에 금전 거래 내역을 저장해 거래에 참여하는 모든 사용자에게 거래 내역을 보내 주며 거래 때마다 이를 대조해 데이터 위조를 막는 방식을 사용한다. 이 밖에도 전자 결제나 디지털 인증뿐만 아니라 화물 추적 시스템, P2P 대출, 원산지부터 유통까지 전 과정을 추적하거나 예술품의 진품 감정, 위조

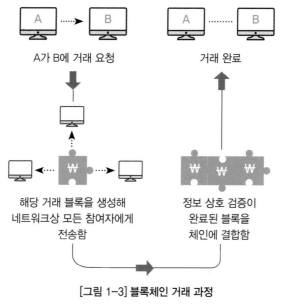

A가 B에 거래 요청

거래 완료

해당 거래 블록을 생성해
네트워크상 모든 참여자에게
전송함

정보 상호 검증이
완료된 블록을
체인에 결합함

[그림 1-3] 블록체인 거래 과정

출처: 박문각 시사상식 편집부(2017. 4. 5.).

화폐 방지, 전자투표, 전자시민권 발급, 차량 공유, 부동산 등기부, 병원 간 공유되는 의료 기록 관리 등 신뢰성이 요구되는 다양한 분야에 활용할 수 있다.

(2) 블록체인과 광고 생태계의 변화

① 광고주와 퍼블리셔 간 직거래 활성화

블록체인 기술은 광고주와 퍼블리셔 간 직거래를 활성화하고 광고 거래를 중개하는 중개 사이트나 광고 플랫폼 사업자들의 기능과 역할을 배제함으로써 광고 생태계를 활성화할 것으로 예상된다. 실제로 광고매체인 퍼블리셔들은 페이스북과 구글에 밀려 전 세계 광고 수익의 60~70% 정도를 빼앗기고 있으며, 제휴 네트워크(affiliate network)를 통하여 한 매체가 다른 매체에 광고를 리브로커링(re-brokering)[18]함에 따라 실제로 광고가 어떤 경로(혹은 중개인)를 통해 최종적으로 어디에 나타나는지 알기 어려우므로 광고주가 광고비를 이중 지불하는 사례가 나타나고 있다.

---

18) 재중계하는 것을 의미한다.

블록체인은 이러한 구글, 애플, 페이스북의 광고시장 독과점, 실체를 알 수 없는 중개인과 부정 광고가 존재하는 비효율적인 광고시장, 무료라는 이유로 제대로 신경 쓰지 않는 사용자의 사생활 침해 등 디지털 광고시장의 문제들을 해결할 기술로서 주목받고 있다.

특히 블록체인상의 분산 광고 시스템을 통해 계약서부터 결과 리포팅까지 광고주와 퍼블리셔 간 모든 거래가 광고 플랫폼의 도움 없이도 가능해짐으로써 광고 예산이 적어 광고 대행사나 미디어렙에 광고 대행을 맡길 수 없는 소규모 광고주들과 퍼블리셔 간 신뢰성 있는 직거래를 활성화하고, 구글, 애플, 페이스북[19]과 같은 글로벌 퍼블리셔들의 독과점을 완화할 수 있다.

② 애드 프로드 방지

블록체인은 애드 프로드(ad fraud)라 불리는 광고 사기를 방지할 기술로도 각광받고 있다. 애드 프로드란 가짜 앱 설치와 같은 비정상적인 인스톨, 부정 클릭과 같은 허위 트래픽, 해킹 소프트웨어인 봇(bot) 등과 같은 모든 형태의 광고 사기를 의미한다. 애드 프로드는 광고의 효과를 감소시킬 뿐만 아니라 광고주에게 손실을 끼치고, 광고 효과의 과대평가로 인한 광고매체의 신용 저하와 매출 감소로 이어진다. 실제 2017년 성과 트래킹 툴인 Tune이 발표한 리포트에 따르면, 700여 개의 애드 네트워크의 평균 프로드 비중은 15.7%로, 1억 원을 광고비로 지불할 경우 그중 약 1,500만 원이 프로드로 낭비되는 것으로 나타났다. 현재 국내에서도 모바일 앱 광고시장의 성장으로 프로드 문제는 갈수록 심각해지고 있다.

블록체인 기반 광고 플랫폼은 자체 브라우저 등을 통하여 수집한 고객 정보를 암호화해 블록체인에 저장·사용함으로써 부정 클릭 등의 광고 사기를 방지하고 광고 효율성을 높일 수 있다. 위·변조가 어렵고 투명한 블록체인 장부에 모든 광고 임프레션 데이터를 기록함으로써 프로드를 차단할 수 있다. 펩시콜라는 블록체인을 이용한 광고 실험에서 광고 효과를 가진 경우에만 광고 비용을 지급해 일반 광고에 비해 28%의 높은 비용 효율성을 확인하였다.

---

19) 구글, 애플, 페이스북의 광고 플랫폼은 사용자 빅데이터를 수집해 특정 광고를 어디에 배치할지 결정하고, 퍼블리셔와 수수료를 나누어 가진다. 그리고 사용자는 자신의 정보가 어떻게 수집되고 활용되는지 모른다.

③ 광고 생태계에서 사용자의 참여 확대

기존의 디지털 광고 생태계는 광고 플랫폼 사업자들을 매개로 한 광고주와 퍼블리셔 간 거래에 초점이 맞추어져 있어, 사용자는 광고 거래에서 소외되었다. 그러나 블록체인 기술을 활용한 광고 플랫폼은 광고주가 사용자들의 정보를 이용하는 대가로 보상을 지불하는 구조로 되어 있어 광고 거래에 사용자들을 참여시키고 광고주, 퍼블리셔, 사용자가 서로 이득을 볼 수 있는 생태계를 조성할 것으로 기대된다. 현재 사용자가 자신의 관심사를 직접 제공하고 광고를 본 대가를 보상받거나, 자신의 일상을 블록체인에 올리고 원하는 광고에 참여함으로써 사용자가 보상받는 다양한 블록체인 기반 광고 플랫폼이 개발되고 있다. 예를 들어, 블록체인 광고 플랫폼 중에 가장 잘 알려진 비트클레이브(BitClave)는 자체 브라우저를 갖고, 인터넷 사용자가 자체 브라우저로 필요한 것을 검색하면 검색된 광고주들이 사용자를 추적하여 이들에게 가격이나 서비스를 제안하고, 사용자는 구매까지 이어지지 않아도 토큰(Consumer Activity Token: CAT)[20]을 보상받게 된다. 예를 들어, 자동차를 검색

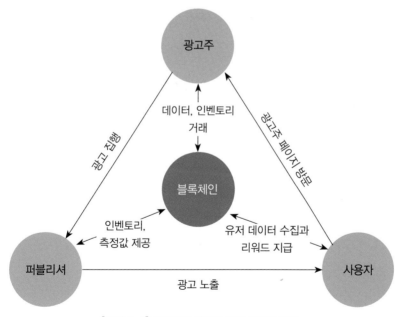

[그림 1-4] 블록체인 기반의 광고 생태계 구조

출처: 메조미디어 DATA마케팅센터(2018. 2. 5.).

---

20) 말 그대로 소비자 활동 데이터 토큰이라는 뜻을 지니고 있다.

하면, 자동차 딜러의 제안을 받고 동시에 토큰(암호화폐)을 보상으로 받게 된다. 모든 광고 거래에서 사용자들의 동의를 받고 보상을 지불하기 때문에 광고에 대한 통제권을 사용자가 가질 수 있게 하며, 보상을 통해 사용자의 참여를 확대해 나감으로써 광고 생태계를 활성화할 것으로 기대된다. 또한 블록체인 기술을 활용해 사용자가 원하는 대상에 광고주가 맞추어 줌으로써 선정적인 낚시성 광고로 소비자를 유인하고 개인정보를 수집·제공하여 수익을 얻는 영업 행태를 근절하고 건전한 광고 생태계를 조성할 것으로 기대된다.

④ 개인 생활 보호

현재 광고에 활용되는 사용자들의 검색 및 행동 데이터들은 네이버, 구글, 아마존과 같은 거대 인터넷 기업들의 소유가 되어 그들의 수익 창출에 활용되고 있으며, 사용자는 자신의 정보가 어떻게 수집되고 활용되는지를 모르는 경우가 대부분이다. 블록체인은 사용자들의 인터넷 검색과 활동 데이터를 마케팅에 활용할 경우 사용자들의 동의를 받고 이에 대해 보상을 줌으로써 개인 생활을 지켜 주고, 광고비의 일정 부분을 데이터의 원래 주인인 사용자들에게 되돌려 준다. 예를 들어, 블록체인 광고 플랫폼 사업자 비트클레이브의 운영 방식을 살펴보자. 인터넷 사용자들이 필요한 것을 검색하면 검색된 광고주들은 사용자들에게 광고 수신에 대한 동의를 받고 자신들의 가격이나 서비스를 제안한다. 이때 사용자는 제품을 구매하지는 않아도 토큰을 보상받는다. 따라서 광고주는 가장 최신의 신뢰성 높은 사용자 데이터를 기반으로 고객을 식별함으로써 보다 정교한 타겟팅이 가능하게 되어 불필요한 광고비를 줄일 수 있다. 또한 광고 플랫폼 사업자들이 블록체인 기술을 활용하여 사용자 동의를 받고 합법적 방법으로 사용자 데이터를 수집한다면, 제3자 트래커의 불법적인 사용자 추적 데이터 수집 관행도 줄어들 것으로 기대된다.

4) 증강현실(AR)

증강현실(Augmented Reality: AR)은 사용자의 현실 세계에 컴퓨터로 만든 가상 물체 및 정보가 겹쳐서 보이는 것이다. AR의 목적은 현실 세계에 가상의 정보를 융합하여 사용자에게 보다 실감 나는 경험을 제공하는 것이다. 예를 들어, 길을 가다가 스마트폰 카메라로 주변을 비추면 근처에 있는 상점의 위치 및 전화번호, 지도 등의 정보가 입체적으로 표시되고, 하늘을 비추면 날씨 정보가 나타나는 것 등이다. 현재 업계에서 사용되는 대부분의 AR 기술은 특정 스마트폰 앱을 다운로드하여 이를 실행함으로써 실현되는 방식을 따르고 있다. 2014년에 랜드로버 자동차는 신차 출시에 맞추어 AR 잡지광고를 게재하였는데, 이 광고는 구독자가 AR 모바일 앱을 다운로드하여 실행한 뒤 스마트폰을 잡지 페이지의 자동차 이미지에 가까이 대면 AR 앱이 마커(Marker)[21]를 인식하여 다양한 성능을 경험하게 한다. 랜드로버의 드라이빙 성능을 보여 주는 동영상이 소리와 함께 재생되거나 파워풀한 드라이빙 장면에서는 스마트폰에 진동이 함께 전달되도록 함으로써 보다 생동감 있는 소비자 경험이 가능하도록 하였다. 마커로 AR을 만들기 위해 증강현실 3D 영상과 AR이 만들어질 좌표를 제작한다. 그다음 앱을 실행하고 스마트폰 카메라로 마커를 비추면 앱에 있는 데이터 안에서 마커에 해당하는 디지털 기호가 있는지를 비교한다. 디지털 기호를 확인하면 이와 연결된 영상을 찾는다. 3D 영상을 찾으면 마커에 입력된 좌표에 영상을 실행해 증강현실을 만든다. 또 하나의 AR 구현 기술은 마커리스(Markerless) 기술이다. 마커리스는 말 그대로 마커를 사용하지 않고 위치와 이미지 자체를 인식해서 AR을 만드는 기술을 말한다. 카메라가 이미지를 비추면 앱에 미리 저장된 데이터와 비교하여 같거나 비슷한 이미지를 찾는다. 찾은 이미지와 연결된 3D 영상을 확인한 후 해당 이미지에 AR을 만든다. 마커리스 AR 기술은 마커 기반의 AR 기술의 단점을 보완하기 위해 개발되었다. 대표적인 AR 콘텐츠 광고의 예로 펩시 광고 'Unbelievable Bus Shelter' 캠페인을 들 수 있다.

---

21) 마커(Marker)는 컴퓨터가 인식할 수 있도록 만든 규칙성을 가진 디지털 표식으로, 검은색과 흰색이 섞인 사각형 모양의 기호이다.

5) 가상현실(VR)

가상현실(Virtual Reality: VR)은 컴퓨터와 같은 특정 기기를 이용해 만들어 놓은 가상의 세계에서 사람이 실제와 같은 체험을 할 수 있도록 하는 기술이다. 일반적으로 HMD를 활용해 체험할 수 있다. 현실의 정보를 토대로 일부 가상의 정보를 제공함으로써 현실 상황을 여전히 지각하게 하는 AR과 달리, VR은 현실 세계를 가상의 환경이 완전히 대체하며 시스템에 의해 사용자의 감각이 통제된다는 특징이 있다. VR 광고는 사용자의 몰입 정도에 따라서 크게 비몰입형 광고와 몰입형 광고가 있다. 비몰입형 광고는 모니터 화면 등으로 재현되는 영상을 사용자가 보면서 가상적 현실을 경험하는 형태를 말한다. 이러한 방식을 활용한 VR 광고는 몰입감이 다소 떨어진다는 단점이 있으나, 비교적 저가의 장비로 콘텐츠를 제작하고 구현할 수 있는 장점이 있어서 대중화되고 있다. 반면, 몰입형 광고는 소비자에게 HMD를 착용하게 하여 보다 향상된 가상현실을 경험하게 하는 방식이다. 이 방식은 별도의 장비를 착용해야 하는 번거로움이 있고 상대적으로 고가의 하드웨어가 필요하다는 단점이 있다. 그러나 소비자가 제품 특성에 맞게 최적화된 체험 콘텐츠에 쉽게 몰입되도록 함으로써 실제로 제품 혹은 서비스를 경험하거나 그와 관련된 특정 체험을 가능하게 하는 장점을 지닌다. 현재 애플의 앱스토어, 구글의 플레이 스토어, 오큘러스 쉐어, 오큘러스 시네마 등의 유통 플랫폼을 통해 VR 콘텐츠가 유통되고 있으나, 앞으로는 누구나 손쉽게 관련 VR 콘텐츠를 제작하여 유튜브 등의 유통 채널을 중심으로 배포할 것으로 예상된다. 광고기획자나 마케터는 이러한 VR 콘텐츠를 제작하는 기술이 아니라 이 기술을 어떻게 활용할 것인가를 아는 것이 중요하다. VR 콘텐츠 광고의 예로는 '결혼정보업체 듀오의 360도 가상현실광고'와 SK텔레콤의 '설현과 함께 떠나는 폼나는 360도 VR여행'을 들 수 있다(YouTube 참조).

6) 홀로그램

홀로그램(hologram)은 홀로그래피(holography) 기술을 활용하여 제작된 영상이다. 홀로그래피는 두 개의 레이저광이 서로 만나 일으키는 빛의 간섭 효과를 이용, 사진용 필름과 유사한 표면에 3차원 이미지를 기록하고 재생하는 기술을 의미하며, 홀로그램은 그 기술로 촬영된 것을 가리킨다. 영상 분야에서도 실감 기술이 3D, UHD, 홀로그램을 중심으로 발전하고 있다. 홀로그램은 360도 전 방향에서 사물의 입체 영상을 구현할 수 있다. 종종 방송, 영화, 공연, 광고, 영상회 등에서 볼 수 있듯이 가상의 존재가 실제 사람들과 같이 있는 것처럼 생생하게 재생할 수 있다. 예를 들어, 푸마(PUMA)는 2020년에 홀로그램을 이용한 'First-Of-Its-Kind' 광고 캠페인을 진행했다. 푸마는 새로운 농구화 Sky Dreamer를 출시하면서 이 농구화 실물을 진열대에 놓는 대신, 지나가는 사람이나 자동차 위를 돌고 있는 3D 홀로그램 영상으로 길거리 위에 띄워 360도 어느 방향에서도 볼 수 있도록 재현했다. 길거리 위에서 홀로그램 영상으로 농구공과 제품이 반복적으로 나타났다 사라지며 지나가는 사람들의 시선을 자극했다. 또한 루이까또즈는 매장 폐점 이후 홀로그램 캐릭터가 외부에서 바라보는 고객의 시선을 유도하면서 고객이 다가가면 콘텐츠가 변화하고 반응하는 홀로그램 광고를 설계해 시연하였다. 이처럼 홀로그램은 광고를 보는 방식에 새로운 변화를 가져오고 있다.

[그림 1-5] 푸마(PUMA)의 'First-Of-Its-Kind' 홀로그램 광고 캠페인

출처: Oliver McAteer (2020. 2. 19.).

7) 오감 인식 기술

오감 인식 기술은 인간의 오감(시각, 청각, 촉각, 미각, 후각) 인식을 기반으로 하는 기술을 말한다. 예를 들어, 시각 인식 기술, 동작 인식 기술, 생체 인식 기술, 후각, 미각, 촉각 인식 기술 등의 오감 인식 기술이 여기에 포함된다. 소비자와의 효과적인 커뮤니케이션을 위해서는 정보 그 자체와 정보를 둘러싼 주변 환경이나 맥락뿐만 아니라 오감의 느낌이 매우 중요하다. 인간의 오감 인식을 기반으로 하는 기술은 사람과 기술 사이의 교감을 통해 사용자에 대한 이해, 경험, 만족을 높이는 방향으로 진화하고 있다. 시각 인식 기술은 사람의 시선이 향하는 곳을 감지하거나 사람의 얼굴을 인식하여 다양한 콘텐츠나 서비스를 개발할 수 있다. 예를 들어, 삼성SDS는 영상에 찍힌 사람들의 규모와 성별, 연령 등을 파악하는 비디오 분석 기반 마케팅 및 광고 효과 측정 솔루션을 개발하였다. 안면 인식 기술이 핵심인 이 비디오 분석 솔루션은 서울 시내 한 쇼핑몰, 입구 벽면 디지털 사이니지(digital signage)[22] 혹은 디지털 광고판에 부착된 카메라가 쇼핑객들의 얼굴을 자동으로 인식한다. 카메라는 쇼핑몰 유동 인구는 물론 광고판을 쳐다보는 사람이 몇 명인지와 이들의 성별, 연령까지 사람의 눈보다 훨씬 빠르고 정확하게 구별해 낸다. 이 기술을 통해 쇼핑몰에 들어선 사람이 어떤 상품을 구매하고, 소비를 얼마나 하는지 등 패턴을 파악할 수 있을 뿐만 아니라 사람들이 어떤 광고에 관심을 두는지 분석할 수 있고, 광고주는 분석된 데이터를 통해 전략적인 광고와 프로모션 계획을 세울 수 있다. 앞으로 이 기술을 발전시켜 카메라에 비친 모습만으로 사람의 감정까지도 읽어 낼 수 있을 것이다.

또한 2014년에 현대자동차는 안면 인식 기술을 활용하여 뉴욕 타임스 스퀘어에서 'Hyundai Brilliant Interactive Art'라는 쌍방향 옥외광고 캠페인을 론칭하여 큰 화제를 불러일으켰다. 이 광고는 3면 형태의 옥외광고판 안에 사는 'Mr. Brilliant'라는 가상의 인물을 내세워 시시각각 다양한 화면을 보여 주며 관람객과 감성적 소통을 시도하는 방식으로 진행되었다. 구체적으로 현장 관람객이 최첨단 안면 인식 카메라 앞에서 여러 가지 포즈를

22] 디지털 사이니지는 유동 인구가 많은 쇼핑몰이나 대로변에 설치된 전자 광고판으로 네트워크로 연결되어 있어 광고 영상을 원격으로 제어할 수 있으며, 광고 수용자와의 양방향 소통도 가능하다.

[그림 1–6] 안면 인식 기술의 활용 사례

취하고 표정을 지으면, 촬영된 얼굴을 Mr. Brilliant가 다양한 테마의 이미지로 꾸며 자신의 캔버스에 하나의 예술작품으로 완성해 제시한다. 또한 관람객이 즉석에서 가족, 친구, 연인 등 소중한 사람들의 이름과 이들을 향한 메시지를 스마트폰으로 작성한 후 와이파이(Wi-Fi)를 통해 전송하면, 이를 Mr. Brilliant가 옥외광고판에 게재하여 추억을 선사하는 기회도 제공한다. 이렇듯 소비자를 직접 광고에 참여시켜 광고의 주인공으로 만드는 마케팅 방식을 컨슈미디어 마케팅(consumedia marketing)이라고 한다.

음성 인식 기술은 구글의 음성 인식 검색 서비스와 같은 단순한 인터페이스의 역할을 넘어서 사람의 감성을 이해하고 소통하는 수준으로 발전하고 있다. 예를 들어, 인공지능 스피커는 기존의 음악만 들려주던 기능에서 진화하여 말로 명령만 하면 알아서 음악을 재생해 줄 뿐만 아니라 날씨, 교통 정보, 뉴스 등 일상생활에서 궁금한 정보를 물어보는 즉시 시원스럽게 대답해 주고, 사용자와 간단한 대화를 이해하면서 농담을 주고받는 등 감성적인 커뮤니케이션까지도 가능하다.

최근에 디지털 시대의 마케팅 목표이기도 한 '참여'를 고려할 때 음성 인식 기능 역시 소비자들의 주의를 끌고 감정적 참여를 높이는 중요한 수단으로 이용되고 있다. 음성 인식

뉴욕 타임스 스퀘어 현대차 옥외광고판에서 'Mr. Brilliant'가 방문객의 모습을 자신의 캔버스에 그려 주는 모습

[그림 1-7] 현대자동차 양방향 옥외광고

출처: Hyundai Chile (2015. 3. 30.).

기능을 이용한 성공적인 마케팅 커뮤니케이션 캠페인의 사례로 코카콜라의 샤잠(Shazam) 음성 인식 기술을 이용한 '마시는 광고(Drinkable Advertising)' 캠페인을 들 수 있다. 이 캠페인은 Coke Zero 광고에서 나오는 코크(Coke) 고유의 탄산 시즐 사운드(Sizzle Sound)를 샤잠이 인식하여, 사용자가 스마트폰 모바일 앱에 소리로 콜라를 담으면 실제로 공짜 콜라를 먹을 수 있게 한 아이디어이다. 이 광고는 온라인과 오프라인을 '음성' 인식을 통해 연결한 재미있는 사례라고 할 수 있다. 또한 저가 항공사 제트블루(Jet Blue)는 최초로 스마트폰 광고의 음성 인식 기술을 이용한 모바일 광고 캠페인으로 소비자 인게이지먼트(engagement)를 달성했다. 이 캠페인은 예를 들어 '비둘기의 말을 배워 보아요'라는 주제로 다양한 비둘기 소리를 사용자가 따라 하게 하고 발음이 정확한 경우 '비둘기 언어 마스터' 자격증을 부여하는 이벤트를 진행했는데, 비행을 두려워하는 고객들에게 즐거운 경험을 선사함은 물론 브랜드에 대한 충성도를 높였다.

촉각, 미각, 후각 기술은 시각 및 음성 인식 기술에 비해 상대적으로 뒤처진 편이지만, 컴퓨터의 광고 등의 화면에 나타난 호수에 마우스 커서를 갖다 대면 마치 손가락을 물속에 담근 듯이 차갑고 출렁거리는 느낌이 전달된다든지, 마우스 위쪽에 검지를 얹을 수 있는 터치판을 만들어 원하는 광고 화면에 커서를 갖다 놓으면 화면에 등장한 물체의 마찰력, 거친 정도, 온도, 강도 등을 촉각을 통해서 느낄 수 있다든지 하는 것과 같은 기술을 개발할 수 있다.

디 지 털 시 대 의 애 드 테 크 신 론

제2장

디지털 광고환경의
이해

1. 디지털 광고환경

디지털 광고환경은 ICT 생태계를 구성하고 있는 구성요소들인 운영체제(Operating System: OS), 하드웨어(hardware), 웹브라우저(web browser), 채널(channel), 플랫폼(platform), 네트워크(network)의 직간접적인 영향을 받는다. 디지털 광고환경의 첫 번째 구성요소는 운영체제이다. 운영체제는 시스템 하드웨어를 관리하고 응용 소프트웨어를 실행하는 시스템 소프트웨어이다. PC 기반의 월드 와이드 웹(World Wide Web: WWW) 환경에서는 마이크로소프트의 윈도우(Window), 애플의 Mac OS, 리눅스(Linux), 유닉스 등이 있으며, 모바일 앱 환경에서는 크게 구글의 안드로이드(Android)와 애플의 iOS로 구분된다. 운영체제는 광고 인벤토리(ad inventory)[1]를 제공하는 웹과 앱을 실행할 수 있는 환경을 제공함으로써 디지털 광고 생태계를 지원한다. 구글과 애플은 자사 OS를 기반으로 OS

[그림 2-1] 디지털 광고환경의 구성요소

---

1) PC나 모바일 매체의 스크린상의 광고 영역 혹은 광고 위치를 말한다.

플랫폼 사업자, 개발자, 사용자들이 참여하는 앱 생태계를 구축하고, 이를 기반으로 독자적으로 디지털 광고 생태계를 발전시켜 왔다. 예를 들어, 애플은 앱스토어[iOS로만 실행되는 앱(App)을 사고파는 앱 마켓]에 앱 개발자들이 등록한 수많은 앱 내에 광고 영역(인벤토리)을 제공함으로써 앱 광고 생태계(광고주, 개발자, 대행사, 미디어렙, 트래킹 회사 등)를 형성하고, 유지·발전하는 것을 지원한다.

　디지털 광고환경의 두 번째 구성요소는 하드웨어이다. 디지털 광고의 하드웨어 환경은 크게 PC 환경과 모바일 환경으로 구분된다. PC 환경은 웹서버, 웹문서, 웹브라우저(넷스케이프, 익스플로러 등)로 구성된 월드 와이드 웹(WWW) 중심의 환경이며, 모바일은 앱스토어 중심의 환경이라고 할 수 있다. 모바일은 기본적으로 작은 화면, 이동성, 개인화 매체라는 점에서 PC와 차이가 있다. 또한 푸시 알림, 카메라, GPS, 간편 결제 등 다양한 부가 기능을 제공한다. 이러한 차별화된 특성들로 인하여 모바일 환경은 기본적인 검색 광고, 배너 광고, 동영상 광고, 소셜 광고뿐만 아니라 전화 응답 광고, 위치 기반 광고, 앱 설치 광고와 같은 더 많은 사용자 액션을 유발하는 새로운 광고 포맷들도 제공한다. 또한 모바일에서도 기본적인 인구통계학적 정보뿐만 아니라 위치 정보와 디바이스 식별 정보 등을 수집할 수 있으므로 PC 웹 기반의 광고보다 더 정밀한 타겟팅이 가능하다. 반면, 모바일의 경우, OS별로 고객(정확히는 고객 디바이스)을 식별하는 방법이 다르고, 웹에서처럼 쿠키가 지원되지 않기 때문에 사용자 트래킹이 PC보다 더 힘들다는 점이 단점으로 지적된다. 또한 모바일 생태계는 자사의 OS를 기반으로 이용자들이 원하는 다양한 앱을 설치하고, 필요할 때마다 간편하게 해당 앱들을 실행해서 사용하는 분산 환경 형태로 발전했기 때문에 사용자 데이터가 분산되어 있어 사용자 트래킹이 힘들다.

　디지털 광고환경의 세 번째 구성요소는 웹브라우저이다. 웹브라우저는 월드 와이드 웹의 세 가지 구성요소 중 하나로, 웹서버에 자료를 요청하여 사용자에게 전달하는 기능을 한다. 웹브라우저는 웹서버와 서로 커뮤니케이션하면서 웹 사용자의 웹 사용 이력이 담긴 쿠키 정보를 주고받는다. 마케터 혹은 데이터 분석가는 이 쿠키 정보를 수집·분석하여 (쿠키 정보를 수집·분석하는 것을 웹로그 분석이라고 함) 고객의 행동을 추적·식별하고 타겟팅 등에 활용한다. 인터넷 익스플로러, 파이어폭스, 크롬, 오페라 등 대부분의 웹브라우저는 웹사이트 속도 향상, 사용자 추적으로 인한 사생활 침해 방지, 웹사이트 이용 경험 개선을 위해 팝업창과 같이 원하지 않는 콘텐츠를 필터링하는 기능을 갖추고 있거나, 사용자에게 지나치게 불편함을 주는 광고를 차단하는 애드블록커(Ad Blocker)[2]와 같은 소프트웨어를 확장 프로그램으로 제공한다. 예를 들어, 구글의 크롬은 웹에서 애드블록(Adblock)과 애드블록 플러스(Adblock Plus) 확장 프로그램을 사용해서 광고를 차단할 수 있다. 단, 모바일 크롬에 나타난 광고는 차단할 수 없다. 구글 크롬 등이 온라인 광고를 제한하는 이유는 웹사이트 속도 향상, 사생활 보호, 브라우저의 사용 경험 개선을 위해서이기도 하지만, 온라인 광고를 적정 수준에서 규제함으로써 브라우저 사용자 경험을 지나치게 해치지 않는 선에서 광고와 공존하기 위함이다. 하지만 애드 블로킹은 대부분 웹브라우저를 통해서만 허용되기 때문에 웹사이트에 있는 광고에만 적용되며, 모바일의 인앱 광고들(in-app ad)에는 적용이 안 되고, 앱 제공자가 직접 심은 '스폰서' 콘텐츠 또한 영향을 받지 않는다.

또한 구글, 사파리, 파이어폭스는 광고주들이 사용자들을 추적하는 제3자(3rd-party) 쿠키(Cookie) 추적기를 자동으로 차단하는 기능을 갖추고 있다. 예를 들어, 애플의 브라우저는 제3자 트래커(3rd-party Tracker)가 사용자의 동의 없이 사용자를 추적하고 리타겟팅[3]하는 것을 방지하기 위해 머신러닝을 사용해서 사용자가 웹사이트 쿠키 중 사용자가 유지를 원하는 것과 아닌 것을 구별해 알려 준다. 원치 않는 쿠키는 하루 또는 한 달 후에 삭제함으로써 제3자 트래커가 사용하는 것을 차단한다. 최근 구글은 2019년 5월에 개인정보 보호라는 명분을 내세워 크롬 브라우저에서 제3자 트래커의 쿠키를 이용한 광고 추적을 제한하는 기능을 발표했다. 구체적으로 구글의 크롬은 사용자가 크롬 브라우저에 저장된 모든 쿠키를 보고 마음에 들지 않는 쿠키 추적기를 차단할 수 있는 새로운 기능을 제공한다. 이 기능은 광고 생태계의 일부분인 제3자 트래커의 사용자 추적을 제한함으로써 웹브라우저 사용률의 절반 이상을 차지하고 있는 구글의 디지털 광고시장 지배력을 더 강화할 것으로 예상된다.

2] 애드블록은 광고 차단을 의미하며, 애드블록커는 구글 크롬과 사파리 웹브라우저의 광고 필터링을 할 수 있는 확장 프로그램을 말한다. 즉, 광고 차단 기술을 활용한 소프트웨어이다. 이를 설치하면 어떤 웹페이지를 로드할 때 블랙리스트로 지정된 도메인 네임 혹은 URL 등을 자동으로 체크하고 불필요한 광고를 막아 준다. 흔히 말하는 'Sponsored'라는 광고 박스 안의 텍스트와 이미지 등이 그것이다.

3] 광고주의 사이트에 이미 방문했던 사용자들을 대상으로 광고를 송출하는 타겟팅 방식으로, 무분별한 광고로 인한 피로감을 낮추고, 광고비의 효율성과 구매 확률 혹은 전환율을 높일 수 있다.

디지털 광고환경의 네 번째 구성요소는 채널이다. 채널은 광고 메시지를 타겟에게 전달하는 매개체, 즉 미디어를 말한다. 디지털 광고의 채널은 포털, 뉴스 사이트, 블로그, 카페 등의 웹사이트와 모바일 앱 하나하나가 모두 광고를 사용자에게 전달하는 채널이라고 할 수 있으나, 크게는 서비스 유형, 플랫폼 유형, 스크린 유형, 광고 형식, 광고 목적, 과금 체계 등에 따라 다양하게 분류할 수 있다. 예를 들어, 서비스 유형에 따라서 포털, SNS, 개별 인터넷 사업자로 구분할 수 있다. 포털에는 네이버, 카카오, 네이트 등이 포함되며, SNS에는 유튜브, 페이스북, 트위터, 인스타그램 등이 포함된다. 개별 인터넷 사업자에는 독립적인 뉴스 사이트 등이 포함된다. 채널마다 자신들의 플랫폼에 적합한 광고 상품을 개발·판매하고 있으며, 광고 정책 또한 다르다. 예를 들어, 네이버는 자신들의 검색 엔진을 기반으로 다양한 검색 광고 상품(예: 네이버의 파워링크 등)을 개발해 판매하고 있으며, 무료 동영상 플랫폼인 유튜브(YouTube)는 다양한 포맷, 길이, 스킵 옵션을 갖춘 광고 상품들을 판매하고 창작자와 광고 수익을 일정한 비율로 나누는 수익 배분 정책을 시행하고 있다. 전세계 1위의 인터넷 포털 및 검색사이트인 구글은 검색 서비스를 이용한 비즈니스 모델로 이용자 수가 늘어날수록 광고 수익이 증가하는 구조이다. 따라서 인터넷 활용도를 높이는 것이 주목적이며, 이러한 이유로 동영상, 사진, 지도, 서적, 구글 앱 등의 다양한 콘텐츠와 크롬 브라우저 및 안드로이드 OS 등은 인터넷 사용자의 이용 시간 및 정보량 확대를 통해 수익이 증가하는 것을 목적으로 하고 있다.

디지털 광고환경의 다섯 번째 구성요소는 웹과 앱의 플랫폼을 들 수 있다. 디지털 광고가 게재되는 스크린이 웹인지 앱인지에 따라 웹 플랫폼과 앱 플랫폼으로 구분할 수 있다. 먼저, 웹사이트 플랫폼에서 웹은 월드 와이드 웹의 줄임말로서 HTTP[4]를 통해서 제공되는 인터넷 서비스를 말한다. 월드 와이드 웹은 1989년 버너스 리(Berners-Lee)가 PC 통신의 불편함을 덜어 주기 위하여 개발하였으며, 웹서버, 웹문서, 웹브라우저로 구성된다. 웹서버는 호스트 컴퓨터이고, 웹문서는 HTML로 만들어진 이미지 파일이며, 웹브라우저는 사용자의 요청에 따라 웹서버에 웹문서를 요청하여 전달한다. 우리가 매일 접속하여 이용

4] HTTP는 Hyper Text Transport Protocol로서 웹문서(텍스트, 그래픽, 사운드 등)를 주고받고 다른 소프트웨어 간 의사소통을 가능케 하는 표준 데이터 전송 규약 혹은 통신규약을 말한다.

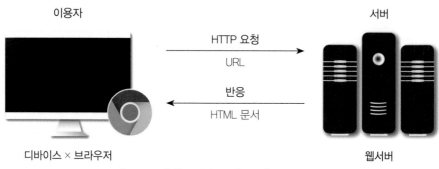

[그림 2-2] 월드 와이드 웹(WWW)의 통신 체계

하는 웹사이트는 웹문서들의 집합체이고 호스트 컴퓨터인 웹서버에 저장된다. 또한 [그림 2-2]에서 보이듯이 클라이언트가 웹브라우저를 통해 웹서버로 요청을 보내면, 웹서버는 클라이언트에게 상응하는 응답을 해 준다. 즉, 웹브라우저는 사용자 요청에 따라서 웹서버에 웹문서를 요청하여 사용자에게 전달한다.

URL(Uniform Resource Locator, 파일 식별자)은 네트워크에서 자원의 위치를 알려 주는 표준 주소체계를 말한다. 웹에서는 파일을 자원(resource)이라고 하며, 네트워크에서 자원을 구별하는 식별자를 URL이라 지칭한다. URL의 기본 형태는 프로토콜(protocol), 호스트(host), 도메인(domain), 페이지 경로(URL path), 파라미터(parameter), 부분 식별자(fragment identifier)로 구성된다. 프로토콜은 네트워크에서 서로 다른 기기 간의 데이터를 주고받기 위한 통신규약으로, 'HTTP'를 예로 들 수 있다. 호스트는 웹서버의 위치를 지정하며 'www.example.com'과 같은 도메인명이나 IP 주소(예: 127.0.1.1)를 사용한다. 도메인 또는 도메인 네임(domain name)은 넓게 보면 외우거나 식별하기 어려운 IP 주소(예: 240.10.20.1)를 example.com처럼 기억하기 쉽게 만들어 주는 네트워크 호스트 이름을 의미한다. 경로는 호스트 주소 다음에 '/'로 시작하는 파일 디렉토리를 말한다. 파라미터는 경로와 '#'로 시작하는 부분 식별자를 이어 주는 매개변수를 말한다. 그리고 마지막으로 '#'

[그림 2-3] URL의 구조

로 시작하는 부분 식별자가 온다.

또한 광고가 위치하는 웹사이트 구조(site structure)에 대한 이해가 필요하다. 웹사이트 구조는 사이트 규모에 따라 홈페이지, 카테고리 페이지, 서브 페이지 등이 있을 수 있다. 단순히 서브 페이지만 있을 수 있으며, 구조가 복잡하고 페이지 수가 많은 대형 웹사이트일 수도 있다. 광고 캠페인 시 광고 게재 위치를 결정하거나 사이트 내에서 발생하는 CTA(Call To Action)[5] 전환을 분석할 경우 분석의 대상이 되는 사이트의 구조를 파악하고 있는 것이 중요하다.

반면, 모바일 앱이란 모바일 애플리케이션(application)의 줄임말로, 모바일 단말기(스마트폰, 모바일 기기)를 통해 이용할 수 있는 각각의 응용 프로그램 혹은 콘텐츠를 의미한다. 컴퓨터의 하드웨어를 운용하는 소프트웨어[운영체제(OS), 드라이버 프로그램]를 뺀 워드프로세서, 게임 등 모든 소프트웨어를 애플리케이션(앱)이라고 부른다. 모바일 앱은 광고 인벤토리, 즉 광고 영역이 설정되는 공간을 제공한다. 웹과 앱의 플랫폼마다 고유의 광고 제작 포맷이 있으므로, 이에 맞게 광고 소재를 제작하게 된다. 예를 들어, 다음카카오 광고는 카카오 메신저의 광고 포맷 가이드에 따라 광고 화면을 구성해야 한다.

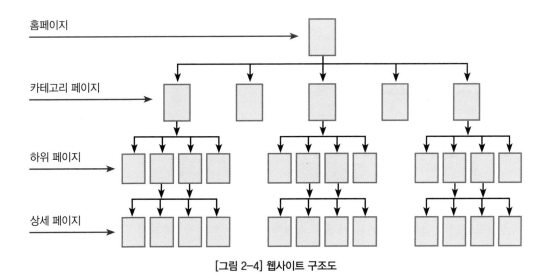

[그림 2-4] 웹사이트 구조도

5] CTA는 웹이나 앱 마케팅에서 사용자의 반응을 유도하는 웹이나 앱 내의 버튼 형식의 요소를 말한다.

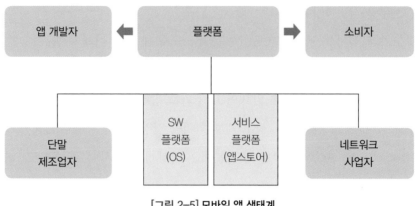

[그림 2-5] 모바일 앱 생태계

출처: 정보통신정책연구원(2014. 4. 16.).

　구글과 애플은 자신들이 운영하는 앱 마켓인 앱스토어를 중심으로 개발자, 광고주, 대
행사, 미디어렙, 제3자 데이터 제공업체 등이 참여하는 디지털 광고 생태계(광고주, 개발자,
대행사, 광고 플랫폼[6] 사업자, 콘텐츠 공급업체, 미디어렙, 트래킹 회사 등)를 형성하고, 유지·
발전하는 것을 지원한다. 많은 앱 개발자가 앱을 무료로 배포하고 해당 앱 내에 광고를 게
재하는 수익모델을 선택하고 있다. [그림 2-5]는 앱 개발자, 플랫폼, 소비자, 단말기 제조
업자, 네트워크 사업자 등의 참여자들로 구성된 모바일 앱 생태계를 보여 준다.

2. 디지털 광고 생태계

1) 디지털 광고 생태계의 변화

　생태계(ecosystem)는 생물학적 용어로, 살아 있는 유기체가 그것을 둘러싼 자연환경과
상호작용하면서 함께 살아가는 자연계의 질서를 의미한다. 즉, 자연계의 생태계는 자연환
경과 생물이 서로 영향을 주고받으면서 함께 생존해 나가는 자연계 질서를 상징하며, 생산

---

6) 광고 플랫폼(ad platform)은 여러 매체와의 제휴를 통하여 확보된 광고 인벤토리에 유치한 광고를 집행하고 관리해
　주는 서비스 플랫폼을 말한다. 광고 플랫폼은 타겟팅, 광고 송출, 성과 분석 등의 서비스를 제공한다.

자, 소비자, 분해자로 구성된다. 2000년대 이후 정보통신 기술이 발전하면서 생태계 개념
은 ICT, 미디어, 비즈니스, 광고 등의 영역으로 확대되어 사용되기 시작하였다. 디지털 광
고 생태계는 디지털 광고를 제작, 구매, 판매, 유통하는 플레이어들과 이들 간의 거래를 도
와주는 광고 플랫폼 사업자들로 구성되어 있다. 디지털 광고 산업의 플레이어들(players)
은 광고주(advertiser), 광고대행사(ad agency), 퍼블리셔(publisher) 혹은 매체사, 콘텐츠 제
공업체(Content Provider: CP), 미디어렙(media rep), 광고 플랫폼(ad platform) 사업자들을
포함하며, 이러한 디지털 광고 생태계는 생태계 내 유기체들처럼 서로 긴밀하게 연결되어
상호의존하고 상호작용하면서 생존 및 공진화(co-evolution)해 나가는 환경이라고 할 수
있다. 따라서 디지털 광고의 업무 프로세스는 이 플레이어들을 중심으로 이루어진다.

웹과 앱 기반의 디지털 광고 생태계는 공통적으로 광고주, 광고대행사, 퍼블리셔(매체
사), 미디어렙, 데이터 제공자, 콘텐츠 제공자, 광고 플랫폼 사업자들을 참여자로 포함하고
있다. 초기의 포털 중심 온라인(PC) 광고 생태계의 경우 네이버와 구글과 같은 웹사이트들
이 퍼블리셔이자 광고 플랫폼 사업자의 역할도 동시에 수행했지만, 모바일 앱 시장이 급속
도로 성장한 이후에 탄생한 모바일 광고 생태계의 경우 퍼블리셔와 광고 플랫폼 사업자가
분리되어 별도의 새로운 시장을 형성하였다. 즉, 모바일 앱 시장이 활성화되기 이전에는
주로 포털과 같은 자체적으로 많은 광고 인벤토리를 보유한 웹사이트들이 자신의 사이트
내에서 타겟팅, 광고 송출, 성과 측정 등의 자체적인 플랫폼 혹은 솔루션을 갖추어 놓고 광
고 집행을 하였으나, 모바일 앱 광고시장이 커지면서 광고매체인 앱과 플랫폼의 영역이 분
리되어 모바일 광고 플랫폼이라는 새로운 사업 영역이 등장하였다. 즉, [그림 2-6]에서 보
이듯이 기존 온라인(PC) 광고의 경우 포털이 자체 광고솔루션을 사용하여 광고 플랫폼 사
업자의 역할을 수행하였으나, 모바일 앱 광고의 경우 플랫폼 사업자와 매체가 따로 분리
되어 있다고 할 수 있다. 대표적인 온라인(PC) 광고의 플랫폼이자 포털인 구글(Google)은
자신들이 직접 운영하는 사이트(유튜브, gmail, 플레이스토어, 블로그 등)를 중심으로 인터넷
언론사, 블로그 등의 파트너 사이트와 제휴하여 GDN(Google Display Network)[7]을 구축하

---

[7] 구글의 대표적인 디스플레이 광고 상품이자 네트워크인 GDN은 전 세계 인터넷 사용자 중 90%에 도달하고,
weather.com과 같은 200만 개 이상의 파트너 사이트를 포함한다.

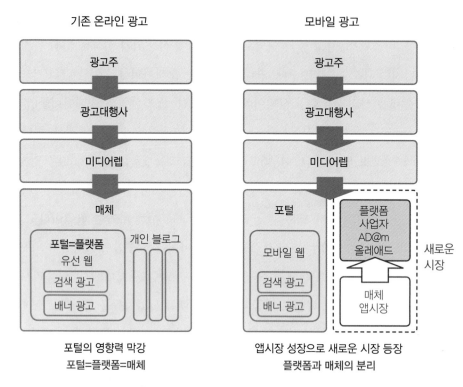

[그림 2-6] 온라인 광고와 모바일 광고 생태계

출처: 김재필, 허정욱, 성민현(2011).

고 인벤토리를 확보한 후, 구글 애즈(Google Ads)라는 자체 광고 플랫폼을 통하여 배너와 동영상 등을 포함한 다양한 유형의 디스플레이 광고 서비스를 전 세계 광고주들에게 제공하고 있다. 구글의 온라인 광고 개발 및 운영에 참여하는 모든 협력업체를 구글 파트너(Google Partner)라고 하며, 이 협력업체들은 대행사, 미디어렙, 매체사 등을 포함한다. 광고대행사의 경우 구글 파트너사로 인증받은 업체만 유튜브 광고 등 구글의 광고를 대행할 자격이 주어지고, 매체사의 경우 인증받은 파트너사들만 자신의 웹이나 앱에 광고를 게재할 수 있다.

2) 디지털 광고 생태계의 참여자

(1) 광고주

광고주(advertiser)는 영업 전략을 수립하고, 필요한 예산을 설정하여 광고대행사에 광고를 의뢰한다. 현재 디지털 광고시장은 현재 소수의 대형 광고주 이외에도 13만 5,000개의 롱테일(long tail)[8] 중소형 광고주를 갖고 있으며, 그 숫자는 점차 증가하고 있다. 구글은 전통적으로 소외되어 오던 작은 규모의 중소형 광고주들을 구글 파트너에 가입한 소규모 매체들인 웹사이트를 연결해 주는 시스템을 개발해서 현재 매출의 50%를 창출하고 있다. 또한 구글의 대표적인 수익모델이자 광고 상품인 검색 광고는 대기업 광고주에게만 집중하는 것이 아니라 꽃배달이나 작은 온라인 쇼핑몰 등의 소규모 광고주들을 대상으로 하는 전략과 영업을 펼쳐 수익이 많은 부분을 올린다.

(2) 광고대행사(에이전시)

광고대행사(advertising agency)는 광고주들의 캠페인을 대행해 주는 회사를 말한다. 광고대행사는 광고주를 대상으로 영업을 하고, 광고주를 위해 광고 및 마케팅 전략을 수립하고, 광고주에게 필요한 예산과 적절한 디지털 광고 상품 등을 제안한다. 예를 들어, 캠페인의 목표를 설정하고, 매체 전략과 크리에이티브 전략을 수립하고, 광고 · 프로모션 · 이벤트를 포함한 콘텐츠를 개발하며, 캠페인 종료 후 성과를 분석하는 일을 한다. 제일기획, 이노션, 대홍기획 등을 예로 들 수 있다.

(3) 퍼블리셔

퍼블리셔(publisher)는 소비자들이 직접 접촉하는 웹이나 앱 등의 매체 플랫폼을 의미한다. 즉, 퍼블리셔는 광고 인벤토리를 보유한 매체사들을 말하며, 여기에는 웹사이트와 모바일 앱 개발자들을 포함한다. 퍼블리셔는 게임, 음악, 소셜 등 다양한 카테고리에서 재미

8] '롱테일'은 판매 곡선에서 불룩 솟아오른 머리 부분에 이어 길게 늘어지는 꼬리 부분을 가리키며, 많이 팔리는 히트상품이 아닌 온라인에서 소량으로 팔리는 틈새상품들을 일컫는 용어이다.

있고 유익한 콘텐츠를 개발·배포하여 가능한 한 많은 사용자를 유입시켜야 더 많은 광고주를 유치할 수 있다. 퍼블리셔는 광고주로부터 받은 광고비를 가장 많이 배분받는다. 예를 들어, 기존 광고의 경우 매체사는 전체 광고비의 70% 정도를 배분받는 반면에, 모바일 앱 광고의 경우 앱 개발자가 전체 광고비의 50~60% 정도만을 배분받는다. 방문자 수가 적어 방문자 수가 적어 매체력이 약한 중소 매체사(웹이나 앱)들은 광고 인벤토리의 수도 상대적으로 적기 때문에 애드 네트워크에 참여해야 광고를 판매할 수 있다. 구글, 페이스북, 네이버, 다음카카오 등을 예로 들 수 있다.

•표 2-1• 디지털 광고 대행 수수료 비교

기존 광고 대행 수수료	모바일 광고 대행 수수료
광고대행사(20%), 미디어렙(70%), 매체사(10%), 기타 제작사	광고대행사(20%), 미디어렙(10%), 광고 플랫폼 사업자(10~20%), 앱개발자(50~60%)

(4) 미디어렙

미디어렙(media representative)은 광고주를 대신하여 매체 관련 업무를 대행해 주는 매체 대행사로, 렙사가 보유한 광고 인벤토리(ad inventory)를 구매해 주고 집행하며, 성과 분석까지 수행하는 역할을 담당한다. 구체적으로 광고 메시지가 도달되어야 할 타깃을 설정하고 이들 타깃에게 도달하는 데 적합한 매체를 선정하고 송출하며, 캠페인 종료 후 성과 분석 서비스를 제공한다. 미디어렙은 2000년대 이후에 온라인 및 모바일 광고시장이 급격히 성장하면서 수많은 광고 채널을 한데 모아서 대행할 주체의 필요성에 의해 탄생했으며, 보통 대형 광고대행사가 수주한 광고주의 매체 부문만을 재대행하는 역할을 담당한다. 국내의 대표적인 미디어렙은 KT의 계열사인 나스미디어와 CJ E&M의 계열사인 메조미디어 등이 있다. 이 미디어렙들은 광고주의 매체 대행뿐 아니라 여러 매체와의 제휴를 통하여 애드 네트워크를 구축한 후 광고 플랫폼을 구축하여 광고주에게 타깃팅, 광고 송출, 성과 분석 등의 서비스를 제공하는 광고 플랫폼 사업자로 사업 영역을 확대하고 있다.

(5) 애드 네트워크

애드 네트워크(ad network)는 인벤토리가 적은 매체들을 묶어 활용 가능한 매체로 구성된 매체들의 집합체를 말한다. 애드 네트워크 플랫폼 사업자들은 방문자 수가 적어 광고주가 외면하는 중소 퍼블리셔들의 광고 인벤토리를 묶어서 통해 대량의 인벤토리(광고지면)를 할인된 가격으로 구매한 후 이를 묶어 광고주들에게 다시 대량으로 판매하는 광고 플랫폼 사업자라고 할 수 있다. 대부분의 미디어렙이나 플랫폼 사업자들은 애드 네트워크를 구축·판매하는 것이 주된 영업 활동이다. 구글의 GDN과 애드몹(AdMob), 인모비(InMobi) 등을 들 수 있다.

[그림 2-7]은 애드 네트워크를 중심으로 한 모바일 광고 생태계를 보여 준다. 이 그림에서 보이듯이 광고주가 대행사에 광고를 의뢰하면 대행사는 광고주를 대행하여 주로 애드 네트워크의 광고 인벤토리를 구매하게 되는데, 이때 광고 인벤토리 거래 시장인 애드 익스체인지(ad exchange)[9]에서 필요한 애드 네트워크들을 추려서 필요한 인벤토리만 구매하게 해 준다. 애드 익스체인지는 인벤토리가 남거나 부족한 애드 네트워크 간의 거래를 통해 광고주 인벤토리 수급의 불균형을 해소할 수 있다.

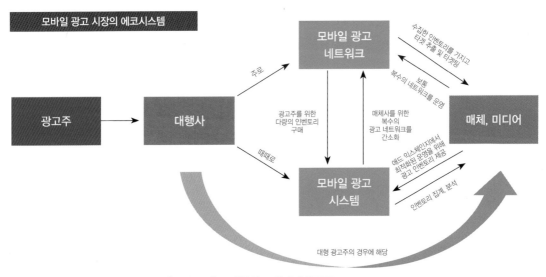

[그림 2-7] 모바일 광고 생태계 구조도

출처: DMC REPORT (2014. 6. 27.).

9] 여러 개의 애드 네트워크로 구성된 광고 인벤토리 거래 시장을 말한다. 애드 네트워크의 집합체이다.

(6) 광고 플랫폼 사업자

디지털 광고는 캠페인 과정에서 자동화된 서브(serve) 혹은 광고 플랫폼을 통하여 타겟팅, 메시지 발송, 효과분석과 같은 업무를 수행한다. 광고 플랫폼이란 디지털 광고를 타겟에게 제공하기 위하여 온라인 및 모바일 환경에 특화된 솔루션으로, 고객 데이터 수집, 저장, 분석을 바탕으로 타겟팅, 광고 송출, 성과 분석, 리포팅까지 해 주는 일종의 자동화된 시스템을 말한다. 가령 광고주로부터 광고 의뢰를 받으면 광고 플랫폼에 연동된 데이터 관리 플랫폼(Data Management Platform: DMP)에 저장된 고객 정보를 바탕으로 고객을 세분화하여, 광고 메시지를 수신할 타겟을 선별하고, 선별된 타겟에게 맞춤형 광고 메시지를 전송하고, 전송된 메시지에 대한 타겟의 반응을 분석하여 광고주에게 리포팅해 준다.

광고 플랫폼 서비스를 제공하는 사업자는 광고 인벤토리를 노출매체로 확보한 후 광고주를 모집하여 광고를 집행하고 관리하는 서비스를 제공한다. 즉, 여러 매체와의 제휴를 통하여 확보된 광고 인벤토리에 유치한 광고를 타겟팅을 통해 집행하고 성과를 분석하는 등 디지털 광고 캠페인의 전 과정을 관리해 주는 서비스를 제공한다. 광고 플랫폼 사업자들은 전체 광고비의 10~20% 정도를 대행수수료로 받는다. 이러한 광고 플랫폼 서비스를 제공하는 사업자들은 크게 기존의 포털 사업자, 이동통신 사업자, 글로벌 플랫폼 사업자, 국내 토종 플랫폼 사업자로 구분할 수 있으며, 광고 플랫폼 서비스 시장의 주도권을 확보하기 위해 경쟁하고 있다. 대부분의 미디어렙을 포함하여 광고 플랫폼을 독자적으로 구축·운영하는 사업자들은 광고 인벤토리가 적은 중소 매체들을 묶어서 네트워크를 구성한 후 광고주가 의뢰한 광고를 고객들에게 제공하는 역할을 수행하기 때문에 애드 네트워크 플랫폼 사업자로도 불린다.

대표적인 글로벌 플랫폼 사업자로는 구글과 애플을 들 수 있다. 구글의 모바일 광고 플랫폼인 애드몹(AdMob)은 애플리케이션들을 네트워킹해서 광고 인벤토리를 확보한 후 광고주의 요청이 있으면 이를 제공해 주고 그 대가로 광고비를 받는다. 구글의 애드몹은 앱 사용자들의 특성을 파악하여 정확한 타겟팅을 할 수 있을 뿐만 아니라 앱 콘텐츠의 특성(예: 게임)에 적합한 콘텐츠 매칭 광고(content matching ad)가 가능하다. 또한 자사가 관리하는 트래픽을 통해 수집되는 모바일 트렌드 데이터를 분석해 공개하고 있다. 구글의 애드몹은 글로벌 시장에서뿐만 아니라 국내에서도 모바일 광고 플랫폼 서비스를 제공하고

•표 2-2• **국내외 대표적 모바일 광고 플랫폼**

모바일 광고 플랫폼 사업자		주요 특징
포털	다음(Daum)	포털 중 최초로 모바일 광고 플랫폼 아담(Ad@m) 출시
	네이버(Naver)	모바일 광고 플랫폼 애드포스트를 활용하여 무선 웹 서비스를 제공함으로써 웹 경쟁력 강화
이동통신사	SK플래닛	SK텔레콤 사용자의 빅데이터를 활용, 타겟 모바일 광고 출시
글로벌 모바일 광고 플랫폼 사업자	구글(Google)	글로벌 모바일 광고 플랫폼인 애드몹으로 전 세계 약 31만 개, 국내 5만 개의 네트워크 보유·운영
	애플(Apple)	모바일 광고 플랫폼 아이애드 운영. 단, 미국 등 특정 국가에서만 노출됨
	인모비(InMobi)	전 세계에서 가장 큰 독립 광고 네트워크 기업, 3D 모바일 광고 포함 다양한 유형의 광고 플랫폼 보유
국내 모바일 광고 플랫폼 사업자	카카오모먼트 (Kakao Moment)	국내 모바일 메신저 시장 95% 이상 장악, 소셜 네트워크의 파급력을 활용한 광고 상품 운영
	모비온(Mobon)	빅데이터를 바탕으로 한 정확한 알고리즘을 토대로 사용자의 소비 패턴을 정확도 높게 분석, 사용자가 관심을 가질 만한 디스플레이 상품을 노출, 효율을 극대화하는 리타겟팅 플랫폼 운영
	캐시슬라이드 (Cashslide)	모바일 리워드 광고 플랫폼 운영, 배경 화면에 광고가 노출되고, 잠금 해제 시 책정된 금액을 보상함
	와이더플래닛 (Widerplanet)	와이더플래닛의 타겟팅 게이츠(Targeting Gates)는 PC, 모바일 등 사용자 행태를 종합적으로 분석하여 광고주 캠페인에 맞는 핵심 타겟에게 광고를 노출함
	카울리(Cauly)	국내 최초 스마트폰 기반 모바일 광고 플랫폼 출시

출처: 조창환, 이희준(2018).

있으며, 2018년 기준으로 100억 원 이상의 취급고를 달성하여 국내 모바일 광고 플랫폼 순위에서 1위를 차지하고 있다. 반면, 애플의 모바일 광고 플랫폼인 아이애드(iAd)는 미국 시장 위주로 서비스를 제공하며, 아이폰의 앱에 애플이 수주한 광고를 삽입할 수 있도록 하는 시스템으로, 애플은 여기서 나오는 광고 수익을 앱 개발자와 나누어 가진다.

구글의 애드몹에 이어 국내 모바일 광고 플랫폼 시장에서 2위(50억 원)의 시장점유율을 차지하고 있는 다음카카오의 모바일 광고 플랫폼 카카오모먼트(Kakao Moment)는 4,300만 명이 사용하고 있는 카카오톡 메신저를 기반으로 인공지능과 빅데이터를 활용하여 사업자의 특성에 따라 고객에게 맞춤형 광고를 노출한다. 2018년 시장조사기관인 리서치애드의 조사에 따르면, 구글의 애드몹과 카카오의 카카오모먼트에 이어 모비온, 캐시슬라이드, 와이더플래닛, 맨플러스(MANPLUS), 카올리, 버즈빌, 싱크미디어, Adbay의 순으로 모바일 광고 플랫폼 Top 10을 형성하고 있다.

　[그림 2-8]은 다음카카오의 모바일 광고 플랫폼을 중심으로 한 생태계를 보여 준다. 다음카카오는 모바일 광고 플랫폼에 다음카카오 웹과 앱, 그 밖의 앱들로 애드 네트워크를 구성하여 인벤토리를 노출 매체로 확보한다. 그 다음, 광고 플랫폼을 통해 광고주를 모집한 후 타겟팅, 집행, 성과 분석 등의 캠페인 전반을 관리하는 서비스를 제공해 준다.

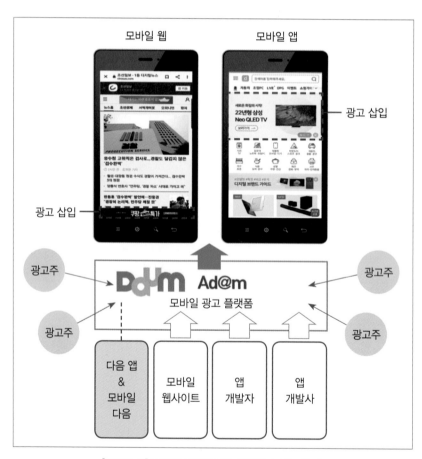

[그림 2-8] 다음의 모바일 광고 플랫폼 Ad@m의 예

출처: 김재필, 허정욱, 성민현(2011).

(7) 데이터 제공자

데이터 제공자(data provider)는 웹이나 앱 사용자 데이터를 제공하는 독립적인 제3자를 말한다. 기업, 광고대행사, 미디어렙 등이 제3자 데이터 제공자의 사용자 데이터를 구매하는 주된 이유는 자사가 수집한 제1자 데이터(1st-party data)는 타겟의 모수가 적고 로그인한 사용자의 행동만 파악할 수 있지만, 외부 데이터를 활용하면 로그인하지 않아도 성향 파악이 가능하기 때문이다. 또한 제3자는 웹이나 앱 트래킹을 통해서 매체 내 혹은 매체 간 중복으로 클릭한 중복 광고 참여자들을 걸러낼 수 있는 장점이 있다.

따라서 오디언스 프로파일링의 정확도를 높이기 위해 양질의 데이터와 타겟팅 범위를 확대할 수 있는 다양한 외부 데이터의 수집이 필요하다. 현재 국내 데이터 시장에서는 오라클(Oracle)과 어도비(Adobe)를 포함하여 다수의 제3자 데이터 제공자가 사용자 데이터를 제공하고 있으며, 글로벌 데이터 시장에서는 Forbes(기사 카테고리 방문 이력), AddThis(구매의도), LOTAME*(프로필, 관심사), Datalogic(프로필, 관심사), ComScore(방송시청률) 등을 포함하여 30여 개의 제3자 데이터 제공업자(3rd-party Data Providers)가 30억 명의 사용자 데이터를 제공하고 있다.

(8) 콘텐츠 제공자

콘텐츠 제공자(Content Provider: CP)는 온라인(PC) 및 모바일상에서 구현되는 콘텐츠를 제작하는 업체를 말한다. 예를 들어, 배너 및 동영상 제작과 랜딩 페이지(landing page)[10]의 화면을 구성하고 음원을 확보하거나 새로운 음원을 만든다.

---

10) 검색 엔진과 광고 등을 경유하여 접속하는 사용자가 최초로 보게 되는 웹페이지이다.

디 지 털 시 대 의 애 드 테 크 신 론

제3장

디지털 마케팅의
성과 측정 지표

FTSE 200
8942.95
+1.65%

웹과 앱 기반의 디지털 광고 및 마케팅의 성과(performance)는 크게 트래픽 효과, 인게이지먼트 효과, 캠페인 성과, 캠페인 효율성 측정 단위로 구분할 수 있다. 트래픽(traffic)은 교통량을 나타내는 개념이다. 웹사이트 방문자는 특정 기기(device)를 통해 사이트를 방문한 후, 첫 번째 웹페이지를 만나며(페이지 뷰), 첫 페이지에서 특정 링크를 클릭하고(이벤트 발생), 다음 페이지를 조회하다가(페이지 뷰), 결국 사이트를 빠져나간다[이탈률(bounce rate) 발생]. 이 과정에서 발생하는 페이지 뷰, 이벤트, 이탈률 등이 트래픽 효과이다. 인게이지먼트(engagement)는 참여라는 의미가 있으며, 소셜미디어에서는 좋아요, 댓글 달기, 공유하기, 팔로우, 조회, 구독과 같은 소셜 활동에 적극적으로 참여하는 행위를 말한다. 이러한 소셜 활동을 통해 생성되는 데이터를 소셜 데이터라고 한다. 소셜 데이터에는 좋아요 수, 공유 수, 댓글 수, 팔로워 수, 독자 수 등과 같은 인게이지먼트 효과를 나타내는 지표들이 포함된다. 또한 온라인(PC) 및 모바일 기반의 캠페인은 소비자 빅데이터를 활용한 정교한 타겟팅과 사용자 추적으로 캠페인의 구체적인 성과(performance)를 평가한다. 캠페인 성과 지표로 KPI(Key Performance Indicator, 핵심 성과 지표), 전환(율), 이탈률, 반송률, 잔존율(retention rate), ROI(Return On Investment, 투자 수익률), ROAS(Return On Ad Spend, 광고 수익률), LTV(Life Time Value, 고객 생애 가치) 등을 포함한다. 캠페인 효율성 지표는 투입한 비용 대비 효과나 성과를 나타낸다. 여기에는 CPM(Cost Per Mille), CPV(Cost Per View), CPC(Cost Per Click), CPVC(Cost Per View or Click), CPI(Cost Per Impression), CPI(Cost Per Install), CPA(Cost Per Action), CPS(Cost Per Share) 등이 있다.

1. 트래픽 효과 측정 단위

1) 히트

히트(hit)는 서버가 웹사이트 방문자에게 얼마나 많은 텍스트와 그래픽을 제공했는지 기록한 수치이다. 웹페이지는 텍스트(text)와 그래픽(graphic)으로 구성되어 있는데, 각각의 텍스트와 그래픽은 하나의 물체(object)로 계산된다. 따라서 10개의 물체로 구성된 웹페이지에 10명이 방문하면 100히트가 기록된다. 히트는 사용자의 증가보다 물체의 증가에 영향을 많이 받으므로 광고를 집행하는 측에서는 큰 의미가 없다.

2) 임프레션

임프레션(impression)은 광고가 고객에게 보이는 것, 즉 노출을 의미하며 광고주의 상품과 고객이 처음으로 만나는 접점을 말한다. 여기서 노출이 발생한 만큼의 횟수를 '노출 수(임프레션 수)'라고 하는데, 광고가 한 번 노출되면 '1 임프레션'이라고 한다.

임프레션은 광고매체의 노출 효과를 나타내며, 광고 메시지가 사람들에게 얼마나 많이 보이는가를 나타낸다. 임프레션의 노출 효과는 도달 효과(reach effect)와 반복 효과(repetition effect)로 발전하는데, 도달 효과는 광고 메시지가 얼마나 많은 사람에게 도달되는가이고, 반복 효과는 광고 메시지를 동일한 표적 수용자에게 얼마나 반복적으로 보이게 하는가이다.

3) 페이지 뷰

페이지 뷰(Page View: PV)는 웹사이트 한 페이지에 사용자가 접속한 수를 세는 단위이다. 다시 말하면, 특정 배너가 있는 페이지에 대해 이용자가 요구한 횟수로 서버가 에러 없이 특정 페이지를 전달한 횟수이다. 웹사이트 내에서 가장 높은 PV를 기록한 페이지가 사이트 내에서 가장 인기 있는 곳으로, 이를 기준으로 집행하는 광고 위치를 정하는 등 마케팅 전략을 세울 수 있다.

그러나 같은 사람이 페이지를 새로 고치거나 다른 페이지를 탐색할 때도 PV로 기록되기 때문에, PV로는 해당 웹사이트에 얼마나 많은 사용자가 방문하는지 파악하기 어렵다. PV를 특정 페이지에 포함된 광고 배너의 임프레션과 동일하게 간주하기도 한다. 그러나 만약 사용자가 자신의 웹브라우저에서 이미지 받기 기능을 껐을 경우 광고 배너는 전송되지 않기 때문에, PV의 수치가 광고 배너의 임프레션의 수치보다 더 클 수 있다.

4) 순방문자

순방문자(Unique Visitor: UV)는 고유 방문자를 말한다. 사용자가 특정 웹사이트에 방문한 수를 나타내며, 중복 방문을 제외한다. 실제 방문한 전체 사용자 수를 파악하기 어렵고 고의로 숫자를 늘릴 수 있는 PV의 단점을 보완하기 위해 사용한다.

5) 세션

세션(session)은 '일정 시간' 동안 사용자 브라우저로부터 들어오는 일련의 요구를 하나의 상태로 보고, 그 상태를 일정하게 유지시키는 기술이다. 화면이 이동해도 로그인이 풀리지 않고 로그아웃하기 전까지 유지되는 것이 세션의 예이다. 여기서 '일정 시간'은 방문자가 웹브라우저를 통해 웹서버에 접속한 시점으로부터 웹브라우저를 종료해 연결을 끝내는 시점을 말한다. 즉, 방문자가 웹서버에 접속해 있는 상태를 하나의 단위로 보고 그것을 세션이라고 하며, 세션은 '방문(visit)'과 같은 개념으로 사용된다. 만약 한 방문자가 어떤 웹사이트를 하루에 세 번 방문한다면 세션은 3회이다. [그림 3-1]은 한 사용자가 여러 개의 웹사이트를 서핑하면서 발생한 세 번의 세션에서 각각 발생한 히트 수를 보여 준다.

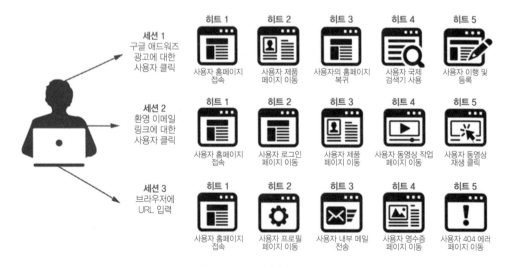

[그림 3-1] 세션과 히트

출처: Google "session definition google analytics".

6) 방문

방문(visit)은 세션, 즉 일정 시간에 한 명의 사용자에 의해 이루어지는 일련의 요구를 의미한다. 한 세션 동안에 이루어진 순차적인 요구(request)는 1회 방문(1 visit)으로 계산된다. 다시 말하면, 한 사용자가 특정 웹사이트에 접속해서 일련의 웹페이지를 연속적으로 이용할 때 이를 하나의 방문으로 기록한다. 사용자가 한 세션이 지난 후 다시 해당 웹사이트에 방문하면 이는 또 다른 방문으로 추가된다. 따라서 방문은 세션과 같은 의미로 사용된다. 방문은 히트와 같이 실제 사용자 수와 관계없이 접속 숫자가 과대 계상되는 폐단을 막을 수 있는 장점이 있다.

7) 체류 시간(DT)

체류 시간(Duration Time: DT)은 사용자가 사이트에서 머물다 떠날 때까지의 시간을 의미한다. DT가 길면 길수록 사용자 활동이 많아지고 원하는 목적이 달성될 확률이 높으므로, PV와 함께 고객 충성도를 살펴볼 수 있는 지표가 되기도 한다. DT가 짧다면 페이지 내에 어떤 점이 사용자를 충분히 이끌지 못하는지 확인해 볼 필요가 있다.

8) 도달률

도달률(reach)은 특정 광고나 메시지에 한 번 또는 그 이상 노출된 사람의 숫자나 비율(%)을 말한다. 도달률의 경우 광고가 여러 번 노출되었더라도 한 번으로 계산한다. 임프레션이 단순히 광고가 노출된 횟수를 보여 준다면, 도달률은 노출된 사람이 몇 명인지 보여 주는 수치라는 점에서 차이가 있다. 다시 말해, 임프레션은 콘텐츠가 소비된 '횟수', 도달은 콘텐츠를 소비한 '사람의 수'이다. 만약 A라는 사용자가 B라는 광고를 3번 보았다면 노출은 3, 도달은 1로 계산된다.

도달률은 도달 효과를 나타낸다. 도달 효과는 광고 메시지를 얼마나 많은 표적 수용자에게 노출했는가를 말한다. 도달 효과가 부족하면 광고주가 기대하는 크기의 표적 수

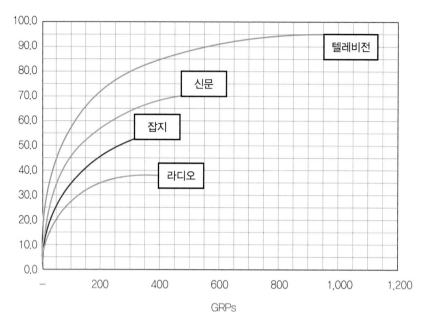

[그림 3-2] 매체 유형별 도달률 곡선

출처: 이경렬(2019).

용자들에게 광고 메시지를 도달시킬 수 없다. 따라서 광고주가 원하는 만큼의 광고 메시지에 대한 인지도를 얻을 수 없다. 즉, 도달 효과는 인지도와 밀접한 관련이 있다. 또한 GRPs(Gross Rating Points, 총시청률 또는 열독률) 증가에 따른 도달률의 증감을 나타내는 도달률 곡선은 매체 유형에 따라 다르다. [그림 3-2]에서 보이듯이 TV의 경우 예산을 계속 투입하면 도달률이 90%에 달한다. 반면, 라디오는 40%를 넘기 힘들다.

9) 빈도

빈도(frequency)는 사용자 한 사람이 같은 광고에 노출되는 노출 횟수를 말한다. 빈도는 광고의 반복 효과를 나타낸다. 반복 효과는 광고 메시지를 동일한 표적 수용자에게 얼마나 반복적으로 노출할 것인가를 말한다. 반복 효과는 역치(threshold)[1] 및 감퇴 효과(wear-

---

1) 사람의 신체 반응을 보이게 하는 최소 수준의 자극의 세기를 말한다. 크루거만(Krugman, 1972)의 3-Hit 이론에 따르면, 동일한 광고에 최소한 3번(역치) 이상 노출되어야 광고를 인지할 수 있다고 한다.

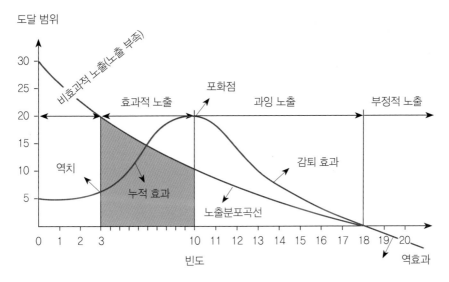

[그림 3-3] 역치 및 감퇴 효과

출처: 이경렬(2019).

out effect)와 관련이 있다. 역치는 인식의 문턱이라고 할 수 있다. 즉, 반복 효과가 부족하면 역치라는 인식의 문턱을 넘어서지 못하기 때문에 광고주가 기대하는 최소한의 광고 효과를 얻기 어렵다. 빈도가 낮다면 인지율이 떨어져 클릭이 발생하기 어렵다. 반면, 너무 높다면 광고를 보는 이들의 피로도가 상승해 클릭이 적어진다.

　과거에는 노출 수(임프레션)를 기준으로 광고 전달(delivery)의 가치를 평가했으나, 지금은 도달률과 빈도를 고려한 광고 전달의 질적 가치의 평가가 필요하다. 예를 들어, [그림 3-4]에서 보이듯이 전체 사용자 수가 10만 명인 3개의 사이트에 15만 임프레션으로 광고를 전송하는 캠페인의 경우에 1명에게 3회(역치) 이상 같은 광고가 반복 노출되어야 해당 광고를 인지한다고 가정한다면, 사이트 C에 광고를 집행하는 것이 가장 적합하다고 할 수 있다. 이처럼 도달률과 빈도를 적절히 결합해야 인지도 창출과 같은 최소한의 광고 효과를 기대할 수 있다. 미디어 플래너(media planner)는 광고주가 기대하는 광고 효과를 얻기 위하여 도달 효과와 반복 효과가 적절히 균형을 이룰 수 있도록 광고 스케줄을 구성해야 한다. 즉, 도달 효과와 반복 효과를 높이기 위하여 역치를 넘어서는 예산의 투입과 함께 정교한 타겟팅과 대중매체와 디지털 매체를 아우르는 다양한 커뮤니케이션 채널을 혼합하는 통합적 미디어 믹스 전략이 필요하다.

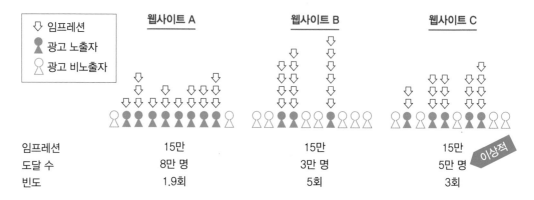

[그림 3-4] 도달률과 빈도의 전략적 의미

출처: Real Media Korea (2013).

도달률과 빈도 목표는 미디어믹스 전략과 직접적인 관계가 있다. 도달률을 높이기 위해서는 매체 수용자층이 이질적인 매체들을 선택하면 된다. 예를 들어, 코로나 바이러스 예방 공익 광고 캠페인처럼 전 국민을 대상으로 하는 경우 사용자층이 각기 다른 다양한 웹이나 앱(틱톡, 네이버, 카카오, 라인)에 광고를 하면 광범위한 사람들에게 도달할 수 있다. 반면, 20대 대학생이 타겟일 경우 20대 대학생이 많이 방문하는 네이버와 인스타그램에 광고를 집중하면 중복노출이 많아지면서 빈도도 증가한다. 따라서 광고 캠페인에서 매체 목표가 신제품 론칭기에 인지도 확보를 위해 도달률을 강조하는 것인지 혹은 제품 성수기에 판매 촉진을 위해 빈도를 강조하는 것인지에 따라서 미디어믹스 전략을 달리해야 한다.

10) GRPs

일반적으로 매체 스케줄은 여러 개의 매체 및 비히클(vehicle)[2]과 각 매체 비히클별 집행 횟수로 구성되어 있다. GRPs(Gross Rating Points)는 이 매체 스케줄이 광고 캠페인 기간 동안 획득할 수 있는 총노출량을 나타내며, 'GRPs＝도달률×빈도'의 관계이다. [그림 3-5]의 사례 1에서 총 7명 중 광고에 노출된 방문자는 6명(도달률＝6/7×100＝85.7%)이고, 총 노출

---

[2] 비히클은 한 매체 유형 내의 작은 단위의 매체를 말한다. 예를 들어, TV 매체의 경우 비히클은 특정 프로그램(예: 런닝맨)이 된다.

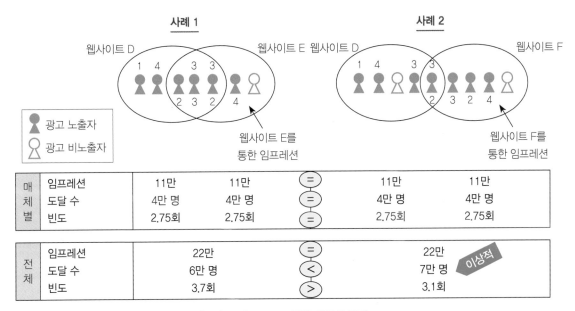

[그림 3-5] GRPs, 도달률, 빈도의 관계

출처: Real Media Korea (2013).

횟수는 2개의 사이트에 모두 합해서 2번 노출된 방문자 3명(6회)을 포함해 9회(6회+3회)이다. 따라서 빈도는 9/6 = 1.5회이고 GRPs = 85.7×1.5 = 128.6%이다.

11) GI

GI(Gross Impression)는 광고 스케줄이 획득할 수 있는 총 노출 횟수를 말한다. GI는 GRPs를 노출 횟수로 표현한 개념으로서 GRPs와 타겟의 수를 알면 쉽게 계산할 수 있다. GI는 '연인원'이라는 개념과 동일하다. 예를 들어, '에버랜드' 테마파크의 방문자 수가 2019년에 연인원 1,000만 명으로 집계가 되었다면, 이 중에는 연 회원권을 끊어서 여러 번 반복 방문한 사람들도 포함되어 있다. 이를 모두 합하면 연인원이 된다. 예를 들어, 50만 명의 타겟을 대상으로 광고를 집행하여 200%의 GRPs를 얻었다면, GI는 총 100만 노출(2× 50만)이 된다. 반대로 사용자 수가 10만 명인 사이트 A에 광고를 15만 임프레션 집행하였다면, GRPs는 150%[(15만/10만)×100]가 된다.

12) CTR

CTR(Click Through Rate)은 클릭 완성률로 번역이 되며, 광고를 본 사람 중 클릭한 수가 얼마나 많은지를 보여 주는 비율이다. 웹이나 앱 광고의 경우 평균적으로 최저 0.1%, 최대 2% 안팎의 수치를 보인다. CTR이 높을수록 광고가 잘 만들어지거나 올바른 대상에게 노출되었다고 판단할 수 있다. CTR은 '클릭 수/임프레션(노출 수)×100'으로 계산된다.

13) VTR

VTR(View Through Rate)은 동영상 광고의 시청 완료율로, 광고를 스킵(skip)하지 않고 끝까지 시청한 사람의 비율을 말한다. '동영상 재생'을 캠페인의 목표로 설정한 경우 매우 중요한 성과 지표가 된다. 보통 동영상 스킵 정책은 유튜브는 5초 후 스킵, 네이버는 15초 후 스킵 정책을 채택하고 있다.

14) MAU

MAU(Monthly Active Users)는 월간 활성 사용자로서, 한 달 동안 해당 서비스를 이용한 순수한 사용자의 수를 말한다. 보통 소셜 게임(social game) 등 인터넷 기반 서비스에서 해당 서비스를 얼마나 많은 사용자가 실제로 이용하고 있는지를 나타내는 지표 중 하나로 활용된다. MAU라는 월 단위의 서비스 집계를 통해 서비스의 성공과 인기가 변화하는 과정을 장기적으로 파악할 수 있다. MAU를 집계하는 시점은 제각각이나, 페이스북 등에서는 사용자가 게임 시작 화면을 볼 때 집계하고, 모바일 게임에서는 애플리케이션 실행 시 집계하는 식으로 서비스를 실행하는 단계에서 집계하는 것이 일반적이다.

15) DAU

DAU(Daily Active Users)는 일간 활성 사용자로서, 하루 동안 해당 서비스를 이용한 순수한 사용자 수를 말한다. 보통 소셜 게임에서 해당 서비스를 얼마나 많은 사용자가 실제로 이용하고 있는지를 나타내는 지표 중 하나로 활용된다. DAU는 MAU보다 더 정확하게 서비스의 인기와 성공을 나타내며, 단기적인 이벤트 등에 대한 사용자들의 호응을 확인할 수 있어 효과적이다. DAU와 MAU는 특히 앱 분석을 할 때 앱 사용 현황을 파악하기 위해 사용된다. 각각은 기간별 앱을 사용한 사용자 수로 해석할 수 있다.

2. 인게이지먼트 효과 측정 단위

1) 좋아요 수

좋아요(like)는 SNS의 게시물에 댓글을 달지 않아도 호감이나 관심을 표현할 수 있는 척도이다. SNS 하단이나 우측의 좋아요 버튼을 누르면 좋아요 수에 포함된다. 어떤 브랜드 페이지에 대해 좋아요를 누른다고 해서 반드시 그 브랜드의 구매로 연결되지는 않는다. 하지만 좋아요는 인플루언서나 콘텐츠 마케팅에서 매우 중요한 인게이지먼트 효과를 나타내는 지표이다.

2) 댓글 수

댓글은 인터넷 게시물 밑에 남길 수 있는 짧은 글로서, 코멘트(comment), 리플(reply)이라고도 한다. 보통 웹사이트의 게시물 밑에는 댓글난이 있어서 독자는 그 게시물과 관련하여 의견을 표할 수 있다. 댓글을 통해 다양한 대화와 논리적인 토론이 이루어지기도 하고, 감정적인 반대 의사 표현이나 지극히 단순한 맞장구 표현과 같은 일도 이루어지기도 한다. SNS의 경우 게시글이나 영상 하단이나 우측의 댓글 달기 버튼을 누르면 댓글을 달 수 있다. 바이럴 마케팅에서는 댓글 수가 매우 중요한 인게이지먼트 효과 지표가 된다.

3) 공유 수

공유(share)란 사전적 의미로 무언가를 함께 사용하는 것을 의미하며, SNS 혹은 블로그 게시글이나 영상, 상품 상세 페이지, 게시판 글 등을 다른 사람에게 전달하는 것이다. SNS 게시글이나 영상의 하단 혹은 우측에 있는 공유하기 버튼을 누르면, 공유하고자 하는 콘텐츠 URL을 다른 사람에게 보낼 수 있다. SNS에 공유된 콘텐츠는 자연스럽게 비슷한 관심을 두고 있는 다른 사람에게 노출되고 마케팅 효과를 발생시킨다. 공유 수는 오가닉 유저(organic user)의 유입을 목표로 하는 콘텐츠 마케팅, 온드미디어 마케팅, 인바운드 마케팅에서 매우 중요한 인게이지먼트 효과 지표이다.

4) 팔로워 수

팔로워(follower)는 사전적 의미로 추종자 혹은 신봉자를 의미하며, 어떤 사람의 글을 지속적으로 받아 보는 사람을 가리키는 말이다. 인스타그램, 페이스북, 트위터, 틱톡 등의 SNS에는 팔로우 버튼이 있으며, 이것을 누르면 해당 계정을 팔로우하게 되고, 글을 올린 사람의 계정에는 한 명의 팔로워로 등록된다. 또한 이렇게 누군가를 팔로우하는 행위를 팔로잉이라고 하며, 자신의 계정에 팔로잉으로 표시된다. 팔로워는 SNS 이용자의 인기 척도를 나타내며, 팔로워 수가 많을수록 인기가 높은 사람이라고 할 수 있다. 인플루언서 마케팅에서는 팔로워 수가 매우 중요한 인게이지먼트 효과 지표가 된다.

5) 조회 수

조회 수(views)는 유튜브에서 주로 사용하는 인게이지먼트 효과 지표로서, 시청자가 영상을 30초 이상 시청하면 조회 수로 인정된다. 시청자가 영상을 2회 이상 시청하는 경우에도 각각 조회 수로 인정되며, 다른 웹사이트에서 링크로 포함된 유튜브 영상이나 페이스북에 공유된 영상도 조회 수에 포함된다. 유튜브에서 조회 수를 높이기 위하여 유튜브 검색엔진 최적화 작업이 필요하다. 보통 유튜브를 활용한 브랜딩 캠페인의 경우 조회 수는 중요한 인게이지먼트 효과 지표가 된다.

6) 구독자 수

구독은 신문 및 잡지와 같은 전통 매체에서 주로 사용되어 온 개념이나, 유튜브에서도 특정 채널에 업로드되는 영상을 정기적으로 받아 본다는 의미로 사용된다. 유튜브 영상 아래의 채널 페이지에서 구독 버튼을 누르면 구독자로 인정되며, 채널을 구독하면 새로 게시되는 영상이 구독 피드에 표시된다. 구독한 채널에서 새 영상을 게시할 때 자동으로 알림을 받을 수도 있다. 구독자 수(number of subscribers)는 유튜브에서 특정 채널의 인기와 이 채널에 업로드된 동영상 광고의 효과를 나타내는 중요한 인게이지먼트 효과 지표이다.

3. 캠페인 성과 측정 단위

1) KPI

KPI(Key Performance Indicator, 핵심 성과 지표)는 기업의 최종적인 목표를 달성하기 위한 핵심 성과 지표이다. 트래픽 측정 지표(metrics)가 통계학상의 양적 측정을 의미하는 반면에, KPI는 목표를 어느 정도 달성하고 있는지 알 수 있게 도와주는 성과 지표이다. 예를 들어, 달성하고자 하는 목표가 '매출 상승'이라면 KPI는 '전년도 대비 전환율 10% 상승'과 같이 구체적인 측정 지표가 될 수 있다. 트래픽을 포함한 모든 수치적 데이터가 KPI가 될 수 있다.

산업과 서비스 캠페인과 사이트의 성격에 따라 관리해야 할 KPI는 다르다. 예를 들어, 고객의 트래픽 증가를 목표로 하는 캠페인의 경우 PV, 임프레션(노출 수), 체류 시간, 방문자 수(유입), 재방문 등이 KPI가 될 수 있으며, 직접적인 성과(performance) 획득을 목표로 하는 캠페인의 경우 회원 가입, 구독자 수 증가, 구매 전환, 재구매 등이 KPI가 될 수 있다. 또한 페이스북 광고를 이용한 디지털 캠페인의 경우 좋아요 수, 포스팅 수, PV, 방문, 이벤트, 전환 등의 트래픽 측정 지표들이 KPI가 될 수 있다.

2) 전환: 간접전환/직접전환

전환(conversion)과 전환율은 광고 및 마케팅 캠페인의 성과를 파악하는 주요 지표이다. 전환은 광고를 통해 사이트로 유입된 방문객이 광고주 혹은 마케터가 원하는 특정 행동을 취하는 것을 말한다. 특정 행위로는 뉴스레터 가입, 소프트웨어 다운로드, 회원 가입, 장바구니 담기, 제품 구매, 결제하기 등이 있다. 광고나 메시지를 클릭하고 30분 이내에 전환이 일어나면 '직접전환', 광고나 메시지를 클릭한 동일 사용자에게서 15일 이내에 전환이 일어나면 '간접전환'이라고 말한다.

3) CVR

CVR(Conversion Rate, 전환율)은 광고를 클릭해 사이트로 유입된 방문자들이 특정 행위(전환)를 하는 비율을 말한다. 즉, 'CVR(%) = 전환 수/유입 수(방문 수)×100'으로 계산된다. 만약 특정 웹사이트에서 100명이 방문했을 때 5명의 전환이 발생하면, CVR은 (5/100)×100 = 5%이다.

4) 이탈률 혹은 반송률

사용자가 홈페이지를 방문해 한 페이지만 보고 다른 페이지로의 유입 없이 바로 나가는 것을 이탈(exit) 혹은 반송(bounce)이라고 하며, 웹사이트 유입 대비 반송의 비율을 이탈률(exit rate) 혹은 반송률(bounce rate)이라고 한다. 즉, '이탈률 혹은 반송률(%) = 반송 수/유입 수(방문 수)×100'으로 계산된다. 이탈률 혹은 반송률은 사용자들이 웹페이지 내에서 어떤 상호작용도 없이 바로 나갔을 때의 비율을 나타낸다. 예를 들어, 사용자가 원피스 광고를 통해 한 쇼핑몰에 들어왔으나 다른 상품을 보거나 회원 가입을 하거나 제품을 구매하는 등의 다른 행동 없이 페이지에서 나가는 것이 이에 해당한다.

만약 유입량은 많은데 전환 수가 적다면, 검색 광고의 문제가 아니라 랜딩 페이지의 문제일 수 있다. 랜딩 페이지가 방문자의 목적에 잘 맞게 되어 있느냐 아니냐에 따라 이탈률이 달라질 수 있다. 이러한 랜딩 페이지의 효율을 판단할 수 있는 중요한 데이터가 바로 이탈률이다. 검색 광고를 통한 유입도 물론 중요하지만, 유입된 방문자를 잡아 두는 것 또한 중요하다. 따라서 이탈률을 최소화하기 위해서는 랜딩 페이지 최적화 작업이 필요하다.

5) 잔존율 혹은 재방문율

잔존율(retention rate)은 특정한 서비스를 경험한 고객이 그 서비스를 다시 찾는 경우가 얼마나 생기는지를 비율로 나타낸 지표로서, 재방문율을 말한다. 원래 보통 게임을 경험한 사용자가 게임을 다시 찾는 경우가 얼마나 생기는지 비율로 나타내는 지표이다. 즉, 온라인 게임에서 주로 이야기되는 '한 번 특정 게임을 플레이했던 사용자가 다시 그 게임을 플레이하는 비율', 직역하면 '유지 비율' 또는 '사용자 잔존률'이라고 한다. 게임업계에서는 현재 게임을 이용하는 플레이어 수를 이전 시점에서 게임을 이용한 플레이어 수로 나누는 방법, 즉 '현재 접속자 수/비교 대상 시기의 접속자 수×100'으로 잔존율을 계산한다. 처음 게임을 출시할 때는 다운로드한 플레이어 수의 몇 퍼센트가 다시 게임을 했는지를 산출해 발표한다. 그 이후에는 주간, 월간, 혹은 특정 기간을 기준으로 산출한다.

잔존율은 게임업계에서 중요한 지표 중 하나이다. 잔존율 혹은 재방문율이 높을수록 휴면 사용자가 적어지고 접속자 수가 늘어나며, 게임이 활성화되는 데에 큰 도움이 되기 때문이다. 잔존율이 떨어지는 게임은 아무리 사용자를 모아 와도, 게임에 남아 있는 사용자가 없다는 뜻이므로, 최소한의 잔존율을 유지하지 못하면 그 게임은 망했다고 보면 된다. 특히 플레이어들이 서로 친구를 맺어 협동하는 재미를 내세우는 게임은 잔존율을 중시한다. 잔존율이 떨어진다는 것은 곧 이탈자가 생긴다는 뜻이며, 이탈자가 생긴다는 것은 곧 플레이어와 협동할 친구가 줄어든다는 뜻이다. 최악의 경우 플레이어가 협동할 친구가 없어서 이탈을 해 버리는 연쇄 반응이 일어나기에, 친구와의 협동을 중시하는 게임은 잔존율을 올리려는 노력을 기울인다. 잔존율은 매출에도 긍정적인 영향을 끼친다는 점에서 중요하다. 특히 접속하려면 일정 기간마다 결제해야 하는 정액제 게임의 경우, 잔존율은 매출과 직결된다. 잔존율이 높다는 것은 곧 많은 플레이어가 정액제 서비스를 결제한다는 뜻이기 때문이다.

접속은 무료로 허용하고 유료 서비스를 따로 판매하는 부분 유료 게임도 잔존율에 신경을 쓴다. 잔존율이 높아야 게임이 활성화되며, 높은 잔존율은 매출에 도움이 되기 때문이다. 비록 재방문한 플레이어가 반드시 결제한다는 보장은 없지만, 그래도 플레이어가 자주 방문할수록 그 사람이 결제할 여지가 늘어나기 때문이다. 이와 같은 이유로 상당수의 게임은 잔존율을 관리하는 데에 신경 쓴다. 매일 꾸준히 접속하는 플레이어에게 접속 날짜만큼 게임 아이템을 증정하는 직접적인 방법을 쓰기도 하며, 플레이어들끼리 친구가 되도록 유도한 뒤 플레이어들 사이에서 꾸준한 접속을 독려하는 분위기가 형성되도록 커뮤니티를 조성하는 간접적인 방법을 쓰기도 한다. 최근에 잔존율은 웹페이지를 다시 방문하거나 처음 가입한 게임을 다시 찾는 행위에도 적용되는 등 그 적용 범위가 무척 다양해지고 있다.

6) ROI

ROI(Return Of Investment, 투자 수익률)는 투자 대비 수익률로, 투자한 것에 대비해 합당한 이윤 창출을 하고 있는지를 보여 주는 지표이다. 기업의 순이익 비율을 파악하고자 할 때 사용된다. ROI가 클수록 수익성이 크다는 것을 의미한다. 다양한 분야에서 널리 사용되는 용어이기는 하지만, 상품을 홍보하고 판매를 촉진해야 하는 마케팅 분야에서도 많이 쓰인다. ROI를 측정하기 위해서는 투자 비용(investment)과 성과 및 부가 가치(return) 분석이 함께 필요하다. 'ROI = 영업 이익/총비용×100'으로 계산된다.

7) ROAS

ROAS(Return On Ads Spending, 광고 수익률)는 광고나 마케팅 비용의 효율성을 측정하기 위한 지표로, 캠페인에 투입한 광고비 대비 캠페인을 통해 얻은 수익률을 나타낸다. 'ROAS = 매출/비용×100'으로 계산된다. ROAS는 집행하고 있는 캠페인이 어떤 상황인지 점검해 볼 수 있는 지표가 된다. 이를 바탕으로 마케팅을 어떻게 집행할 것인지 통찰을 얻을 수도 있다.

8) 고객 생애 가치

고객 생애 가치(Life Time Value: LTV)는 사용자 한 명이 웹사이트나 앱에 들어와서 이탈하기까지 그 전체 기간 동안 창출하는 가치 지표를 말한다. 쉽게 말해, 한 사용자가 해당 서비스를 이용하는 동안 얼마나 이익을 가져다주는가를 수치화해 계산한 것이다.

4. 캠페인의 효율성 측정 단위

1) CPM

CPM(Cost Per Mille)에서 'Mille'은 라틴어로 '1,000'을 의미하며, CPM은 1,000회 광고 노출당 광고비를 나타낸다. 즉, 'CPM = 광고비/임프레션(노출 수)×100'으로 계산된다. CPM 단가 책정 방식은 가장 일반적인 광고비 책정 방법의 하나로서, 1,000회 광고 노출을 기준으로 가격을 책정하는 방식이다.

2) CPV

CPV(Cost Per View)는 광고 시청당 광고비를 말한다. 사용자가 광고를 시청(뷰)한 만큼, 즉 재생당 비용을 계산하는 방식으로, 동영상 광고의 요금체계로 사용되는 경우가 많다. 보통 유튜브의 5초 스킵 상품은 30초 이상 영상을 보았을 때만 과금되는 CPV 방식이다. 반면에 네이버 광고처럼 15초 강제상영 광고 상품의 경우 보통 CPM으로 가격 산정이 되며, 최소 비용도 1,000만 원 이상이다. 15초 강제상영 광고 상품은 TV CF를 하는 고액 광고주의 대형 브랜드들이 많다.

3) CPC

CPC(Cost Per Click)는 클릭당 광고비를 말하며, 'CPC=광고비/총 클릭 수'로 계산된다. CPC는 광고비 책정 방법의 하나로서, 광고 노출과 관계없이 클릭이 한 번 발생할 때마다 요금이 부과되는 방식이다. 광고비는 매체 종류, 광고 상품 종류, 광고주 입찰가격에 따라 다르다. CPC 단가 책정 방식은 웹 검색 광고에서 흔히 쓰이며, 이를 적용하는 광고 상품으로는 구글 애드센스, 네이버 파워링크, 네이버 클릭초이스 등이 있다.

4) CPVC

CPVC(Cost Per View or Click)는 뷰 혹은 클릭당 광고 비용을 의미한다. 뷰와 클릭을 합쳐서 단가를 산정한다.

5) CPI

CPI(Cost Per Impression)는 광고비를 노출량으로 나눈 값을 의미한다. 노출 단가라고도 한다.

6) CPA

CPA(Cost Per Action 혹은 Cost Per Acquisition)는 행동(action) 혹은 획득(acquisition)당 비용을 나타내며, 사용자가 온라인상에 노출된 광고를 클릭하고 랜딩 페이지에 진입해서 광고주가 원하는 특정 행동을 수행했을 때 과금하는 방식이다. CPA에서 행동은 주로 구매를 기준으로 삼지만, 상담 신청, 이벤트 참가, 다운로드, 회원 가입, 애플리케이션 설치 등을 기준으로 삼기도 한다.

7) CPI

CPI(Cost Per Install)는 앱 마케팅에서 생긴 용어로서 앱 설치당 광고비를 말한다. CPI 단가 책정 방식은 광고 노출과 관계없이 애플리케이션 설치 건당 요금이 부과되는 방식이다. CPA(Cost Per Action) 방식의 하위 개념이다. 주로 모바일 게임에서 많이 사용하는 과금 방식이다. 해외에서는 CPI를 따로 사용하기보다는 CPA로 묶어서 말하는 경우가 많다.

8) CPS

CPS(Cost Per Share)는 주로 페이스북, 인스타그램, 트위터와 같은 SNS 마케팅에서 사용하는 용어로서 공유하기당 비용을 나타낸다.

디지털 시대의 애드테크 신론

제4장

광고 플랫폼과
프로그래매틱 바잉

1. 디지털 광고 거래 방식의 변화와 광고 플랫폼의 진화

디지털 광고 플랫폼은 [그림 4-1]에서 보이듯이 온라인 광고 초기의 애드 서버(ad server)에서부터 애드 네트워크(ad network) 플랫폼을 거쳐 애드 익스체인지(ad exchange) 그리고 DSP(Demand Side Platform), SSP(Supply Side Platform), DMP(Data Management Platform), RTB(Real Time Bidding) 등으로 발전하여 왔다.

[그림 4-1] 디지털 광고 플랫폼의 진화

1) 애드 서버

디지털 광고 거래 방식의 변화를 살펴보면, 디지털 광고가 시작된 초창기에는 광고주와 퍼블리셔(매체)가 직접 계약 조건을 합의하고 광고를 거래했다. 그러나 업무의 비효율성 (예를 들어, 광고주는 배너 광고와 자료를 퍼블리셔에게 전달하고, 퍼블리셔는 매번 홈페이지에 배너 광고 이미지를 부착해서 수정 및 제작)과 광고 로테이션[1]의 어려움 등으로 광고 관리의 필요성이 제기되면서 애드 서버(ad server)가 등장하였다.

애드 서버는 광고주가 제공한 광고를 등록·송출하고, 광고 인벤토리의 탄력적 관리, 성과 분석, 광고비 정산 등의 관리를 수행하였다. 애드 서버가 등장하면서 광고 인벤토리의 로테이션이 가능해지고, 다양한 광고주를 모집할 수 있게 되었다.

---

[1] 광고 로테이션(advertising rotation)은 예를 들면 사이트의 특정 광고 영역에 있는 배너 광고가 1분에 5~6번 다른 소재로 교체되어 사용자가 사이트에 매번 접속할 때마다 바뀌는 것을 말한다.

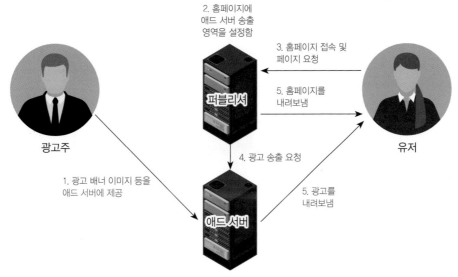

2. 홈페이지에
애드 서버 송출
영역을 설정함

3. 홈페이지 접속 및
페이지 요청

5. 홈페이지를
내려보냄

퍼블리셔

광고주

유저

1. 광고 배너 이미지 등을
애드 서버에 제공

4. 광고 송출 요청

5. 광고를
내려보냄

애드서버

[그림 4-2] 초기 광고 형태에서 애드 서버의 등장

출처: Chai Lee (2012. 1. 11.).

2) 애드 네트워크

온라인 및 모바일 매체의 수가 점차 많아지면서 광고주가 매체사를 직접 찾기가 어려워졌고 중소 매체사들도 광고주를 찾기가 어려워졌다. 즉, 대형 매체사들에 비해 대부분의 중소형 사이트는 노출량이 일정하지 못하고 인벤토리(광고 영역 단위)가 부족하여 광고를 판매하지 못하는 경우가 발생하였다. 이러한 광고주와 퍼블리셔 간의 광고 거래의 어려움을 해결하기 위하여 등장한 것이 광고주와 매체를 중개하는 애드 네트워크(ad network)이다. 애드 네트워크는 광고 인벤토리가 적은 매체들을 묶어 활용 가능한 매체로 구성한 매체들의 집합체를 말한다. 애드 네트워크 플랫폼 사업자는 주로 중소 매체사를 통해 대량의 인벤토리를 할인된 가격으로 구매한 후 이를 묶어 광고주들에게 다시 대량으로 판매하는 광고 플랫폼 사업자라고 할 수 있다. 수많은 중소 매체를 하나로 묶어 네트워크 단위로 판매함으로써 광고주의 요구를 충족할 수 있게 되었다. 네트워크 단위의 판매 및 구매는 직접 거래일 때 보다 광고 영업의 탄력적 운영이 가능하며 거래 유동성이 높아진다. 애드 네트워크는 매체 이용자의 인구통계학적 특성(성별, 나이), 지역, 콘텐츠별(예를 들어, 뉴스 사이트 등)로 패키지 형태로 묶어 원하는 타겟에게 보다 편리하게 광고를 집행할 수 있게 만

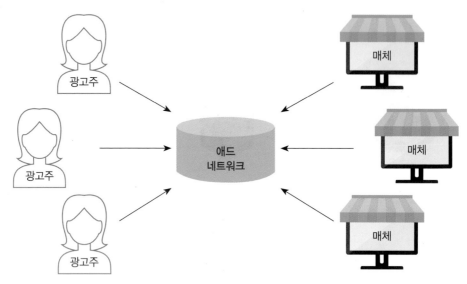

[그림 4-3] 애드 네트워크와 매체의 관계

출처: Violet Seo (2010. 1. 31.).

들어졌다. 대부분의 애드 네트워크 사업자들은 애드 네트워크를 구성하여 플랫폼화한다.

3) 애드 익스체인지

디지털 광고시장의 성장으로 다수의 애드 네트워크가 등장함에 따라, 이들을 한곳에 모아서 거래하는 주식 시장과 같은 역할을 하는 거래 시장이 필요하게 되었다. 특히 모바일 앱 위주의 광고 인벤토리를 다수 확보한 애드 네트워크가 있는 반면에, 웹사이트 위주의 광고 인벤토리를 가진 애드 네트워크가 있어서 이들을 한곳에 모아서 거래하는 거래 시장이 필요하게 되었다. 또한 광고주가 원하는 광고 인벤토리를 보유하지 않은 애드 네트워크가 존재하는 등 수많은 애드 네트워크가 난립하면서 광고주가 동일한 오디언스를 대상으로 불필요한 광고를 중복 게재하는 비효율적인 광고 집행이 발생하였다. 즉, 애드 네트워크가 점점 늘어남에 따라 애드 네트워크 간의 거래를 중재하는 시스템이 필요하게 되었다. 이러한 애드 네트워크 간의 인벤토리 거래를 중재하는 시스템을 애드 익스체인지(ad exchange)라고 한다. 따라서 애드 익스체인지는 애드 네트워크와 연동되어 있다.

광고 거래는 마케터가 직접 계약 조건을 협의하는 매뉴얼 방식과 모든 거래가 전자동화

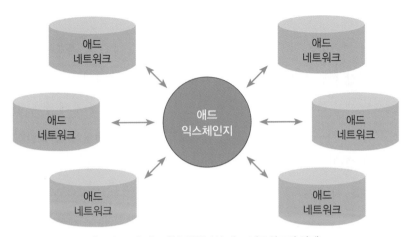

[그림 4-4] 애드 익스체인지와 애드 네트워크의 관계

출처: Violet Seo (2010. 1. 31.).

된 실시간 입찰 방식(Real Time Bidding: RTB) 기반의 프로그래매틱 바잉[2] 방식이 있다. 애드 익스체인지는 프로그래매틱 방식으로 광고를 구매할 때 사용되는 플랫폼이다. 애드 네트워크는 대량으로 판매되기 때문에 한두 개씩 남는 광고 인벤토리가 발생하는 단점이 있는 반면에, 애드 익스체인지는 입찰 방식으로 광고 지면을 구매할 수 있어 단 한 개의 광고 지면도 구매할 수 있고, 이를 통해 광고가 어떤 매체에 노출되는지 알 수 있게 해 준다.

4) DSP

애드 네트워크와 애드 익스체인지가 많아지면서 광고주와 매체사는 어떤 애드 익스체인지를 선택해야 하는지를 고민하게 되었다. 이때 여러 애드 익스체인지 중 비용 효율성이 가장 높다고 판단되는 광고 지면을 광고주가 쉽게 구매할 수 있도록 도와주는 DSP라는 플랫폼이 등장하게 되었다. DSP(Demand Side Platform)란 광고주를 대신하여 광고주의 타겟에 맞는 광고 인벤토리를 효율적으로 구매해 주는 광고 구매 플랫폼으로서, 광고주들이 인벤토리를 구매하는 과정을 자동화해 준다. 대부분의 온라인 광고회사와 미디어렙 등은

2] 프로그래매틱 바잉 방식은 타겟이 웹이나 앱에 접속하는 순간 0.1초 이내에 타겟팅과 경매를 통해 광고 거래가 이루어지는 방식을 말한다.

DSP를 가지고 있다.

DSP는 RTB(실시간 입찰) 방식의 프로그래매틱 바잉에서 수많은 매체와 광고 인벤토리 중 광고주에게 가장 적합한 매체와 광고 지면을 불과 0.1초 이내에 선택하고 자동 구매할 수 있게 해 준다. 예를 들어, 특정 관심사를 가진 사용자가 웹이나 앱에 접속하면 광고 인벤토리가 발생하고, DSP는 실시간으로 이 인벤토리의 가치(기대수익)를 판단한다. 즉, 이 광고 인벤토리가 웹이나 앱에 접속한 사용자에게 적합한지 아닌지를 평가한 후에 구매를 결정한다. 이때 DSP가 애드 익스체인지 등으로부터 받은 사용자 정보가 광고주의 타겟과 일치하는지를 판단하는 것을 도와주기 위해 사용자 정보를 DSP에 제공해 주는 플랫폼을 DMP(Data Management Platform; 데이터 관리 플랫폼)[3]라고 한다.

RTB에서의 DSP의 역할을 살펴보면, 첫째, 광고주로부터 광고 요청을 받고 광고주를 대신하여 광고 인벤토리의 구매를 준비한다. 둘째, DSP는 SSP(Supply Side Platform, 매체사들의 플랫폼) 혹은 애드 익스체인지로부터 사용자가 접속한 웹이나 앱의 광고 지면에 입찰하도록 요청(즉, 알림 메시지)을 받는다. 이때 DSP는 SSP 혹은 애드 익스체인지로부터 웹이나 앱에 접속한 사용자 정보와 매체 정보(광고단가 및 최저 입찰금액)를 받고 입찰을 준비한다. 입찰 준비와 동시에 웹이나 앱에 접속한 사용자 정보와 DMP로부터 받은 타겟 정보를 매칭한 후 일치하면 광고주를 대신하여 입찰을 결정한다. 셋째, 여러 개의 후보 인벤토리 중 가장 효율이 높은 인벤토리를 자동 입찰하며, 최저 입찰금액과 매체의 경쟁력 등을 고려하여 입찰가를 정한 후 광고주를 대신하여 입찰에 참여한다. 넷째, DSP는 입찰금액을 SSP 혹은 애드 익스체인지에 전달한 후, 낙찰을 받으면 다시 SSP 혹은 애드 익스체인지를 거쳐 매체에 노출해야 하는 광고 정보(배너 광고 등)가 담긴 애드 서버 정보를 전달한다. 이 모든 과정이 끝나면 사용자에게 해당 광고를 노출한다. 이처럼 DSP는 DMP, SSP, 애드 익스체인지 등과 연동하여 광고주를 대신하여 광고를 구매하고 적합한 타겟에게 노출한다.

DSP는 DMP의 사용자 데이터 분석에 기반하여 원하는 사용자에게만 광고가 송출될 수 있도록 하며, RTB와 오디언스 바잉(audience buying)으로 원하는 미디어의 지면만 선택적으로 구매할 수 있게 해 준다. 이를 통해 마케터는 광고주 캠페인의 목표를 위해 효율적으

---

[3] 사용자 데이터를 수집, 저장, 분석하는 플랫폼을 말한다.

로 운영할 수 있다. DSP는 광고주들이 광고 위치나 지면을 구매하는 과정을 자동화하고, 그들의 캠페인을 모니터링한다. 이 과정에서 여러 개의 SSP에서 제안하는 매체의 광고단가(예: CPC, CPV 등)를 비교하여 가장 비용효율적인 매체를 선택함으로써 광고주가 예산을 효율적으로 사용하게 해 준다.

DSP는 사용자 데이터를 수집, 저장, 분석하는 DMP와 연동하여 적절한 타겟에게 광고를 노출할 수 있도록 돕는다. 즉, 일반적으로 DSP와 DMP는 붙어 있으며, 이 두 플랫폼이 서로 사용자 데이터를 주고받으며 마케팅 퍼널 단계(인지, 고려, 구매 전환 등)에 따른 다양한 캠페인 목적에 적합한 타겟팅을 가능하게 해 준다. 즉, 마케팅 퍼널의 단계별로 핵심 타겟들에게 적합한 타겟팅 기법들을 통해 인지, 고려, 구매 전환 등의 목표에 맞게 캠페인을 최적화한다. 예를 들어, 사용자의 인지 단계에서는 광범위한 타겟에게 도달하기 위해 성별, 나이 등에 따라 타겟팅하고, 고려 단계에서는 관심사 타겟팅을 실시한다. 구체적으로 DSP는 SSP로부터 받은 사용자 정보를 DMP에 보내 해당 사용자가 적합한 타겟이 맞는지를 실시간으로 확인하는 오디언스 타겟팅 기능을 제공하고, 머신러닝의 CPA(Cost Per Action, 행동당 비용) 최적화 알고리즘 등을 사용하여 광고주가 설정한 목표 CPA에 도달되도록 입찰가격을 자동으로 조정하는 기능을 수행한다. 즉, DSP는 단순히 비용효율적인 매체만 RTB로 구매해 주는 것만이 아니라, 광고주의 예산을 고려하여 광고 캠페인의 목표 달성에 최적화된 매체들을 선택하게 해 주는 알고리즘이 탑재되어 있다. 예를 들어, 마케터가 DSP에서 캠페인 기간, 광고 예산, 캠페인 목표를 설정하면 이에 맞는 적합한 매체, 게재 위치, 요일, 게재 시간 등을 DSP에 탑재된 알고리즘이 자동으로 필터링한다. DSP는 광고 집행 후 성과를 분석하여 광고주에게 대시보드 형태로 리포팅하는 기능도 수행한다. 현재 DSP 서비스는 현업에서 30개가 넘는 국가 및 50개가 넘는 글로벌 매체 업무에서 매뉴얼로 미디어 바잉하는 것을 대체하고 있다.

국내외에 큰 규모의 광고 인벤토리를 보유한 대형 애드 네트워크 및 애드 익스체인지 플랫폼들이 있는데, 이들과 연동하면 미디어 커버리지(coverage)를 높일 수 있다. 즉, 국내 DSP 사업자가 보유한 DSP의 커버리지는 국내에서 얼마나 많은 인벤토리를 보유한 애드 네트워크 및 애드 익스체인지 등과 연동되어 있는가에 달려 있다. 예를 들어, 모바일 비즈니스 플랫폼 기업인 아이지에이웍스(www.igaworks.com)는 구글 더블클릭(Google Double click), 모펍(MoPub), 치타 모바일(Cheetah Mobile), 스마토(Smaato) 등의 대형 글로벌 광고 플랫폼과 연동되어 있다. 이러한 글로벌 플랫폼과 연동하면, 예를 들어 광고주는 아이지에이웍스와 연동된 스마토를 통해 전 세계 240개국의 앱과 활성화된 10억 대의 모바일 기기에 접근하여 월 3,000억 건 이상의 광고를 노출할 수 있으며, 국내에만 4,000만여 대의 모바일 기기에 광고를 노출할 수 있다.

　현재 디지털 광고 시장에 프로그래매틱 바잉이라는 거래 방식이 확산되면서, 광고주 사이에서 DSP에 대한 관심과 광고 효율에 대한 기대감이 점차 커지고 있으며, 글로벌 시장에서 수많은 DSP 사업자가 광고주의 마케팅 예산을 확보하기 위한 치열한 경쟁을 벌이고 있다. 국내 DSP 사업자들은 토종 사업자, 글로벌 사업자와 제휴한 국내 사업자, 국내 시장에 독자적으로 진출한 DSP 사업자 등으로 구분할 수 있다. 국내 DSP 사업자에는 DMC 미디어의 애드풀(ADpool) 등이 있으며, MediaMath(제일기획 미디어큐브와 제휴), TURN(대홍기획과 제휴) 등은 국내 회사와의 제휴를 통해 진출하였다.

　국내 시장에 직접 진출한 글로벌 DSP 사업자들로는 더 트레이드 데스크(The Trade Desk), 구글 더블클릭, 마이크로애드(MicroAd) 등이 있다. 국내 시장에 진출한 글로벌 DSP 사업자들은 국내에 지사를 설립하지 않더라도, 자신들이 보유한 프로그래매틱 애드 익스체인지 플랫폼을 통해 국내 미디어 지면에 실시간으로 광고를 집행할 수 있다. 또한 국내 시장에 직접 진출한 글로벌 DSP나 글로벌 DSP 사업자들과 전략적 파트너십을 체결한 국내 DSP 사업자들은 글로벌 애드 익스체인지들과 연동하여 국내 광고주들이 해외 시장에서 글로벌 인벤토리를 구매할 수 있게 해 준다.

5) RTB

　애드 익스체인지 및 DSP의 등장과 거의 동시에 광고주의 광고 지출에 대한 효율성과 투자 수익률(Return On Investment: ROI), 그리고 거래의 공정성을 높이기 위하여 RTB(Real Time Bidding)라고 불리는 실시간 입찰 방식의 거래가 나타나기 시작하였다. RTB란 애드 네트워크에 있는 광고 인벤토리를 통째로 구매하기보다는 순간순간 광고주에게 유리하거나 적합한 인벤토리가 있을 때마다 실시간 입찰로 구매하는 방식이다. 예를 들어, 특정 맥주 브랜드를 위해 여러 스포츠 사이트의 광고 인벤토리를 통째로 구매하기보다 그 사이트에 접속한 타겟으로 추정되는 사용자가 접속할 때 발생하는 광고 인벤토리를 실시간 입찰을 통하여 구매하게 해 준다. 즉, RTB는 사용자가 웹이나 앱에 접속할 때마다 발생하는 광고 인벤토리를 경매에 부치는 방식으로서 사용자들의 노출이 발생할 때마다 실시간으로 광고주가 의뢰한 DSP에게 해당 인벤토리의 구매를 물어보고, 해당 매체에의 노출이 적합하다고 판단될 때 경매에 참여한다. 많은 양의 광고를 집행하는 광고주 관점에서 볼 때 RTB는 ROI를 높이는 장점이 있다. 경매 하나에 드는 시간은 100ms(0.1초)로 매우 빠르며, 애드 익스체인지는 짧은 시간 안에 수많은 트래픽을 처리할 수 있다. RTB는 광고 지면을 비싸게 팔고 싶어 하는 퍼블리셔(매체)와 싸게 구매하고 싶어 하는 광고주를 모두 만족시켜 주고 서로 윈-윈(win-win)할 수 있게 해 준다.

[그림 4-5]에서 보이듯이 RTB의 작동 방식을 살펴보면 사용자가 홈페이지에 방문하면 DSP는 SSP나 애드 익스체인지를 통하여 웹페이지나 앱에 접속한 사용자의 정보를 받고, 이 사용자에게 광고를 노출하기 위하여 DSP가 광고주를 대신하여 입찰에 참여하고, 입찰을 통하여 광고 지면을 구매한 후 이 사용자에게 적합한 광고 메시지(이미 제작된)를 찾아내어 다시 SSP를 통해 매체사에 전달함으로써 광고가 타겟에게 최종적으로 노출된다.

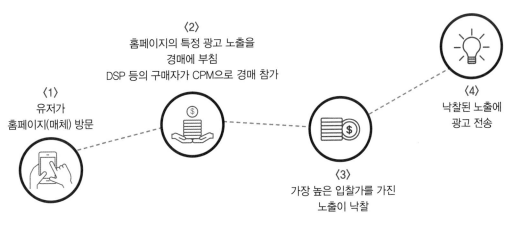

[그림 4-5] RTB의 역할

6) SSP

광고 거래가 RTB로 진행되면서 경매 금액이 가장 높은 광고주를 골라 주는 역할을 하는 SSP(Supply Side Platform)가 등장하였다. 이 플랫폼은 퍼블리셔들이 광고 위치나 지면을 팔고, 인벤토리 관리를 쉽게 할 수 있도록 도와준다. DSP가 광고주 입장에서 경매를 통하여 가장 비용 효율성이 높은 매체를 구매해 주는 구매 플랫폼인 반면에, SSP는 경매 금액이 가장 높은 수요자를 선정해 주는 판매 플랫폼이다. 예를 들어, [그림 4-6]에서 보이듯이 CPM(1,000회 노출당 광고비)이 가장 높은 네트워크의 광고를 송출한다. 따라서 DSP가 광고주를 위해 만들어진 플랫폼인 반면에, SSP는 매체(퍼블리셔) 측면의 플랫폼으로서 퍼블리셔(매체사)들의 광고 수익을 극대화할 수 있게 도와준다.

구체적인 SSP의 역할을 살펴보면, 첫째, 사용자가 매체에 접속하면 매체는 광고가 노출될 페이지의 인벤토리(광고 영역)를 채울 광고가 필요하다는 호출 코드를 SSP에게 전송한다. 둘째, SSP는 퍼블리셔의 광고 영역 혹은 위치(인벤토리)를 애드 익스체인지에 보내 주고, 연결되어 있는 모든 DSP에 광고 게시 요청을 보낸다. 단일 SSP가 모든 DSP의 광고 게시 요청을 수신한다. 이때 최대 응답 시간을 초과한 DSP의 응답은 무시된다. 셋째, DSP의

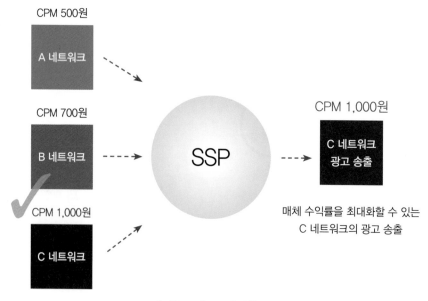

[그림 4-6] SSP의 역할

응답 중 가장 높은 입찰가를 부른 광고 게시 요청을 수락한다. SSP는 수락한 광고를 매체에 보내고, 동시에 수락한 매체에 광고 인벤토리가 낙찰됨을 알린다. 넷째, SSP로부터 광고를 받은 매체는 해당 광고를 노출될 페이지의 인벤토리(광고 영역)에 게시한다.

7) DMP

DMP(Data Management Platform)는 DSP가 광고주가 타겟에게 적합한 인벤토리를 구매하려고 할 때 효과적인 구매를 위해 다양한 사용자 데이터를 수집·저장·분석하여 광고주에게 정확한 고객 데이터를 제공하는 플랫폼이다. 광고주는 DMP에 저장된 고객 데이터를 분석하여 DSP 및 애드 네트워크 플랫폼의 타겟팅에 활용함으로써 캠페인의 퍼포먼스를 증대할 수 있다. 즉, DMP는 DSP가 더 효율적으로 캠페인을 운영할 수 있도록 여러 데이터를 제공하는 플랫폼으로서 광고 인벤토리 구매 및 타겟팅에 필요한 데이터 등을 모아서 통합 분석하고 고객 프로파일을 DSP에 제공하는 플랫폼이다.

●표 4-1● DMP의 데이터 종류와 분류

구분		분류
직접 수집한 정보 (NHN 관계사 및 제휴 데이터)	웹 이용 정보	사이트 방문, 광고 클릭, 유입 후 활동
	검색 키워드 정보	포털 검색 키워드, 쇼핑몰 검색 키워드, 자사 사이트 내 검색 키워드
	커머스 정보	제품명, 가격, 카테고리명, 장바구니 및 상품페이지 뷰
	앱 이용 정보	앱 설치 유무, 통신사, OS/버전, 기기(모델명)
모델링을 통한 정보(머신러닝, 클러스터링, 세그멘테이션, 텍스트마이닝)	업종 전환 예측	행태 정보, 검색 정보
	쇼핑지수 (구매력)	구매 횟수, 구매 금액, 구매 예측
	데모 정보	성별, 나이, 결혼 유무
	페르소나	생애주기, 소득수준, 직업, 라이프스타일
	지역	도, 시, 구, 군

출처: NHN ACE Trader (2021).

DMP 데이터에는 기본적으로 성별, 연령, 거주 지역 등의 로그인 정보뿐 아니라 고객이 방문한 사이트, 페이지, 검색 키워드, 둘러본 상품, 구매한 상품 등과 같은 행동 데이터가 포함된다. 이러한 데이터들은 광고주가 자체적으로 확보하거나 외부 데이터 제공자로부터 확보한 데이터로서, 이들 DMP 데이터를 체계적으로 정리 · 분석하고, 이를 바탕으로 세분화된 세그먼트를 조직하여 각각의 사용자를 타겟팅하는 과정에 활용한다. 광고주는 DMP가 수집 · 저장한 데이터를 DSP 및 애드 네트워크의 타겟팅에 활용함으로써 캠페인의 퍼포먼스를 증대할 수 있다.

DMP 기능을 살펴보면, 첫째, DMP는 제1자, 제2자, 제3자 데이터 제공자들(data providers)로부터 고객 데이터를 수집, 저장한다. 둘째, DMP 내에서 수집한 고객 데이터를 분석하여 사용자들을 다양한 카테고리로 세분화하고 각각의 세그먼트를 조직하여 각각의 세그먼트를 타겟팅하는 과정에 활용한다. 즉, DMP는 고객 상세 데이터(웹사이트 방문 이력, 구매 이력 등)로부터 고객의 숨은 가치를 발굴하고, 타겟 세그먼트를 생성할 수 있게 함으로써 효과적인 타겟팅을 도와준다. DMP에서 고객 정보를 정확하게 많이 수집할수록 해당 고객의 가치를 정확하게 파악할 수 있다. 예를 들어, 여행 사이트에서 수집된 사용자 데이터(웹 방문 이력, 구매 이력 등)를 분석하여 사용자가 자유여행에 관심을 보이는지 혹은 패키지 여행에 관심을 보이는지를 분석한 다음, 여행자의 성향에 따라 타겟 그룹을 자유 여행자 그룹과 패키지 여행자 그룹으로 세분화한다. 그런 다음 각 세그먼트에 맞는 매체를

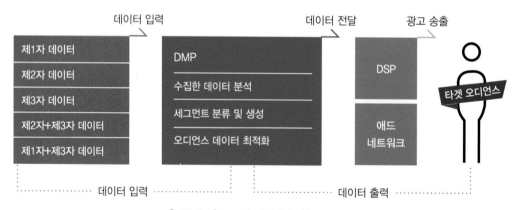

[그림 4-7] DMP의 기본적인 기능과 역할

출처: 메조미디어 데이터마케팅팀(2017. 2. 15.).

매칭할 수 있도록 DSP에 세그먼트 정보를 제공한다. 셋째, 생성된 고객 데이터를 DSP 및 애드 네트워크에 적용하여 타겟팅에 활용될 수 있도록 한다. DMP를 오디언스 타겟팅에 활용하기 위해서는 DSP와 같은 광고 플랫폼과의 연동이 필수적이다. 최근에 DSP가 자체적으로 DMP를 보유하여 정보를 분석하는 경우도 있다.

국내의 독립적인 DMP 사업자로는 디지털 마케팅 솔루션 기업인 메조미디어(Mezzomedia)가 있으며, 오라클(Oracle)과 어도비(Adobe) 등의 글로벌 DMP 사업자들도 국내 시장에 진출해 있다. 국내외 기업들은 DMP를 활용하여 새로운 시장을 발굴하고, 정확한 타겟팅을 통하여 광고 수익률(ROAS)을 높일 수 있다. 예를 들어, 미국의 Dell 컴퓨터는 DMP를 통해 실시간으로 기존고객 데이터를 분석하고 세그먼트를 생성한 후 신규고객을 발굴하여 마케팅에 적용하였으며, 그 결과 광고 효과를 상승(클릭률 15%, 조회 수 1,000%)시켰다.

DMP 플랫폼의 활용 사례를 살펴보면 [그림 4-8]과 같다. 미국의 항공사인 WestJet는 고객 인사이트 탐색과 마케팅 계획 수립에 어도비(Adobe)의 DMP 솔루션을 활용하였다. 자사에서 수집한 고객 행동 데이터를 기반으로 3개의 고객 세그먼트(예: 구매한 이력이 있는 고객, 장바구니에 담은 고객, 신규고객 등)를 생성한 후 각 고객 세그먼트에게 맞춤화된 광고를 송출하여 상당한 전환율을 창출함과 함께 캠페인 비용을 14% 줄일 수 있었다.

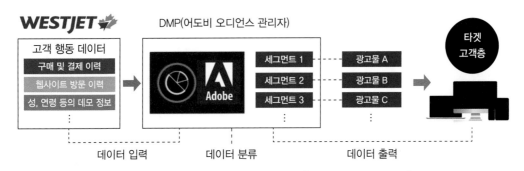

[그림 4-8] WestJet 항공사의 DMP 활용의 예(어도비 오디언스 관리자)

출처: 메조미디어 데이터마케팅팀(2017. 2. 15.).

2. 프로그래매틱 바잉

프로그래매틱 바잉(programmatic buying)은 광고 자동 구매로 번역되며, 자동화된 시스템을 사용하여 광고 인벤토리(advertising inventory)를 사고파는 과정을 말한다. 즉, 광고를 사람을 통해서 구매하는 것이 아니라 사전에 만든 알고리즘에 따라 플랫폼들을 통해 자동으로 구매하는 것을 말한다. 수집된 사용자 데이터를 이용해서 광고 인벤토리의 구매와 판매 과정을 실시간으로 거래할 수 있도록 자동화한 거래 방식이다.

프로그래매틱 바잉은 DSP, SSP, DMP, 애드 네트워크, 애드 익스체인지 등의 플랫폼들을 활용해 진행된다. 이는 광고주가 미리 기간 단위로 인벤토리를 구매하는 것이 아니라, 광고 인벤토리의 1회 노출을 필요에 따라 실시간으로 구입하는 것이다. 이로써 해당 제품에 관심이 있는 한 명의 타겟에게 노출함으로써 효과적인 광고를 집행할 수 있도록 한다. 이러한 점에서 프로그래매틱 바잉은 가장 진화된 디지털 광고 거래 방식이라 할 수 있다.

따라서 단순 인구통계학적 정보나 매체 카테고리를 통한 타겟팅보다 훨씬 정밀하며, 경제적으로도 합리적이라는 장점이 있다. 즉, 프로그래매틱 바잉은 광고주가 정확한 오디언스 타겟팅을 통해 좋은 광고 영역(인벤토리)을 확보할 수 있게 하고, 퍼블리셔가 원하는 광고주를 찾아서 광고 위치 혹은 지면에 대한 광고 수익을 높일 수 있게 한다. 또한 프로그래매틱 바잉은 사람이 해야 할 일을 프로그램이 대신하기 때문에 마케터는 전략 수립과 크리에이티브에만 집중할 수 있다.

프로그래매틱 바잉은 크게 고정 단가 방식과 RTB로 나눌 수 있다. 고정 단가 방식은 이미 광고의 단가가 퍼블리셔(매체)에 의해 정해져 있는 것을 말하며, RTB는 실시간 입찰 방식이다. 대부분의 프로그래매틱 바잉을 통한 광고 거래 시장은 실시간 입찰 방식이 주를 이루고 있다. 미국의 프로그래매틱 바잉 시장의 규모는 전체 디지털 광고 시장의 80% 이상, 일본 시장에서는 60% 이상을 차지하고 있다. 하지만 한국에서는 국내 광고 인벤토리의 모수가 미국과 일본에 비해 크지 않고, 네이버, 구글, 페이스북 등의 대형 매체사들이 시장을 과점하고 있어서 프로그래매틱 바잉 시장이 아직 활성화되어 있지 않다.

프로그래매틱 바잉의 참여자들은 광고주와 퍼블리셔 사이에 광고 거래를 중개하고 도

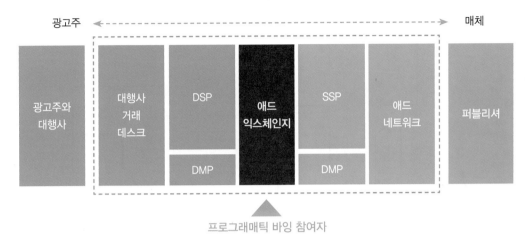

광고주 ◄┈┈┈┈┈┈┈┈┈┈┈┈┈┈┈┈┈┈┈► 매체

프로그래매틱 바잉 참여자

[그림 4-9] 프로그래매틱 바잉의 주요 참여자들

출처: 나스미디어(2016).

와주는 애드 네트워크, 애드 익스체인지, DSP, SSP, DMP 등의 자동화된 플랫폼들로 구성되어 있다. 이 플랫폼들은 RTB 생태계의 핵심 구성요소라고 할 수 있다.

프로그래매틱 바잉의 절차 및 과정은 [그림 4-10]에서 보이는 구조와 같다. 첫째, 사용자가 특정 웹이나 앱에 접속하는 즉시 입찰이 시작된다. 둘째, 매체(퍼블리셔)는 SSP 혹은 애드 익스체인지를 통해 해당 광고 위치에 입찰하도록 광고주에게 알림을 보낸다. 이때 SSP 혹은 애드 익스체인지는 DSP에 사용자 정보와 매체 정보(최저 입찰금액)를 전달하고 입찰을 기다린다. 셋째, 광고주는 DSP를 통해 웹이나 앱에 접속한 사용자의 정보를 받고, 이 사용자에게 광고를 노출하기 위해 입찰에 참여한다. 이때 DSP는 광고주 대신 자체적으로 입찰을 결정하거나 외부 DMP를 통해 입찰 여부를 판단한다. 입찰을 결정하면 DSP는 입찰금액을 SSP 혹은 애드 익스체인지에 전달한다. 넷째, SSP 혹은 애드 익스체인지는 입찰금액을 비교하여 가장 많은 금액을 제시한 DSP에 광고 인벤토리를 낙찰한다. 다섯째, 낙찰된 DSP는 다시 SSP 혹은 애드 익스체인지를 거쳐 매체에 노출해야 하는 정보가 담긴 애드 서버 정보를 전달한다. 이 모든 과정이 끝나면 사용자에게 해당 광고를 노출한다.

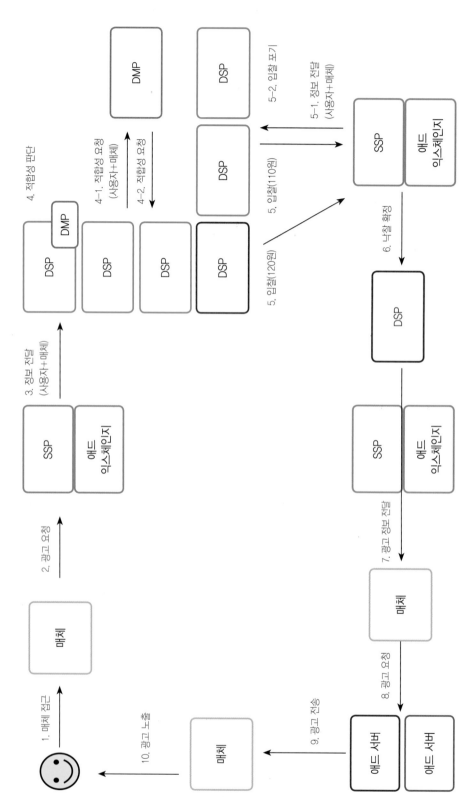

[그림 4-10] 프로그래매틱 바잉의 과정

출처: DMC REPORT (2015. 3. 6.).

디 지 털 시 대 의 애 드 테 크 신 론

제5장

사용자 데이터의
유형 및 수집

FTSE 200
8942.95
+1.65%

1. 디지털 마케팅에서 사용자 데이터의 활용

디지털 마케팅 캠페인은 고객을 이해하고 식별하는 것에서부터 시작된다. 여기에는 고객의 프로파일이라고 할 수 있는 인구통계학적 특성들뿐만 아니라 고객이 어떤 유입 경로를 통하여 제품을 구매하였고, 어떤 웹과 앱 콘텐츠를 주로 이용하였고, 어떤 키워드를 검색하였고, 어떤 마케팅 메시지에 반응하였으며, 어떤 액션(예: 장바구니 담기 등)을 통하여 전환[1]으로 유입되었는가 등의 행태 데이터 등을 파악하는 것이 포함된다. 이러한 웹과 앱 사용자 데이터(user data)를 수집·분석하면, 마케터는 고객의 전환을 발생시키기 위해 어떤 매체와 경로를 이용하여 고객과 접촉해야 하며, 자신의 사이트를 방문한 고객에게 어떤 행동을 유도하고, 랜딩 페이지(landing page) 등에서 어떤 경험을 하도록 해야겠다는 인사이트(insight)를 얻을 수 있다.

이러한 웹과 앱에서 수집한 사용자 특성 및 행태 데이터는 디지털 마케팅 캠페인 과정에 효율적으로 활용된다. 예를 들어, 디지털 마케팅 캠페인을 전개할 때 사용자 데이터 분석에 기반을 둔 구체적이고 측정 가능한 KPI 목표(예: 구매 전환율)를 설정하고, 사용자 데이터를 분석하여 고객을 식별하거나 프로파일링[2]을 하여 고객이 웹이나 앱에 접속하였을 때 광고 플랫폼을 통해 맞춤형 광고를 전송하며, 캠페인 종료 후 트래킹(tracking) 조사를 통하여 캠페인의 성과 분석[3]을 실시한다.

또한 사용자 데이터를 바탕으로 고객의 니즈(needs)를 분석하여 새로운 시장(블루오션)을 발굴하고, 심지어 크리에이티브의 개발에도 사용자 데이터를 활용한다. 예를 들어, 인공지능(AI)을 통하여 기존의 콘텐츠를 분석한 결과, 특정 장면에서 사용자의 인게이지먼트(engagement)[4]가 높은 것으로 나타났다면, 다음번에 그 장면을 넣은 콘텐츠를 제작하

---

[1] 전환은 광고 성과를 파악하는 주요 지표이다. 전환은 광고를 통해 사이트로 유입된 방문객이 광고주가 원하는 특정 행위를 취하는 것을 말한다. 특정 행위는 뉴스레터 가입, 소프트웨어 다운로드, 회원 가입, 장바구니 담기, 제품 구매 등이 될 수 있다.

[2] 온라인상에서 고객이 남긴 흔적(예: 사용자 이력 데이터)을 분석하여 고객의 프로파일을 추정하는 것을 말한다.

[3] 전문 용어로 어트리뷰션(attribution)이라고도 한다.

[4] 인게이지먼트는 조회 수, 댓글 수, 좋아요 수 등의 사용자 참여를 말한다.

여 '조회 수' '댓글 수' '좋아요 수' 등을 늘릴 수 있다. 이처럼 디지털 광고 및 마케팅 캠페인의 과정 대부분은 사용자 데이터에 의존한다고 할 수 있다.

● 표 5-1 ● 광고마케팅에서 사용자 데이터의 활용

활용 영역	내용
시장 세분화 및 타겟팅	새로운 시장 발굴, 고객 니즈/행동 분석, 고객 세그먼테이션, 타겟팅 전략 수립
UI, UX 최적화	사용자 구매 여정(경로) 분석 및 이탈 구간 개선, 시나리오/기능/디자인 개선
마케팅 전략/인사이트 개발	채널 분석을 통한 미디어믹스 전략, 크리에이티브 전략
마케팅 성과 측정	캠페인 성과(어트리뷰션) 측정, 채널별 ROI 진단 및 비용 최적화, 배너/프로모션/이벤트 효과 측정

2. 사용자 데이터의 분류 및 유형

디지털 광고/마케팅 캠페인은 잠재고객, 리드고객, 가망고객, 신규고객, 기존고객, 충성고객, 옹호고객, 휴면고객 등을 포함한 기업의 마케팅 활동의 표적이 되는 여러 유형의 타겟을 식별하거나 추정할 수 있는 데이터를 수집하는 것에서부터 시작된다. 디지털 광고/마케팅 캠페인에 활용되는 고객 정보는 출처, 고객 식별 여부, 사용자 특성 및 행동에 따라 분류할 수 있으며, 보통 DMP(Data Management Platform; 데이터 관리 플랫폼)에 담겨서 타겟팅과 광고 성과 분석 등에 활용된다. 타겟팅에 활용될 수 있는 데이터는 매우 다양하지만, 데이터의 출처(source)에 따라서 크게 제1자 혹은 자사 데이터(1st-party data), 제2자 혹은 관계자 데이터(2nd-party data), 제3자 혹은 외부 데이터(3rd-party data)로 분류되며, 고객 식별 여부에 따라서 고객 식별 데이터와 비식별 데이터로 분류된다. 또한 사용자 특성 및 행동에 따라서 특성 데이터와 행태 데이터로 분류된다.

●표 5-2● 사용자 데이터의 분류

분류 기준	분류
출처	1st-party data(제1자 데이터), 2nd-party data(제2자 데이터), 3rd-party data(제3자 데이터)
고객 식별 여부	고객 식별 정보, 고객 비식별 정보
사용자 특성 및 행동	사용자 특성 정보, 사용자 행태 정보
로그 유형	서비스 로그, 행동 로그

1) 출처에 따른 분류

제1자 데이터(1st-party data)는 일반적으로 기업이 운영하는 웹사이트나 모바일 앱, 오프라인 매장 등 다양한 고객과의 마케팅 및 세일즈 접점에서 광고주가 자체 수집한 자사 데이터를 말한다. 여기에는 성별, 나이, 직업, 소득 수준, 연락처, 거주지, 주민등록번호, 아이디(ID) 등의 고객 식별 정보뿐 아니라 웹과 앱의 방문 이력, 구매, 검색 기록, 관심사 등의 사용자의 웹 및 앱 활동을 기록한 행태 정보도 포함된다. 제1자 데이터를 자사 혹은 제1관계자 데이터라고도 한다.

제1자 데이터의 경우 온라인상에서 팝업창 등을 띄워 고객이 직접 자기 정보를 등록하게 해서 정보를 모으거나, 사용자의 식별 정보(ID, 고객 정보 기반의 성별, 나이, 직업, 지역, 구매 행동 등)를 포함하여 주로 사용자의 로그인 정보(회원 및 계정 가입 정보) 등을 통해 수집한다. 제1자 데이터는 주로 식별 데이터이기 때문에 사용자의 동의 없이 그대로 사용할 수 없으며, 이러한 식별 데이터는 사용자의 아이디를 지우고 범주화해서 개별 사용자를 식별할 수 없도록 비식별화 과정을 거친 후에야 이용할 수 있다.

제2자 혹은 제2관계자 데이터(2nd-party data)는 광고주와 매체사, 광고주와 대행사와의 관계처럼 계약 관계에 있는 업체 혹은 상호 보완성이 있는 업체 간 제1자 데이터의 교환을 통해 확보할 수 있는 사용자 데이터를 말한다. 여기에는 제1자 데이터와 마찬가지로 관계사가 직접 수집한 고객 식별 데이터 및 행태 데이터(비식별 데이터)가 포함된다.

반면, 제3자 데이터(3rd-party data)는 독립적이고 전문적인 데이터 제공업자(data provider)로부터 구매한 외부 데이터를 말한다. 보통 제1자 혹은 자사 데이터만으로 마케

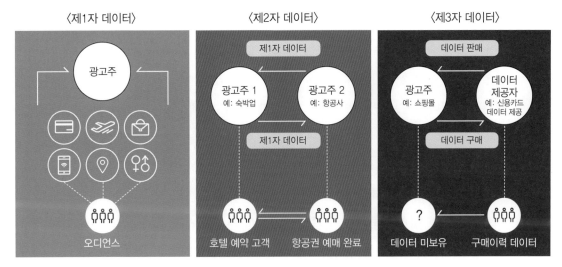

[그림 5-1] 제1자 데이터, 제2자 데이터, 제3자 데이터

출처: 메조미디어(2017. 2. 14.).

팅에 활용하는 데에 한계가 있어서 외부 데이터를 추가로 모으고 활용한다. 특히 제1자 데이터는 타겟의 모수(parameter)가 적고 로그인한 사용자의 행동만 파악할 수 있지만, 제3자혹은 외부 데이터를 활용하면 로그인하지 않아도 성향 파악이 가능하다. 따라서 타겟 식별의 정확도를 높이고 타겟의 범위를 확대하기 위해 양질의 외부 데이터 수집이 필요하다([그림 5-1] 참조).

2) 사용자 식별 유무에 다른 분류

사용자 데이터는 사용자의 식별 유무에 따라서 식별 데이터와 비식별 데이터로 분류된다. 식별 데이터는 개인을 직접 식별하거나 유추하여 알 수 있는 모든 정보를 말하며, 여기에는 성별, 나이, 이름, 주소, 이메일 주소, 웹주소, 휴대폰 번호, 신용카드 번호, 주민등록번호 등이 포함된다. 단순한 이름을 제외한 성별, 나이, 학력, 직업, 소득, 거주 지역 인종만으로는 식별 정보라고 할 수 없으며, 여기에 휴대폰 번호, 이메일 주소, 주민등록번호 등이 붙으면 식별이 가능한 개인식별정보(Personally Identifiable Information: PII)[5]가 된다.

5] 개인에 관한 정보 가운데 직간접적으로 개인을 식별할 수 있는 정보를 가리킨다. 식별 가능성이 없는 정보는 개인정보로 보지 않는다.

반면, 비식별 데이터는 누구에 대한 정보인지를 확인할 수 없도록 조치한 개인정보, 즉 특정한 개인을 구분할 수 있는 정보를 제외한 모든 정보를 말한다. 비식별 정보는 사전 동의 없이 기업이나 공공기관이 자유롭게 활용할 수 있다. 일반적으로 비식별 데이터의 양이 식별 데이터의 양보다 월등히 많으며, 소위 말하는 빅데이터의 원천이라고 할 수 있다.

일반적으로 기업이 자체적으로 수집하는 자사 데이터는 양이 충분하지 못하고 타겟의 모수가 적어 마케팅에서의 활용도가 떨어진다. 이러한 이유로 제3자 데이터 제공업체로부터 고객 비식별 데이터를 구매하여 타겟팅 등에 활용한다. 또한 「개인정보 보호법」에 따라 기업의 웹 서비스 과정에서 처리 목적에 따른 데이터의 수집 범위, 분석 범위, 활용 범위 등이 제한적이기 때문에 비식별화 과정을 거쳐서 사용할 수 있다.

2016년 6월 행정자치부에서 발표한 '개인정보 비식별 조치 가이드라인'에 따르면, 개인 식별 정보를 가명, 익명, 범주화 등의 조치로 특정 개인으로 확인 불가능하도록 비식별화로 처리하면 개인정보가 아닌 것으로 간주될 수 있으며, 이렇게 비식별화된 정보는 당사자 등의 동의 없이도 활용 및 유통할 수 있다. [그림 5-2]는 고객 식별 정보, 비식별화 고객 정보, 비식별 고객 정보의 차이를 나타낸다. 하지만 소비자와 시민단체들은 비식별화 처리를 통해 현재는 특정 개인으로 식별할 수 없다고 판단되어 배포된 데이터가 100만 데이터 분석가가 모이면 식별될 수 있고, 현재는 불가능해도 머신러닝 등의 분석 기법이 더욱 발달한 몇 년 후에는 식별 가능해질 수 있다는 우려를 제기하고 있다. 반면, 기업은 비식별화된 데이터는 활용의 효용성이 너무 떨어져 가치가 없고, 가이드라인에 따라 비식별화 조치를 한 데이터가 유통된 이후 식별되었을 때 발생하는 위험을 모두 기업에 전가하고 있다는 불만을 느끼고 있다. 이러한 제약 조건에서 완전히 벗어나기 위해 광고/마케팅 업계에서 활용하고 있는 것이 비식별 디바이스 기준으로 관리하는 비식별 고객 데이터이고, 이에 활용되는 것이 전통의 강자인 쿠키(cookie) 정보와 모바일 디바이스 OS가 제공하는 ADID[6] 및 IDFA[7]와 같은 광고 식별자 정보이다.

---

6) Advertising ID의 약어로서 구글 플레이 서비스에서 제공하는 모바일 앱 사용자의 식별코드, 즉 사용자의 디바이스 (휴대폰 기기)를 식별해 주는 고유 식별자를 말한다. 사용자의 광고 이용 행태를 추적할 수 있다. 구글 안드로이드 폰에서는 GAID, 애플 iOS폰에서는 IDFA라고 한다.
7) Identifier For Advertising의 약어로서 애플의 앱스토어에서 제공하는 모바일 앱 사용자의 식별코드를 말한다.

2. 사용자 데이터의 분류 및 유형

[그림 5-2] 식별 고객 정보, 비식별화 고객 정보, 비식별 고객 정보의 비교

출처: 김영경(2018. 1. 30.).

3) 사용자 특성 및 행동에 따른 분류

(1) 특성 정보

사용자 특성 정보(demographic information)는 고객이 누구인지를 나타내 주는 정보로서 성별, 나이, 학력, 직업, 소득, 거주 지역, 인종, 웹주소, 휴대폰 번호, 이메일 주소, 주민등록번호 등과 같은 사용자의 인구통계학적 특성을 나타내는 정보를 말한다. 여기에는 고객 식별이 가능한 로그인이나 회원 가입 정보가 포함된다.

(2) 행태(행동) 정보

사용자 행태 정보(behavioral information)는 방문자가 웹이나 앱에서 무엇을 하는지 알려 주는 데이터로서 개인의 온라인 이용 행태에 대한 정보를 포괄하는 개념으로 정의되고 있다. 예를 들어, 사용자 개인이 온라인상에서 어떤 웹사이트를 방문하였고, 어떤 단어를 검색하였고, 어떤 링크를 클릭하였으며, 무엇을 구매하였는지에 대한 정보를 말한다. 방송통신위원회의 '온라인 맞춤형 광고 개인정보 보호 가이드라인'에 따르면, 웹사이트 방문 이력, 앱 사용 이력, 구매 및 검색 이력 등 이용자의 관심, 홍미, 기호, 성향 등을 파악하고 분석할 수 있는 온라인상의 사용자 활동 정보를 말한다.

　　사용자 행태 정보는 고객을 식별하여 주로 맞춤형 광고를 전송하기 위해 사용되며, 웹에서의 행태 정보는 사용자의 컴퓨터에 저장된 쿠키 정보를 통해 얻을 수 있다. 쿠키 정보에는 사용자의 웹사이트 방문 기록, 검색 기록, 앱 사용 기록, 구매 이력, 사이트 이동 이력 등의 행태 정보들이 포함된다. 쿠키는 사용자에 대한 어떠한 개인정보도 포함하지 않으며 개별 사용자를 식별하는 데에 이용할 수 없다. 즉, 쿠키 정보는 기본적으로 고객 비식별 정보이다. 하지만 실제로 쿠키를 통하여 수집된 정보는 사용자의 행태 정보들을 조합하여, 개별 사용자와 관심 분야를 간접적으로 유추하거나 식별하는 데에 이용할 수 있다. 기업들은 행태 정보를 머신러닝 등으로 처리하여 사용자의 관심, 흥미, 기호 및 성향 등을 분석하고 고객을 프로파일링하여 추정한 후 사용자들에게 맞춤형 광고를 제공한다. 사용자 행태 정보와 같은 비식별 정보는 웹은 쿠키, 앱은 ADID(광고 아이디) 및 IDFA와 같은 고유 식별자 분석을 통해 얻을 수 있다.

4) 로그 유형에 따른 분류

　　사용자 데이터는 서비스 로그[8]와 행동 로그로 구분되기도 한다. 서비스 로그(service log)는 거래(transaction)의 결과를 기록하는 로그 정보이다. 예를 들어, 사용자가 서비스에 가입하거나, 예약하거나, 결제하는 등 하나의 거래가 완료되었을 때 각각의 서비스 로그가 남게 된다. 반면, 행동 로그(behavior log)는 거래에 이르기까지 사용자들이 서비스에서 하는 하나하나의 행동에 대한 로그를 의미한다. 특정 상품을 클릭하거나, 검색하거나, 배너를 스와이프하는 행동을 예로 들 수 있다.

　　서비스 로그는 기본적인 서비스 운영을 위해서 필수적으로 쌓고 관리해야 하므로 데이터를 활용하는 데에 문제가 없다. 반면, 행동 로그의 경우 생성되는 데이터의 양도 훨씬 많고 설계하는 과정에서의 자유도도 높아서 수집이나 활용이 상대적으로 까다로운 편이다.

---

8) 로그(log)는 웹과 앱 서비스를 이용하는 사용자들이 남기는 기록이다.

3. 고객 프로파일링

고객 프로파일링(customer profiling)은 대부분의 애드 네트워크 플랫폼 회사를 포함한 타겟팅 광고회사에 의해 주로 사용되는 기법으로, 인터넷 쿠키 정보, 웹사이트 트래픽 분석, 개인정보 등의 조합을 통해 고객의 브라우징 및 구매 습관 등을 바탕으로 고객을 식별하고 고객 프로필을 형성하는 것을 의미한다. 사실 웹이나 앱에서 제3자에 의해서 수집되는 정보 대부분은 비식별 정보이기 때문에 타겟팅이나 성과 분석에 그대로 사용할 수 없다. 따라서 타겟팅을 제대로 수행하기 위해서는 고객을 식별하는 프로파일링 작업이 우선되어야 한다. 고객이 누구인지의 추정을 통해 고객 식별화 정보를 수집한다. 사용자 프로파일링은 [그림 5-3]에서 보이듯이 일차적으로 사용자 추적(tracking)을 통해 사용자 데이터를 수집한 다음, 해당 데이터를 머신러닝(machine learning)으로 처리한다. 즉, [그림 5-3]의 왼쪽 부분은 사용자의 웹 활동 이력을 나타내는 행태 정보이다. 이러한 행태 정보들을 머신러닝이 분석하여 고객이 누구인지를 추정한다.

- http://www.abc.com에 방문, 신발 > 운동화(Sneakers) 섹션에서 15분 간 브라우징
- http://www.yahoo.com에 방문, 'new coach sneakers'를 검색
- http://www.sportsillustrated.com에 방문, 노출되는 6pm의 운동화 광고를 클릭
- http://www.stockexchange.com에 방문, NIKE 사의 주식 가격 등락을 확인
- 기타 등등

〈데이터 수집 및 분석〉   〈고객 식별〉

[그림 5-3] 사용자 트래킹 및 프로파일링 과정

출처: 이진규(2019. 1. 7.).

4. 사용자 데이터의 분석과 수집

디지털 마케팅에서는 웹과 앱 상에서 사용자에게 어떤 일이, 얼마나 많이, 왜 일어나는지를 분석해야 마케터가 최종적으로 어떤 액션을 취할지 판단을 내릴 수 있다. 사용자 데

이터는 웹과 앱 서비스를 이용하는 사용자들이 남기는 기록이라고 할 수 있다. 온라인상에서 디지털 광고 및 마케팅에 활용되는 사용자 데이터는 웹로그(web log)와 앱로그(app log) 데이터로 구분된다. 따라서 온라인상에서 사용자 데이터의 수집은 웹 사용자 데이터와 앱 사용자 데이터의 수집으로 나눌 수 있으며, 웹에서는 웹로그 분석, 앱에서는 앱로그 분석을 통해 사용자 데이터를 수집한다.

1) 웹로그 분석

디지털 마케팅 영역에서 고객의 데이터를 분석해서 인사이트를 도출하고 이를 마케팅이나 비즈니스 전략에 활용하는 데이터 분석 능력은 오늘날 마케터가 갖추어야 할 필수 역량이 되었다. 네이버, 다음, 구글과 같은 검색 엔진에서의 검색 데이터, 페이스북과 같은 SNS에서의 소셜 데이터, 각종 광고매체 데이터, 개별 기업이 보유한 CRM 데이터, 웹사이트 방문자의 웹로그 데이터 등은 시장을 파악하고 고객을 이해할 수 있는 대표적인 디지털 데이터에 해당하며, 그 활용을 위해 통계 분석이나 빅데이터 분석 등 다양한 분석 방법이 적용된다. 이 중 기업에서 일반적으로 가장 널리 사용되고 기본이 되는 데이터 분석 중 하나가 바로 웹로그 분석이다. 웹로그 분석은 웹사이트나 앱 방문자에 대한 분석 작업을 의미하며, 웹로그 분석 도구의 간단한 설치만으로 방대한 양의 고객 데이터를 수집 · 분석할 수 있다. 이러한 이유로 웹로그 분석은 많은 사업자에게 웹사이트에서의 디지털 마케팅 활동의 거점 역할을 담당한다.

(1) 웹로그란

웹로그(weblog)란 웹(web)과 기록(log)이라는 두 단어가 합쳐져 만들어진 사이트 방문자의 '웹 항해 기록'이라는 뜻의 단어이다. 웹로그는 웹서버가 가지고 있는 기록으로, 서버에서 이루어지는 모든 일을 구체적으로 기록해서 보관한 데이터이다. 즉, 웹로그는 웹 서비스를 이용하는 방문자들이 남기는 기록뿐 아니라 서버가 제공하는 서비스 기능 처리 내역까지 포함해 서버에서 일어난 모든 일을 기록해서 보관한 데이터를 말한다. 따라서 웹서버에는 액세스 로그(access log), 에러 로그(error log), 리퍼럴 로그(referral log), 에이전트 로그

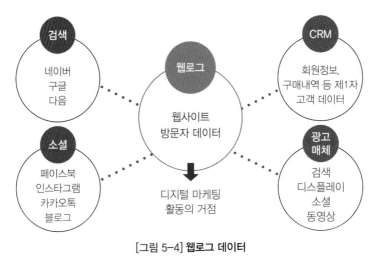

[그림 5-4] 웹로그 데이터

출처: 김종진(2018. 5. 21.).

(agent log) 등의 로그 데이터[9]가 파일 형태로 기록된다. 액세스 로그는 누가 어떤 것을 읽었는지, 에러 로그는 오류가 있었는지, 리퍼럴 로그는 경유 사이트와 검색 엔진 키워드 등의 단서, 에이전트 로그는 브라우저 이름, 버전, OS, 화면 해상도 등의 정보를 제공한다.

웹로그의 생성 과정은 [그림 5-5]에서 보이듯이 사용자가 특정 사이트를 요청하면 브라우저는 HTTP 요청(request)[10]을 만들어 서버에 보낸다. 웹서버는 이 요청을 처리해서 HTTP 반응(response)[11] 메시지를 만들어 브라우저에 전송한다. 이 정보가 모니터와 같은 출력 장치를 통해 사용자에게 나타난다. 여기서 웹서버는 HTTP 요청을 받아 HTTP 반응으로 처리한 모든 관련 내용을 서버 로그 파일에 남길 수 있다. 이를 웹로그라고 한다.

---

9) IT 인프라에서 발생되는 사용자의 모든 행위와 이벤트 정보를 시간에 따라 남기는 기록 데이터로서, 최근 사용자의 행동 패턴을 확인하고, 사용자 클러스터링, 모델링 등 다양한 목적으로 사용되는 행동 기반의 데이터를 말한다. 기업은 로그 데이터를 차곡차곡 수집·분석·활용하여 소중한 자산으로 관리해야 한다.

10) HTTP 메시지는 서버와 클라이언트 간에 데이터가 교환되는 방식이다. 메시지 타입은 두 가지가 있는데 HTTP Request라 불리는 요청은 클라이언트가 서버로 전달해서 서버의 액션이 일어나게끔 하는 메시지이고, 반응은 요청에 대한 서버의 답변이다.

11) HTTP 반응은 요청에 대한 답변이다. 예를 들면, 사용자 웹브라우저가 HTTP를 통하여 서버로부터 웹페이지 (HTML)나 그림 정보를 요청하면, 서버는 이 요청에 응답하여 필요한 정보를 해당 사용자에게 전달한다. 이때 누가 언제 요청했는지와 같은 사용자 행동 정보가 웹서버에 저장·활용된다.

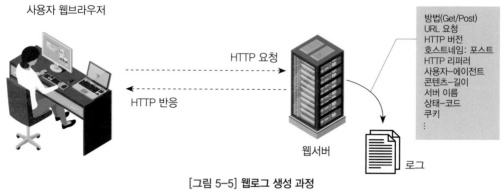

[그림 5-5] 웹로그 생성 과정

출처: 넷스루(2011. 10. 7.).

(2) 웹로그 분석의 목적

마케팅에서 웹로그 분석이란 홈페이지 방문자들이 남긴 기록(log), 즉 발자취 자료를 분석하여 누가, 언제, 어디서, 어떠한 경로로 어디를 방문하였는지를 분석하는 것을 의미한다. 즉, 웹로그 분석은 이러한 사이트 방문자들이 남긴 기록을 분석하는 작업을 말하며, 이런 용도로 제작된 프로그램을 '웹로그 분석 도구'라고 한다. 마케팅에서 웹로그 분석의 목적은 자사 웹사이트에서 방문자 데이터를 수집하고, 리포팅하고, 분석해서 웹서버를 개선하거나 효과적인 마케팅 전략 수립을 위한 인사이트를 개발하는 것을 포함한다. 이를 통해 보다 더 나은 웹서비스를 제공하고 판매 수익 증대와 같은 마케팅 성과를 극대화할 수 있다. 예를 들어, 어떤 온라인 쇼핑몰 사이트의 웹로그 데이터 분석 결과, 회원 가입 페이지에 접속한 100명의 방문자 중 가입 완료 페이지에는 10명만 접속하고 나머지 90명이 이탈했다면 가입 페이지에 어떤 문제가 있는지를 분석해서 사용자 경험을 개선할 수 있다. 이뿐만 아니라 웹로그 데이터로 방문자가 어떤 검색어로 방문하였으며, 몇 시에 방문자가 가장 많은지를 파악해서 특정 검색어로 추가 쿠폰을 발행하거나 방문자가 가장 많은 시간에 깜짝 이벤트를 진행하여 캠페인의 효과를 높일 수 있다. 이처럼 웹을 통해 제품이나 서비스를 판매하는 사이트들은 웹로그 분석을 통해 전환 가능성이 높은 잠재고객을 분류하고 타겟팅하여 마케팅 역량을 집중하고 구매 전환율(purchase conversion)을 증대할 수 있다.

마케팅에서 웹로그 분석은 크게 목표 설정, 데이터 수집, 데이터 분석, 행동의 절차를 거친다. 즉, 우선 웹로그 분석의 목적과 목표를 설정하고, 데이터를 수집한 후, 이를 분석해

●표 5-3● 비즈니스 목표 유형에 따른 분석 데이터의 사례

비즈니스 목표 유형	정의	수집 데이터 사례
마케팅 캠페인 목표	자사 사이트에서 전환을 발생시키는 것	회원 가입, 구매 완료
이벤트* 목표	이벤트 발생, 페이지 뷰, 체류 시간, 후기 작성과 같은 액션이 이루어지는 것	모든 페이지 방문, 세션당 체류 시간 5분 이상, 특정 동영상 시청 완료
리드 창출	리드고객을 창출하는 것	이벤트 참여, 설문지 작성
KPI 창출	핵심 마케팅 성과를 창출하는 것	전환율, 유입 수, 방문 수
타겟팅 목표	마케팅 목표, 이벤트 목표, 리드 창출, KPI 창출에 근접한 잠재고객을 세분화하는 것	동영상을 즐기는 20대 대학생

* 이벤트는 웹이나 앱에서 발생하는 특정 시점의 사용자 행동으로서 앱 설치, 앱 실행, 구매, 로그인 등을 포함한다.
출처: 한국디지털마케팅아카데미(2019. 12. 23.).

서 인사이트를 찾아내고, 행동 단계에서 이러한 인사이트를 바탕으로 웹사이트를 개선하거나 최적화하기 위한 행동을 취한다. 웹로그 분석을 할 때, 첫째, 무엇을 위해 웹로그 분석을 해야 하는지 명확한 목적을 정해야 한다. 분석의 목적이 확실해야 마케터가 어떤 데이터를 수집·분석하고 어떤 행동을 취해야 할 것인지를 결정할 수 있다. 예를 들어, 온라인 교육 사이트에서 회원 가입률을 개선하려 한다면, 목표는 "회원 가입률을 50%까지 개선한다."로 설정할 수 있다. 둘째, 이러한 목표에 부합하는 데이터를 수집한다. 예를 들어, 회원 가입이나 가입 완료 페이지의 신규 방문자 수 데이터를 수집한다. 또한 가입 완료 페이지 접속자 수를 가입 페이지 접속자 수로 나누어 회원 가입률의 증감을 계산할 수 있다. 셋째, 결과를 분석해서 만약 회원 가입률이 50%보다 낮으면 회원 가입 페이지에서 어떤 문제가 있는지를 파악하고, 이를 바탕으로 UX(User Experience; 사용자 경험) 등을 개선한다. 〈표 5-3〉은 비즈니스 목표 유형에 따른 분석 데이터의 사례를 나타낸다.

2) 쿠키와 웹로그 분석

(1) 쿠키

웹로그 데이터는 대부분 사용자의 컴퓨터에 저장된 쿠키(cookie)에서 얻어진다. 즉, 사용자의 웹로그 데이터가 대부분 쿠키에 담겨 있기 때문에 사용자 컴퓨터에 저장된 쿠키 정보를 수집하여 웹로그를 분석한다. 쿠키는 인터넷 사용자가 웹사이트를 방문할 때, 사용자의

컴퓨터(하드디스크 폴더)에 자동으로 저장되는 작은 임시 파일이다. 쿠키에는 사용자가 인터넷에서 어떤 콘텐츠를 살펴보았는지, 어떤 상품을 구입했는지가 세세하게 기록되며, 특정 사이트에 접속하면 그의 행적이 쿠키에 담겨 컴퓨터의 하드디스크에 저장된다. 예를 들어, 어떤 사용자가 온라인 쇼핑몰 사이트에 방문해서 상품을 장바구니에 담았으면 이 정보가 쿠키에 기록·저장되어 웹서버가 아닌 사용자 컴퓨터 하드디스크의 웹브라우저 폴더에 보관된다. 사용자가 다시 해당 사이트에 접속하면 이 사이트의 웹서버는 사용자의 컴퓨터에 저장된 쿠키를 불러 그가 누구인지, 어떤 정보를 많이 찾았는지를 파악하게 해 준다. 따라서 쿠키는 방문자가 방문한 웹사이트의 서버가 생성한다.

(2) 쿠키의 작동 원리 및 수집·분석

쿠키는 사용자의 컴퓨터 브라우저(하드디스크 폴더의 브라우저 폴더)에 처음부터 있을 때와 없을 때를 구분하여 동작한다. [그림 5-6]에서 보이듯이 사용자가 먼저 서버에 페이지를 요청하면(HTTP request), 서버는 사전에 사용자의 웹브라우저 폴더에 저장된 쿠키가 있는지를 확인한다. 쿠키가 이미 있는 경우 사용자 브라우저는 웹페이지 요청과 함께 쿠키

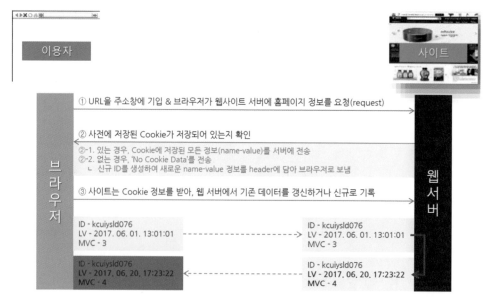

[그림 5-6] 쿠키의 작동 과정

출처: 이진규(2019. 1. 7.).

를 서버에 보낸다. 쿠키를 전송받은 웹서버는 사용자의 페이지 요청에 담긴 쿠키 정보를 읽어 이전 사이트 상태에 대한 정보를 파악하고, 자동 로그인이나 웹 광고 추적(배너 광고 홈페이지 접속 여부) 등에 활용한다. 이때 다시 변경(새로운 접속 날짜 등)되거나 업데이트된 쿠키는 다시 사용자의 브라우저 폴더에 전송되어 저장된다.

만약 쿠키가 없다면 쿠키를 생성(신규 ID 생성)하여 쿠키 이름과 값으로 구성된 새로운 쿠키를 서버가 HTTP 사이트 소스 코드(source code) 헤더(header)에 직접 넣어 사용자의 컴퓨터의 브라우저 폴더에 저장한다. 또한 쿠키는 컴퓨터에 텍스트 파일로 저장되기 때문에 대부분의 텍스트 편집기나 워드프로세서 프로그램으로 검색할 수 있으며, 쿠키 파일을 클릭하면 열 수 있다. 그러면 해당 응용 프로그램에서 사용자가 마지막으로 사이트를 방문한 날짜 및 시간을 확인할 수 있다.

(3) 쿠키의 구조 및 구성요소

쿠키는 크게 이름(name), 값(value), 속성(attribute)으로 이루어져 있다. 즉, 쿠키에 담기는 정보는 쿠키를 제공하는 웹사이트의 이름, 쿠키의 이름, 존속기간, 쿠키값 등이 있다. 쿠키의 구성요소 중 이름은 값을 정의하고, 값은 웹사이트가 활용하고자 하는 실제 데이터이다. 쿠키값으로 표시되는 정보는 쿠키 프로그램의 제작자만이 알 수 있으며 사용자는 이를 알 수 없다. 그리고 속성은 쿠키가 어떻게 운영될지를 결정하는 요소로서 도메인, 경로, 유효기간, 보안을 포함한다. 쿠키의 기본 구조는 [그림 5-7]과 같다.

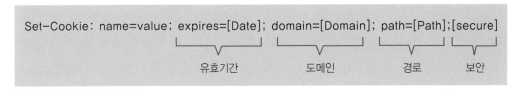

[그림 5-7] 쿠키의 기본 구조

출처: 쿠키(Cookie)란? (2019. 2. 17.).

첫째, Set은 쿠키의 설정을 말하는데, 쿠키의 설정에는 이름(name), 값, 유효기간(혹은 보존 기간), 도메인(domain), 경로(path) 등이 포함된다. 여기서 도메인과 경로는 쿠키가 어디에 속하는 것인지를 결정한다. 둘째, 유효기간(expires)은 쿠키의 종료 일시를 결정한다. 쿠키가 생성되면 기본적으로 브라우저가 종료될 때까지는 쿠키 데이터를 사용할 수 있다. 하지만 유효기간(보통 3~4개월)을 지정하면 브라우저가 종료되어도 지정한 기간 동안은 쿠키 데이터를 읽고 쓸 수 있게 된다. 유효기간이 지나면 쿠키 데이터는 소멸되며, 실제로 파일이 지워지지는 않더라도 데이터를 브라우저에서 읽을 수가 없다. 셋째, 도메인은 개별 사이트 경로가 아닌 도메인 단위에서 쿠키 데이터를 읽고 쓰는 권한을 설정하는 것이다. 그렇기 때문에 하나의 도메인에 포함된 서브 사이트들의 경로 속성을 확장한 것이라고 할 수 있다. 넷째, 경로는 하나의 개별 사이트에서 쿠키 데이터를 읽고 쓰는 권한을 설정하는 것이다. 쿠키는 쿠키 데이터를 생성한 웹서버(사이트)에서만 그 데이터를 읽을 수 있다. 하지만 경로 항목을 지정해 주면 해당 경로 이외에는 그 쿠키 데이터를 읽을 수 없다. 예를 들어, http://www.ict.hanyang.ac.kr/bbs/board.html에서 쿠키를 생성하면, 다른 페이지에서는 쿠키 데이터를 읽을 수가 없다. 하지만 경로를 /bbs로 설정하면 http://www.ict.hanyang.ac.kr/bbs 모든 페이지에서 쿠키 데이터를 읽을 수가 있다. 다섯째, 보안(secure)은 쿠키 데이터의 전송 방법을 지정한다. 보통은 일반 HTTP를 이용하여 전송하지만, HTTPS(보안이 강화된 HTTP 버전)와 같은 안전한 전송 방법을 지정할 수 있다. 하지만 대부분 쿠키로는 위험하지 않은 데이터를 전송하기 때문에 HTTPS와 같은 안전한 전송 방법은 거의 사용하지 않는다.

(4) 쿠키의 종류

쿠키는 귀속 도메인(혹은 설정자), 유효기간, 성격에 따라 여러 유형으로 분류된다. 귀속 도메인에 따라 제1자 쿠키(혹은 자사 쿠키)와 제3자 쿠키로 분류되며, 유효기간에 따라 크게 세션 쿠키(임시 쿠키)와 지속형 쿠키로 분류된다. 그리고 성격에 따라 좀비 쿠키와 슈퍼 쿠키로 분류된다.

●표 5-4● 쿠키의 분류 및 유형

분류	유형
귀속 도메인에 따른 분류	• 제1자 쿠키 혹은 자사 쿠키 • 제3자 쿠키
유효기간에 따른 분류	• 세션 쿠키 • 지속형 쿠키
기타 성격에 따른 분류	• 좀비 쿠키 • 슈퍼 쿠키

① 제1자 쿠키

제1자 쿠키(1st–party cookie)는 방문자가 접속한 사이트 주소를 도메인으로 설정한 쿠키를 말한다. 즉, 쿠키의 도메인 이름이 웹브라우저의 주소창에 나오는 도메인 이름과 일치하는 것이며, 가장 일반적이다. 제1자 쿠키 혹은 자사 쿠키는 사용자가 방문한 웹사이트(웹서버)가 생성하며 해당 사이트에서만 읽을 수 있다. 예를 들어, 네이버 사이트에 접속했을 때 방문자의 기기 내 브라우저 폴더에 심어지는 수많은 쿠키 가운데 naver.com을 도메인으로 설정한 쿠키는 제1자 쿠키이고, 다른 도메인 주소로 생성된 것은 제3자 쿠키이다. 일반적으로 쿠키는 브라우저 단위로 생성되며, 크롬, 인터넷 익스플로러와 같이 서로 다른 브라우저는 상호 간에 생성된 쿠키를 볼 수 없다. 또한 쿠키는 웹사이트 단위로 생성되며, 웹사이트 A(예: 네이버)는 웹사이트 B(예: 구글)에서 생성한 쿠키에 접근할 수 없다.

② 제3자 쿠키

제3자 쿠키(3rd–party cookie)는 주소창에서 확인할 수 있는 도메인과는 다른 도메인(예: 배너 광고 도메인)에 속하는 쿠키를 말한다. 제3자 쿠키는 웹페이지에 포함된 배너 광고처럼 클릭하면 외부 웹사이트로 연결되는 콘텐츠를 포함할 때 발생한다. 대부분의 웹사이트는 배너 광고를 포함하고, 이러한 배너 광고의 쿠키는 배너 광고 서버에 의해 사용자의 브라우저 폴더에 생성·저장되며, 여러 가지 마케팅과 고객 서비스 용도로 이용된다. 제3자 쿠키는 광고 클릭과 같은 트래픽과 구매 전환 여부와 같은 기록을 담고 있어 광고 및 마케팅 캠페인 성과 추적에 가장 많이 활용된다. 대부분의 사용자 브라우저는 제3자 쿠키를 삭제하거나 차단하는 등 제어 기능을 가지고 있다.

http://ad.adcomnpany.com

http://www.yahoo.com

[그림 5-8] 다른 도메인에 속하는 제3자 쿠키의 예

출처: 이진규(2019. 1. 7.).

③ 세션 쿠키

세션 쿠키(session cookie)는 사용자가 브라우징, 즉 웹사이트를 이동하는 동안에만 임시로 메모리에 저장되며, 사용자가 브라우저를 닫으면 삭제된다. 세션 쿠키는 메모리 쿠키(in-memory cookie) 혹은 임시 쿠키(transient cookie)라고도 불리며 유효기간 혹은 만기 날짜를 할당하지 않기 때문에 임시 쿠키라고 할 수 있다.

④ 지속형 쿠키

지속형 쿠키 혹은 영속형 쿠키(persistent cookie)는 세션 쿠키처럼 웹브라우저를 닫을 때 만료되지 않고 특정 시점이 지난 후 만료되는 쿠키를 말한다. 지속형 쿠키는 기본적으로 사용자가 동일한 웹사이트를 재방문할 때마다 로그인을 유지해 주거나 계정 정보를 다시 입력하지 않도록 도와주는 기능을 제공한다. 또한 특정 시점까지는 사용자가 해당 쿠키를 소유하는 사이트를 방문하든 사용자가 웹사이트에서 다른 웹사이트가 소유한 자원(예: 배너 광고 콘텐츠 등)을 보든 관계없이 이용자의 모든 방문마다 쿠키 정보가 웹서버로 전송된다. 지속형 쿠키는 제3자(3rd-party)가 이용자 웹브라우징 사용 행태(예: 배너 광고를 클릭해서 이벤트 페이지에 접속했는지의 여부 등)를 기록해 광고회사 등에서 사용할 수 있기 때문에 트래킹 쿠키(tracking cookie)라고도 불린다.

⑤ 슈퍼 쿠키

슈퍼 쿠키(super cookie)는 쿠키를 만들지 않은 웹사이트에서도 사용자의 웹사이트 방문 기록들을 읽을 수 있거나, 웹브라우저가 사생활 보호 모드인데도 접속 내역을 들여다보는 등 유저를 추적할 수 있는 쿠키를 말한다. 즉, 슈퍼 쿠키는 .com, .org, .co.kr 등 최상위 도메인을 근원으로 하는 쿠키를 말한다. 반면, 일반 쿠키는 특정한 도메인명(domain name)에서 유래한다. 이러한 슈퍼 쿠키는 웹사이트에서 HSTS[12]를 설정하면 생성된다. 다행히 OS 사파리를 제외한 모든 웹브라우저는 HSTS 설정을 삭제할 수 있어 슈퍼 쿠키를 막을 수 있다. 슈퍼 쿠키는 잠재적인 보안 문제가 있기 때문에 대부분 웹브라우저에서 슈퍼 쿠키를 막는다. 만약 클라이언트 컴퓨터가 막지 않는다면 악의적인 웹사이트를 관리하는 공격자가 슈퍼 쿠키를 설정하여 악의적인 웹사이트로 동일한 최상위 도메인 등을 공유함으로써 다른 사이트로의 정상적인 사용자 요청을 방해하거나 가장할 가능성이 있다. 예를 들어, example.com에서 만들어진 쿠키가 아니더라도 .com를 기원으로 하는 슈퍼 쿠키는 example.com으로 보내는 요청을 만들어 악의적인 영향을 줄 수 있다.

⑥ 좀비 쿠키

좀비 쿠키(zombie cookie)는 삭제 후에도 자동으로 재생성되는 쿠키이다. 이러한 쿠키는 클라이언트 측의 스크립트(자바스크립트 명령문)를 통해 만들어진다. 클라이언트 스크립트는 플래시 로컬 저장소, HTML5 저장소, 다른 클라이언트 측의 저장소 위치와 같은 여러 곳에 쿠키의 내용을 분산·저장함으로써 시작한다. 만약 클라이언트의 스크립트가 쿠키가 없음을 알아차리면 각 위치에 저장된 데이터를 사용해 쿠키를 재생성한다.

⑦ 기타 쿠키

보안 쿠키(secure cookie)는 HTTP 프로토콜에서는 전송되지 않고 안전한 HTTPS(보안이 강화된 HTTP) 프로토콜상에서만 전송되는 쿠키를 말한다. 보안 쿠키는 암호화된 연결

---

12) HSTS(HTTP Strict Transport Security)는 웹사이트에 접속할 때 강제적으로 HTTPS(월드 와이드웹 통신 규약인 HTTP의 보안이 강화된 버전을 말함) 프로토콜로만 접속하게 하는 기능이다. 즉, 보안 강화를 목적으로 웹브라우저에게 HTTPS 프로토콜만 사용하도록 강제하는 기능이다.

(즉, HTTPS)을 통해서만 전송할 수 있다. 이는 도청을 통한 쿠키 절도에 덜 노출되게 한다. HTTP Only 쿠키(HTTP only cookie)는 자바스크립트(JavaScript)와 같은 클라이언트 측의 API가 접근할 수 없는 유형의 쿠키이다. 즉, HTTP Only 쿠키는 HTTP(또는 HTTPS)를 통해 전송할 때만 사용할 수 있으며, 자바스크립트와 같은 HTTP가 아닌 API를 통해서는 접근할 수 없다. 이러한 제약은 크로스 사이트 스크립트(Cross-Site Scripting: CSS)를 통한 세션 쿠키 절도의 위협을 완전히 제거하지는 못하지만 어느 정도 줄여 준다. HTTP Only 쿠키는 대부분의 현대 브라우저에서 제공한다. 동일 사이트 쿠키(same site cookie)는 'Google Chrome 51'에 적용된 속성으로, 요청이 발생한 사이트에만 전송이 가능한 쿠키를 말한다.

(5) 쿠키의 관리

대부분의 기업은 웹사이트 이용의 편의성 제고 및 사용자 경험 개선, 사용자 행동 추적, 맞춤형 상품 추천 및 광고 서비스 제공과 같은 다양한 목적으로 쿠키 정보를 수집한다. 단, 이러한 다양한 목적으로 쿠키를 수집·분석·활용하는 기업들은 개인정보 보호 가이드라인에 따라 자신들의 홈페이지에 쿠키의 수집·보관·활용에 관한 쿠키 정책을 공개하여야 한다. 대부분의 브라우저에서는 자동으로 쿠키가 허용된다. 그러나 쿠키를 사이트가 활용하기 위해서는 사용자의 동의를 받아야 한다. [그림 5-9]는 현대자동차 웹사이트에 접속한 사용자에게 쿠키 정보 수집에 대한 동의를 받기 위한 팝업창이다.

Cookies

We use cookies to optimize this website and continuously update it according to your needs. Detailed information about the use of cookies on this website can be found under "Cookies Policy" and cookies can be viewed by clicking on 'Show details'.

| Use necessary cookies only | Allow selection | Allow all cookies |

☑ Necessary ☐ Preferences ☐ Statistics ☐ Marketing   Show details ⌄

[그림 5-9] 현대자동차 웹사이트의 쿠키 정보 수집 동의 팝업창
출처: Hyundai.

쿠키는 일반적인 텍스트 파일이기 때문에 대부분의 텍스트 편집기나 워드프로세스 프로그램으로 검색할 수 있으며, 읽을 수 있다. 대부분의 브라우저에서는 자동으로 쿠키가 허용되므로, 사용자가 쿠키 사용을 원하지 않을 경우 직접 쿠키를 삭제 또는 차단해야 한다. 웹 사용자가 해당 기기의 브라우저 쿠키를 제한 또는 차단하려면 브라우저 설정에서 도움 기능을 통해 진행할 수 있다. 또한 이미 설정한 쿠키를 삭제할 수도 있으며, 재설정할 수도 있다. 특히 리타겟팅과 같은 맞춤형 광고를 차단하기 위해서는 브라우저에서 쿠키를 차단하여야 한다.

웹브라우저인 인터넷 익스플로러(Internet Explorer)에서 쿠키를 차단하는 방법은 다음과 같다. 첫째, 도구 버튼을 선택한 다음, 인터넷 옵션을 선택한다. 둘째, 개인 정보 탭을 선택하고 설정에서 고급을 선택한 다음, 쿠키의 차단을 선택한다. 링크된 사이트 쿠키를 차단

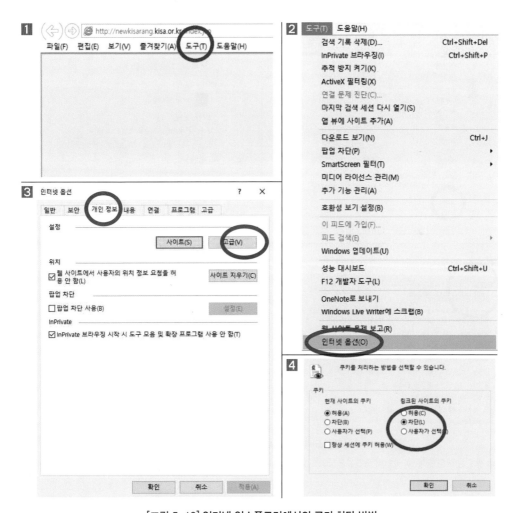

[그림 5-10] 인터넷 익스플로러에서의 쿠키 차단 방법

출처: 방송통신위원회, 한국인터넷진흥원(2017. 2.), p. 14.

하면 리타겟팅과 같은 맞춤형 광고 수신이 차단된다. 단, 현재 사이트의 쿠키를 차단할 경우 자동 로그인 등의 기능이 제한되므로 주의하여야 한다. 크롬(Chrome) 브라우저에서는 다음과 같은 방법으로 쿠키를 차단할 수 있다. 첫째, 화면 오른쪽 상단 ' : ' 표지(Chrome 맞춤 설정 및 제어)를 클릭한 후, 설정 표시를 클릭한다. 둘째, 설정 페이지 하단에 '고급 설정 표시'를 클릭하고 '개인정보' 섹션에서 콘텐츠 설정을 클릭한다. 셋째, 쿠키 섹션에서 '타사 쿠키 및 사이트 데이터 차단'의 체크박스를 선택한다. 이처럼 타사 쿠키 및 사이트 데이터를 차단하면 리타겟팅과 같은 맞춤형 광고 수신이 차단된다. 단, 사이트 내에서 데이터를 설정하지 못하도록 차단하면 자동 로그인 등의 기능이 제한되므로 주의가 필요하다.

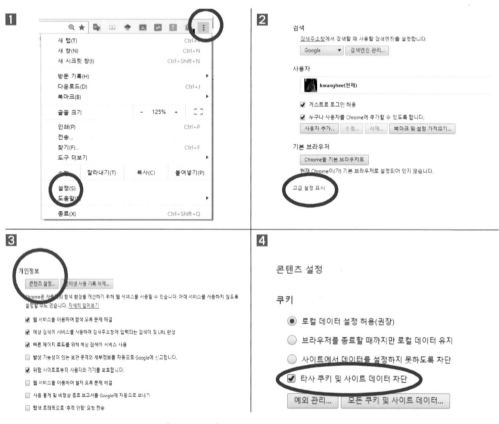

[그림 5-11] 크롬에서의 쿠키 차단 방법

출처: 방송통신위원회, 한국인터넷진흥원(2017. 2.), p. 15.

(6) 쿠키의 기능과 목적

① 웹사이트 이용 편의성 제고 및 사용자 경험 개선

쿠키는 사용자들이 웹사이트를 어떻게 사용하는지를 알려 줌으로써 인터넷을 편리하게 사용할 수 있도록 도와주고, 웹사이트를 개선하며, 향상된 사용자 경험을 제공하는 데에 활용된다. 사용자가 특정 웹사이트에 접속 후 재방문하는 경우 쿠키 정보를 통하여 사용자 기기를 기억함으로써 로그인을 새로 해야 하는 번거로움을 덜어 주며, 이는 접속 속도의 향상으로 이어진다. 즉, 특정 웹사이트 사용자가 어떤 사이트에 한 번 로그인하면 두 번째부터는 다시 로그인할 필요 없이 자동으로 접속되는 것은 이러한 쿠키 정보가 PC에 저장되어 있기 때문이라고 할 수 있다. 또한 사용자가 특정 팝업창에 대해 '더 이상 띄우지 않음' '오늘은 띄우지 않음' 등과 같은 체크박스를 선택할 경우 다음 방문부터 해당 팝업창이 나타나지 않게 되는데, 이 또한 쿠키 정보가 사용자의 PC에 저장되어 있기 때문에 가능하다. 쿠키는 온라인 쇼핑몰에서 장바구니에 담아만 두고 구매하지 않았던 상품을 재방문 시까지 그대로 장바구니에 보존해 주는 역할도 한다. 이러한 서비스를 제공하는 데 사용되는 쿠키를 지속형 쿠키라고 한다.

② 사용자 행태 정보 제공

쿠키에는 사용자가 방문한 웹사이트 활동 이력(예: 접속 날짜)이 숫자로 표기되어 있다. 여기에는 사용자가 인터넷에서 어떤 정보를 많이 찾았는지, 어떤 콘텐츠를 살펴보았는지, 어떤 광고를 클릭했는지, 광고 클릭 후 랜딩 페이지에서 상품을 구매했는지 등의 쇼핑 정보, 관심사, 지역, 광고 정보 등 사용자에 관한 다양한 행태 정보가 기록된다. 사용자가 다시 해당 사이트에 접속하면 웹서버는 사용자의 컴퓨터에 저장된 쿠키를 불러 사용자가 누구인지, 어떤 정보를 많이 찾았는지, 제품을 구매했는지 등의 쇼핑 정보, 관심사, 사용자 위치와 지역 등 다양한 사용자 정보를 파악하게 해 준다.

③ 맞춤형 상품 추천 및 리타겟팅에 활용

쿠키는 사용자에게 개인화된 맞춤형 광고를 보여 주거나 리타겟팅 광고를 가능하게 한다. 쿠키는 사용자의 웹사이트 방문 기록, 검색 기록, 앱 사용 기록, 구매 이력, 사이트 이동 이력 등의 다양한 행태 정보를 저장하고, 이를 기반으로 사용자의 소비 패턴과 관심사 등을 유추하고, 머신러닝으로 고객을 프로파일링하여 고객에게 최적화된 맞춤형 상품 추천 및 맞춤형 광고(디스플레이 광고, 검색 광고, 소셜 광고, 동영상 광고)를 제공한다. 또한 광고주의 페이지마다 심어진 추적 코드인 스크립트(혹은 태그)를 통해서 사용자의 웹 이용 행태를 쿠키에 저장하고 리타겟팅에 사용함으로써 보다 효율적인 광고 운영이 가능하도록 한다. 즉, 리타겟팅 광고 플랫폼 사업자들(예: 구글 애즈, 페이스북 광고 등)은 수집한 쿠키 정보를 이용하여 사용자의 웹 서핑을 따라다니면서 동일한 광고를 반복 노출할 수 있다. 이는 쿠키에 고유의 사용자(엄밀하게는 사용자 디바이스)를 식별하는 아이디가 포함되어 사용자 디바이스를 식별할 수 있기 때문이다. 예를 들어, 어떤 사용자가 하나투어에서 여행 상품을 검색했다면, 그 사용자의 행동과 아이디가 쿠키값에 저장되고 리타겟팅 광고 플랫폼으로 수집되어 그 사람이 웹이나 앱에 접속할 때마다 항공권 혹은 여행 관련 숙박 배너가 반복적으로 노출된다. 일반적으로 광고 및 마케팅 목적으로 많이 수집되는 쿠키는 제3자 쿠키로서, 여기에는 광고 페이지 접속 여부, 상품 구매 여부 등에 관한 정보 등을 포함한다.

3) 추적 코드와 웹로그 데이터의 수집

대다수 기업이 사용하는 웹로그 분석 도구(tool)는 자신들이 운용하는 웹사이트 혹은 제3자 사이트의 웹로그 정보(예: 쿠키)를 수집하고 사용자 행동을 추적·분석하기 위해 페이지 태그(page tag) 방식을 사용한다. 이 방식은 스크립트 혹은 태그라고 불리는 추적 코드(tracking code)를 분석 대상 홈페이지에 삽입하는 방식이다.

추적 코드는 보통 자바스크립트(JavaScript)로 되어 있어 구글 애널리틱스(Google Analytics: GA)[13]에서는 스크립트(script) 혹은 꼬리표라는 뜻의 태그(tag)라고 불린다. 반면, 페이스북과 인스타그램에서는 픽셀(pixel)로 다르게 불린다. GA에서 제공하는 짧은 자바

---

13) 구글에서 무료로 제공하는 웹로그 분석 도구로, 줄여서 GA로 표기한다. 웹이나 앱에서의 사용자 행동을 분석할 수 있다.

스크립트로 되어 있는 GA 추적 코드(Google Analytics Tracking Code: GATC)를 분석 대상 웹사이트에 삽입하면, 사용자가 검색하고 이용한 사이트의 쿠키 정보를 수집하고 이를 통해 사용자 행동을 추적할 수 있다. 추적 코드는 분석 대상 사이트의 소스 코드(source code) 헤더(header) 부분에 삽입한다. 추적 코드는 크게 기본이 되는 추적 스크립트와 전환 및 리마케팅용 스크립트로 구성되며, 추적 스크립트는 모든 페이지마다 삽입되어야 하고 전환 스크립트는 운영자가 목표로 하는 페이지에 삽입되어야 한다. 쇼핑몰의 결제 완료 페이지나 컨설팅 사이트의 상담폼 전송 완료 페이지 등에 삽입될 수 있다. 하지만 웹사이트의 소스 코드를 수정할 수 있는 권한이 있어야 추적 코드를 삽입할 수 있다. 예를 들어, 네이버 블로그는 소스 코드를 수정할 수 있는 권한을 지원해 주지 않아 추적 코드를 삽입할 수 없어 마케터가 사용자 행동을 추적할 수 없다.

GA에서는 추적 코드로 사용자를 추적하기 때문에 별도의 데이터 수집 프로그래밍 코드나 SQL[14] 코드가 필요 없으며, 이러한 편리함 때문에 전 세계 대부분 기업과 데이터 제공자는 GA를 사용해 자신들이 운영하는 사이트의 사용자 데이터를 수집한다. 단, 사용자는 자신의 홈페이지에 GA를 설치한 다음 자신의 계정을 만들어야 추적 코드(스크립트)가 자동으로 생성되어 사용자 행동 추적에 활용할 수 있다. GA 프로그램은 온라인 쇼핑몰의 경우 저장된 쿠키 분석을 통해 사용자 획득(acquisition)에서 행동(behavior), 전환(conversion)에 이르는 방문자 구매 여정의 각 단계를 추적하고 분석할 수 있다. GA와 달리 페이스북 광고의 추적 코드는 픽셀이라고 한다.

구글의 추적 코드를 사용자 웹사이트의 소스 코드에 삽입하는 방법은 다음과 같다. 먼저 자사의 홈페이지에 GA를 설치하고, 계정을 만든다. 그런 다음 GA에 저장된 추적 코드를 웹사이트의 소스 코드의 공통 헤더 영역(동일한 헤더를 공유하는 사이트의 헤더 영역, 팝업, 광고 영역 등은 제외됨)에 1회만 삽입해 주면 웹사이트를 통하여 연결된 대부분의 페이지에 GTAC라고 부르는 추적 코드인 자바스크립트가 공통적으로 적용된다. [그림 5-13]에

---

14) SQL은 관계형 데이터베이스 관리 시스템(Relational DataBase Management System: RDBMS)의 데이터를 관리하기 위해 설계된 특수 목적의 프로그래밍 언어이다. 관계형 데이터베이스 관리 시스템에서 자료의 검색과 관리, 데이터베이스 스키마 생성과 수정, 데이터베이스 객체 접근 조정 관리를 위해 고안되었다. 많은 수의 데이터베이스 관련 프로그램들이 SQL을 표준으로 채택하고 있다.

서 보이듯이 어떤 블로그의 소스 코드의 헤더 영역에 1회만 삽입하면 블로그와 연결된 모든 웹사이트에 자동으로 스크립트가 적용되어 사용자 쿠키 정보 수집과 이를 이용한 사용자 행동 추적이 가능하다. 단, 팝업처럼 공통 헤더를 사용하지 않은 경우 스크립트를 별도로 삽입해야 한다. 추적 코드가 삽입된 후 사용자가 웹페이지를 방문하면 사용자 데이터는 구글의 서버로 전송되어, 운영자가 확인할 수 있다. 페이지 태그 방식은 스크립트를 홈페이지에 설치만 하면 모든 준비가 끝나고 서버 운영과 보관 비용이 들지 않으며 웹호스

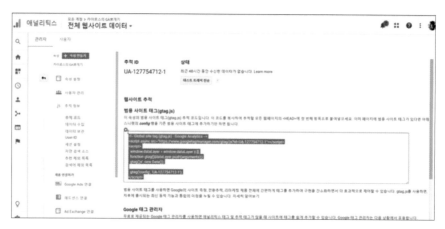

[그림 5-12] GA의 추적 코드(GATC)의 예

출처: 카이로스의 GA뽀개기.

[그림 5-13] 추적 코드(자바스크립트) 삽입의 예

출처: 카이로스의 GA뽀개기.

팅 서비스하에서도 쉽게 사용할 수 있어 홈페이지를 운영하는 개인에게는 최적의 방법이다. 이 방식은 전 세계 기업의 70% 이상이 사용하는 구글 애널리틱스와 같은 웹로그 분석 도구에서 채택한 방식이다. GA뿐만 아니라 어도비(Adobe)도 어도비 애널리틱스(Adobe Analytics)라는 웹로그 분석 도구를 이용한 사용자 추적으로 사용자 데이터를 수집 및 분석하는 서비스를 제공한다.

4) 웹로그 분석 도구

일반적으로 웹로그 데이터를 분석하기 위해서는 프로그래밍 코드와 수집된 데이터 저장을 위한 데이터베이스, 그리고 추출된 자료를 분석하기 위한 엑셀(Excel), R, 파이썬(Python)과 같은 분석 도구가 필요하다. 즉, 사용자가 접속한 페이지 주소를 수집하는 프로그래밍 코드를 작성한 후 이를 데이터베이스에 저장하는 방식이다. 웹로그 수집 데이터가 쌓이면 데이터 분석을 진행하는데, 이때 웹로그 데이터베이스에서 자료를 추출하기 위한 SQL 코드를 작성하고, 엑셀, R, 파이썬과 같은 분석 도구를 사용하여 추출된 자료를 분석한다. 웹로그 데이터를 수집하기 위해서는 프로그래밍 코드와 SQL 코드를 작성할 수 있어야 하고, 엑셀, 파이썬, R과 같은 분석 도구가 필요하다. 하지만 이러한 분석 도구가 없어도 웹로그 데이터를 수집·분석할 수 있는 웹로그 분석 도구(weblog analytics tool)가 개발되어 널리 사용되고 있다. 예를 들어, 해외에서 개발된 웹로그 분석 도구로는 구글 애널리틱스와 어도비 애널리틱스가 대표적이며, 국내에서는 네이버 애널리틱스와 에이스카운터(AceCounter) 등이 있다. 분석 도구 중에서 가장 잘 알려진 웹로그 분석 프로그램은 구글에서 무료로 제공하는 '구글 애널리틱스'이다. 구글 애널리틱스는 쿠키 기반의 웹로그 분석 도구로서 쿠키를 분석해서 자주 검색한 검색어, 자주 방문한 사이트, 방문 횟수, 체류 시간, 자주 검색한 상품과 같은 정보를 추출하고 이에 관한 다양한 보고서를 마케터에게 제공한다.

GA에서 제공하는 추적 코드[15]를 자신의 웹사이트의 소스 코드에 심으면 데이터 수집 프로그래밍 코드나 SQL 코드 없이 자동으로 쿠키와 같은 사용자 데이터를 수집하고 저장

---

15) 웹을 방문한 사용자를 추적하기 위해 사이트 소스 코드에 삽입하는 짧은 자바스크립터 명령문이다. 태그(tag)라고도 한다.

할 수 있다. 이러한 GA와 같은 웹로그 분석 프로그램은 방문자의 유입 경로나 위치, 검색어, OS/브라우저 등 사용자의 특성을 정의할 수 있는 모든 정보를 기록하고 보여 준다. 구글 애즈(Google Ads)와 같은 광고 솔루션과 연동할 경우 방문자의 연령이나 성별, 관심 분야 등과 같은 상세한 방문자 정보를 제공함으로써 캠페인을 보다 효율적으로 운영할 수 있게 한다. 즉, 애널리틱스에서 목록화한 잠재고객의 데이터를 애드워즈와 공유함으로써 애드워즈가 보다 정교하게 잠재고객을 타겟팅하거나 리마케팅할 수 있게 해 준다.

GA와 같은 웹로그 분석 도구에서 수집하는 방문자 정보는 크게 방문자 특성과 방문자 행동 정보의 두 가지로 나눌 수 있다. 방문자의 특성은 방문자의 특성을 규정하는 것으로서 방문자의 성별, 연령대, 주거 지역뿐 아니라 어떤 네트워크, 기기 등의 컴퓨팅 환경을 가지고 있는가를 말한다. 반면, 사이트 내 방문자 행동은 다른 페이지로의 이동, 클릭, 전환, 이탈, 재방문 등 사이트 내에서의 방문자 행동을 추적하는 것이다. 웹로그 분석 도구의 단점은 추적 코드 삽입에 제한을 두는 사이트에는 사용하기 힘들다는 점을 들 수 있다. 소비자들이 가장 많이 이용하는 오픈마켓의 경우 웹로그 분석이 가능하지만 추적 코드 삽입에 제한을 두는 곳이 많기 때문에 일반적인 웹로그 분석 도구를 이용하는 것이 불가능하다.

웹로그 분석 도구와 함께 A/B 테스트[16], 히트맵(Heatmap)[17] 분석 도구를 병행 사용하면

●표 5-5● 구글 웹로그 데이터의 예

방문자 특성	방문자 행동
유입 경로	방문 형태(신규방문, 재방문)
위치(지리적)	페이지 뷰
검색어	체류 시간
기기	도착페이지
브라우저	이탈페이지
모니터 해상도 네트워크(ISP) 등	전환 등

---

16) 웹사이트의 A 버전과 B 버전 두 개의 버전을 비교하여 어떤 버전이 더 효과적인지를 분석하는 실험 방법이다. 구글 옵티마이즈 프로그램으로 A/B 테스트를 할 수 있다.
17) 열을 뜻하는 히트(heat)와 지도를 뜻하는 맵(map)을 결합한 단어로, 색상으로 표현할 수 있는 다양한 정보를 일정한 이미지 위에 열분포 형태의 비주얼한 그래픽으로 출력한다. 주로 웹로그 분석에 많이 사용되며 웹페이지에서 발생하는 방문자의 마우스 클릭을 열분포 형태의 이미지로 변환하여 사이트 이미지 위에 겹쳐서 보여 주고, 클릭이 많이 발생하는 영역은 붉은색으로, 클릭이 적게 발생하는 영역은 푸른색으로 표현한다.

웹사이트를 효과적으로 개선할 수 있다. [그림 5-14]에서 보이듯이 가장 먼저 GA와 같은 웹로그 분석 도구를 사용해서 퍼널 단계에서 사용자가 어떤 행동(예: 사이트 이탈 등)을 했는지를 분석한다. 즉, 웹로그 분석을 통해 결제 페이지에서 왜 이탈률이 높고 전환율이 낮은지를 파악할 수 있다. 둘째, 히트맵을 이용해서 왜 이탈률이 높고 전환율이 낮은지를 분석한다. 앱 화면에서 터치(touch)가 많이 발생하는 영역은 붉은색으로, 터치가 적게 발생하는 영역은 푸른색으로 표현한다. 이를 통해 결제 CTA[18] 버튼이 하단부에 있지만 사용자가 스크롤하지 않아서 접근성이 떨어져 터치를 하지 않았는지, 터치하기 쉽게 만들어진 UI가 아니어서 사용자가 관심은 있지만 쉽게 터치하지 않았는지를 분석할 수 있다. 마지막으로 A/B 테스트를 통해 웹로그 분석 도구와 히트맵 분석 도구를 통해 발견한 이러한 문제점을 해결하고, 웹사이트를 개선하기 위해 UX 디자이너가 A/B 테스트에 대한 새로운 가설을 세우고 이를 테스트해 볼 수 있다. A/B 테스트 프로그램으로는 구글 옵티마이즈 (Google Optimize)가 있다.

웹로그 분석 이외에도 다중 결과 분석, 실험과 테스트, 소비자 의견, 경쟁 정보 분석 등을 모두 추가하면 최종적으로 무엇을 해야 하는지에 관한 인사이트를 얻을 수 있다. 웹로

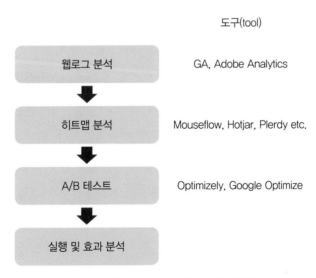

도구(tool)

웹로그 분석   GA, Adobe Analytics

히트맵 분석   Mouseflow, Hotjar, Plerdy etc.

A/B 테스트   Optimizely, Google Optimize

실행 및 효과 분석

[그림 5-14] 웹사이트 개선 과정과 분석 도구의 예

---

18) 사용자들의 (전환) 행동을 유도하는 Call To Action 버튼을 말한다.

그 분석 혹은 클릭 스트림(click stream)[19]을 통해 사용자 행동에 어떤 일이 일어나고, 다중 결과 분석을 통해 그 행동이 얼마나 많이 일어나고, 실험과 테스트와 소비자 의견을 통해 그 행동이 왜 일어나며, 경쟁 정보 분석을 통해 경쟁자에게는 무슨 일이 일어나는지 분석해야, 이를 바탕으로 최종적으로 마케터가 어떤 액션을 취해야 하는지 효과적인 판단을 내릴 수 있다. 다만 이 모든 과정을 다 수행하려면 많은 시간과 비용을 초래하기 때문에 필요에 따라 과정을 생략해도 된다. 소규모 비즈니스의 경우, 웹로그 혹은 클릭 스트림, 다중 결과(다중성) 분석, 소비자 의견 세 가지만 해도 되고, 중간 규모 비즈니스는 여기서 나아가 A/B 테스트와 같은 실험과 테스트까지 추가하면 더 좋다.

5) 앱로그 분석

(1) 앱로그란

앱로그(applog)란 웹로그와 마찬가지로 사용자가 앱을 사용하면서 남긴 기록(log)이다. 즉, 사용자가 앱의 화면을 보거나 배너를 클릭하는 것과 같은 이벤트를 시간에 따라 기록한 데이터를 뜻한다. 앱로그는 단기간에 몇십만 혹은 몇백만 건의 데이터가 순식간에 쌓이기 때문에 앱로그 분석의 목적(예: 앱 사용성 및 UX 개선)을 잘 설정하고 이에 맞게 데이터를 로깅(logging)[20]해야 한다. 앱로그 데이터는 서비스 로그와 행동 로그로 구분하기도 한다. 서비스 로그는 서비스 이용자들이 앱에 접속하여 전화번호, 이메일 등의 연락처를 남기거나, 회원으로 가입, 예약, 결제하는 등의 처리(transaction) 결과를 기록하는 데이터를 말한다. 반면, 행동 로그는 특정 상품을 검색하거나, 클릭하거나, 배너를 스와이프하는 등의 거래에 이르기까지의 과정에서 발생하는 행동(action)에 대한 기록을 말한다. 행동 로그의 경우 데이터의 양이 방대하여 수집, 보관, 활용이 상대적으로 까다롭다. 서비스 로그는 기본적인 서비스 운영을 위해 필수적으로 쌓고 관리해야 하는 데이터이다. 웹로그와 앱로

---

19) 웹로그의 일종으로서 사용자가 웹브라우저상에서 마우스를 클릭해서 이루어지는 행동에 대한 기록을 말한다. 예를 들어, A라는 사람이 온라인 쇼핑몰을 방문해서 신발, 의류 등을 클릭했다면 이러한 클릭 수가 기록에 남게 된다. 이를 클릭 스트림이라고 한다.

20) 사용자가 웹이나 앱 이용 시 남긴 서비스 정보나 행동 정보 등을 서버에 기록하는 것을 데이터 로깅(data logging)이라고 하며, 이러한 기록 자체를 서비스 로그 및 행동 로그라고 한다.

그 분석 겸용 도구인 GA는 사용자와 세션 수, 세션 이용 시간, 운영 시스템, 디바이스 모델, 위치 정보 등의 앱로그 정보를 제공한다.

<데이터 로깅 설계>

일반적으로 사용자 행동 로그와 같은 데이터는 텍스트 문서 형태로 되어 있는데, 로그 데이터를 그냥 남기는 것만으로 충분치 않고 가공해서 사람과 컴퓨터가 이해할 수 있는 형태로 남겨야 한다. 즉, 대부분의 분석 도구에서 바로 읽을 수 있도록 태그(속성)와 값을 매핑한 형태의 구조화된 포맷으로 로그를 남겨야 한다. 특히 사용자 행동 로그는 속성(property)[21]을 먼저 정의하고 순서를 정한 다음 집계해야 사람과 분석 도구가 데이터를 해석하고 필요한 것만 추려 내는 데에 불필요한 수고를 덜 수 있다. 〈표 5-6〉에서 보이듯이 1단계에서 단순 이벤트 클릭 수를 집계하고, 2단계에서 이벤트의 속성을 기준으로 집계하고, 3단계에서 이벤트 속성과 사용자 속성을 결합해서 집계한다면 훨씬 더 입체적인 정보를 얻을 수 있다. 이처럼 행동 로그를 어떻게 설계하느냐에 따라서, 얻을 수 있는 정보의 수준은 크게 달라진다. 이런 식으로 이벤트와 사용자의 속성과 순서를 잘 정의해서 빅쿼리(BigQuery)[22]에 쌓아 두면 사용자의 행동 로그를 굉장히 자세한 수준에서 분석할 수 있다. 기본적인 노출이나 클릭 수의 집계는 물론이고, 주요 페이지에 대한 퍼널 분석 혹은, 핵심 기능에 대한 사용성 확인, 신규 피처에 대한 A/B 테스트의 성과 확인 등이 모두 가능하다. 만약 단순 발생한 이벤트의 숫자나 클릭 수의 집계에 그친다면 마케터가 원하는 인사이트를 얻을 수 없을 것이다. 따라서 사용자 속성(user property)을 중요도 순서에 따라서 잘 기록하면, 특정 행동을 한 사용자 리스트를 추출하거나 프로모션에 적합한 정교한 타겟팅도 할 수 있다. 이처럼 로그 데이터를 속성을 기준으로 분류해서 기록 및 적재하는 것을 데이터 로깅 설계라고 한다.

(2) 앱로그 분석의 목적

모바일 앱로그 분석의 목적은 사용자가 남긴 로그를 분석해서 사용자의 경험을 추정하고 니즈를 파악해서 서비스 개선에 필요한 인사이트를 제공하는 것이다. 매일매일 쏟아지

---

21) 특정 이벤트가 발생했을 때 함께 남길 수 있는 이벤트(혹은 사용자)에 대한 세부 정보라고 할 수 있다.

22) 페타바이트급의 데이터 저장 및 분석용 클라우드 서비스이다. 8,800개의 CPU와 3,600개의 디스크를 사용하는 대규모 인프라를 통해 1,000억 개의 레코드에 대한 질의를 약 30초에 수행하며, 가격도 저렴하다. 쿼리는 질의로 번역되며, 데이터베이스로부터 특정 주제나 어귀를 찾기 위해 데이터베이스에 정보를 요청하는 명령문이다. 즉, 웹서버에 특정한 정보를 보여 달라는 클라이언트의 요청을 말한다.

는 수많은 앱 데이터 중에서 어떤 내용을 분석할 것인가에 대한 정형화된 정답은 없다. 이는 앱 운영이나 서비스 개선에서부터 광고 및 마케팅의 구매 전환율 증대에 이르기까지 앱 로그 분석의 목적이 다르기 때문이다. 수익 창출을 목적으로 할 경우 앱로그 분석은 앱 설치 단계에서부터 앱 접속, 접속 후 이벤트 발생(예: 장바구니 담기), 그리고 구매 전환 및 구매 후 추천에 이르기까지의 기록을 분석하게 된다.

이러한 앱 방문자의 구매 여정을 잘 설명해 주는 모델로서 AARRR[23]을 들 수 있다. 이 모델은 사용자가 방문을 시작해 수익을 창출해 주는 고객으로 성장해 나가는 과정을 표현한 프레임으로, Acquisition(획득), Activation(활성화), Retention(재방문), Revenue(수익), Referral(추천)의 5단계로 되어 있다. 이 5단계로 구성된 프레임의 각 단계는 마케터가 관리해야 할 서비스 데이터 지표를 제시해 주고, 앱로그 분석 요소에 대한 통찰력을 제공해 준다. 마케터가 앱로그 분석을 활용해서 고객 유입 단계별로 관리해야 할 지표와 전략은 〈표 5-6〉과 같다.

●표 5-6● AARRR 모델과 서비스 지표들

단계	지표	전략
Acquisition (획득)	신규 앱 설치 사용자 수	광고, 이메일, 블로그, SNS, SEO, SEM, 리타겟팅 등의 유입 경로 분석이 중요
Activation (활성화)	앱 설치 후 처음 실행한 횟수	고객 유지를 위해 랜딩 페이지 최적화 등을 통해 긍정적 경험 창출
Retention (재방문)	재방문 혹은 재사용자 수	앱 설치 후 3일 이내 재방문 수를 높이는 등 재방문율(잔존율)을 높이는 방안 수립
Revenue (수익)	실제 매출 발생 횟수	매출 발생 시간대, 지역, 이벤트 등을 파악해서 타겟팅에 활용
Referral (추천)	새로운 사용자를 유입시키는 수	입소문, SMS의 친구 추천, 추천 시 혜택 제공 등의 전략이 필요

23] AARRR은 실리콘밸리를 대표하는 엔젤투자가인 데이브 매클루어(Dave Mcclure)가 제시한 스타트업이 성장해 나가는 과정에서 관리해야 할 서비스 지표를 나타낸다. 사용자가 서비스를 처음 접한 뒤 적극 사용하고 추천하기까지를 5단계로 나누고, 단계별로 고객이 이탈하지 않도록 관리하고 측정하는 것을 권장하고 있다.

6) 광고 고유 식별자와 앱로그 분석

모바일 앱로그 분석은 사용자의 디바이스(예: 스마트폰)를 식별하고 인식하는 것에서 출발한다. 모바일 환경에서는 웹에 대응되는 쿠키가 없기 때문에 광고 아이디(advertising ID: ADID)라 불리는 스마트 기기별 고유 식별값을 활용해서 사용자 디바이스를 인식한다.

광고 고유 식별자(unique identifier for advertising)는 전 세계 모든 스마트폰이나 태블릿을 식별하는 일련의 숫자와 문자열로, 광고 아이디라고 불린다. 웹 혹은 앱 서비스 이용자가 브랜드와 만나는 접점, 즉 광고 채널에서 남긴 모든 흔적을 추적하기 위하여 각 채널에 접속한 이용자 디바이스를 식별할 수 있는 고유성을 갖는 식별자가 필요하다. 예를 들어, 웹에서는 쿠키가 있고, 모바일에서는 광고 아이디라는 각 OS와 디바이스 단위별로 고유성을 갖는 식별자가 있다.

이러한 스마트 기기별 고유 식별자로는 구글의 GAID(Google advertising ID)와 애플의 IDFA(Identifier For Advertising)가 있다. GAID와 IDFA는 안드로이드나 iOS 각각의 OS에 고유하게 발급된 유일무이한 디바이스 식별자이다. 모든 모바일 기기마다 다른 식별자를 갖고 있다. 이러한 고유 식별자를 통하여 앱 서비스 이용자들의 행동을 디바이스 단위로 분석하고, 비록 앱 이용자가 누구인지는 모르지만 이들이 디바이스에 남긴 흔적 혹은 채널에서 취한 모든 행동을 정확하게 추적할 수 있다. 예를 들어, [그림 5-15]에서 보이듯이 앱설치 후 신규 실행부터 회원 가입, 장바구니 담기, 두 차례의 구매에 이르기까지 모두 광고아이디 분석을 통해 사용자의 각 전환 단계의 사용자 행동을 추적할 수 있다.

이러한 광고 아이디를 이용해 모바일 앱에서의 사용자의 행동을 파악·분석하고 이를 바탕으로 여러 가지 오디언스 타겟팅 전략이 개발되며, 또한 어떤 채널이 전환과 같은 캠페인 성과에 기여했는지를 측정할 수 있다. 예를 들어, 광고 아이디 분석 결과 매일매일 방문하는 사용자에게는 할인권을 제공하고, 일주일 동안 방문하지 않은 사용자에게는 그 사용자의 관심사를 파악해 관심 있는 상품의 할인 행사 메시지를 보낼 수 있다. 따라서 이러한 각 앱 서비스 이용자의 디바이스에 대한 식별자들은 앱로그 분석의 최소 단위로 이용된다. 하지만 최근에 애플의 iOS 업데이트 기능에 광고 식별자 수집 비활성화 기능을 넣어서 웹브라우저(크롬, 사파리)상에서 발생한 광고 클릭에 대해 광고 고유 식별자를 수집하는 것

ADID : 61b2f036-dfcf-4bf6-950d-d055e9edf684

[그림 5-15] ADID와 사용자 트래킹 과정

출처: Kangwoo Lee (2019. 10. 7.).

이 불가능하게 되었다.

7) SDK와 앱로그 데이터의 수집

웹에서 쿠키를 수집하기 위해 추적 코드를 사이트 소스 코드에 삽입하지만, 모바일 앱의 경우 소프트웨어 개발 키트인 SDK(Software Development Kit)[24]를 앱에 설치해서 ADID와 같은 앱로그 데이터를 수집한다. SDK는 앱 개발자가 소프트웨어 프레임 워크, 운영체제, 컴퓨터 시스템, 게임 등을 위한 응용 프로그램을 만들 수 있도록 해 주는 앱 개발 소스와 도구 패키지이다. 이 SDK를 모바일 앱 개발자가 사용할 수 있는 함수 라이브러리 형태로 제공하여 관심 있는 앱에 설치하면 앱에 접속한 사용자 행동을 추적할 수 있다. 즉, SDK는 웹의 추적 코드인 스크립터와 같은 역할을 하며, 앱 내의 사용자 활동 로그를 분석하는 데에 사용된다. 이러한 앱로그 데이터 수집 방식을 앱 내장형 SDK 애널리틱스(in-app usage analytics)라고 한다. 일반적으로 앱로그 분석은 앱 설치 및 앱 실행에 이르기까지의 고객 유입 전과 앱 설치 및 실행을 통한 고객 유입 후의 앱 내 활동(engagement) 관점으로 구분할 수 있는데, SDK를 이용한 본격적인 앱 데이터 분석은 앱 실행부터이다. 물론 특정 링크

24] 소프트웨어 개발 키트의 약어이다. 소프트웨어 개발자가 특정 운영체제용 응용 프로그램을 만들 수 있게 해 주는 소스와 도구 패키지이다.

를 클릭한 경우 클릭한 데이터는 기록되지만, 이 경우도 앱을 실행해야 앱 안에 설치되어 있는 SDK가 데이터를 수집할 수 있다. 하지만 앱 설치 및 실행 이후 앱에서의 로그 활동은 측정이 어렵다고 할 수 있다.

SDK의 목적은 앱 내에서 발생하는 사용자의 활동 로그를 분석하는 것이다. 웹으로 치면 추적 코드인 스크립트와 같은 역할을 한다. 마케팅 활동을 하기 위해 웹에서는 쿠키라는 정보를 이용해서 스크립트를 사이트 소스 코드에 삽입하지만, 앱에서는 SDK를 이용해서 ADID라는 식별값을 수집하고, 이를 사용자 추적 및 유입 경로 확인에 활용한다. [그림 5-16]은 SDK를 앱에 직접 설치해서 사용자의 앱 이용 정보를 서버로 전송하고 이를 분석하여 리포트를 제공하는 일반적인 앱 내장형 SDK 방식의 서비스 구성도를 보여 준다.

앱 내장형은 앱을 사용하는 사용자의 로그를 분석하고자 하는 목적에 따라 세분화하여 수집할 수 있고, 그에 따라 다양한 형태의 리포트를 제공할 수 있다. 그러나 앱 개발자가 SDK를 앱에 직접 연동해야 하므로 번거롭다는 단점이 있다. 웹에서는 여러 매체에서 광고를 하고 성과를 측정하려면 각 매체마다 스크립트를 웹 내에 심어 주어야 하는데, 이와 마찬가지로 앱에서도 각 애드 네트워크 혹은 매체(앱)에 SDK를 심어 주어야 한다.

하지만 각 애드 네트워크의 SDK는 각각 연동 방식과 품질 기준이 다르므로, 각 애드 네트워크의 SDK별로 매번 연동 작업을 하는 것은 손이 많이 간다. 이러한 이유로 앱로그 분석 도구를 제공하는 제3자 앱 어트리뷰션 업체는 모든 애드 네트워크의 식별이 가능한 유니버셜(universal) SDK를 제공하고 있다. 이러한 모바일 앱 분석 도구로는 앱스플라이어

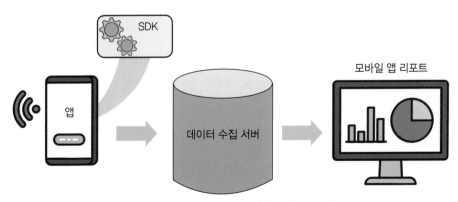

[그림 5-16] 앱 내장형 SDK 방식의 서비스 구성도

출처: 김현진, 유정목, 박찬우, 김아영, 이준우(2014. 2. 15.).

(AppsFlyer)의 유니버셜 SDK를 예로 들 수 있다. 앱스플라이어 유니버셜 SDK는 총 4,600개가 넘는 미디어와 연동해서 광고주 앱에 대한 분석 데이터를 제공한다.

반면, 앱 내에 SDK를 설치하지 않고 모바일 앱로그를 분석할 수 있는 방식도 사용되고 있는데, 이를 앱 다운로드-랭킹 추적 방식(app downloads, evenue & ranking tracking tools)이라고 한다.

앱 다운로드-랭킹 추적 방식은 앱 조사 분석 기관들에 앱을 등록하면, 각 스토어에서 등록된 앱에 대해서 제공하는 정보에 통계 분석 방식을 적용하여, 앱 다운로드와 사용량, 수익 등 앱에 대한 분석 정보를 제공한다. 앱 다운로드-랭킹 추적 방식의 대표적인 서비스로는 앱 애니(App Annie), 앱 피규어(App Figures), 모파파(Mopapp), 디스티모 앱 애널리틱스(Distimo App Analytics) 등을 들 수 있다. 이 서비스들은 등록된 앱에 대한 사용자 추적 및 성과 분석과 같은 앱 분석 서비스뿐 아니라 등록된 앱에 대한 실적 자료를 대시보드 형태로 제공한다. 이 서비스들 중 앱 애니는 데이터 추적에서 세계 최대 기업 중 하나로, 12만 5,000여 명의 퍼블리셔 및 개발자가 자사의 서비스 플랫폼인 App Annie Connect를 이용해 100만 개 이상의 앱을 추적하고, 인앱 구매 및 광고를 통해 얻은 매출과 지출을 비교하여 광고 캠페인의 성과를 추적한다.

8) 앱로그 분석 도구

최근에 세분화된 분석 리포트를 제공하는 모바일 앱로그 분석 도구(applog analytics tool)은 대부분 앱 내장형 SDK 방식을 활용하고 있다. 예를 들어, GA는 모바일 앱 추적을 위해 SDK(안드로이드 SDK, iOS SDK)를 설치한 후 앱 사용자의 이용 정보를 목적에 따라 세분화해서 분석하고, 이를 대시보드 형태의 리포트로 제공한다. 예를 들어, 구글 애널리틱스의 모바일 앱로그 분석 보고서는 〈표 5-7〉에서 보이듯이 앱설치 정보, 사용자 정보, 사용자 행태 정보, 성과 정보와 같은 네 가지 카테고리의 정보와 각 카테고리별 세부정보를 제공한다.

웹로그와 앱로그 분석 겸용인 구글 애널리틱스와 달리, 앱 전용 분석 도구로는 구글의 파이어베이스 애널리틱스(Firebase Analytics)가 있다. 파이어베이스는 모바일 앱에서 발생하는 모든 이벤트를 수집·분석해서 대시보드를 통해 파악할 수 있게 해 준다. 또한 파이

●표 5-7● GA의 앱로그 분석 보고서

카테고리	세부 정보
앱 설치 정보 (acquisitions)	앱의 설치 수, 신규 사용자 수, 설치 디바이스 정보 등
사용자 정보(users)	사용자 위치, 앱 사용 빈도, 앱 사용 시간, 인구통계학적 정보 등
사용자 행태 정보 (behaviors)	앱 화면을 사용한 순서, 재방문 빈도, 앱 충돌을 포함한 기술적 오류 개수 등 사용자가 앱을 어떻게 사용하는지에 대한 정보
성과 정보 (outcomes)	앱의 실적 목표를 설정해서 타겟 수익을 추적한 결과 제공(예: 게임의 특정 단계 완료 등과 같은 개별 액션에 대한 추적 등)

어베이스는 퍼널 분석[25]과 코호트 분석[26]까지도 가능하다. 이러한 추가적인 분석을 지원해 주기 때문에 파이어베이스는 실시간 데이터 분석이 가능한 GA를 보완해 주는 역할을 한다. 또 하나의 대표적인 SDK 기반 앱 분석 도구로는 플러리 애널리틱스(Flurry Analytics)가 있다. 플러리는 2008년부터 모바일 분석을 시작했는데, 현재 약 25만 개의 모바일 앱사의 100만 개 이상의 모바일 앱을 대상으로 분석 서비스를 하고 있다. 플러리 애널리틱스는 iOS와 안드로이드 등 다양한 플랫폼의 앱에서 사용자 행동을 추적할 수 있다. 플러리 모바일 앱 분석도 앱 사용자에 대한 사용 빈도, 사용 시간, 유입 경로 등을 추적하여 분석 정보를 제공하고 있으며, 앱 내부의 개별 이벤트 및 앱 오류 정보 등을 세분화하여 시각화하고 있다. [그림 5-17]은 대시보드 형태로 제공하는 플러리 모바일 앱 분석 보고서의 화면으로, 어떤 경로(예: 광고 배너, 이메일 등)로 사용자가 유입되었는지를 추적하여 마케팅 효과를 분석할 수 있는 근거를 제공한다. 플러리 분석 서비스는 모든 서비스를 무료로 제공하는 대신에 플러리 앱 서클(Flurry App Circle)이라는 모바일 광고 플랫폼을 이용하여 분석 서비스에 가입된 앱 회사를 대상으로 타겟팅 광고 서비스를 유료로 제공하고 있다. 이 외에도 아마존 모바일 분석(Amazon Mobile Analytics), 믹스패널(Mixpanel), 로칼리틱스 애널리틱스(Localytics Analytics) 등 다양한 앱 내장형 모바일 앱 분석 도구가 국내외에서 사용되고 있다.

---

25) 앱에서의 고객의 이동 경로 분석을 말한다. 앱 이용 시 최종 구매까지 이르는 과정에서 중간에 고객의 이탈 여부를 파악해서 서비스를 개선할 수 있게 해 준다.
26) 성별, 연령대 등의 동질 집단 분석을 말한다.

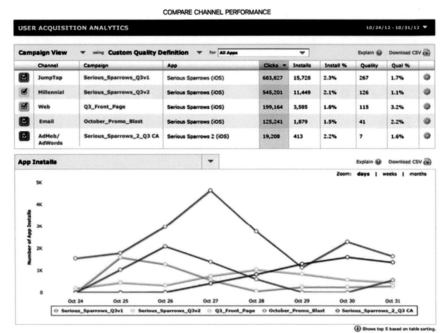

[그림 5-17] 플러리의 서비스 화면-대시보드의 예

출처: 김현진 외(2014. 2. 15.).

9) 크로스 디바이스 로그 데이터 수집

태블릿 PC와 스마트폰 등의 모바일 기기의 보급이 확산되면서 옴니 채널(omni channel) 시대가 도래하고 있다. 이제는 단 한 명의 사용자가 PC와 모바일 기기를 자유롭게 넘나들며 최소 둘 이상의 디바이스를 사용하는 경우가 흔하다. 사용자가 둘 이상의 디바이스를 사용하는 경우, 디바이스를 넘나드는 사용자를 추적하여 이들의 행동 데이터를 수집하기가 쉽지 않다. 예를 들어, 웹 분석에서는 쿠키를 식별자로 사용하고, 앱 분석에서는 광고 아이디를 식별자로 사용하기 때문에 추적 과정에서 정확하게 한 명의 사용자로 매칭할 수 없다. 심지어 모바일 웹에서는 크롬, PC에서는 익스플로러 혹은 사파리를 사용한다면 모바일 웹과 PC에서 각각 두 개의 쿠키를 갖게 된다. 이처럼 쿠키가 여러 개인 경우 디바이스는 각기 다른 사용자로 인식하기 때문에 크로스 디바이스(cross device) 데이터를 수집하기가 쉽지 않다. 특히 온라인 쇼핑몰과 같은 플랫폼이 PC 웹, 모바일 웹, 안드로이드 앱, iOS 앱의 4개의 디바이스를 사용해서 서비스를 제공하는 경우 최소 2개의 쿠키와 2개의 광고 아이디를 포함하여 도합 4개의 식별자 값을 갖게 되기 때문에 크로스 디바이스 매칭 (cross device matching)을 하기가 쉽지 않다.

이러한 문제를 해결하기 위하여 여러 디바이스에서 공통적으로 사용되는 사용자 아이디(User ID: UID)를 사용하여 크로스 디바이스 매칭을 하기도 한다. 사용자는 보통 PC, 태블릿, 스마트폰 등의 디바이스와 관계없이 하나의 서비스에는 하나의 아이디(ID)를 사용하기 때문에 사용자 추적을 통해 크로스 디바이스 매칭을 하기가 쉽다. 이 방법은 PC와 모바일에 관계없이 로그인을 해야 사용할 수 있는 서비스의 경우에 누가 어떤 디바이스에서 로그인을 해서 광고를 보았는지를 정확히 추적할 수 있다. 이처럼 사용자 아이디와 같은 로그인 정보를 활용하여 사용자를 매칭시키는 방법을 결정론적 매칭(deterministic matching)이라고 한다. 하지만 사용자의 로그인 정보를 사용하는 것이 「개인정보 보호법」에 저촉되고, 로그인을 한 사용자만 추적할 수 있기 때문에 측정 범위가 좁다는 단점이 있다. 따라서 이 방법을 사용할 만큼 충분한 사용자들을 확보하고 있는 애드 네트워크는 구글, 페이스북, 인스타그램을 포함하여 전 세계에서 몇 개에 불과하다. 실제 GA는 사용자 아이디를 이용한 크로스 디바이스 분석 보고서를 고객(client)에게 제공하고 있다.

크로스 디바이스 매칭에 사용될 수 있는 두 번째 방법은 핑거프린트(fingerprint)를 이용한 사용자 매칭이다. 핑거프린트는 디바이스를 나타내는 고유 지문과 같은 것으로 IP 주소, 브라우저 정보, 통신사, 단말기 모델, OS 버전, 국가 및 언어 설정 등 다수의 조건을 만족하는 사용자를 찾아낸다. 이 방법은 디바이스를 식별할 수 있는 다양한 요소(예: 단말기 모델, OS 버전 등)가 동일하면 동일 사용자라고 간접적으로 추정한다. 하지만 이 방법은 다양한 간접 정보를 이용하여 사용자 디바이스를 예측하기 때문에 100% 정확하지 않을 수 있다. 예를 들어, 두 명의 사용자가 동일 장소에서 같은 디바이스와 OS 버전 등을 사용한다면 이를 한 명의 사용자로 인식하여 광고 성과를 잘못 측정하는 경우가 있다. 이처럼 핑거프린트 방식을 사용하여 사용자를 매칭시키는 방식을 확률적 매칭(probabilistic matching)이라고 한다.

최근에 사용자 아이디와 핑거프린트 방식이 가지고 있는 문제를 해결하기 위해 확률적 매칭 방식을 이용하여 크로스 디바이스 매칭을 시도하는 솔루션이 등장하고 있다. 이러한 솔루션은 사용자의 행동 패턴을 이용해 비슷한 행동 패턴을 보이는 사용자 정보를 모아 한 명의 사용자인지 아닌지를 확률적으로 매칭하고, 신규 데이터가 추가되면서 점점 더 확증을 높이는 방법을 사용한다. 이러한 크로스 디바이스 매칭 기술의 발전은 PC, 모바일, 태블릿을 거치며 여러 개의 기기를 넘나드는 사용자를 한 명으로 묶어 줌으로써 정확한 고객 구매 여정의 파악을 가능하게 하고, 이를 통해 고객 이탈을 최소화하고 전환율을 높이는 전략을 개발할 수 있게 한다. 또한 다른 기기에서 한번 본 광고는 다시 노출시키지 않는 방식으로 정밀한 타겟팅을 가능하게 한다.

디 지 털 시 대 의 애 드 테 크 신 론

제6장

빅데이터와 AI 기반의 타겟팅의 고도화

FTSE 200
8942.95
+1.65%

1. 전통적 마케팅의 타겟팅

기업이 집행하는 광고, 마케팅, 커머스의 성공은 일차적으로 기업의 메시지가 타겟에게 얼마나 정확히 도달되는가에 달려 있다. 기업의 광고 메시지가 목표로 하는 타겟에게 정확히 도달되지 않으면 그 메시지는 외면당하게 되고, 기업이 투입한 광고 및 마케팅 비용은 낭비된다. 따라서 대부분의 광고, 마케팅, 커머스의 일차적인 승패는 타겟팅의 정밀함에 달려 있다.

타겟팅(targeting)은 STP[1] 마케팅에서 유래된 용어로 전체 시장[2]을 특정한 기준에 따라서 세분화한 다음 각 시장에 대한 매력도를 평가하고 특정 시장과 잠재고객을 설정한 후 상품이나 서비스의 초점을 해당 시장에 맞추어 마케팅을 집중하는 것을 말한다. STP 마케팅에서 타겟팅 과정은 [그림 6-1]에서 보이듯이, 첫째, 기업의 마케팅 활동을 둘러싼 내외부 환경 요인을 분석하여 소비자 욕구의 변화가 감지되면 시장 세분화의 근거가 발생하게 되고, 이를 바탕으로 시장을 여러 개의 세그먼트(segment)로 세분화한다. 둘째, 이렇게 도출된 여러 개의 세그먼트 중에 3C(Customer, Competition, Corporate resource)라 불리는 시장의 크기, 경쟁 환경, 기업의 가용자원 등을 고려하여, 기업의 제품에 적합한 하나 혹은 복수의 표적 시장(target market)을 선정한다. 그런 다음 선정된 표적 시장의 마음속에 기업의 제품을 포지셔닝(positioning) 혹은 자리매김하게 된다. 예를 들어, 여성 화장품 시장은

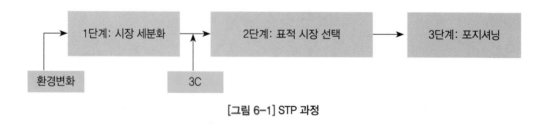

[그림 6-1] STP 과정

1] STP는 Segmentation, Targeting, Positioning의 약어로, 시장을 소비자의 니즈에 따라 여러 그룹으로 세분화한 다음, 기업에 적합한 하나의 표적 시장을 선정하고 고객의 마음속에 제품을 포지셔닝하는 것을 말한다. 타겟 마케팅 혹은 시장 세분화 마케팅이라고도 불린다.
2] 시장은 구매할 뜻이 있고 구매 능력이 있는 유효 구매자의 집합을 말한다.

소비자의 니즈(needs)에 따라 피부 보습, 주름살 제거, 미백 효과, 자외선 차단 등으로 구분할 수 있다.

2. 디지털 마케팅의 타겟팅

디지털 마케팅의 타겟팅은 사용자 빅데이터를 수집·저장·분석하여 잠재고객들을 분류·세분화하고 표적 시장을 결정하는 것을 말한다. 디지털 마케팅의 타겟팅은 사용자 빅데이터(big data)[3]의 수집, 저장, 분석 기술과 머신러닝(기계학습)의 적용으로 타겟 집단을 보다 정교하게 식별하고 세분화할 수 있으며, 원하는 고객 개개인에게 맞춤형 광고 메시지를 도달시킬 수 있다. 예를 들어, 사용자들이 매일 이용하는 웹이나 앱뿐 아니라 온/오프라인의 여러 고객 접점(온라인 쇼핑몰, 매장 등)을 통하여 고객의 성별, 나이, 거주 지역 등과 같은 인구통계학적 정보뿐 아니라 취미 및 관심사, 구매 빈도, 구매 행동 등과 같은 각종 라이프스타일 및 행태 정보들을 수집할 수 있으며, 이렇게 수집된 데이터들을 머신러닝 등으로 학습하게 하고, 이를 바탕으로 타겟을 세그먼트(분류)한 후 제품에 맞는 표적 시장을 찾을 수 있다. 웹이나 앱에 접속하는 순간 노출되는 대부분의 광고 메시지는 이러한 타겟팅 과정을 거쳐 우리에게 도달된다고 할 수 있다. 사용자가 구매에 가까워질수록 잠재고객, 리드고객, 가망고객, 신규고객으로 변화하게 되며, 구매 후에는 충성고객, 옹호고객, 휴면고객으로 남게 된다. 따라서 빅데이터 분석과 머신러닝으로 이러한 고객들을 식별하는 것이 중요하다.

이러한 사용자 데이터 수집, 저장, 분석 및 머신러닝 기술의 발달로 타겟팅의 기법도 단순한 고객의 인구통계학적 정보에 기반을 둔 데모 타겟팅(demo targeting)을 넘어 관심사 타겟팅(interest targeting), 행동 타겟팅(behavioral targeting), 주제 타겟팅(topic targeting), 카테고리 타겟팅(category targeting), 키워드 타겟팅(keyword targeting), 유사 타겟팅(look

---

3) 소비자들이 웹과 앱 기반의 디지털 미디어들을 활용하면서 남긴 흔적들(digital breadcrumbs)이다. 여기에는 텍스트, 영상, 이미지, 로그(log), 검색, 위치, 구매 데이터 등이 포함된다.

alike targeting), CRM 타겟팅 등으로 더욱 다양해지고 있다. 특히 구글 애즈(Google Ads)
와 같은 머신러닝 기반의 광고 플랫폼은 이러한 다양한 타겟팅 기법을 광고주에게 제공
하여 광고 및 마케팅 캠페인의 효율성을 높여 주고 있다. 따라서 이러한 사용자 데이터 및
머신러닝에 기반을 둔 정교한 타겟팅 기술의 발달로 전통적인 방식의 게재 위치 타겟팅
(placement targeting)[4]에서 확인된 오디언스에게 광고 메시지를 정확하게 전달하는 오디언
스 타겟팅(audience targeting)[5]으로 타겟팅 패러다임이 바뀌고 있으며, 매체 구매 또한 미
디어 바잉(media buying)에서 오디언스 바잉(audience buying)으로 변화하고 있다.

3. 빅데이터, 머신러닝, 타겟팅의 고도화

머신러닝과 같은 애드테크가 가장 많이 적용되는 분야 중의 하나가 타겟팅 영역이다.
머신러닝(machine learning) 혹은 기계학습은 1980년대에 등장한 인공지능의 한 분야로, 컴
퓨터를 학습시킴으로써 방대한 데이터를 분석해 그 결과를 예측하는 방법론이며 빅데이
터 분석 및 활용의 핵심 기술로 각광받고 있다.

머신러닝은 사용자들이 웹과 앱을 이용하면서 남긴 수많은 신호를 분석하여 마케터가
광고 메시지를 도달시키기를 원하는 타겟을 효과적으로 추정하는 데에 활용된다. 머신러
닝은 성별 및 나이와 같은 인구통계적 특성에 따른 타겟의 추정으로 시작해서 고객의 관심
사에 따른 타겟의 추정, 구매 전환율이 높은 타겟의 추정, 나아가 기존의 핵심 타겟과 유사
한 행태와 특성을 가진 유사 타겟의 추정에 이르기까지 모든 타겟팅 기법에 적용된다. 특
히 머신러닝을 통한 타겟의 추정은 사용자 특성 정보(성별, 나이, 직업 등의 프로필)와 같은
정적인 데이터보다 사용자 행태 데이터(사용자의 사이트 방문 기록 등)와 같은 동적인 데이

---

4) 광고주가 원하는 지면(혹은 웹사이트)을 직접 골라서 노출할 수 있는 타겟팅 기법이다. 주로 TV의 경우 시청률이 높
거나 웹사이트의 경우 방문자 수가 많고, 제품과 관련성이 있으며, 타겟 오디언스가 많을 것 같은 미디어 지면이나
웹사이트를 콕 집어 광고하는 것을 말한다.
5) 청중, 시청자, 수용자를 의미하는 '오디언스'와 목표, 대상을 의미하는 '타겟'을 합친 단어이다. 특정인을 목표 타겟
으로 하는 광고마케팅을 말하며, 광고주 입장에서 그 사용자에게만 해당하는 맞춤형 광고를 보여 주어서 얻고자 하
는 목적을 달성한다. 여기에는 데모 타겟팅, 관심사 타겟팅, 유사 타겟팅, 리타겟팅 등이 포함된다.

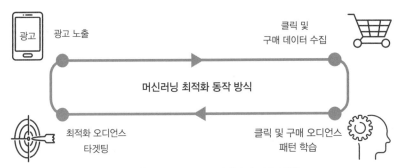

[그림 6-2] 위메프 AMP의 머신러닝 작동 방식

출처: 김현우(2019).

터를 사용한다. 머신러닝은 고객의 전형적인 행동 패턴들, 즉 고객이 어떤 사이트나 앱을 주로 방문하며 어떤 콘텐츠를 주로 이용하는지 등을 미리 학습함으로써 동적 데이터 속에 숨은 고객의 행동 패턴들을 찾아내고, 이를 바탕으로 타겟들을 효과적으로 특정(프로파일링)한다. 예를 들어, 모바일 쇼핑몰인 위메프는 머신러닝 엔진이 방대한 이 쇼핑몰 고객들의 쇼핑 데이터를 분석하여 상품을 구매할 확률이 가장 높은 사용자들만 골라 타겟팅을 한다. [그림 6-2]에서 보이듯이 머신러닝이 구매 오디언스의 광고 노출 이후의 클릭, 구매 등의 행동 패턴을 학습한 후, 타겟팅 설정을 최적화한다. 그리고 캠페인 종료 후에도 수집된 결과 데이터를 바탕으로 성과 증대를 위해 지속적으로 머신러닝 기반의 최적화 오디언스 타겟팅을 진행한다.

4. 광고 플랫폼과 타겟팅

현재 구글, 페이스북을 포함한 글로벌 광고 플랫폼 사업자뿐만 아니라 네이버 애드포스트, 다음의 아담, SK플래닛, 인모비, 카울리, 와이더플래닛과 같은 대부분의 국내 광고 플랫폼 사업자들은 머신러닝을 활용한 타겟팅 최적화 서비스를 제공하고 있다. 예를 들어, 구글 애즈[6]를 포함한 많은 광고 플랫폼은 데모 타겟팅, 관심사 타겟팅, 주제 타겟팅, 문맥

---

6) 구글에서 제작·운영하는 셀프 서비스 광고 프로그램이다. 정해진 가이드라인에 따라 웹 및 앱 광고를 스스로 만들어 잠재고객에게 노출할 수 있다.

타겟팅, 게재 위치 타겟팅, 리타겟팅을 포함한 대부분의 타겟팅 기법들을 선택할 수 있다.

페이스북은 구글 애즈와 달리 정확도가 높은 자사 데이터를 활용한 로그인 기반의 오디언스 타겟팅에 강점이 있으며, 주로 고객 식별이 가능한 자사 데이터를 사용함으로써 정확도가 매우 높다. 우리가 거의 매일 접하는 유튜브의 대표적인 동영상 광고 상품인 트루뷰 인스트림(TrueView In-Stream)은 구글 애즈와 같은 타겟팅 방식을 활용하고 있으며, 인구통계, 주제, 관심 분야, 키워드, 게재 위치, 리마케팅 등 다양한 방식의 타겟팅이 가능하다. 또한 독립 광고 플랫폼 사업자인 와이더플래닛은 웹페이지, 소셜미디어, 블로그, 뉴스 사이트에서 정보를 수집하는 텍스트 마이닝, 사람의 언어를 이해하는 자연어 처리기술, 사용자 행동 분석 시스템들을 결합한 머신러닝 기반의 광고 추천 알고리즘을 사용하여 잠재고객에게 광고를 추천하고, 사용자의 구매를 유도한다.

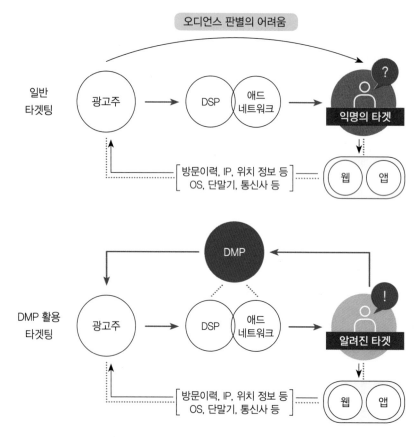

[그림 6-3] 일반 타겟팅과 DMP 활용 타겟팅

출처: 메조미디어 데이터마케팅팀(2017. 2. 15.).

사용자 데이터는 보통 DMP(Data Management Platform; 데이터 관리 플랫폼)에 담겨서 타겟팅에 활용된다. 단일 퍼블리셔의 쿠키(웹의 경우) 및 광고 ID(앱의 경우) 데이터만으로는 고객 프로파일링에 한계가 있기 때문에 DSP(Demand Side Platform)를 활용한 고객 프로파일링으로 캠페인 목적에 맞는 타겟 오디언스의 식별이 가능하다. 특히 DMP는 DSP와 연동하여 수천억 건의 트래픽이 거래되는 프로그래매틱 광고 시장에서 DMP를 통해 원하는 오디언스만 구매할 수 있게 해 준다. [그림 6-3]은 쿠키 정보만을 이용한 일반 타겟팅과 머신러닝을 활용한 DMP 활용 타겟팅의 차이를 보여 준다.

5. 타겟팅에 활용되는 사용자 데이터의 유형

디지털 광고의 타겟팅은 잠재고객, 리드고객, 가망고객, 신규고객, 기존고객, 충성고객, 옹호고객, 휴면고객 등을 포함한 기업의 마케팅 활동의 표적이 되는 여러 유형의 타겟을 식별하거나 추정할 수 있는 데이터를 수집하는 것에서부터 시작된다. 타겟팅에 활용될 수 있는 데이터는 매우 다양하지만 자사 혹은 제1자 데이터(1st-party data), 제2자 데이터(2nd-party data), 제3자 데이터(3rd-party data)가 모두 활용된다.

●표 6-1● 타겟팅에 활용되는 데이터의 유형

유형	식별 데이터	비식별 데이터
1st-party data (제1자 데이터)	고객 식별 정보(성별, 나이, 직업, 소득 수준 등)	행태 정보(웹은 쿠키, 앱은 ADID*/IDFA 분석을 통한 웹/앱의 방문 이력, 구매, 검색 기록, 관심사 및 기호 등의 트래픽 및 활동 정보)
2nd-party data (제2자 데이터)	고객 식별 정보	고객 행태 정보
3rd-party data (제3자 데이터)	–	외부 비식별 데이터(DMP, Analytics 등)

* ADID는 광고 ID를 말하며, 안드로이드나 iOS 각각의 OS에 고유하게 발급된 유일무이한 식별값이다. 모든 모바일 기기마다 다른 값을 갖고 있다. 이 광고 ID를 사용해 모바일 앱에서의 사용자의 행동을 파악하고 분석하고 이를 시작으로 여러 가지 오디언스 타겟팅 전략이 이루어진다. 예를 들어, 매일 방문하는 사용자에게는 할인권을 제공하고, 일주일 동안 방문하지 않은 사용자에게는 그 사용자의 관심사를 파악해 관심 있는 상품의 할인 행사 메시지를 보낼 수 있다.

보통 자사 데이터는 타겟의 모수가 적어 타겟팅에 활용하는 데에 한계가 있기 때문에 외부 데이터를 추가로 구매해서 활용한다. 또한 자사 데이터는 로그인한 사용자의 특성만 파악할 수 있지만, 외부 데이터를 활용하면 로그인 정보가 없어도 사용자 성향이나 관심사 파악이 가능하다. 따라서 대부분의 광고 플랫폼 사업자들은 외부 데이터와 연동하여 타겟팅의 범위를 확장한다. 단, 외부 데이터를 활용하여 타겟팅을 할 경우 주로 머신러닝을 통해 타겟의 프로필을 추정하는 과정을 거치기 때문에 타겟팅의 정확도(약 90% 수준)가 다소 떨어진다고 할 수 있다.

머신러닝을 적용한 타겟팅의 최적화는 데이터의 양(quantity)보다 질(quality)에 달려 있다. 즉, 얼마나 많은, 얼마나 큰 데이터인가가 중요한 것이 아니라 타겟팅에 적합한 데이터인가 혹은 아닌가가 더 중요하다. 또한 광고 플랫폼 사업자에 따라서 타겟팅에 활용하는 사용자 데이터에 차이가 있다. 예를 들어, 구글은 쿠키 정보 기반의 타겟팅에 의존하는 반면, 페이스북은 로그인 정보 기반의 타겟팅을 장점으로 내세운다. 페이스북은 광고주 측에서 이미 확보하고 있는 CRM 정보(이메일 주소, 전화번호, 페이스북 ID 등)를 페이스북 사용자 정보와 매칭하여 일치되는 사용자에 대하여 광고가 노출되기 때문에 정확도가 높다. 예를 들어, 20대 여성을 대상으로 광고를 노출하고 싶다면, 쿠키 기반의 타겟팅은 행태 정보를 바탕으로 한 추정에 의존해야 하므로 정확도가 떨어지는 반면, 페이스북은 로그인 정보 기반이므로 정확도가 상대적으로 높을 수밖에 없다.

6. 디지털 광고 타겟팅의 유형과 분류

1) 디지털 광고 타겟팅의 유형과 분류

일반적으로 고객에게 도달되는 광고 정보는 고객의 인구통계적 특성이나 관심사를 분석해서 보내는 것도 있고, 유사 타겟팅을 통해서 보내는 것도 있다. 또한 이 모든 정보를 취합한 것도 있다. 타겟팅의 유형은 광고 목적에 따라 크게 콘텐츠 기반 타겟팅, 사용자 기반 타겟팅, 기타 타겟팅으로 구분할 수 있다. 콘텐츠 기반 타겟팅은 상품에 관심이 있을 만한 사람이 보는 콘텐츠를 기반으로 하는 타겟팅을 말한다. 반면, 사용자 기반 타겟팅은 사용자의 프로필이나 관심사, 행동 등의 특성들을 기반으로 한 오디언스 타겟팅을 말한다. 콘텐츠 기반 타겟팅은 주로 사용자의 웹사이트 활동 내역을 기록한 쿠키(cookie) 혹은 앱 광고 사용자의 추적에 사용되는 광고 ID(ADID)로 수집한 데이터를 활용하는 반면, 사용자 기반의 타겟팅은 주로 자사가 직접 수집한 로그인 정보와 비로그인 정보에 해당하는 쿠키 혹은 광고 ID로 수집한 정보(고객 비식별 정보)의 두 가지 데이터를 모두 사용한다.

●표 6-2● 타겟팅의 분류와 유형

콘텐츠 기반 타겟팅	사용자 기반 타겟팅 (오디언스 타겟팅)	기타 타겟팅
검색어(키워드) 타겟팅 주제(카테고리) 타겟팅 키워드(검색어) 타겟팅 문맥 타겟팅 게재 위치 타겟팅	데모(인구통계) 타겟팅 관심사 타겟팅 행동 타겟팅 리타겟팅 유사 타겟팅 CRM 데이터 타겟팅	OS 타겟팅 브라우저 타겟팅 크로스 디바이스 타겟팅 시간 및 요일 타겟팅 위치 기반(지역) 타겟팅 언어 타겟팅 BJ 타겟팅

(1) 데모 타겟팅

데모 타겟팅은 데모그래픽 타겟팅(demographic targeting)의 약어로, 사용자의 성별, 나이, 직업, 학력, 소득, 거주 지역 등을 포함한 인구통계학적 특성에 따라 사용자를 세분화하여 적절한 광고 유형에 맞게 타겟팅하는 방법을 말한다. 데모 타겟팅은 타겟의 모수가 비교적 크기 때문에 대중매체 광고처럼 광범위한 타겟에게 도달할 수 있는 장점이 있으나 구매 전환 효과가 떨어지므로, 타겟팅의 효율성을 높이기 위해서는 다른 타겟팅 기법들과 함께 사용하는 것이 더 효과적이다. 예를 들어, 캠페인 초기에 데모 타겟팅을 통하여 일정 규모의 타겟 모수를 확보한 후 이들을 대상으로 관심사 타겟팅을 실시하여 캠페인에 대한 관심(interest)과 관여(involvement)를 높일 수 있다.

데모 타겟팅의 성과를 높이기 위해서는 고객 식별 정보(로그인 정보 등의 자사 데이터)를 사용하는 것이 효과적이나, 일반적으로 자사 데이터의 양이 충분하지 못하고 타겟의 모수가 적어 광고주가 기대하는 만큼의 성과를 거두기 어렵다. 이러한 이유로 사용자들의 비

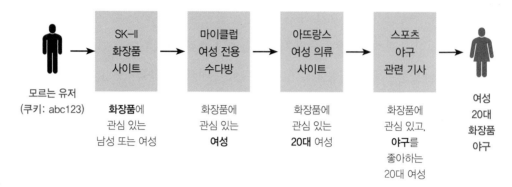

[그림 6-4] 비식별 정보(쿠키)를 기반으로 한 데모 타겟팅의 예

출처: 이동현(2019).

식별 정보인 쿠키나 광고 ID로 수집한 사용자 행태 데이터를 분석하여 타겟 집단들을 추정한 후 타겟팅에 활용한다. [그림 6-4]는 데모 타겟팅의 사례를 보여 준다. [그림 6-4]에서 보이듯이 한 명의 모르는 사용자가 차례대로 방문한 사이트를 통해 머신러닝이 사용자가 누구인지를 구체적으로 식별할 수 있다. 이처럼 데모 타겟팅은 쿠키나 광고 ID를 통해 수집한 비식별 정보들(예: 비식별자들이 어떤 웹이나 앱을 주로 방문하는지 등)을 머신러닝으로 분석하여 고객의 데모그래픽 특성과 관련된 특정 행동 패턴을 찾아내고 이를 바탕으로 데모그래픽 특성을 추정한다. 단, 머신러닝을 통하여 추정한 타겟팅은 로그인 정보를 기반으로 한 타겟팅에 비해 정확도가 약간 떨어진다(약 90% 수준)는 단점이 있다. 구글과 페이스북을 포함한 대부분의 광고 플랫폼 사업자들은 데모 타겟팅 서비스를 제공한다.

(2) 관심사 타겟팅

관심사 타겟팅(interest targeting)은 광고 타겟층의 취미나 관심사에 따른 타겟팅 기법을 말한다. 관심사 타겟팅은 웹사이트에 방문한 사용자가 소비한 콘텐츠를 분석하여 관심사를 파악해, 사용자가 관심 있어 할 만한 광고를 노출함으로써 높은 반응을 획득한다. 예를 들어, 여행 기사나 콘텐츠를 보는 사람에게 호텔 예약 광고를 노출하는 등 특정 관심사를 가지고 있는 사용자에게 광고를 노출할 수 있다. 또한 매년 9~12월에 고등학교 입시 캠페인 광고를 많이 클릭한 사용자를 입시를 앞둔 학생과 학부모로 판단하여 관심사 광고인 대학 입시 캠페인 광고를 우선 노출할 수도 있다.

일반적으로 사용자가 어떤 웹과 앱을 많이 방문하고 어떤 콘텐츠를 이용하였는지 등의 행태 정보와 함께 제휴 매체의 광고 지면을 통해 수집한 사용자의 광고에 대한 반응 정보, 광고주 사이트 방문 정보, 제3자 데이터 제공업체를 통해 획득한 오프라인 매장 사용자 구매 데이터들을 조합해 사용자들의 관심과 성향을 분석한다. 또한 사용자의 키워드 분석을 통해 관심사를 분석할 수도 있다. 예를 들어, 사용자가 보았던 콘텐츠 내 주요 키워드를 추출하여 보니 다이어트, 피트니스, 여성 의류 쇼핑몰, 성형 수술, 외모 등 여성 패션과 관련된 키워드의 비중이 가장 높은 것으로 나타나, 사용자를 의류에 관심이 많은 타겟으로 판단하여 여성 의류 쇼핑몰 광고를 노출한다.

대부분의 광고 플랫폼 사업자들은 관심사 타겟팅 서비스를 제공한다. [그림 6-5]의 사례에서 보이듯이, 1단계로 광고주가 타겟의 관심사 카테고리를 선택하면, 2단계는 광고 플랫폼이 광고주가 선택한 관심사를 가진 사용자를 머신러닝으로 선별하여 광고를 노출한다. 페이스북은 자신들의 웹페이지에서 관심사 카테고리를 설정하면 이러한 관심사를 가진 사용자를 선별하여 맞춤형 메시지를 노출하는 관심사 타겟팅 서비스를 제공한다. 또한 광고 플랫폼 사업자인 와이더플래닛(Wider Planet)은 자체 보유 DMP를 사용하여 하루 평균 250TB 이상의 국내 인터넷 사용자의 행동 데이터, 외부에서 구매한 오프라인 소비패턴 및 매장 방문자 구매 데이터, 광고 반응 정보, 광고주 사이트 방문 정보들을 조합

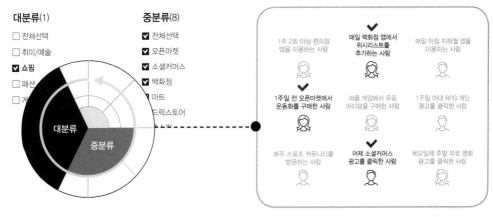

캠페인 성격에 부합하는 관심사 카테고리 선택   선택된 타겟 유저에게 광고 노출

[그림 6-5] 관심사 타겟팅의 예

출처: 카울리(2021).

[그림 6-6] 페이스북 관심사 타겟팅 설정 화면

출처: 와이즈트래커(2018).

해 사용자들의 관심사와 성향을 분석한다. 이렇게 분석이 이루어진 정보는 타겟팅 게이츠 (Targeting Gates)라는 광고 송출 플랫폼을 통해 광고주가 타겟으로 정한 사용자들의 관심 사에 맞게 광고가 노출되도록 한다. 사용자들의 관심사를 25개 대분류, 241개 소분류로 세 분화하여 기업들이 새로운 고객들을 발굴할 수 있도록 지원한다.

(3) 주제 타겟팅

주제 타겟팅(topic targeting)은 특정 주제 혹은 카테고리와 관련된 콘텐츠가 있는 사이트 에 광고를 게재하는 타겟팅 기법이다. 즉, 광고주가 설정한 특정 주제와 매칭되는 지면에 광고를 노출하는 기법을 말한다. 보통 다양한 주제와 그에 따른 세부 주제들을 모아 두는 한편, 주제들과 가장 관련성이 높은 URL을 매칭한다.

구글 애즈의 주제 타겟팅은 웹이나 앱을 주제별로 분류해 놓고, 관련성 있는 광고를 내 보낸다. 구글이 미리 분류해 놓은 주제 중 광고주 제품과 관련된 것을 선택한다. 구글은 건

●표 6-3● 구글의 주제 카테고리

주제 카테고리 LIST			
건강	부동산	여행	집단, 사회
게임	비즈니스 및 산업	예술, 엔터테인먼트	참고문헌
과학	사법 & 정부기관	온라인 커뮤니티	취미, 레저
금융	쇼핑	인터넷, 통신	컴퓨터 및 전자제품
뉴스	스포츠	자동차	홈 및 가든
도서 및 문학	식음료	전 세계 각지의 풍습	
미용 & 건강	반려동물 및 동물	직업, 교육	

출처: 오픈애즈(2022. 4. 5.).

강, 게임, 과학, 금융, 뉴스, 도서 및 문학, 미용 및 건강, 부동산, 비즈니스 산업, 자동차, 쇼핑, 스포츠, 식음료, 반려동물, 여행, 예술, 인터넷, 통신 등 26개의 대주제와 그에 따른 소주제들을 기본으로 설정하여 특정 주제에 관심 있는 타겟에게 적합한 광고를 노출한다.

구글 애즈의 주제 타겟팅처럼 이미 주제를 분류해 놓은 것도 있지만, 머신러닝을 활용하여 주제를 세부적으로 분류하여 분류의 정확도를 높이기도 한다. 구글의 주제 타겟팅의 단점은 광고주 제품이 분류에 없거나 일부에만 해당하는 경우 관련성이 낮은 게재 위치에 게재될 수 있다는 점이다. 예를 들어, 테니스 신발 제품을 타겟팅할 때 테니스 신발 주제 카테고리가 없으므로 그 대신 운동화 주제 카테고리를 선택해야 한다.

(4) 카테고리 타겟팅

구글의 주제 타겟팅과 유사한 기법으로 카테고리 타겟팅(category targeting)이 있다. 카테고리 타겟팅은 광고주가 선택한 카테고리와 매칭되는 지면에 광고를 노출하는 기법이다. 예를 들어, 광고주가 연예 카테고리를 설정해 놓으면, 사용자가 연예 카테고리를 선택할 때 광고에 노출되는 방식이다. 특정 카테고리를 사용하면 상위 카테고리 아래의 모든 하위 카테고리도 자동으로 타겟팅된다. 카테고리 타겟팅을 할 수 있는 범위는 쇼핑, 엔터테인먼트, 자동차, 도서, 컴퓨터, 전자제품, 식음료, 여행, 취미/여가, 부동산, 과학, 스포츠 등 매우 넓다. 이들 카테고리에는 타겟팅 가능한 하위 카테고리가 많이 포함되어 있다. 예를 들어, 쇼핑 카테고리의 경우 여성 의류, 남성 의류, 진 및 캐주얼 의류, 언더웨어, 신발

[그림 6-7] 카테고리 타겟팅의 예

출처: 네이버.

및 수제화 등의 다양한 하위 카테고리가 포함되어 있다. 하지만 범죄, 건강, 인종, 종교, 성적 지향, 정치와 관련된 민감한 카테고리는 타겟팅을 할 수 없다. 카테고리 타겟팅은 문맥 타겟팅보다 더 일반적이다. 예를 들어, 카테고리 타겟팅에서 카테고리는 자동차일 수 있지만, 문맥 타겟팅은 문맥 키워드를 사용하여 특정 자동차 모델 이름을 참조하는 콘텐츠에 직접 타겟팅을 할 수 있다.

(5) 키워드 타겟팅

키워드 타겟팅(keyword targeting) 혹은 검색어 타겟팅은 사용자가 검색한 키워드를 파악하여 타겟팅을 하는 기법이다. 예를 들어, 뷰티에 관심 있는 사람이 '뷰티'와 같은 키워드로 검색하면 이들에게 화장품 관련 광고주들이 자사의 제품광고를 노출할 수 있다. 키워드 타겟팅의 과정은 다음과 같이 진행된다. 첫째, 광고주가 키워드를 광고 플랫폼 사업자의 DB에 등록한다. 둘째, 사용자가 키워드를 검색한 후 관련 사이트를 방문한다. 셋째, 사용자가 검색한 키워드와 광고주가 광고 플랫폼에 등록한 키워드를 일대일로 매칭하여 일치한다면 광고를 노출한다. 즉, 광고주가 설정한 특정 주제 키워드 및 카테고리와 매칭되는 지면에 광고를 노출한다.

키워드 타겟팅은 광고주가 설정한 특정 카테고리와 매칭되는 지면에 광고를 노출하는 카테고리 타겟팅 및 주제 타겟팅과 동일한 방식이다. 하지만 키워드 타겟팅은 이미 분류된 카테고리가 아니라 원하는 키워드를 등록하여 직접적인 타겟팅을 한다는 점에서 카테고리 타겟팅 및 주제 타겟팅과 다르다. 또한 사용자가 검색창에 찾고자 하는 검색어를 입력했을 때 그와 관련된 광고를 보여 주는 네이버와 구글의 키워드 광고 상품과도 다르다. 따라서 카테고리 타겟팅보다 더 정교한 타겟팅 방식이라고 할 수 있다.

키워드 타겟팅에서 키워드 개수는 제한이 없으나, 하나의 키워드만 골라 사용할 경우 광고 노출이 어려울 수 있다. 따라서 직접 키워드, 간접 키워드, 인기 키워드, 시의성 있는 키워드(seasonal keyword) 등을 적절히 조합하여 타겟팅하는 것이 효과적이다. 대표 키워드의 관련 키워드 등 파생되는 여러 키워드를 함께 사용할 경우 더 넓은 범위 내에서 광고 노출이 가능하며, 그만큼 키워드와 CPV(Cost Per View)를 둘러싼 광고주 간 경쟁이 치열하지 않기 때문에 낮은 비용으로도 캠페인 운영이 가능할 수 있다.

카테고리 타겟팅 및 주제 타겟팅이 더 포괄적이고 손쉬운 방법이라면, 키워드 타겟팅은 타겟에게 전략적으로 더 가깝게 도달할 수 있는 방법이다. 반면, 키워드 타겟팅의 단점은 키워드가 포함된 콘텐츠만 타겟팅되기 때문에 타겟팅의 범위가 제한적이다. 따라서 주제 타겟팅을 추가하여 만약 '생명 보험'이라는 주제어를 선택한다면 콘텐츠뿐 아니라 생명보험회사와 상품 등 관련 키워드들까지 확장해서 타겟팅을 할 수 있다. 따라서 키워드 타겟

[그림 6-8] 키워드 타겟팅의 예

출처: 디앤에이소프트(2017).

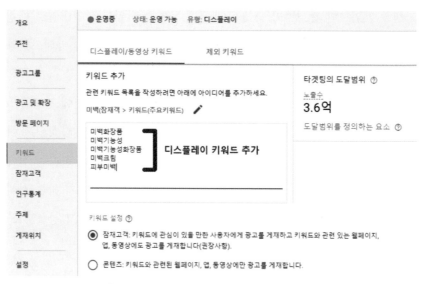

[그림 6-9] 구글 GDN 광고의 키워드 등록의 예

출처: 마케톨로지(2018. 2. 12.).

팅은 주제 타겟팅과 같이 사용하면 타겟팅의 고도화와 폭넓은 커버리지의 두 가지 효과를 동시에 얻을 수 있다.

(6) 행동 타겟팅

행동 타겟팅(behavioral targeting)은 온라인이나 모바일에서 머물렀던 사용자의 행태 데이터를 통해 행동 특징을 분석하고, 이에 맞추어 맞춤형 광고를 보여 주는 타겟팅 기법이다. 행동 타겟팅은 방문한 페이지, 머문 시간, 검색, 클릭한 링크, 구매한 상품 등 사용자의 웹브라우징 행동 및 구매 이력에 기반하여 맞춤화된 광고와 콘텐츠로 이들을 타겟팅 혹은 리타겟팅할 수 있도록 해 준다. 행동 타겟팅은 머신러닝을 활용해서 유사한 행동을 보이는 방문자들을 그룹으로 나누어 세부적인 오디언스 그룹을 형성하고, SNS의 경우 콘텐츠 및 광고에 대한 인게이지먼트(좋아요, 공유, 댓글, 동영상 플레이 등)를 분석하여 타겟팅에 반영한다.

즉, 행동 타겟팅은 고객의 행동과 구매 의도를 결합하여 고객이 가장 구매할 확률이 높은 시점에서 관련성이 높고 고도로 맞춤화된 광고를 노출할 수 있게 해 준다. [그림 6-10]에서 보이듯이 고객의 행동 패턴(예: 최근 방문 일과 횟수, 도달 페이지, 장바구니 보관 여부, 구

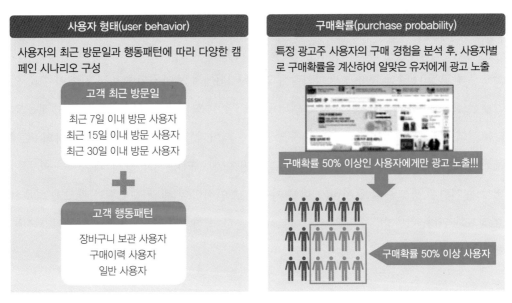

[그림 6-10] 행동 타겟팅 중 리타겟팅의 예

출처: 다른생각마케팅(2014. 11. 4.).

매 이력과 경험 등)을 분석하고, 사용자별로 구매확률을 계산하여 다양한 캠페인 시나리오를 구성하여 광고를 노출한다. 구체적으로 사용자가 도달한 페이지의 위치를 메인 페이지, 상세 페이지, 장바구니 페이지, 구매 완료 페이지로 구분하여 맞춤형 광고를 노출한다. 예를 들어, 메인 페이지 방문 사용자의 경우 해당 쇼핑몰의 추천 상품이나 베스트 상품을 추천하고, 장바구니 페이지나 제품 상세 페이지 방문 사용자에게는 그들이 직접 본 해당 상품을 노출한다. 또한 구매 완료 페이지 방문 사용자에게는 이미 구매한 상품과 연관 있는 상품[예: 교차 판매(cross-selling)[7] 상품]을 노출한다. 또한 행동 타겟팅은 고객의 위치 및 오프라인 매장 구매 이력 등 모바일 디바이스와 물리적 매장에서의 행동까지 고려 대상에 포함할 수 있다.

---

7) 크로스 셀링(cross-selling)은 교차판매를 뜻하는 용어로, 햄버거만 시킬 때 점원이 '음료수는 안 하시겠습니까?'와 같이 관련 제품의 추가 구매를 유도하는 판매 전략을 말한다. 주로 금융 상품의 경우에 많이 사용하는 전략이다. 은행에서 증권회사 펀드를 사도록 권유하는 것 등을 예로 들 수 있다.

(7) 리타겟팅

리타겟팅(retargeting)은 광고주 사이트를 한 번 방문했던 적이 있는 기존 방문자들을 대상으로 광고를 다시 노출하는 방식이다. [그림 6-11]에서 보이듯이 소비자 자신이 평소 인터넷 쇼핑몰에서 눈여겨보던 상품이 인터넷 뉴스 검색 화면에서 배너 광고로 뜨는 것을 리타겟팅의 예로 들 수 있다. 사용자가 광고주의 홈페이지를 한 번 방문하면 사용자의 PC에 쿠키 정보(활동 이력 로그 파일)가 저장되고, 사용자가 인터넷 서핑을 할 때 사용자의 쿠키 정보와 연결된 광고주의 웹서버가 이를 자동으로 인식하여 해당 광고주의 광고가 최우선으로 노출된다. 즉, 리타겟팅은 웹사이트에 방문한 적이 있는 잠재고객들의 쿠키값을 통해 따라다니며 광고를 노출한다.

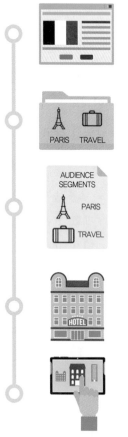

사람이 웹사이트를 방문하거나 온라인으로 장바구니를 검색하거나 시작할 때

회사는 컴퓨터에 작은 텍스트 파일(예: 쿠키)을 설치하여 관심사에 대한 추측과 함께 브라우저를 식별한다.

그리고 해당 관심사를 기반으로 한 잠재고객 세그먼트에 해당 사용자의 브라우저를 포함한다.

그런 다음 광고주는 해당 세그먼트를 구매할 수 있다.

그리고 나중에 그 사람에게 흥미로울 수 있는 광고를 보여 준다.

[그림 6-11] 행동 타겟팅의 작동 원리

출처: 크리테오(2018. 11. 8.).

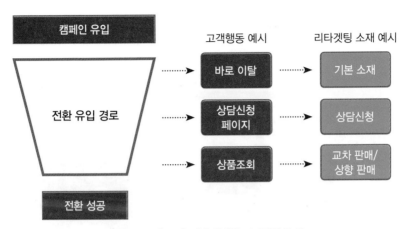

[그림 6-12] 고객 퍼널 단계별 리타겟팅의 예

출처: 한국디지털광고협회(2017. 5.).

리타겟팅은 홈페이지를 한 번이라도 방문했던 사용자를 대상으로 이들의 웹 서핑 중에 광고를 반복적으로 노출함으로써, 재방문을 유도하여 리드고객의 빠른 구매 확정과 구매 전환율 증가를 도모할 수 있다. 그리고 명확한 고객층에 정확한 메시지를 지속적으로 전달함으로써 웹사이트를 방문했으나 전환까지 도달되지 못한 사용자들을 효과적으로 공략할 수 있다. 하지만 리타겟팅을 이용한 맞춤형 광고는 개인정보 유출에 따른 인권침해의 소지가 있다는 비판에서 자유롭지 못하다는 단점도 있다. [그림 6-12]는 캠페인 유입 단계에서부터 전환 성공 단계에 이르기까지의 퍼널 단계별로 리타겟팅 광고의 소재를 달리하는 전략을 보여 준다. 구글 애즈를 비롯한 광고 플랫폼들은 리타겟팅 서비스를 제공한다.

(8) 문맥 타겟팅

문맥 타겟팅(contextual targeting)은 특정 주제 및 키워드와 관련성이 높은 사이트에 방문하는 사람에게 광고를 노출함으로써 직접적인 반응을 유도한다. 콘텐츠 매칭 광고라고도 하며, 웹사이트의 콘텐츠에 기반해 광고를 표시한다. 예를 들어, 음식 레시피 사이트에 접시 광고를 게재한다거나 조깅 포럼에 신발 광고를 삽입하는 것이다. 기본적으로 전문 잡지나 취미 잡지의 페이지에 기사 관련 광고를 매칭해서 위치시키는 것과 같지만 디지털 버전이라는 점에서 차이가 있다고 보면 된다.

[그림 6-13] 문맥 타겟팅의 예

출처: Bradley Nickel.

　문맥 타겟팅은 사전에 지정된 카테고리에 해당하는 페이지에 광고를 표시하는 '카테고리 문맥 타겟팅'이 있고, 특정 키워드와 매칭되는 페이지에 광고를 표시하는 '키워드 문맥 타겟팅' '의미론적(semantic) 문맥 타겟팅'이 있다. '의미론적 문맥 타겟팅'은 문맥 타겟팅에서 가장 진보한 형태로서, 단순히 페이지에서 매칭되는 키워드를 판별해 내는 것이 아니라 머신러닝을 사용해 각 페이지에 담긴 콘텐츠를 이해하는 것이다. 머신러닝 시스템이 페이지의 실질적인 문맥을 얼마나 잘 이해하느냐에 따라 더 효과적으로 광고가 매칭될 수 있다.

　문맥 타겟팅의 작동 방식은 웹 크롤러가 웹을 스캐닝하고 문맥과 의미에 기반해 각 페이지를 여러 카테고리로 구분한 후 사용자가 특정 페이지를 방문하면, 그 페이지의 콘텐츠 정보가 광고 서버로 전송되고, 그 정보는 해당 페이지의 키워드와 콘텐츠에 적합한 관련된 광고로 매칭된다. 메이크업과 관련된 게시글 옆에 화장품 제품광고를 표시하는 문맥 타겟팅의 사례는 [그림 6-13]과 같다.

(9) 유사 타겟팅

　유사 타겟팅(look-alike targeting)은 기존의 핵심 타겟 집단과 유사한 행태와 특성을 가진 잠재고객들로 타겟의 범위를 확장하는 것을 말한다. 유사 타겟팅의 기본 가정은 내가 좋아하는 것을 나와 비슷한 성향을 가진 다른 사람이 좋아할 가능성이 높다는 것이다. 유사 타겟팅은 핵심 타겟의 공통적인 특성(예: 인구통계학적 정보 및 관심사 등)을 확인한 다음, 이 사람들과 유사한 혹은 비슷하게 보이는 사람들을 대상으로 광고를 노출한다. 예를 들어, 웹사이트 방문자 데이터를 분석하여 방문자와 유사한 특성을 갖고 있으면서 웹사이트를 방문한 적이 없는 제3자를 타겟으로 한다면 유사 타겟팅이라고 할 수 있다.

유사 타겟팅은 먼저 기존의 사용자 데이터를 이용하여 모수 타겟(소스 타겟)을 일차적으로 만든 다음 이러한 모수 타겟을 기준으로 유사 타겟을 만든다. 모수 타겟은 관심사 타겟팅을 통하여 찾을 수 있다. 예를 들어, 골프에 관심 있는 사람들을 대상으로 관심사 타겟팅으로 광고를 노출해 일차적으로 광고에 노출된 일정 수준 이상의 잠재고객들을 확보한 다음, 이들 중 구체적인 액션을 취한 사람들, 즉 자사의 골프 앱을 설치한 사람들을 모수 타겟으로 활용할 수 있다.

일반적으로 유사 타겟 모수를 찾기 위하여 머신러닝 기술이 활용된다. 예를 들어, GA는 기존 사용자 목록[광고주가 구글 애즈 계정에서 만든 리타겟팅(구글에서는 리마케팅이라고 함)의 대상이 되는 잠재고객 목록]을 바탕으로 머신러닝 기술을 사용하여 사용자 간의 공통점을 파악하고 관심사와 취향이 비슷한 고객들을 찾아 준다. 구글 애즈는 자사 네트워크에 연결된 수백만 개의 웹과 앱을 모니터링하고, 사용자가 조회하는 콘텐츠 등의 정보를 분석하여 사용자의 공통된 관심 분야 및 특성을 머신러닝으로 분석한다.

페이스북의 광고 플랫폼 또한 타겟의 범위를 확장하기 위해 광고주가 이미 갖고 있는 고객군과 유사한 고객군을 찾아 주는 유사 타겟팅 옵션을 제공한다. 페이스북의 유사 타겟의 생성은 3단계에 걸쳐 이루어진다. 1단계는 페이스북에 입력한 사용자의 기본적인 정보들(예: 취미나 관심사 정보 등)을 취합한다. 2단계는 페이스북 내에서의 활동(좋아요, 팔로잉, 댓글, 공유 등)을 분석한다. 3단계는 페이스북에 로그인된 상태에서 웹의 행동 패턴을 분석한다. 예를 들어, 만약 A라는 축구 게임의 마케팅을 진행한다고 가정하면, 1단계는 축구와 게임에 관심사를 둔 사람들에게 광고를 노출하여 일정 수준 이상의 사용자를 확보한다. 2단계는 이 중에서 이미 게임을 설치한 사람들을 모수 타겟으로 하고, 이들과 유사성을 가진 타겟 그룹을 3단계 과정을 통하여 만들게 된다. 여기서 게임을 설치하기 위해 액션을 취한 사람들의 그룹을 '모수(소스) 타겟'이라고 한다. 모수 타겟과 맞춤 타겟은 같은 의미이지만,

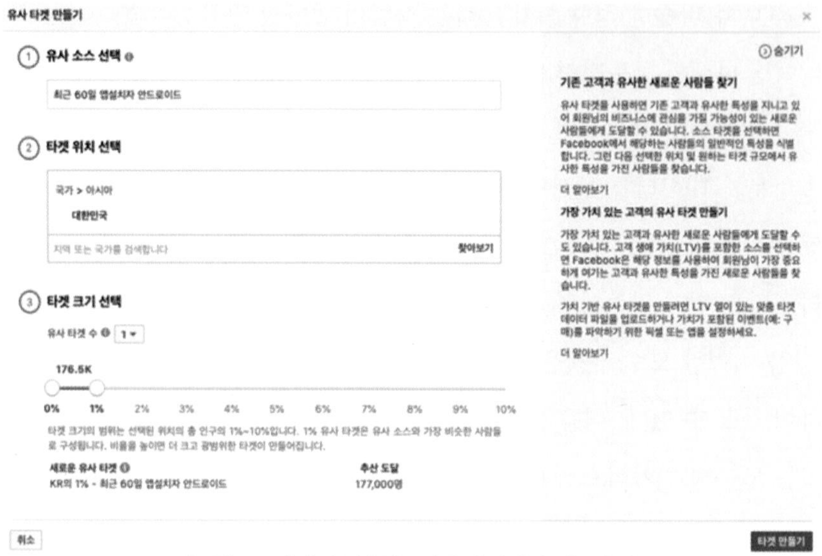

[그림 6-14] 페이스북 광고의 유사 타겟팅 기능의 예

출처: 김명철(2019. 6. 12.).

맞춤 타겟을 유사 타겟으로 만들 때는 이를 모수 타겟이라고 한다.

이때 유사성을 찾을 소스가 필요하기 때문에, 사용자 추적 코드[픽셀(pixel)이라고 함] 등을 설치하고 충분한 모수를 모아야만 유사 타겟팅에 활용할 수 있다. 또한 웹사이트 추적 코드에 찍힌 데이터나 고객 DB 파일, 오프라인 활동뿐 아니라 페이스북, 인스타그램 활동 데이터로도 모수(소스) 타겟을 만들 수 있다. 일반적으로 유사 정도가 클수록 타겟의 범위가 좁아지고, 유사 정도를 낮추면 잠재적으로 더 많은 사람에게 도달할 수 있다.

페이스북에서는 일반적으로 1,000~50,000명 수준의 모수(소스) 타겟의 규모를 권장한다. 페이스북 유사 타겟팅은 페이지 게시물 광고, 도메인 광고 등 모든 종류의 미디어 타겟팅에 사용할 수 있다. [그림 6-15]은 페이스북의 유사 타겟팅의 기능을 보여 준다. 이 기능을 사용하여 유사 타겟을 만들 때는 유사 소스, 타겟 위치 선택, 타겟 크기의 세 가지만 설정하면 된다.

(10) CRM 타겟팅

CRM 타겟팅(Customer Relationship Management targeting) 혹은 CRM 데이터 타겟팅은 회원 가입 기반의 사이트에서 보유하고 있는 자사 데이터를 이용하여 타겟팅하는 방법이다.

즉, 이 타겟팅 방법은 성별, 나이, 이름, 주소, 이메일 주소, 웹주소, 휴대폰 번호, 신용카드 번호, 주민등록번호 등과 같은 CRM 데이터를 이용하는 것으로, 이메일이나 휴대폰 번호를 사용하고 있는 사용자들에게만 광고를 노출하는 타겟팅 기법이다. 페이스북에서 주로 사용하는 타겟팅 기법으로 광고주 측에서 확보하고 있는 사용자 정보(이메일, 전화번호, ID 등)를 페이스북 사용자 정보와 매칭하여 일치되는 사용자에게 광고를 노출하는 타겟팅 기법을 말한다.

(11) 게재 위치 타겟팅

게재 위치 타겟팅(placement targeting)은 내가 원하는 위치나 지면(웹페이지)을 직접 골라서 광고를 노출하는 기법이다. 예를 들어, 부동산 상품의 경우 광고주가 직접 부동산 특화 사이트 및 부동산 카테고리 내에 광고를 노출한다.

주제 타겟팅 및 키워드 타겟팅과의 차이점은 주제 타겟팅 및 키워드 타겟팅이 광고가 자동으로 사이트에 게재되는 반면에, 게재 위치 타겟팅은 게재 위치를 직접 선택할 수 있다는 것이다. 게재 위치 타겟팅의 장점은 판매하려는 제품과 연관성이 높고, 대중에게 이미지가 좋은 사이트만 선택하여 광고가 노출될 수 있게 함으로써 브랜딩을 할 수 있다는 점이다. 하지만 원하는 지면에만 들어가기 위해서는 상대적으로 높은 광고 비용(Cost Per Click: CPC)을 지불해야 한다. 그리고 선택한 페이지의 방문자 수에 따라 미리 지불한 일일 광고 예산을 다 못 쓰는 경우가 발생할 수도 있으므로 광고 세팅을 할 때 신경 써야 할 부분이 많다. 그래서 구글 애즈 전문가들은 처음부터 구글 애즈 게재 위치 타겟팅을 시도하는 것을 추천하지 않는다.

(12) 위치 기반 타겟팅

소비자 대부분이 스마트폰을 사용하면서 휴대폰 사용자의 위치를 기반으로 한 위치 기반[8] 광고(located based ad)도 집중 개발 · 실행되고 있다. 위치 기반 타겟팅(location based

---

[8] 일반적으로 위치 기반 서비스의 제공 방식에는 통신 기지국을 이용한 서비스와 GPS를 이용한 2가지 형태가 있다. 통신 기지국을 이용한 위치 기반 서비스는 기지국 단위로만 위치 파악이 가능해 오차 범위가 500m에서 많게는 1km 이상 발생할 수 있으나, GPS를 활용할 경우 오차 범위가 10m 이내로 축소되어 매우 정확한 타겟팅이 가능하다.

targeting)은 고객의 위치를 실시간으로 파악하여 시간과 장소의 구애를 받지 않고 언제, 어디서든 소비자에게 실시간(real-time)으로 광고 메시지를 전달할 수 있다. 특히 GPS(Global Positioning System) 위치 기반 기술을 이용한 모바일 광고는 고객의 생활 접점에서의 니즈를 파악하고 동선을 오차 범위 1m 이내로 정확하게 측정하여 광고 메시지를 전달할 수 있다. 예를 들어, 사용자가 홍대 앞의 특정 상점 근처를 지나갈 경우 휴대폰으로 상점에서 사용할 수 있는 할인 쿠폰을 사용자에게 제공하여 구매 전환율을 높일 수 있다. 또한 VIP 멤버십 만료 10일 전 멤버십 혜택인 VIP 키트를 수령할 수 있는 근처 매장을 안내하는 푸시형 광고 메시지를 전송할 수 있다. 고객들은 날짜가 지나기 전에 혜택을 받을 수 있는 최선의 방법을 안내받는 동시에 매장을 방문하는 김에 필요한 제품을 구매해야겠다는 생각을 하게 된다.

[그림 6-15]는 구글 디스플레이 네트워크(Google Display Network: GDN) 광고의 위치 타겟팅을 보여 준다. 구글 위치 타겟팅은 매장 위치를 중심으로 반경 몇 km를 타겟팅하거나 도시 단위의 지역을 타겟팅하는 방법이다. 식당이나 카페 등 매장을 운영하며 지역 기반의 영업을 하는 경우 또는 해외 시장을 대상으로 온라인 판매나 브랜드 확장 캠페인을 진행하는 경우에 광고 노출 대상을 지역적인 '위치'로 제한할 수 있다. 또한 위치 타겟팅에 관심 분야 및 구매 의도 잠재고객 타겟팅이 결합하면 매장 주변의 가까운 위치에 있으면서 제품 및 서비스에 관심을 보이는 잠재고객에게 광고를 노출시킬 수 있다.

[그림 6-15] 위치 타겟팅

출처: 마케톨로지 홈페이지.

구글 위치 타겟팅은 특정 위치(주소)를 기준으로 설정한 반경(km) 내에서 타겟팅을 한다. 지리적 위치의 범위를 0.1km까지 설정할 수 있으므로 배달이 가능한 지역, 매장 앞 유동 인구의 거주 지역을 노출 범위로 지정해서 불필요한 노출을 최소화할 수 있다. 위치 타겟팅은 국가, 도시, 지역 단위로 설정할 수 있으며, 행정구역상의 범위를 타겟팅하거나 특정 지역을 중심으로 반경 몇 km를 지정해서 원형의 범위를 설정해서 타겟팅할 수 있다.

(13) 기타 타겟팅 기법

지금까지 살펴본 콘텐츠 기반 타겟팅, 사용자 기반 타겟팅 이외에도 안드로이드와 iOS를 기반으로 하는 OS 타겟팅, 디바이스 모델을 기반으로 하는 디바이스 타겟팅, 구글 플레이 스토어, 애플 앱스토어, T스토어, 올레마켓, U+앱 마켓을 기준으로 하는 앱스토어 타겟팅, 4G LTE, 5G, 와이파이, 통신사를 기준으로 하는 네트워크 타겟팅, 크롬 등 브라우저를 기반으로 하는 브라우저 타겟팅, PC, 태블릿 PC, 스마트폰 등에 동시에 노출이 가능한 크로스 디바이스 타겟팅, 광고주가 이미 보유하고 있는 ADID/IDFA 정보를 기반으로 핵심 고객에게만 광고를 노출하는 ADID/IDFA 타겟팅 등이 있다. 또한 특정 언어를 기준으로 하는 언어 타겟팅, 특정 요일, 특정 시간대에 광고를 독점하는 요일 및 시간 타겟팅, 아프리카 TV의 광고 상품으로서 BJ의 핵심 고객에게만 광고가 노출되는 BJ 타겟팅 등도 가능하다. 이러한 다양한 타겟팅 기법을 사용하여 광고주의 니즈에 맞는 타겟팅 지원이 가능하다.

2) 퍼널 단계별 타겟팅 전략

마케팅 퍼널(marketing funnel)은 소비자의 구매로 가는 여정을 나타낸다. 마케팅 퍼널의 단계별 타겟의 특성에 따라 맞춤 타겟팅 옵션들을 별도로 디자인할 수 있다. 예를 들어, 소비자의 구매 여정이 브랜드 인지 단계에서부터 시작하여 관여, 구매 의향, 구매 전환에 이르는 과정을 거친다면, 첫째, 브랜드 인지 단계에서 광범위한 타겟에 도달하기 위하여 성별 및 나이와 같은 인구통계학적 정보를 기반으로 하는 데모 타겟팅을 전개한다. 둘째, 관여 단계에서는 방문하는 사이트들 및 수백만 개의 웹 신호를 분석하고 관심사를 분류하는

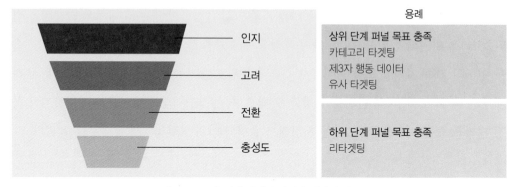

[그림 6-16] 퍼널 단계별 타겟팅 전략의 예

관심사 타겟팅을 실시하여 타겟의 범위를 좁혀 나간다. 셋째, 구매 의향 단계에서는 특정 주제 혹은 문맥과 관련된 문맥 타겟팅과 선택한 키워드 및 주제를 바탕으로 적절한 위치를 선정하는 키워드 및 주제 타겟팅을 실시한다. 넷째, 장바구니 방문 등 구매 단계에서는 인마케팅 타겟팅(in-marketing targeting)[9]과 웹사이트에 방문했거나 광고를 본 소비자를 대상으로 리타겟팅을 실시할 수 있다.

[그림 6-16]은 퍼널의 단계별로 타겟팅 전략이 달라짐을 보여 준다. 즉, 인지에서 고려 단계까지의 퍼널의 상부(Top Of The Funnel: TOFU)에서는 제3자 행태 데이터 등을 활용하여 카테고리 타겟팅과 유사 타겟팅을 적용한다. 그리고 구매 전환에서 고객 충성도 제고까지의 퍼널의 하부 단계(Bottom Of The Funnel: BOFU)에서는 구매 의도가 높은 고객들을 대상으로 리타겟팅을 실시하여 효과를 극대화한다.

3) GA의 타겟팅 최적화 서비스 사례

머신러닝 기술의 적용으로 광고 노출에서부터 구매 전환에 이르기까지 소비자의 구매 여정을 학습하여 최상의 퍼널을 구축하고, 각 퍼널 단계에 적합한 채널의 선택과 선택된 채널에 맞는 타겟팅 최적화도 가능하다. 예를 들어, GA는 머신러닝 기반의 타겟팅 기술을

---

9) 인마케팅 타겟팅은, 예를 들면 '10만 원어치 구매하면 1만원 상품권 제공' 등과 같이 소비자를 끌어들이는 타겟팅 기법을 말한다.

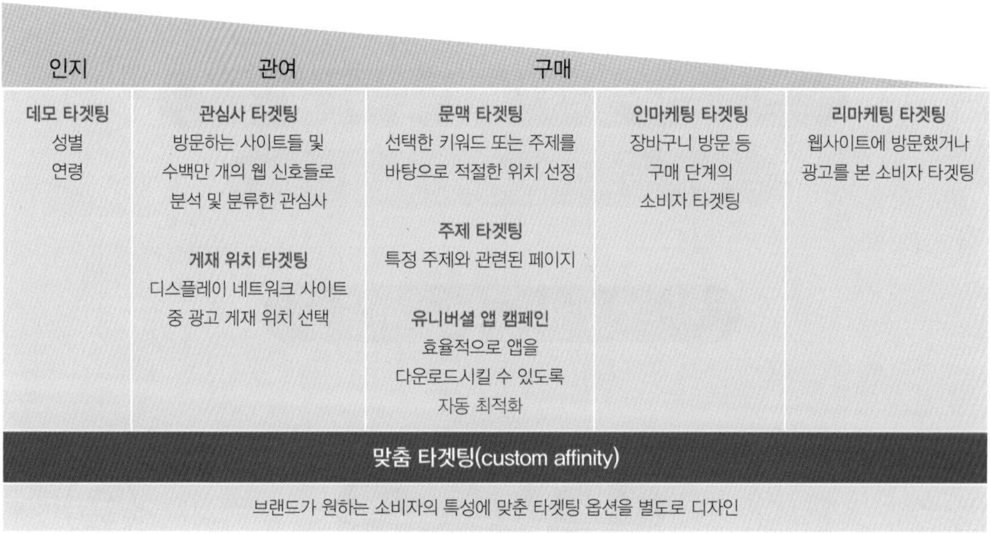

인지	관여		구매	
데모 타겟팅 성별 연령	**관심사 타겟팅** 방문하는 사이트들 및 수백만 개의 웹 신호들로 분석 및 분류한 관심사 **게재 위치 타겟팅** 디스플레이 네트워크 사이트 중 광고 게재 위치 선택	**문맥 타겟팅** 선택한 키워드 또는 주제를 바탕으로 적절한 위치 선정 **주제 타겟팅** 특정 주제와 관련된 페이지 **유니버셜 앱 캠페인** 효율적으로 앱을 다운로드시킬 수 있도록 자동 최적화	**인마케팅 타겟팅** 장바구니 방문 등 구매 단계의 소비자 타겟팅	**리마케팅 타겟팅** 웹사이트에 방문했거나 광고를 본 소비자 타겟팅
맞춤 타겟팅(custom affinity)				
브랜드가 원하는 소비자의 특성에 맞춘 타겟팅 옵션을 별도로 디자인				

[그림 6-17] 브랜드 퍼널에 맞춘 구글의 타겟팅

출처: 김태원(2017).

활용하여 소비자 구매 여정을 나타내는 브랜드 퍼널을 예측하고, 브랜드 퍼널의 각 단계별 맞춤 타겟팅(custom affinity targeting) 서비스를 제공한다.

첫째, 인지 단계에서는 광범위한 타겟을 대상으로 데모 타겟팅을 실시한다. 둘째, 관여 단계에서는 관심을 불러일으키기 위해 관심사 및 게재 위치 타겟팅을 실시한다. 셋째, 구매 의향을 불러일으키기 위해 문맥 및 게재 위치 타겟팅을 실시한다. 넷째, 구매 단계에서는 구매로 유도하기 위해 인마케팅 타겟팅을 실시한다. 마지막으로, 구매 전환율을 높이기 위해 리타겟팅(리마케팅) 캠페인을 실시한다.

4) 페이스북 마케팅의 타겟팅 최적화 사례

페이스북 마케팅은 소비자의 구매 여정에 따라서 정교하게 타겟팅 옵션을 디자인한다. [그림 6-18]에서 보이듯이 1단계에서는 넓은 범위의 타겟을 대상으로 1차 광고를 집행하여 검색을 유도한다. 이때 관심을 보인 사용자가 검색을 통해 사이트에 유입되면 미리 삽입된 페이스북 픽셀[10]이 방문자 정보(유입 출처, 검색어, URL 등)를 정밀하게 분석한다. 이 데이터를 활용하여 상품 탐색을 끝낸 방문자가 사이트를 이탈하여 페이스북에 접속했을

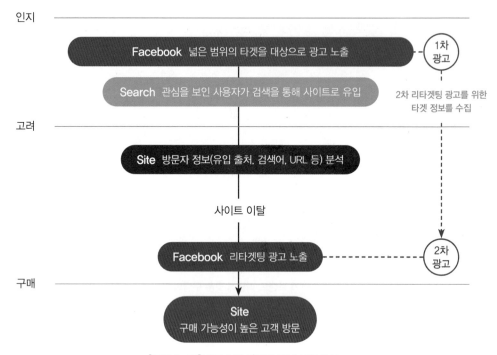

[그림 6-18] 페이스북 마케팅 퍼널 프로세서

출처: NHN AD (2018. 10. 12.).

때 강력한 2차 리타겟팅 광고를 노출할 수 있다. 이러한 방법으로 페이스북 마케팅은 타겟팅 캠페인을 진행할 수 있는 유의미한 타겟의 모수를 검색 단계에서 공급받을 수 있으며, 사이트는 페이스북 캠페인을 통해 구매 가능성이 높은 방문자를 유입시킴으로써 페이지 뷰, 체류 시간, 트래픽 증가 등의 사이트 컨디션이 개선되는 효과를 얻을 수 있다.

'아뜨랑스' 브랜드는 페이스북 마케팅에서 타겟이 움직이는 경로를 예측하고, 머무는 매체에 따라 타겟을 선별해 나갈 수 있는 장치를 마련하여 최적화된 타겟에게 캠페인을 진행하였다. 이 캠페인에서 각 매체를 유기적으로 연결하여 목표치 이상의 성과를 성공적으로 달성하였다. 구체적으로 살펴보면 [그림 6-19]에서 보이듯이 아뜨랑스 페이스북 마케팅의 1단계는 구매 가능성이 높은 타겟 풀(pool) 만들기이다. 먼저, 사이트에 삽입된 페이스북 픽셀을 통해 유입 검색어를 분석하고 타겟을 추출하여 유의미한 타겟의 범주를 확장

---

10) 페이스북 픽셀은 웹사이트에 삽입하는 분석 스크립트로, 사람들이 광고를 본 후 취하는 행동을 확인하고 새로운 타겟을 만들어 유사한 사람들에게 도달할 수 있도록 한다.

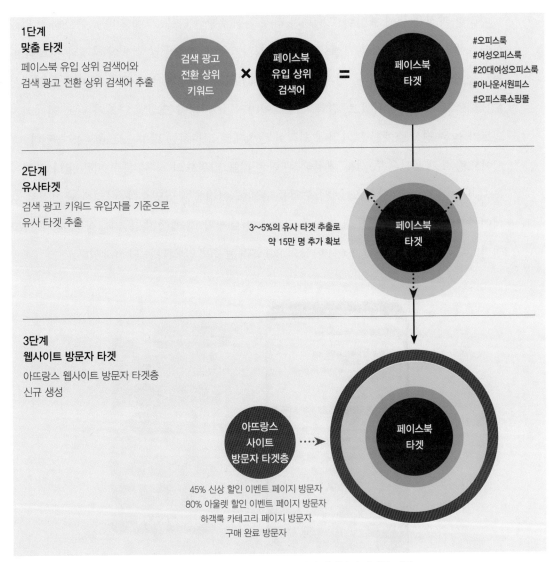

1단계
맞춤 타겟

페이스북 유입 상위 검색어와
검색 광고 전환 상위 검색어 추출

검색 광고
전환 상위
키워드 × 페이스북
유입 상위
검색어 = 페이스북
타겟

#오피스룩
#여성오피스룩
#20대여성오피스룩
#아나운서원피스
#오피스룩쇼핑몰

2단계
유사타겟

검색 광고 키워드 유입자를 기준으로
유사 타겟 추출

3~5%의 유사 타겟 추출로
약 15만 명 추가 확보

페이스북
타겟

3단계
웹사이트 방문자 타겟

아뜨랑스 웹사이트 방문자 타겟층
신규 생성

아뜨랑스
사이트
방문자 타겟층

페이스북
타겟

45% 신상 할인 이벤트 페이지 방문자
80% 아울렛 할인 이벤트 페이지 방문자
하객룩 카테고리 페이지 방문자
구매 완료 방문자

[그림 6-19] 아뜨랑스 페이스북 마케팅 캠페인의 타겟팅 과정

출처: NHN AD (2018. 10. 12.).

한다. 즉, 페이스북의 유입 상위 검색어와 검색 광고 전환 상위 검색어를 추출하여 새로운 타겟 범주를 만들고, 2단계로 검색 광고 키워드 유입자를 기반으로 유사 타겟을 추출하여 타겟 범주를 확장했다. 3단계에서는 확장된 타겟에 웹사이트 방문자 중 특정 페이지에 방문하거나 구매 관련 행동을 보인 타겟을 추가하여 구매 가능성이 높은 유의미한 타겟 풀을 생성하였다.

이러한 과정을 통해 웹사이트 방문자 타겟층을 추출한 다음, 구매 전환을 유도하기 위해 사이트에 삽입된 페이스북 픽셀을 통해 확인되는 유입 검색어 및 검색어 타겟과 정확히 매칭되는 소재를 노출하였다. 성과가 높은 소재 타입을 결정하기 위해 소재 제작 과정에서 A/B 테스트[11]가 진행되었고, 결과적으로 이미지 소재 대비 조회당 단가가 낮고 인게이지먼트가 높은 영상 소재를 모바일에 최적화된 형태로 노출하는 방향으로 효과를 높였다.

아뜨랑스 캠페인은 '하객룩' 제품과 관련된 대표 키워드의 경우, 클릭 비용이 다른 키워드 대비 높은 편이라 상위 노출 시 수익률 유지에 어려움이 있었으나, 이러한 페이스북 검색어를 활용한 타겟팅을 통해 하객룩 키워드의 트래픽 및 페이지 뷰 50% 상승, 검색 광고 대비 2배 이상의 수익률, 1,000% 이상의 ROAS라는 캠페인 성과를 달성하였다.

[그림 6-20] 검색어 타겟 매칭을 통한 동영상 콘텐츠 제작 노출

출처: NHN AD (2018. 10. 12.).

---

11) 디지털 마케팅에서 두 가지 이상의 시안 중 최적안을 선정하기 위해 시험하는 방법이다. 일반적으로 웹이나 앱 개선 시 사용자 인터페이스(UI, UX)를 최적화하기 위해 실사용자들을 두 집단으로 나누어 기존의 웹페이지 디자인 A안과 새로 개선된 B안을 각각 무작위로 보여 준 후 A와 B 중 선호도가 높게 나온 쪽으로 결정한다.

디 지 털 시 대 의 애 드 테 크 신 론

제7장

마케팅 퍼널의
이해

1. 퍼널이란

　사용자는 일반적으로 서비스에 유입되자마자 바로 상품을 구매하는 경우는 거의 드물며, 사용자가 웹이나 앱 서비스에 접속한 후 상품을 구매하기까지는 일련의 경로가 존재한다. 이러한 경로를 단계별로 나누어 가시화한 것을 퍼널이라고 한다. 퍼널(funnel)은 깔때기를 말하는데, 그림으로 그리면 상위 단계가 넓고 하위 단계로 내려올수록 급격히 좁아져 그 모양이 깔때기를 닮았다는 데서 유래되었다. 즉, 퍼널은 광고 등을 통해서 제품과 서비스를 인지하고 관심을 갖게 된 후 웹이나 앱 방문 후 최종적으로 구매로 이어지거나 이탈하게 되는 것을 깔때기 모양으로 표현한 것이다. 퍼널은 소비자 입장에서는 구매 경로이지만 마케터 입장에서는 웹사이트 접속 후 구매 완료에 이르는 소비자 유입 경로라고 할 수 있다. 예를 들어, 온라인 쇼핑몰의 경우 소비자의 웹이나 앱 방문에서부터 결제 완료 페이지 도달까지의 과정을 나타낸다.

　[그림 7-1]의 마케팅 퍼널 모델은 소비자의 구매 여정이 5단계로 이루어져 있다. 이 모델에서 1단계는 인지 단계로, 광고나 홍보 등을 통해 브랜드를 인지하게 되는 단계를 말한다. 저관여 제품군(예: 음료수, 압박스타킹, 마약 베개, 중저가 기초 및 색조화장품)의 경우 인지 단계 후 고려 단계를 거치지 않고 바로 구매 전환이 이루어지기 때문에 인지 단계 다음에

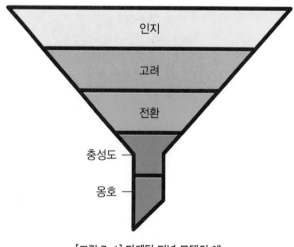

[그림 7-1] 마케팅 퍼널 모델의 예

바로 구매 전환 단계가 올 수도 있다. 이러한 저관여 제품들은 강력한 인센티브를 제공하는 프로모션과 비디오 커머스(video commerce)와 같이 홈쇼핑과 방송이 결합된 콘텐츠를 활용하여 사용자들을 바로 전환 단계로 이동시킬 수도 있다.

2단계는 고려 단계로, 소비자들이 구매를 고려하는 대상에 자사 브랜드를 포함시키게 하는 단계이다. 즉, 자사 제품을 고려 대상군(considerations set)[1]에 포함시키는 단계이다. 3단계는 전환 단계이다. 전환은 쉽게 말해 구독 및 구매 행동과 같은 광고주가 원하는 소비자 행동을 의미한다. 앞 단계에서 충분히 인지와 고려가 바탕이 된 상태라면, 구매 단계에서 소비자는 지갑을 열 가능성이 높다. 이때 기업들은 소비자가 제품 검색 시 우선하여 자사의 상품과 서비스를 구매할 수 있도록 검색 엔진 최적화(Search Engine Optimization: SEO)를 준비해야 한다. 그러나 이 전환 단계까지 왔더라도, 구매 직전에 망설이거나 구매 후 취소로 이탈하는 소비자 또한 발생한다. 따라서 소비자 이탈을 방지하기 위해 소비자가 최대한 쉽게 구매하고 오래 머무를 수 있도록 웹사이트 UI와 UX를 준비해야 한다.

4단계는 한 번 전환을 경험한 고객을 재구매고객으로 만드는 충성도 제고 단계이다. 신규고객을 유치하기 위해 인지, 고려, 전환의 단계를 새로이 거치는 것보다 이 단계를 모두 경험한 고객들을 다시 데리고 오는 것이 비용이 적게 들고 관리하기 쉽다. 기업들은 DM(Direct Mail), SMS(단문메시지 서비스) 발송과 전화 등의 CRM(Customer Relationship Management) 활동으로 기존고객들에게 신규고객들이 경험할 수 없었던 서비스를 제공해야 한다. 또한 한 번 사이트에 방문한 고객이 재방문할 수 있도록 리타겟팅(retargeting) 광고 등을 통해 고객에게 끊임없이 제품과 서비스 구매를 유도해야 한다. 이 외에 마일리지 프로그램, 멤버십 프로그램, 추천인 프로그램 역시 구매고객들을 충성고객들로 만드는 한 방법이다.

5단계는 옹호 단계이다. 옹호 단계의 고객은 지속적으로 기업의 상품과 서비스를 구매하여 매출 증대에 도움을 주거나 자발적으로 기업의 홍보대사가 되어 입소문을 낸다. 기업은 자주 구매하는 고객들에게 높은 멤버십 레벨을 부여하거나 다른 일반 고객은 받을 수 없었던 혜택을 통해 기업의 호감도를 높여야 한다.

---

[1] 소비자의 기억 속에 구매 고려 대상으로 자리 잡은 제품을 말한다.

옹호 단계의 고객들은 입소문 마케팅의 핵심 구성원으로서 기업들이 함께 협업하기도 한다. 예를 들어, 고객 체험단 및 홍보대사와 같은 프로그램을 통해 자발적으로 소셜미디어나 블로그에 기업의 상품과 서비스를 알림으로써 해당 기업과 친밀도를 높이게 한다. 이 모든 단계를 거치지 않고도 해당 기업과 브랜드의 옹호고객이 되는 경우도 간혹 있으나, 대부분의 고객은 좋은 경험을 통해 기업의 옹호고객으로 변하기 때문에 기업들은 고객 경험을 중요시하는 마케팅에 점점 더 집중해야 한다. 이 퍼널 모델에 따르면, 인지에서 고려, 전환, 충성(애호) 단계를 거쳐 옹호 단계로 갈수록 퍼널이 점점 좁아진다. 따라서 인지에서 옹호로 가는 각 단계에서 고객들의 중간 이탈을 최소로 줄이고, 구매 전환을 극대화하며, 옹호 단계로 갈수록 퍼널의 입구를 넓히도록 노력해야 한다. 고객들은 이전보다 더 많은 교육을 받기 때문에 구매 여정 프로세스를 통해 90% 이상은 이미 마음이 기울어지게 된다. 다시 말하면, 대부분의 고객은 구매 의사결정을 구매 여정상에서 이미 내린다고 할 수 있다. 따라서 마케팅 퍼널을 이해하는 것이 마케팅 캠페인의 성공에 매우 중요하다고 할 수 있다.

2. 마케팅 퍼널의 이론적 틀: 효과 위계 모델

마케팅 퍼널의 이론적 틀은 소비자 정보처리 이론들이다. 따라서 소비자 정보처리 모델들을 이해해야 한다. 소비자 정보처리 이론에는 인지적 학습(피쉬바인 모델), 행동적 학습(고전적 조건화 이론), 효과 위계 모델(혹은 광고 효과에 관한 위계적 모델) 등이 있다. 이들 중 소비자들의 구매 여정을 설명하는 이론은 효과 위계 모델들이다. 효과 위계 모델은 마케팅의 4요소인 인적판매에 관한 이론에서 유래하였으며, 커뮤니케이션이 수신자의 사고와 행동에 영향을 일으키는 과정은 어떤 순차적 과정을 거쳐 발생한다는 것을 설명하는 이론이다. 예를 들어, 1922년에 대 고객 설득 커뮤니케이션 이론으로 처음 등장한 AIDA 모델은 소비자들이 구매에 이르기까지 주의, 흥미, 욕구, 행동의 단계를 거친다는 것을 나타낸다.

이후 효과 위계 모델은 역사적으로 여러 단계의 발전 과정을 거쳐 왔다. 각각의 효과 위계 모델들은 인지 단계, 감정 단계, 행동 단계를 기본 형태로 하고 있으며, 이들의 발생 순서에 대해 각기 서로 다른 주장을 한다. 대부분의 마케팅 퍼널은 인지 단계에서부터 구매 전환에 이르는 소비자 구매 여정을 나타내기 때문에 효과 위계 모델을 이해하는 것이 필요하다. 효과 위계 모델의 발전 단계 및 대표적 모델은 다음과 같다.

1) 학습 위계 모델

학습 위계 모델(learning hierarchy model)은 소비자의 반응이 광고에 노출된 후 학습, 태도, 행동의 순으로 일어난다고 하는 유형으로, 학습-느낌-행동(learn-feel-do) 위계라고도 한다. AIDMA 모델, Colly 모델, 레비지와 스타이너(Lavidge & Steiner)의 모델, FCB 모델, AISAS 모델 등이 있다. 이러한 유형의 학습 위계 모델들은 소비자가 광고에 노출된 후 상표명과 제품의 특징에 대해 알게 되면, 그다음에 제품에 대한 평가를 거쳐 호감을 갖게 되고 궁극적으로 구매 의사 및 행위로 이어진다는 것을 설명한다. 이러한 소비자 반응 위계를 유발하는 제품들은 자동차, 휴대폰, 전자제품, 금융 상품, 고가의 내구재와 같이 소비자에게 중요하고, 의사결정을 잘못 내리면 입게 될 사회적·경제적 위험이 큰 고관여 제품

●표 7-1● 학습 위계 모델의 발전 과정 및 대표적인 모델

모델		내용
전통 모델	AIDMA 모델	주의 → 흥미 → 욕망 → 기억 → 행동
	Colly 모델	미지 → 인지 → 이해 → 확신 → 행동
	Lavidge & Steiner 모델	인지 → 지식 → 호감 → 선호 → 확신 → 구매
	Krugman 모델	고관여: 인지 → 감정 → 행동 저관여: 인지 → 행동 → 감정
	McGuire 모델	주의 → 이해 → 태도 → 의도 → 구매
	FCB 그리드 모델	구매를 사고와 정서, 고관여와 저관여의 차원에 따라 설명하는 매트릭스 모델
디지털 모델	AISAS 모델	Attention → Interest → Search → Action → Share
	DSAVI 모델	Desire → Search → Action → Viral → Induce
	AAAAA 모델 (5A모델)	인지(Aware) → 호감(Appeal) → 질문(Ask) → 행동(Act) → 옹호 (Advocate)

들이다. 고관여 제품의 경우 소비자가 어떤 제품이 자신에게 중요한 영향을 미친다고 지각하면 그것에 대해 더 많은 생각과 추론을 하고 더 많은 제품 정보를 추구하며 탐색한다. 즉, 제품 정보 중심의 깊이 있는 정보처리를 하고 정보의 정교화(사고의 가능성) 수준을 높인다. 따라서 고관여 제품의 경우 광고 캠페인을 통해 제일 먼저 제품에 대한 상세한 설명을 제공하고, 차별화된 장점에 소구하여 제품에 대해 호감을 가지게 하는 것이 좋다.

2) 저관여 학습 위계 모델

저관여 학습 위계 모델(low involvement learning hierarchy model)은 소비자가 제품 혹은 매체에 저관여인 상황에서는 광고 효과가 인지적 반응, 행동적 반응, 태도적 반응의 순서로 발생한다는 것을 설명한다. 저관여 학습 위계 모델은 크루거만(Krugman)이 1965년에 처음으로 연구 발표하였으며, 학습-행동-느낌(learn-do-feel) 위계라고도 한다. 이러한 정보처리 과정은 소비자의 관여도가 낮은 저관여 제품(low involvement product)[2]에 주로 발생한다. 즉, 저관여 제품의 경우 소비자들은 제품에 대하여 먼저 인지한 후 구매 행동으로 옮기고, 구매 행동을 하고 난 후 제품에 대한 태도를 최종적으로 변화시킨다. 이러한 소비자 반응 위계를 유발하는 제품에는 청량음료, 식료품, 면도기, 담배 등의 기호품들과 종이휴지, 살충제, 표백제, 가정용 청소용품 등과 같은 저관여 제품들이 속한다. 음료수, 스낵, 패스트푸드와 같은 저관여 제품의 경우 소비자들은 제품을 인지하고 나면 좋아하는 감정이 생기기 전에 바로 구매해서 사용해 보고, 나중에 좋아하는 감정이 생기기 때문에 인지반응, 행동반응, 태도반응의 순서로 정보처리를 한다.

따라서 저관여 제품의 경우 소비자들이 제품과 관련하여 저관여 상황하에서 광고 캠페인은 우선적으로 정서를 불러일으키거나 긍정적인 태도 변화를 유발하기보다는 오히려 구매 행동을 촉구하기 위해 강한 인지도(특히 재인, recognition)를 지향해야 한다. 이 모델은 브랜드의 특성에 대한 정보처리의 결과로 브랜드에 대한 태도가 결정된다는 전통적 태

---

[2] 저관여 제품은 음료수, 스낵, 패스트푸드와 같이 소비자들에게 별로 중요치 않고, 의사결정을 잘못 내릴 경우 겪는 사회적·경제적 위험이 크지 않은 제품들이다. 저관여 제품의 경우, 소비자들은 소극적이거나 최소 비용의 정보처리를 한다.

도이론들과 달리 최소한 관여도에 따라 서로 다른 효과 위계 모델이 필요하다는 것을 시사한다.

3) FCB 그리드 모델

FCB 그리드 모델은 Foote, Cone, and Building 광고대행사의 자금 지원을 받아 본(Vaughn)에 의해 1999년에 개발되었다. 이 모델은 제품에 대한 관여도 수준(involvement level)과 구매 결정 시 사고-정서(thing-feeling)의 지배 정도가 논리(logic)와 사실(facts) 등 사고(thinking)의 지배를 받느냐 아니면 정서(feelings)의 지배를 받느냐에 따라 광고의 효과 순서가 다르게 발생한다는 것을 모델화하였다. 즉, [그림 7-2]에서 보이듯이 FCB 그리드 모델은 사고(thinking)와 정서(feeling), 제품 관여도(product involvement)를 기준으로 크

사고 -- 정서	
고관여	FCB 그리드 모델의 내용

1. 정보적(이성적 사고형): 자동차, 가구, 신제품	**2. 정서적(감성형): 보석, 화장품, 유행의 상, 오토바이**
모델: 사고-느낌-행동(경제학적 이론) 활용 분야 조사: 기억도 진단 매체: 긴 카피, 숙고가 가능한 매체 제작: 특별한 정보 제공, 데몬스트레이션	모델: 느낌-사고-행동(심리학적 이론) 활용 분야 조사: 태도 변화, 감정 변화 매체: 큰 지면, 이미지 제고를 위한 매체 제작: 광고 접촉 시 강한 임팩트가 발생하도록
3. 습관 형성(행동형): 식품, 일상용품	**4. 자아만족(모방자형): 담배, 음료, 캔디**
모델: 행동-사고-느낌(반응 이론) 활용 분야 조사: 매출 매체: 작은 지면 10초 정도의 자막광고, 라디오, POS 제작: 브랜드의 상기	모델: 행동-느낌-사고(사회학적 이론) 활용 분야 조사: 매출 매체: 빌보드 신문, POS 제작: 주의를 환기시킬 수 있도록

저관여

[그림 7-2] FCB 그리드 모델

게 네 가지 정보처리 영역으로 구분되는데, 수직축으로는 소비자 관여 정도에 따라 고관여, 저관여 영역으로 구분되고 수평축으로는 제품 구매 결정 과정에서 사고가 지배하느냐 정서가 지배하느냐에 따라 사고, 정서의 영역으로 구분된다. 이러한 2차원 4분원 매트릭스의 네 가지 정보처리 영역 속에 소비자 제품들과 효과 위계 모델은 네 가지 유형으로 분류된다.

첫째, 제1의 정보처리 영역에는 자동차, 전자제품, 가구, 보험 서비스 등의 고관여-사고 제품들이 속하며, 소비자의 정보처리 과정은 사고(인지)-느낌(감정)-행동 순으로 나타난다. 즉, 소비자의 구매 결정은 차별화된 제품 편익 등의 제품 정보에 기초하며, 따라서 메시지 전략은 차별화된 제품 정보를 강조하는 전략이 좋다. 이 영역에서는 소비자를 경제학적 이론에서처럼 최소비용으로 최대 효용을 추구하는 합리적인 존재로 본다.

둘째, 제2의 정보처리 영역에는 고급 화장품이나 고가 패션 브랜드 등의 고관여-정서 제품이 속하며, 소비자 정보처리 과정은 느낌-사고-행동의 순으로 발생한다. 소비자 구매 결정은 제품 이미지와 제품에 대한 감정에 주로 기초하며, 메시지 전략은 브랜드 이미지에 기초한 긍정적 감정 창출 전략이 필요하다.

셋째, 제3의 정보처리 영역에는 종이 휴지, 표백제, 살충제 등의 저관여-사고 제품들이 속하며, 소비자 정보처리 과정은 행동-사고-느낌의 순으로 나타난다. 소비자들이 매장에서 습관적으로 구매하는 제품의 경우가 이에 해당된다. 즉, 소비자들이 제품 정보나 이미지에는 관심이 없고 구매 결정은 습관적으로 이루어진다. 메시지 전략은 '맞다 게보린' 캠페인처럼 습관적인 구매를 유도하기 위해 브랜드에 대한 상기도를 높이는 전략이 필요하다.

넷째, 제4의 정보처리 영역은 음료수나 식료품, 담배, 기호품 등의 저관여-정서 제품들이 속하며, 소비자 정보처리 과정은 행동-느낌-사고의 순으로 발생한다. 소비자들은 자기 만족을 위해 제품을 구입하며, 제품 구매 시 타인, 특히 또래집단을 의식하거나 모방하는 경향이 강하다. 메시지 전략은 이 제품이 유행하는 제품이라는 것을 강조하여 소비자 주의를 환기시키는 전략이 필요하다. 예를 들어, 환타 캠페인은 20대 대학생들을 모델로 하여 이 제품이 또래 집단에서 유행하는 음료수라는 메시지를 전달하고 있다.

FCB 그리드 모델은 기존의 전통적인 효과 위계 모델들이 소비자를 이성적인 존재로만 가정한다고 비판하며, 소비자 정보처리 과정은 사고와 정서, 제품 관여도를 기준으로 네 가지 유형으로 분류된다고 주장한다.

이와 같은 네 가지 유형의 소비자 정보처리 과정을 중심으로 FCB 그리드 모델은 광고목 표설정, 메시지 전략, 매체 전략, 광고 효과 측정 등의 광고에 관련된 의사결정 과정에 대한 사고의 출발점과 하나의 통합된 사고의 틀을 제시한다. 즉, FCB 그리드 모델은 제품의 성격(예: 고관여/이성제품)과 소비자의 정보처리 과정에 따라 매체 전략이 달라져야 한다는 것을 제시한다.

4) AISAS 모델

미디어 환경이 일방향 미디어에서 쌍방향 미디어로 변화함에 따라 소비자의 행동 모델 도 변화를 수용해야 할 필요성이 제기되면서 새로운 효과 위계 모델들이 등장하고 있다. 덴츠(Dentsu)는 새로운 소비자행동모델인 AISAS(Attention → Interest → Search → Action → Share)를 제시했다. 이 모델에서는 광고의 초기 단계인 주의(attention)와 관심(interest) 단계는 기존의 AIDA 모델과 동일하지만, 세 번째 단계부터는 검색(search), 행동(action), 공유(share)라는 다른 위계 단계를 거친다는 것이다. 전통적인 효과 위계 모델인 AIDMA 모델은 소비자들이 광고 메시지에 노출된 후 이에 대한 관심과 욕구가 생기면 기억했다가 행동을 취하는 과정이다.

반면, AISAS 모델은 소비자들이 광고에 노출 후 관심이 생기면 인터넷 검색을 통하여 정보를 수집하고 행동을 취하게 되는데, 행동을 취한 후 혼자 만족하고 기억하는 것이 아니라 블로그, 게시판, SNS 등을 통해서 자신들의 브랜드 접촉 경험을 다른 사람들과 공유하는 패턴으로 메시지에 반응하는 과정을 거친다.

이 중 공유 활동이 바로 온라인 구전의 핵심이 된다. 즉, AISAS는 소셜 네트워크에서 입소문이 이루어진다는 것을 말해 준다. 다시 말해, 구매 이후 소비자의 자발적인 정보 및 콘텐츠 생산과 확산이 기존의 AIDA 모델과 다른 점이다. AISAS 모델은 디지털 광고에 대한 소비자의 정보 공유의 실시간성, 시공간 초월성, 능동적 참여 등의 특성을 반영하고 있다. 이 모델은 소비자의 적극적인 커뮤니티 활동을 통해 자발적으로 정보를 얻고 확산하는 활동들을 포함하고 있다.

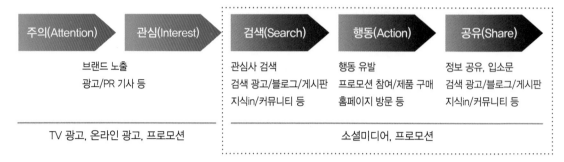

[그림 7-3] AISAS 모델

5) AIMSCAS 모델

AISAS의 발전된 형태로는 AIMSCAS(Attention → Interest → Memory → Search → Compare → Action → Share) 모델이 있다. 이 모델에 따르면, 가령 소비자들은 TV 광고에 노출된 후 주의와 관심과 기억 과정을 거쳐 구매 단계에서 광고 검색을 통하여 정보를 수집하고 비교 분석 등의 검토를 거쳐 구매 결정과 같은 행동을 취하고, 행동 후 블로그, 게시판, SNS 등을 통하여 자신들의 제품 접촉 경험을 다른 소비자들과 공유한다.

[그림 7-4] AIMSCAS 모델

6) DSAVI 모델

SNS의 등장으로 소비자의 행동이 AIDA에서 AISAS로 변화하였다면, 소비자의 정보 확산의 증가와 함께 최근에는 SNS가 활성화되면서 이것이 다시 DSAVI(Desire → Search → Action → Viral → Induce) 모델로 발전되었다는 주장도 있다. 이 모델에 따르면, 소비자들은 욕구(Desire)가 발생하면, 바로 검색(Search)하고, 행동(Action)을 하며, 사용 후에는 관련 정보를 전파(Viral)하고, 나아가 다른 사람의 구매를 유도(Induce)하는 데까지 이르러 미디어의 역할까지 자처하고 있다고 주장한다.

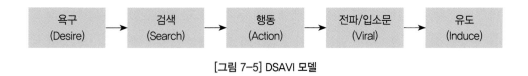

[그림 7-5] DSAVI 모델

7) 필립 코틀러의 5A 모델

필립 코틀러(Philip Kotler)는 그의 저서인 『Marketing 4.0』에서 디지털 환경에서는 과거 AIDA 모델과는 다른 고객 경로가 필요하다고 말하면서 5A 모델을 제시하였다. [그림 7-6]의 윗부분에서 보이듯이 디지털상의 연결이 활성화되기 전에는, 고객 경로를 '인지(Aware) → 태도(Attitude) → 행동(Act) → 반복 행동(Act again)'의 깔때기 모양으로 설명할수 있었다.

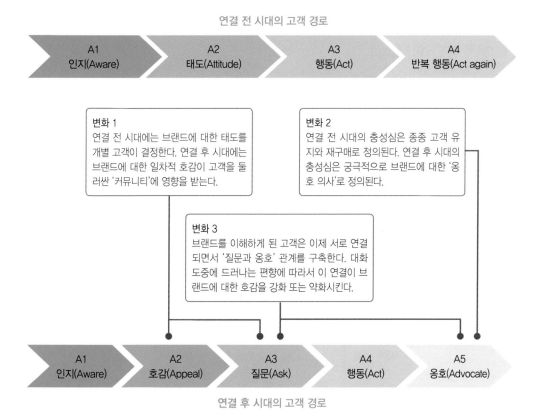

[그림 7-6] 필립 코틀러의 5A 고객 경로

출처: Kotler, Kartajaya, & Setiawan (2017).

반면, SNS와 같은 네트워크(연결) 시대에서의 고객 경로는 개인들이 가지고 있는 네트워크를 통해 공유되고 확산되기 때문에 점점 좁아지는 깔때기 모양이 잘 맞지 않는다고 하였다. 따라서 새로운 고객 경로를 '인지(Aware) → 호감(Appeal) → 질문(Ask) → 행동(Act) → 옹호(Advocate)'라는 단계로 수정하여 제시하고, 연결의 시대에서 마케팅의 최종 목적을 '옹호'로 보았다. 그는 과거의 고객 충성도는 재구매의 수준에서 거론되었지만, 앞으로의 고객 충성도는 궁극적으로 브랜드에 대한 옹호 의사를 포함해야 한다고 주장한다. 따라서 앞으로의 소비자 정보처리 과정은 디지털 시대의 변화된 소비자 구매 의사결정에 맞추어 좀 더 세분화하여 연구될 필요가 있다.

3. 퍼널의 유형

1) 전통적인 퍼널

전통적인 퍼널은 고객 구매 여정을 시각화한 것으로, 구매 퍼널 혹은 전환 퍼널(고객을 전환 지점으로 안내하기 때문에 붙여진 이름)이다. 전통적인 퍼널은 [그림 7-7]에서 보이듯이 인지에서 충성으로 아래로 내려갈수록 고객 수가 점점 줄어들면서 위는 넓고 아래는 좁은 깔때기 모양과 비슷해진다.

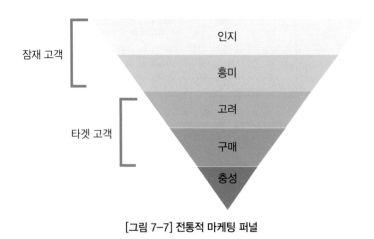

[그림 7-7] 전통적 마케팅 퍼널

　고객이 인지부터 충성까지 이동하는 과정에서 중간에 이탈 없이 100% 전환이 이루어진 경우는 거의 없다. 예를 들어, 어떤 사람이 인스타그램에 올린 광고를 보고 홈페이지에 접속해서 바로 회원 가입을 하고, 그다음 제품을 장바구니에 담고, 결제를 하고, 최종적으로 구매를 완료하는 경우는 거의 존재하지 않는다. 즉, 어떤 사람은 광고를 보았지만 홈페이지로 이동하지 않고, 홈페이지에 이동한 사람 중 일부는 홈페이지에 가입하지 않고 바로 나가며, 장바구니에 담은 사람 중 일부는 구매를 하지 않는다. 그렇기 때문에 고객의 구매 여정이 퍼널의 아래로 향할수록 이탈이 많아지게 된다.

　[그림 7-8]은 전통적인 구매 행동 모델인 AIDA(Attention → Interest → Desire → Action) 모델을 따서 설계된 구매 퍼널(purchase funnel or sales funnel)을 나타낸다. 이 모델은 소비자들이 광고 메시지에 노출된 후 제품 혹은 서비스를 알게 되고, 관심과 욕구가 생기면 구매 행동을 취하는 과정을 나타낸다. AIDA 모델을 단계별로 살펴보면 인지 단계에서는 마케팅의 대상이 되는 모든 고객을 잠재고객이라고 하며, 관심과 흥미 단계에서는 상품에 어느 정도 관심과 흥미를 갖는 고객을 리드고객이라고 한다. 욕구 단계에서는 구매할 의사가 있는 고객을 가망고객이라고 하며, 행동 단계에서는 이미 구매를 경험한 고객은 구매고객이라고 한다. 이러한 분류는 일반화된 것은 아니고 퍼널의 유형에 따라서 각기 다르다. 전통적인 구매 행동 모델인 AIDA 혹은 AIDMA 기반의 퍼널 모델은 이후 제품이나 서비스 종류에 따라서 보다 세분화되고 다양한 변형 모델로 발전했다. 예를 들어, AIDA 모델을 6단계로 확장하여 인지(awareness) 단계에서부터 관심(interest) 단계, 고려(consideration)

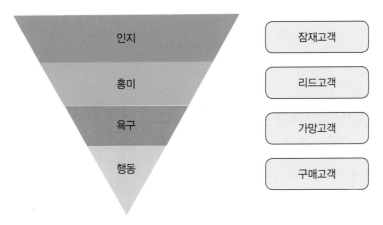

[그림 7-8] AIDA 모델

단계, 구매의향(intent) 단계, 평가(evaluation) 단계, 구매(purchase) 단계에 이르기까지 6단계로 퍼널을 구성할 수도 있다. 하지만 이렇게 퍼널의 단계를 세분화할 경우 소비자가 퍼널의 어느 단계에 와 있는지를 정확하게 파악하기 어렵다는 것이 한계로 지적된다.

2) 스타트업의 성장 퍼널-AARRR 모델

[그림 7-9]는 스타트업(start-up)의 성장(growth) 단계를 나타내는 퍼널인 AARRR 모델이다. 이 모델은 500 스타트업의 창업자인 데이브 맥클루어가 고안한 지표로서, 스타트업 기업의 전반적인 성장 로드맵을 나타낸다. 이 모델은 사용자 획득(Acquisition), 사용자 활성화(Activation), 사용자 유지/참여 혹은 재사용(Retention), 수익 창출(Revenue), 사용자 추천(Referral)의 과정을 거친다. 이러한 5단계 과정을 거치면서 스타트업들이 성장하게 된다.

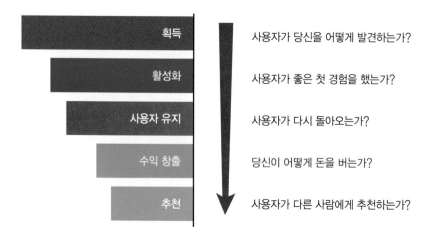

[그림 7-9] AARRR 모델

출처: 그로스해킹 파트너 LABBIT (2018. 2. 10.).

(1) AARRR 모델 1단계: 사용자 획득

사용자 획득(Acquisition)은 사용자를 획득하는 단계로, 사용자가 처음에 어떻게 제품이나 서비스를 접하게 되었는가를 나타낸다. 이 단계에서는 보통 가능한 한 많은 사람에게 제품이나 서비스를 알리는 것이 주요 목표가 될 수 있다. 즉, 아이디어로 제품이나 서비스 개발 후 서비스 안정화를 거쳐 시장 진입을 위해 공격적인 마케팅을 할 때 집중하는 지표이다. 블로그의 경우 가능한 한 많은 사용자가 글을 읽도록 알리는 것을 예로 들 수 있다.

1단계에서는 여러 채널을 통해 얼마나 많은 사용자가 유입되고 있는지, 신규 사용자는 얼마나 획득했는지 등을 파악한다. 적은 비용으로 높은 볼륨을 일으키는 채널(예: 블로그 등)이 좋은 채널이라 할 수 있다. 이 단계에서의 주요 KPI 지표로는 웹이나 앱 트래픽, 신규 방문자 수, DAU, MAU 등이 있다.

(2) AARRR 모델 2단계: 사용자 활성화

2단계에서는 사용자를 활성화(Activation)한다. 따라서 사용자가 제품이나 서비스를 처음 경험하였을 때 긍정적인 경험을 제공받았는지가 중요하다. 이 단계에서는 사용자가 서비스를 이용하기도 전에 이탈하는 비율은 얼마나 되는지, 서비스 이용을 시작했다면 이후의 행동은 어떻게 되는지 등을 파악해야 한다. 예를 들어, 블로그의 경우 GA 추적 코드를 심어서 새로 유입된 사용자들이 게시글을 읽거나 다른 게시글들도 읽는지에 대한 것을 페이지별로 이탈률과 세션당 페이지 수를 참고하면서 판단한다. 이 단계에서의 주요 측정 KPI 지표로는 웹사이트 트래픽, 검색 조회 수, CPC, 평균 체류 시간, 이탈률, 반송률 등이 있다. 반송률(bounce rate)은 첫 페이지에서 서비스를 종료한 비율로, 부정적 사용자 경험을 나타내는 지표이다.

(3) AARRR 모델 3단계: 사용자 유지

사용자 유지(Retention)는 서비스를 처음 사용한 이후 서비스를 다시 사용하는 정도(재사용률)가 얼마나 되는가를 나타낸다. 이 단계에서는 전 단계에서 자사 제품이나 서비스를 이용했던 사용자들이 며칠이 지나도 다시 웹이나 앱에 들어와서 상호작용을 하는지가 중요하다. 따라서 사업 초기 단계에서 가장 중요한 지표 중 하나가 바로 사용자 유지이다. 유지율 혹은 잔존율(retention rate)은 서비스의 만족도를 가장 잘 대변하는 지표로, 서비스 만족도가 높다면 꾸준한 사용으로 높은 재사용률을 나타낸다. 반대로 재방문율이 낮으면 해당 서비스는 오랫동안 존속하기 힘들다. 이럴 경우 낮은 재방문율을 끌어올리기 위해 푸시(push) 마케팅, 메일링(mailing), 웹이나 앱 리뉴얼(renewal) 등의 다양한 노력이 필요하다. 블로그의 경우 블로그 게시글을 읽었던 사용자들이 페이스북에 올렸던 게시글을 다시

한번 클릭하거나, 즐겨찾기를 해 놓고 특정 시간에 재방문하는 것을 예로 들 수 있다. 주요 KPI 지표로는 재방문율이 있다.

(4) AARRR 모델 4단계: 수익 창출

수익(Revenue)은 제품이나 서비스가 최종 목적인 수익 혹은 매출로 연결되고 있는가를 나타낸다. 서비스가 존속하기 위해서는 분명한 수익모델이 있어야 한다. 이를 판단하는 지표는 서비스마다 다르겠지만, 서비스를 이용하는 사용자의 전환율(conversion rate)을 높이는 것이 목표인 것은 동일하다. 상품을 판매하는 사업에서는 고객의 총제품 구매가격(혹은 객단가), 출판 스타트업인 퍼블리(Publy) 멤버십과 같은 구독 모델에서는 구독료 첫 결제와 재결제 등이 매출에 해당된다. 인스타그램이나 유튜브와 같이 광고를 통해 수익을 내는 사업에서는 광고주들이 광고 지면을 구매하는 것이 이에 해당된다. 또한 블로그의 경우 이메일로 구독자를 획득하거나 구글 광고를 블로그에 삽입하여 수수료를 받는 것도 매출에 해당된다.

(5) AARRR 모델 5단계: 추천

추천(Referral)은 사용자가 자발적으로 확산이나 공유를 일으키는가를 나타낸다. 즉, 제품에 만족한 고객들이 주변에 입소문을 내는 단계이다. 사용자 유치를 짧은 시간에 쉽게 할 수 있는 수단은 유료 광고이다. 그러나 아무리 웹이나 앱에서 타겟팅을 정밀하게 설정해서 광고 집행을 해도 가까운 사람들의 추천보다는 강력할 수 없다. 실제 신규 앱을 설치할 때 대부분 지인의 추천을 받아서 설치한다. 이미 사용자 디바이스에 설치된 앱은 포화 상태이기 때문에, 지인의 추천이 아니면 새로운 앱을 설치할 이유도, 목적도 쉽게 제시하지 못하는 상황이라고 할 수 있다. 결국 사용자 추천 단계는 사용자 획득 단계와 맞물려 반복되는 선순환을 만들게 된다. 그렇기 때문에 서비스가 안정화되고 성장하는 단계에서 중요한 데이터가 바로 추천이다. 이 단계에서는 자사 제품 혹은 서비스가 어디에 얼마나 공유되고 있으며, 그 채널로 인해 얼마만큼의 사용자를 다시 확보하는지 등을 살펴보아야 한다. 그러기 위해서 사용자가 또 다른 사용자에게 어느 정도로 공유하고 바이럴을 일으키는지 측정해야 한다. 이때 주요 측정 KPI 지표로는 공유, 댓글 수, 바이럴 수 등이 있다.

이 모델은 많은 스타트업이 데이터를 기반으로 한 의사결정을 내리도록 도와준다. 그로스 해커(growth hackers)는 이러한 AARRR 모델을 기반으로 스타트업의 핵심 고객들의 전환율을 측정한다. 또한 AARRR 모델은 시장 진입 초기에 자사 서비스의 현주소를 파악할 수 있게 해 준다. 즉, 스타트업들이 아이디어를 갖고 제품이나 서비스를 만든 다음, 이 서비스를 어떻게 효과적으로 확산하고, 리드를 확보하기 위해 무엇을 개선해야 하는가를 알게 해 준다.

●표 7-2● 5단계 퍼널의 주요 측정 KPI 지표

단계	주요 전환(KPI 지표)	내용
획득	DAU, MAU, 신규 유저 등	웹사이트 방문, 앱 다운로드, 회원 가입 등
활성화	이탈률, 평균 PV, 평균 체류 시간 등	콘텐츠 조회, 제품 상세 페이지 조회, 장바구니 담기 등
유지	재방문율	재접속, 재결제, 재구매 등
수익 창출	각 사이트에 따른 전환율 등	구매와 결제
추천	공유 수, 공유하기, 아이콘 클릭 수 등	친구 초대 등

그로스 해킹과 그로스 해커

그로스 해킹(growth hacking)이란 성장과 해킹의 합성어로, 성장을 위해서라면 해킹을 해서라도 목적을 달성하겠다는 스타트업의 정신을 담은 말이다. 제품이나 서비스의 핵심 지표를 파악하고, 데이터를 분석하여 사용자 유입 흐름을 따라 개선해 가며 시장과 기업을 성장시키는 마케팅 기법을 말한다.

그로스 해커(growth hacker)는 마케터와 엔지니어가 결합된 직무를 담당하는 마케터로, 데이터를 기반으로 퍼널 분석, A/B 테스트, 전환율 최적화 등을 진행하면서 스타트업이나 브랜드 등을 성장시키는 역할을 한다. 그로스 해커는 마케터이자, 데이터 분석가이자, 서비스 개발자의 역할을 한다. 그로스 해커는 데이터를 기반으로 의사결정을 내리면서, 가능한 한 모든 수단을 사용해서 사업을 성장시킨다. 그로스 해커의 주요 업무는 다음과 같다. 첫째, 제품이나 서비스 개발 과정에서 마케팅 아이디어를 제품이나 서비스에 녹여 낸다. 둘째, 마케팅 퍼널의 설계와 최적화를 수행한다. 셋째, 실험 가능한 지표(A/B 테스트 목표)를 설정하고 서비스 개선을 위한 가설을 수립해서 목표를 달성한다.

즉, A/B 테스트와 같은 실험 결과가 가설과 일치하는지 결론을 도출하고, 다시 서비스에 반영한다. 또한 고객의 행동을 측정하고 분석 가능한 도구를 활용하는 능력도 그로스 해커의 역량이다.

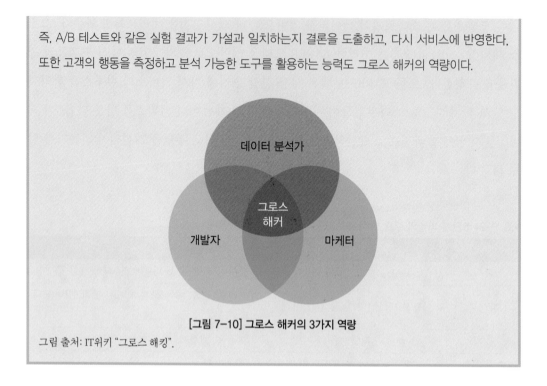

[그림 7-10] 그로스 해커의 3가지 역량

그림 출처: IT위키 "그로스 해킹".

3) 모바일 앱 서비스 퍼널

[그림 7-11]은 모바일 앱 서비스에 적용되는 퍼널이다. 노출/발견(exposure)은 브랜드(앱)를 '클릭'하여 고객이 '발견'하게 되는 단계를 말한다. 주의(attention)나 인지(awareness)와 같은 의미로 보아도 된다. ASO(앱 스토어 최적화)나 SNS상의 언급으로 자연스럽게 고객에게 알려질 수도 있고 비용을 지불하는 광고를 통해 알릴 수도 있다. 고려(consideration)는 앱 설치를 고려하는 단계를 말한다. 이때는 별점 평가나 리뷰가 중요하다. 인플루언서(influencer)의 언급도 중요한 영향을 끼친다. 전환(conversion)은 앱을 설치하고 회원 등록을 하는 전환 단계를 말한다. 고객 관계(customer relationship)는 고객 만족도를 높이는 단계를 말한다. 고객에게 맞춤형 메시지를 보낸다든지 하여 앱 사용에 대한 호감도를 높임으로써 지속적인 이용을 고려토록 한다. 고객 유지(retention)는 앱 사용에 대한 고객 만족도를 높임으로써 앱을 재이용하는 비율을 높이는 단계를 말한다.

모바일 앱 서비스 중심의 비즈니스 모델은 대체적으로 앱을 설치하고 무료로 이용하면서 추가 서비스(예: 유튜브 레드)를 위해 결제하는 형태이다. 혹은 추가 서비스를 유료로 결

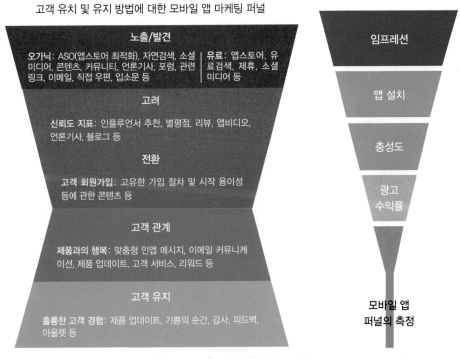

[그림 7-11] 모바일 앱 서비스 퍼널

출처: Emily Carrion (2016. 4. 26.).

제한다고 하더라도 1회 결제만으로는 플랫폼을 구축하는 비용을 만회할 수 없으므로 재사용률을 높여야 한다. 따라서 앱 설치 후 고객과 좋은 관계를 유지하면서 앱 서비스의 재사용률을 높이는 데 중점을 두어야 한다. 비즈니스 모델에 따라 고객의 구매 행동은 비슷하므로 퍼널 전략 또한 비슷하게 기획할 수 있다. 그러므로 처음에는 동일 업종에서 사용하고 있는 구매 퍼널을 참조하는 수준이면 된다. 이후 마케팅 경험이 쌓이고 고객에 대한 이해도가 높아지게 되면 그때 자사만의 구매 퍼널을 보다 정교하게 그리면 된다.

4) 온라인 쇼핑몰 퍼널

[그림 7-12]는 온라인 쇼핑몰에 접속한 방문자가 제품 노출에서부터 구매까지 이르는 경로를 나타내는 온라인 쇼핑몰의 퍼널이다. 제품 보기에서부터 시작해서 제품 주문, 카트 담기, 결제, 구매에 이르는 과정을 나타낸다.

[그림 7-12] 온라인 쇼핑몰 퍼널

출처: 오픈애즈(2019. 1. 28.).

5) 소셜미디어 마케팅 퍼널

[그림 7-13]은 SNS에 접속한 방문자가 SNS 콘텐츠 노출에서부터 목표 페이지까지 이르는 경로를 나타내는 소셜미디어 마케팅 퍼널이다. 사용자가 SNS(인스타그램, 페이스북, 틱톡 등) 콘텐츠를 통해 제품/서비스를 발견한 다음, 클릭을 통해 웹사이트 랜딩 페이지에 접속한다. 이어서 서브 페이지(혹은 제품 상세 페이지)를 방문하고, 최종적으로 구매 페이지에 도달하는 과정을 보여 준다.

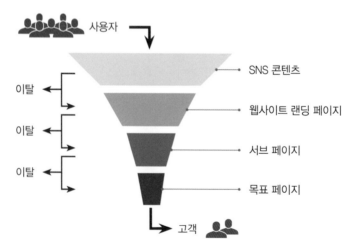

[그림 7-13] 소셜미디어 마케팅 퍼널

출처: BizSpring (2011. 8. 19.).

6) B2C와 B2B 퍼널

[그림 7-14]는 B2C(Business to Consumer)와 B2B(Business to Business) 거래에서 각 퍼널 단계별로 소비자의 의사결정 활동이 달라진다는 것을 보여 준다.

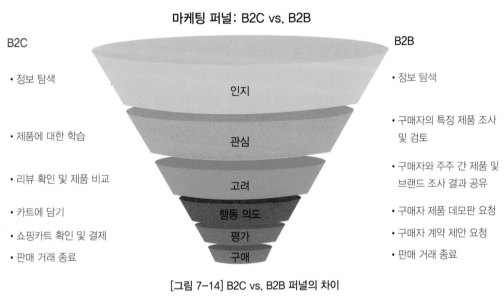

마케팅 퍼널: B2C vs. B2B

B2C
- 정보 탐색

- 제품에 대한 학습

- 리뷰 확인 및 제품 비교

- 카트에 담기

- 쇼핑카트 확인 및 결제

- 판매 거래 종료

인지
관심
고려
행동 의도
평가
구매

B2B
- 정보 탐색

- 구매자의 특정 제품 조사 및 검토

- 구매자와 주주 간 제품 및 브랜드 조사 결과 공유

- 구매자 제품 데모판 요청

- 구매자 계약 제안 요청

- 판매 거래 종료

[그림 7-14] B2C vs. B2B 퍼널의 차이

출처: SKYWORD (2020. 10. 2.).

7) 기타 서비스 퍼널

이커머스(e-commerce) 서비스의 결제 완료를 통한 매출 상승이 목표인 경우 '메인 → 제품 상세 페이지 → 장바구니 → 결제 → 결제 완료' 혹은 '인지 콘텐츠 보기 → 카트 담기 → 구매'의 과정을 거친다. 웹 서비스(소프트웨어 제품)의 유료 결제를 통한 매출 상승이 목표인 경우 '메인 → 체험판 등록 → 실행 → 유료 버전'으로 업그레이드의 과정을 거친다. 또한 콘텐츠 서비스의 정기 구독을 통한 매출 상승이 목표인 경우 '메인 → 상세 콘텐츠 보기 → 정기 구독'의 과정을 거친다. 그리고 B2B 기업의 문의를 통한 매출 상승이 목표인 경우 '메인 또는 상품 페이지 → 문의하기 → 문의 완료'의 과정을 거친다. 하지만 이러한 서비스 퍼널을 설계할 때 유의해야 하는 점이 있다. 핵심 경로 사이에 다른 페이지를 추가하는 것은 좋으나, 경로를 건너뛰면 전환이 발생하지 않기도 한다는 것이다. 예를 들어, 이커머스의 경우 '메인 → 제품 상세 페이지 → 다른 제품 상세 페이지 → 후기 → 장바구니 → 결제 → 결제 완료'의 경로에서 '메인 → 제품 상세 페이지 → 장바구니 → 결제 완료'로 '결제'라는 핵심 경로를 누락한다면 전환율을 계산하고 표시할 수 없으며, 따라서 최종 전환이 0이 된다.

8) 나비 넥타이 퍼널 모델: 네트워크 기반의 새로운 퍼널 모델

네트워크 시대에는 전통적 관점의 AIDA 모델은 많은 한계가 있다. 과거의 전통적인 퍼널은 아래로 갈수록 좁아지는 깔때기 모양으로 구매 전환 단계에서 마케팅 프로세스가 끝나게 된다. 따라서 더 많은 사람을 유입시키는 데에만 집중하게 된다. 하지만 그것은 지속적인 성장을 위한 것이 아니다. 브랜드나 서비스가 지속적으로 성장하려면 구매 이후의 고객 관리 단계도 고려되어야 한다. 따라서 [그림 7-15]에서 보이듯이 나비 넥타이 모양의 새로운 네트워크 기반의 퍼널 모델을 적용해야 한다.

요코하마 류지는 구매 의사결정 과정이 깔때기 밑으로 내려갈수록 넓어지는 '나비 넥타이형'으로 변화되고 있다고 주장하였다. 그는 기존의 깔때기 모양의 모델들이 구매 의사결정의 앞 단계인 인지(awareness), 고려(consider), 구매(purchase)에 치중하여 소비자 구

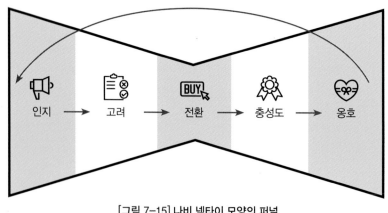

[그림 7-15] 나비 넥타이 모양의 퍼널

출처: aweber.

매 여정을 다루어 왔다면, 앞으로는 브랜드 사용 경험 이후의 의견 형성(form opinion) 및 대화(talk) 단계도 관리되어야 한다고 주장하였다. [그림 7-15]를 보면 구매 후 추가된 충성과 지지 단계를 거치면서 퍼널이 더 넓어지는 것을 볼 수 있다. 이 마케팅 퍼널 모델을 적용하면 나와 고객 사이에 더 깊은 관계를 유지하며 고객과 소통할 수 있다. 이 퍼널을 설계하고 적용하면 고객들로부터 더 많은 피드백을 얻을 수 있어 지속적인 개선이 가능하다. 한 번 구매한 고객은 충성고객이 되어 제품을 재구매하게 되며, 나아가 옹호고객이 되어 끊임없이 사람들을 추천해 준다.

[그림 7-16]의 퍼널 모델은 또 다른 형태의 네트워크 기반의 퍼널의 예로서 인지 단계를 넘어서 친숙 단계에 더 많은 사용자가 유입된다는 것을 보여 준다. 즉, 퍼널의 가운데 부분이 확장된다. 이러한 과정들은 또 다른 친구들에게 제품이나 서비스를 보여 주면서 상호 간에 영향을 주고 있다는 것을 보여 준다. 즉, 사람들은 의사결정 과정에서 검색을 하기도 하며, 소셜미디어상에서 친구들의 의견을 묻기도 한다. TV나 신문은 인지가 구매로 이어지는 일방적 매체 소비 접근인 반면, 인터넷과 소셜미디어는 소비자 참여에 의해 자발적 공유와 공감으로 이어지는 선순환 확장구조이다. 따라서 이 모델은 퍼널의 가운데가 두꺼운 네트워크 기반의 퍼널 모델이라고 할 수 있다.

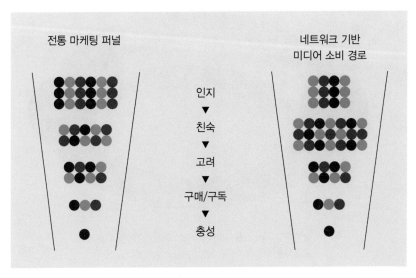

[그림 7-16] 네트워크 기반의 퍼널

출처: 임여사(2020. 4. 7.).

9) 맥킨지의 순환고리 모델: 네트워크 기반의 새로운 퍼널 모델

맥킨지 컨설팅사는 네트워크 시대에 새로운 소비자 의사결정의 과정을 나타내는 4단계의 순환고리(loop) 모델을 제안하였다. 이 모델에 따르면, 소비자들은 첫 단계로 제일 먼저 자신의 머릿속에서 떠오르는 구매 고려 대상군 제품들을 고려하면서 구매 여정을 시작한다. 이어서 두 번째로 정보 탐색을 통한 능동적 평가 단계를 거친다. 이 과정에서 초기 구매 고려 대상군에 포함되지 않았던 새로운 제품들이 추가되면서 퍼널은 오히려 확장된다. 세 번째 단계에서 구매 전환이 이루어진다. 그리고 마지막 단계에서 구매 전환이 이루어진 후에는 충성도가 형성되거나 제품 재구매 단계로 다시 넘어가는 순환고리 형태를 보여 준다.

이 순환고리 모델은 초기의 구매 고려 대상군 다음 단계인 능동적인 평가 단계에서 소비자가 다시 정보 탐색을 하게 되고, 그 결과 새로운 브랜드들이 구매 고려 대상에 추가됨으로써 두 번째 단계에서 고객 유입이 오히려 증가한다는 것을 보여 준다. 맥킨지 컨설팅의

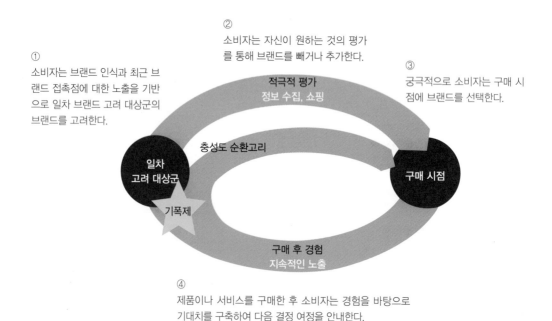

[그림 7-17] 맥킨지의 순환고리 모델

출처: McKinsey Quarterly (2009. 6. 1.).

조사에 의하면, 〈표 7–3〉의 우측 부분에서 보이듯이 자동차 제품의 경우 기존 고려 대상
군에 포함된 3.8개의 브랜드에 능동적 평가 단계에서 2.2개의 새로운 자동차 브랜드가 새
롭게 고려 대상에 포함됨을 알 수 있다. 이 단계에서 마케터가 새로운 브랜드들을 고려 대
상군에 추가하기 위해 더 많은 대(對) 고객 브랜드 접점을 만들어야 한다.

●표 7–3● 맥킨지 컨설팅의 조사

	구매 점유율(%)			평균 브랜드 수	
	일차 고려	적극적 평가	충성도 순환고리*	일차 고려 대상군	적극적 고려 대상군에 추가
자동차	63	30	7	3.8	2.2
개인용 컴퓨터	49	24	27	1.7	1.0
피부 관리	38	37	25	1.5	1.8
이동통신	38	20	42	1.5	0.9
자동차 보험	13	9	78	3.2	1.4

* 스킨케어 제품의 경우, 지난 3개월 동안 현재 브랜드를 2회 이상 구매하고 이들 브랜드가 지난 3개월 동안 전체 제품
군 구매의 70% 이상을 차지한 소비자를 포함한다. 기타 다른 제품의 경우에는 지난번처럼 다른 브랜드는 고려하지
않고 동일한 브랜드를 구매한 소비자를 포함한다(맥킨지 소비자 구매결정 설문조사: 2008년 미국 자동차 및 피부 관
리 제품, 2008년 독일 이동통신 제품, 2009년 자동차 보험 제품).

출처: McKinsey Quarterly (2009. 6. 1.).

이렇게 새로운 브랜드들이 능동적 평가 단계에서 고려 대상에 추가되는 이유는 [그림
7–18]에서 보이듯이 주변의 입소문이나 소비자들의 적극적인 정보 탐색, 소비자 리뷰, 매
장 내 고객과 상호작용, 혹은 소비자 잡지 평가 등 미디어의 제품 평가나 리뷰 때문이라고
할 수 있다. [그림 7–18]에서 보이듯이 소비자 구매 여정에서 기업의 마케팅 활동의 영향
력은 39%에 불과하다. 반면, 제품 경험이나 소비자 주도의 마케팅 활동들(제품 리뷰 등)이
대 고객 브랜드 접점의 61%를 차지하고 있음을 알 수 있다.

앞의 3단계를 거쳐 구매 후 경험 단계를 지나면 충성고객이 되거나, 제품을 재구매하거
나, 혹은 다시 더 많은 제품 정보를 탐색하는 순환적인 사이클로 진입하게 된다. 모든 것이
네트워크로 연결되는 시대에는 충성고객이 두 가지 유형으로 구분된다. 하나는 적극적인
충성고객(active royalty customer)이 되는 것이고, 다른 하나는 수동적인 충성고객(passive

경쟁업체 및 신규고객의 경우 소비자 의사 결정 여정의 단계별
가장 영향력 있는 접점(효율성 %)

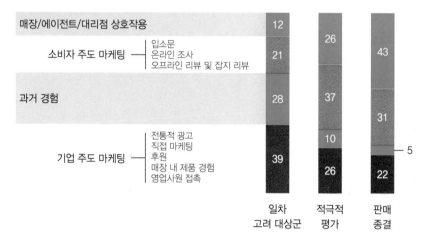

이 조사 결과는 독일, 일본 및 미국 소비자를 대상으로 실시한 연구 결과로, 반올림해서 수치의 합이 100%가 아닐 수 있음

[그림 7-18] 맥킨지 컨설팅의 조사

출처: McKinsey Quarterly (2009. 6. 1.).

royalty customer)이 되는 것이다. 적극적인 충성고객은 하나의 브랜드에만 집착하여 반복 구매하거나 다른 사람들에게 제품을 적극 추천하고 입소문을 내는 고객을 말한다. 반면, 수동적인 충성고객은 하나의 브랜드에 완전히 집착하지 않으면서도, 그 브랜드와 지속적인 관계를 유지하고 싶어 하는 고객을 말한다. 수동적인 충성고객은 다른 경쟁 제품의 메시지에 노출되었을 때 적극적으로 거부하거나 인지부조화를 느끼지 않고 그 메시지를 받아들이는 경향이 있다. 이렇게 수동적인 충성고객들이 많은 이유는 수많은 제품의 홍수 속에서 온라인 정보 탐색을 통해 선택할 수 있는 대안이 많아지고, 온라인에서 경쟁 제품들의 적극적인 유혹이 많아졌기 때문이다.

지금까지 소개한 다양한 퍼널의 유형을 정리하면, 전통적인 고객 구매 여정 관점의 모델은 각 잠재고객이 시간의 순서대로(즉, 앞 단계를 순차적으로 완료해야 도달하게 되는 개별적인 단계) 어떻게 마케팅 활동의 영향을 받아서 제품 인지나 사용자 획득 단계에서부터 구매 및 추천이나 충성도를 유지하는 단계까지 도달하는가를 다룬다. 하지만 모든 것이 네트워크로 연결되는 시대에는 구매 고려 단계나 구매 시점에서 다시 새로운 브랜드로 바꾸는 등의 순서여야만 하는 것은 아니다. 따라서 퍼널을 선형적 혹은 직선적 단계로만 설명할 수

없다.

특히 개별적 거래를 넘어 고객과 지속적인 거래 관계를 유지하는 것이 중요해지면서, 고객과 일회성 거래가 아닌 장기적인 관계 중심으로 측정 지표를 개발하고 관리해야 한다. 네트워크 시대에는 고객의 구매 여정이 비선형적이고 순환적인 형태로 변화하고 있다. 결론적으로 모든 비즈니스에 공통적으로 적용되는 모델은 없으며, 자신의 비즈니스에 적합하게 모델을 변형하여 실험해 보고, 개발·적용해야 한다.

4. 마케팅 퍼널의 설계, 분석 및 전략 수립

1) 퍼널 설계

퍼널 설계란 무엇이며, 왜 해야 할까? 이에 대해 답하기에 앞서, 먼저 퍼널의 구조를 알아야 고객 유입 경로를 분석할 수 있다고 답할 수 있다. 이처럼 고객 유입 경로를 파악하기 위해 퍼널을 만드는 것을 퍼널 설계(funnel design)라고 한다. 퍼널 설계라는 것은 잠재고객이 제품을 구매하기 전까지 구매 여정의 전 과정을 측정이 가능한 단계로 나누는 것이다. 즉, 퍼널 설계는 고객이 구매로 가는 여정을 파악하고 이를 계획하는 것을 말하며, 퍼널 설계를 통하여 고객 구매 여정의 각 단계에서 일어나는 고객 행동들을 분석하고 개선함으로써 각 단계의 전환율을 높일 수 있다.

예전에는 깔때기의 속을 들여다볼 수 없었고 알려고도 하지 않았으나, 이제는 사용자 추적 조사를 통해 이 모든 퍼널의 단계를 직접 설계하고 분석하고 개선하는 것이 가능해졌다. 기업들은 자신들의 목표에 따라 자신만의 퍼널 구조를 만든 후 구매 전환에 이르는 고객 경험 프로세스를 단계별로 나누어 언제, 어디서, 어떻게 들어와서 이탈하는지를 파악한다.

그런 다음 취약 단계를 파악하여 고객의 경험을 지속적으로 개선한 후 전환을 극대화한다. 취약 단계에서 마케팅 메시지를 달리하여 고객을 다음 단계로 진입시켜 이탈을 최소화하고 결국 구매로 이르게 해야 한다. 따라서 마케터가 측정 가능하고 정확한 퍼널을 설

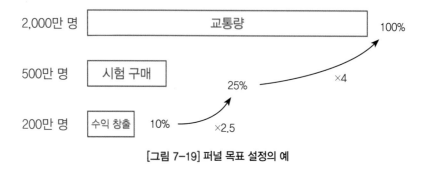

[그림 7-19] 퍼널 목표 설정의 예

계하는 것이 중요하다. 만약 각 단계에서의 고객 이탈과 전환을 정확히 측정하지 못하면 원인을 분석할 수 없고, 개선도 할 수 없다. 반드시 퍼널의 단계가 많거나 적다고 좋다고 할 수 없다. 측정이 가능한 단계로 나누어야 개선할 수 있다. 예를 들어, 친숙도 단계는 트래픽 효과와 같은 사용자 데이터로 정확하게 측정하기가 어렵다고 할 수 있다.

퍼널을 설계한 후 다음 단계는 단계별로 KPI 목표를 설정하는 것이다. 최종 목표를 가지고 퍼널을 거꾸로 올라가면 단계별로 달성해야 하는 KPI 목표를 설정할 수 있다. 즉, 사용자의 경로를 퍼널로 작성할 때 '역순'으로 생각하면 간단하다. 과거 집행한 마케팅 데이터를 분석하거나 이미 제품 판매 경험이 있는 팀원이나 조직에게 질문하여 서비스의 목표들을 발견할 수 있다. 예를 들어, '회사의 가장 큰 목표는 무엇인가?' '시험 구매율은 무엇인가?' '트래픽 목표는 무엇인가?'를 질문하면 최종 목표를 확인할 수 있다. 이것을 사용자의 목표로 삼고 퍼널 기능을 사용해 [그림 7-19]에서 보이듯이 경로를 시각화한다.

2) 퍼널 분석

퍼널 분석(funnel analysis)은 고객 분석을 위한 하나의 마케팅 전략으로서, 고객이 유입되고 전환에 이르기까지 주요 단계를 수치로 확인하는 작업 혹은 분석 방법이다. 퍼널을 만들어 분석하면 사용자가 서비스에서 언제 많이 이탈하는지 파악할 수 있다. 예를 들어, [그림 7-20]의 스타트업들의 성장 과정을 나타내는 AARRR 매트릭스의 첫 단계인 고객 획득(acquisition) 단계에서 서비스를 접한 고객 중 활성화되지 않고(긍정적인 경험을 하지 않고) 이탈한 고객은 50%에 달한다. 두 번째 단계인 활성화 단계에서 서비스를 재사용하지

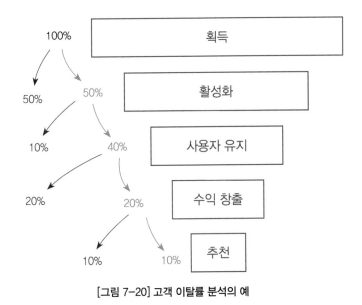

[그림 7-20] 고객 이탈률 분석의 예

않고 이탈한 고객은 또다시 10%에 달한다. 세 번째 단계인 사용자 유지 단계에서 매출로 이어지지 않고 이탈한 고객은 20%에 달한다. 네 번째 단계인 수익 창출 단계에서 서비스를 추천하지 않고 이탈한 고객은 최종적으로 10%에 달한다.

5. 퍼널 분석 사례

다음은 어떤 온라인 쇼핑몰의 퍼널 분석의 사례이다. 이 온라인 쇼핑몰은 퍼널의 단계를 인지 단계, 고려 단계, 전환 단계의 3단계로 설계하고 분석하였다. 이 온라인 쇼핑몰은 TV CF, 신문 홍보기사, 옥외광고, 온라인 광고, 소셜미디어, 바이럴, 오프라인 행사까지 진행했지만 좀처럼 고객의 전환(구매)이 늘지 않았다. 이에 각 단계별로 어떤 문제가 있는지를 다음과 같이 분석한다.

우선 인지/고려 단계에서 마케팅 활동이 제대로 이루어지고 있는지를 확인해야 한다. 예를 들어, 인지 단계에서 TV CF를 활용하였을 경우 적절한 타겟의 시청 시간에 충분한 횟수로 광고가 노출되었는지 확인한다. AGB 닐슨 및 TNS 미디어 코리아와 같은 시청률 조사회사에서 제공하는 자료를 통해 노출 정도(reach, frequency)를 확인하거나 구글에서 TV

CF 어트리뷰션 모델을 통해 적절한 고객에게 전파되었는지 도와주는 서비스를 활용할 수 있다. 또한 TV CF가 주는 고객 인식 변화의 조사를 위해 설문조사를 통해 그 영향력을 파악할 수 있다. 디지털 광고의 경우 온라인 광고와 소셜미디어의 PV(페이지 뷰)와 임프레션 분석을 통해 인지/고려 단계의 기여도를 측정할 수 있다.

　전환 단계의 퍼널 분석은 기업들이 가장 중요하게 생각하는 부분이다. 고객이 어떤 채널을 통해 인지와 고려를 하고 전환 단계에 유입되었으며 왜 전환하지 않고 이탈하였는가를 분석한다. 온라인 마케팅에서는 고객을 추적할 수 있는 GA나 어도비 애널리틱스 프로그램을 통해 고객의 여정을 따라다니며 고객 행동 패턴과 전환을 분석할 수 있다.

　[그림 7-21]의 GA의 사용자 획득 보고서를 보면 자연 검색을 통한 고객 유입이 가장 많으며(도표 아래 왼쪽 부분), 소셜미디어를 통해 유입된 고객의 이탈률이 가장 높음을 알 수 있다(도표 아래 가운데 부분). 또한 URL 등으로 직접 유입된 고객의 전환율이 가장 높게 나타났다(도표 아래 오른쪽 부분).

　이처럼 방문한 채널 간 비교 분석을 통해 사용자들이 어떠한 채널 혹은 유입 경로를 통해서 웹사이트에 방문했으며, 어떤 채널이 웹사이트의 주요 전환에 더 큰 기여를 했는지를

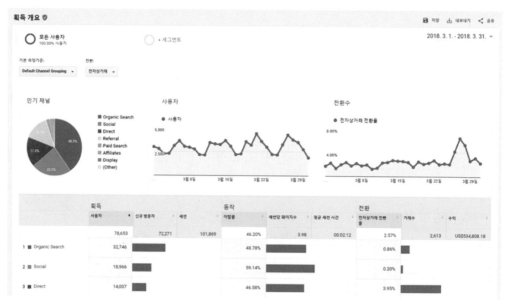

[그림 7-21] GA 보고서(사용자 획득)

출처: 분석마케팅(2018. 6. 11.).

알 수 있다. 또한 고객이 어떤 단계에서 이탈하였는지, 그 이탈한 고객의 성향은 어떠한지, 그 고객을 다시 데리고 오기 위해서는 어떠한 곳에 리타겟팅 광고를 해야 하는지를 이러한 전환 단계의 퍼널 분석을 통해 알 수 있다. 온라인 광고를 집행한 경우 온라인 광고 시점에 광고와 웹사이트(혹은 앱)에 심어진 추적 코드를 통해 광고를 본 고객 혹은 광고를 클릭한 고객이 언제, 어디서 광고를 보았으며 광고를 몇 번 본 후 혹은 몇 번 클릭한 이후 전환까지 도달하였는가를 체크할 수 있다. 보통 소비재에서는 10~15번, 금융업종과 같이 고려 단계가 깊은 산업 분야에서는 많게는 30번 이상의 구매 여정을 거치기도 한다.

[그림 7-22]는 GA의 행동 보고서이다. 행동 보고서는 웹사이트 사용자가 사이트 내 콘텐츠와 어떻게 상호작용을 하는지를 보여 준다. 즉, 사용자들이 방문한 페이지와 페이지 뷰, 방문한 각 페이지의 이탈률을 보여 준다. 따라서 어떤 페이지를 통해 방문하는지, 주로 어떤 페이지(콘텐츠)를 조회하는지를 알 수 있다. 또한 만약 관리 메뉴에서 추가적인 설정(사이트 검색 기능)을 하면 사용자들이 웹사이트 내에서 어떤 키워드로 검색을 하는지, 검색 후 어떤 반응을 보이는지를 알 수 있다. 그리고 이벤트 설정을 하면 전화/상담 버튼 클릭, 동영상 재생, 자료 다운로드 등 구체적인 작은 전환들의 행동 데이터를 수집해서 분석할 수도 있다.

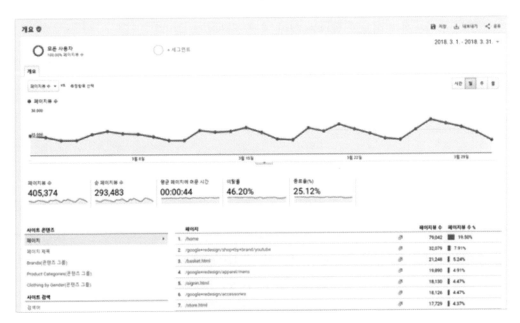

[그림 7-22] GA의 행동 보고서

출처: 분석마케팅(2018. 6. 11.).

6. 퍼널 전략의 수립

퍼널 분석을 통해 고객이 어느 단계에 있는지를 파악하면 보다 효율적인 마케팅을 진행할 수 있다. 고객이 위치한 단계에 따라 고객이 관심을 보이는 요인도 다르고 구매로 이어질 확률도 달라진다. 따라서 고객이 위치한 단계에 따라 마케팅 메시지를 달리하여 다음 단계로 고객을 진입시키고 결국 구매로 이르게 하는 것을 퍼널 전략(funnel strategy)이라 부른다.

퍼널 전략에서 마케터는 고객 생애 가치(LTV)를 극대화할 수 있는 양질의 고객을 유입시켜야 하며, 체리 피커(cherry picker)[3]의 유입을 최소화해야 한다. 만약 근시안적인 자신들의 성과만을 위해 체리 피커만 유입시키면 캠페인의 효과를 기대할 수 없으며, 따라서 캠페인의 최종 목표를 달성할 수 없게 된다. 디지털 마케팅은 구매자의 모든 여정 단계에 적합한 콘텐츠를 적합한 타이밍에 맞추어 타겟에게 제공하고 최적화해야 한다. 따라서 콘텐츠 마케팅을 이용하여 구매 여정의 적절한 시기에 적절하고 가치 있는 콘텐츠로 개인과 연결해야 한다. 각 단계에 적합한 콘텐츠 마케팅으로 고객들을 그다음 단계로 진입시킴으로써 결국 구매로까지 이르게 한다는 것이 퍼널 전략의 핵심이다.

7. ToMoBoFu 모델과 콘텐츠 마케팅 전략

ToMoBoFu 모델은 퍼널을 상단부(top of funnel: ToFu), 중간부(middle of funnel: MoFu), 하단부(bottom of funnel: BoFu)의 3단계로 구분한 모델을 말한다. 일반적으로 세일즈 퍼널은 이처럼 다루기 쉽게 3단계로 구분할 수 있다. [그림 7-23]에서 보이듯이 1단계는 상품을 인지하고 친숙하게 만들기 위한 단계로서 퍼널의 상단부이고 ToFu라고 한다. 2단계는

---

3) 자신에게 필요한 것만 쏙쏙 빼 먹는 사람을 일컫는다. 상품이나 서비스를 이용하지는 않으면서 부가적으로 제공되는 혜택만 챙기는 고객을 말한다.

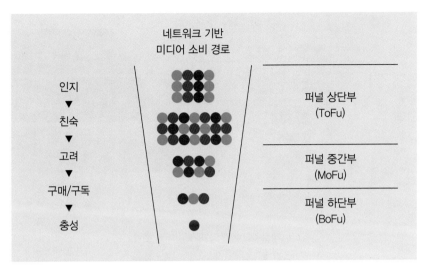

[그림 7-23] 퍼널과 ToMoBoFu 단계

출처: 임여사(2020. 4. 7.).

퍼널의 중간 부분인 MoFu는 고려 단계에 해당된다. 마지막 3단계는 퍼널의 하단인 BoFu로서 구매 혹은 구독 단계이다. 이 3단계의 단어를 합해서 ToMoBoFu라고 부른다.

ToMoBoFu의 단계별로 효율적인 콘텐츠 마케팅 전략으로 잠재고객을 구매고객이나 옹호고객으로 육성해야 한다. 참고로 콘텐츠 마케팅은 상품에 대해 단순히 전달하는 것이 아니라 고객들에게 도움이 될 만한 '정보'를 제공하거나 '재미'와 '공감'을 끌어내 고객들이 콘텐츠를 자발적으로 공유하고 주변 사람들에게 바이럴하는 마케팅 기법이다.

잠재고객이 구매로 전환하기까지의 이 3단계에 속한 각각의 타겟 세그먼트별로 각각 다른 메시지를 적합한 타이밍에 노출해야 한다. 예를 들어, [그림 7-24]에서 보이듯이 ToFu는 인지 단계로서 광고 등을 통해 브랜드를 인지시킨다. MoFu는 구매 고려 단계로서 고객을 설득하기 위해 해당 상품 혹은 브랜드에 대한 추가 설명 및 스토리와 후기를 보여 준다. 끝 단계인 BoFu는 구매 단계로서 브랜드에 대한 인지가 있고 해당 상품에 대한 추가적인 설명 혹은 스토리를 인식한 후에 행동을 촉구할 수 있는 CTA를 추가하게 된다. 따라서 ToFu, MoFu, BoFu 단계별로 콘텐츠 제작 및 관련 콘텐츠 마케팅 전략을 기획하는 것이 디지털 마케팅의 핵심 기술이다.

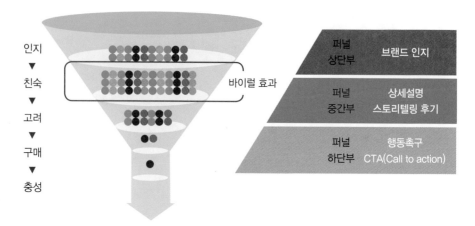

네트워크 기반의 마케팅 퍼널 전략

[그림 7-24] ToMoBoFu 단계별 전략

출처: 비즈웹코리아 책길(2018. 5. 17.).

1) ToFu 단계의 콘텐츠 마케팅 전략: 인지도 제고

ToFu 단계는 고객을 유입시키고 리드고객을 창출하는 단계이다. 이 단계에서는 아직 제품과 브랜드에 대해 인지하지 못한 잠재고객들을 대상으로 인지도를 제고하고 리드 생성(lead generation)[4]에 집중해야 한다. 즉, ToFu 단계에서는 다양한 접점을 통해 고객에게 브랜드를 소개하고, 리드고객이 될 수 있도록 환기시키기 위해 제품에 대해 첫 경험을 하게 해야 한다. ToFu 단계는 잠재적인 리드가 있는 가장 광범위한 사용자를 타겟으로 마케팅을 하는 단계이다. 여기서 고객의 관심과 궁금증을 극대화할 홈페이지나 랜딩 페이지를 만들어 트래픽을 유도하고 블로그나 SNS 게시물 등 적절한 콘텐츠를 활용하여 제품이나 서비스를 알게 해야 한다. 즉, 이 단계에서는 불특정 다수를 마케팅 퍼널에 유입시켜 소통 가능한 상태로 만드는 것이 필요하다. 예를 들어, 블로그 콘텐츠 등을 이용하여 방문자의 이름, 전화번호, 이메일 주소 등 고객 정보를 확보하고 이들을 다음 단계로 연결할 수 있다. 즉, ToFu 세그먼트들로 하여금 블로그에서 동영상 다운로드나 구독하기 버튼과 같이 행동을 유도하는 버튼을 클릭하게 함으로써 그 대가로 그들의 메일 주소나 휴대폰 번호를

---

4) 자사의 제품 혹은 서비스에 관심이 있는 미래의 관심고객을 발굴하고 육성하는 것을 말한다.

얻을 수 있다. ToFu 단계에서 효과적인 콘텐츠 유형들은 다음과 같다.

(1) 소셜 네트워킹과 소셜미디어 게시물

사람들은 조언을 구하는 것부터 리뷰와 추천을 찾는 것까지 모든 것을 소셜 네트워크에 의존한다. 기업의 인스타그램에서 비하인드 스토리를 보는 것을 좋아하고, 기업의 페이스북과 트위터를 통해 불만을 제기하고, 핀터레스트와 유튜브에서 튜토리얼(교육 영상)을 찾는다. 또한 SNS의 다른 사람의 제품 리뷰 등 사회적 증거는 고객 신뢰를 구축하고 전환을 늘리는 데 도움이 되며, 소셜미디어는 검색 엔진 순위에 간접적으로 영향을 미칠 수 있다. 따라서 고객을 만나기 위해 시장에 적합한 소셜 네트워크와 소셜미디어에 적극적인 입지를 구축해야 한다.

(2) 블로깅

블로깅(blogging)을 통해 초기 ToFu 단계에 리드 생성 콘텐츠를 만들 수 있다. 사람들이 관심 있어 하는 주제의 게시물로 고객을 유입시켜야 한다. 검색량이 많은 키워드와

[그림 7-25] 블로그 콘텐츠

출처: HubSpot.

SEO(검색 엔진 최적화)를 이용하여 트래픽을 생성해야 한다. 예를 들어, 자전거 제품의 경우에 '도시 자전거를 타는 사람을 위한 12가지 자전거 안전 위험'이라는 블로그 콘텐츠를 만들 수 있다.

(3) 소셜미디어 광고

인구통계 및 공통 관심사 등 잠재고객에 대한 올바른 정보를 분석하여 클릭할 가능성이 가장 높은 사람들에게 소셜미디어 광고를 노출할 수 있다. 예를 들어, 타겟팅된 페이스북 스폰서 광고에 '좋은 아침 라이딩(riding)을 위한 자전거 장비'라는 광고 문구와 함께 자전거 타는 사람의 행복한 사진을 노출하는 것이 예이다.

(4) 디스플레이 광고

디스플레이 광고는 리타겟팅을 통해 고객이 이미 방문한 기사 또는 페이지에 일반적으로 '스폰서 콘텐츠' 또는 이와 유사한 광고 상품으로 노출된다. 디스플레이 광고는 [그림 7-26]에서도 보이듯이 '40% 할인'과 같은 눈길을 끄는 제목과 ToFu 단계의 광고 콘텐츠를 통해 고객의 주목을 끌고 고객을 끌어들일 수 있다.

[그림 7-26] 디스플레이 광고의 예

출처: Sam Stemler (2019. 11. 12.).

(5) 숏폼 비디오

숏폼 비디오(short form video)는 10분 이내의 짧은 동영상을 말한다. 구매자 페르소나(가상의 타겟)에 적합하고 도움을 줄 수 있는 짧은(10분 미만) 동영상을 만든다. 동영상은 다양한 주제를 다룰 수 있다. 또한 인스타그램, 유튜브 또는 기타 동영상 공유 플랫폼에 이를 활용할 수 있다. 예를 들어, 10분 이내에 10개의 도시에서의 자전거 안전 팁을 라이더에게 제공하는 동영상 제작을 예로 들 수 있다.

(6) 인플루언서 파트너십이나 보증

인플루언서 또는 업계 권위자가 잠재고객의 관심을 끌 수 있다. 특히 팔로워가 많은 인플루언서와 협력하고 제품 보증 또는 광고에 대해 상의하는 것이 좋다. 예를 들어, 철인 3종 경기 세계 기록 보유자인 얀 프로테노(Jan Frodeno)가 유튜브 동영상에서 〈사이클링 장비를 비교합니다〉와 같은 동영상을 만들어 제품을 보증할 수 있다.

(7) 인포그래픽

인포그래픽(infographic)으로 고객에게 질문, 문제 또는 주제에 대한 개요를 제공하여 동일한 관심사를 가진 다른 사람들에 대한 이해하기 쉬운 통계를 이상적으로 보여 줄 수 있다. 예를 들어, '가장 인기 있는 자전거 액세서리' 인포그래픽을 만들어 배포할 수 있다.

(8) 퀴즈 혹은 설문조사

퀴즈나 간단한 설문조사는 일련의 짧은 질문을 사용하여 구매자에 대한 자세한 정보를 얻고 구매자가 주제, 문제 또는 커뮤니티를 이해하는 데 도움을 준다. 예를 들어, "당신은 어떤 유형의 사이클리스트입니까?"와 같은 질문을 통해 구매자에 대한 정보를 얻을 수 있다.

(9) 소개 이메일

고객 이메일 주소 등을 확보한 다음 회사 소개 이메일로 새로운 리드를 환영하고 인지도 단계 콘텐츠를 사용하여 다음 판매 퍼널 단계로 이동하게 한다.

2) MoFu 단계의 콘텐츠 마케팅 전략: 고려 단계

잠재고객이 ToFu 단계에 참여하고 기업이 유도하는 행동을 마치게 되면 비로소 리드고객이 된다. 즉, 잠재고객이 리드고객으로 바뀌는 MoFu 단계로 넘어가게 된다. 이때 MoFu 단계의 콘텐츠는 ToFu 단계의 초기 인식과 BoFu 단계의 마지막 판매 사이를 연결해 주는 역할을 한다. 이 단계에서는 리드고객과 더 긴밀한 관계를 유지하기 위해 소통하며, 제품과 서비스를 소개하고, 맞춤형 콘텐츠로 리드고객을 구매고객으로 육성하는 데에 집중해야 한다. 즉, 이 단계에서는 소비자의 의사결정 과정을 키워 주고 소비자들을 결정적인 전환으로 이끌어야 한다.

MoFu 단계에서의 콘텐츠의 목표는 구매자 여정을 통해 리드고객을 BoFu 단계로 안내하고 리드고객이 자사 브랜드를 선호하도록 하는 데에 도움이 되는 자료를 제공하는 것이다. 이 단계에서 MoFu 세그먼트들은 회사와 제품을 구매할지에 대해 충분히 고려한다. 또한 창출된 리드고객이 내 브랜드와 제품에 더 많은 정보를 알아보려고 노력하기 때문에 필요한 솔루션을 맞춤으로 제공해 주어야 한다. 즉, 그들이 필요로 하는 특정 질문에 답을 해 준다든가 혹은 그들이 가지고 있는 고민을 해결해 주어야 한다. 이러한 목표를 가지고 MoFu의 세그먼트들을 위한 콘텐츠를 지속적으로 배포해야 한다. 예를 들어, '어떤 콘텐츠를 제공해야 할까?'라는 질문에 이미 브랜드를 사용한 사람의 경험과 사례, 자세한 사용 방법, 사용 후의 결과 등 고객의 궁금증과 목마름을 해결해 줄 내용을 제공하는 전략이 적합하다.

(1) 이메일

마케터가 비록 타겟에게 적합한 콘텐츠를 사용하더라도 이메일은 여전히 매우 효과적이다. 특히 시선을 사로잡는 제목과 고품질의 관련 콘텐츠를 사용하면 더 많은 고객이 이메일을 열 수 있다.

(2) 심층 블로그

제품과 관련해서 심층적 내용의 콘텐츠를 큐레이팅하여 고객의 문제를 해결하는 방법을 설명하고 고객에게 솔루션을 제공하는 것도 효과적이다. 예를 들어, 사이클리스트가 가지고 있는 30개의 문제와 이를 해결할 수 있는 쉬운 방법과 같은 심층 블로그를 제작하는 것도 좋다.

(3) 관련 뉴스

새로운 발명, 큰 이벤트, 신제품 출시, 매장 오픈 또는 기타 뉴스가 고객의 문제와 관련이 있다면 도움이 될 수 있다. 예를 들어, "새로운 자전거 신제품 모델은 도시 자전거 사용자의 생명을 구합니다."와 같은 뉴스를 배포하는 것도 효과적이다.

(4) 체크리스트

체계적인 체크리스트를 만들어 사용하면 고객이 스스로 문제를 해결하도록 지원할 수 있다. 예를 들어, '도로를 타기 전에 점검해야 할 자전거 안전 체크리스트 8개'와 같은 체크리스트를 만들어 배포할 수 있다.

[그림 7-27] 체크리스트의 예

출처: Sam Stemler (2019. 11. 12.).

(5) 전자책

고객 문제나 해결책이 더 복잡한 경우 매력적으로 디자인된 정보 전자책(e-book)은 고객에게 필요한 정보를 제공할 수 있다. 예를 들어, 사이클리스트를 위한 자전거 정비 책자와 같은 교육용 전자책은 MoFu 단계의 고객 문제와 해결책에 대해 효과적으로 알려 준다.

(6) 가이드(안내 책자)

안내 책자는 상세한 단계별 지침을 포함하여 업계의 전문 지식을 빌려 문제를 해결하는 가장 좋은 방법을 보여 준다. '필요한 모든 자전거 액세서리 구매 가이드'를 예로 들 수 있다.

(7) 심층 동영상

웹사이트 방문자의 60%는 기사를 읽는 것보다 동영상을 보는 것을 선호한다. 심층적 내용의 동영상의 힘을 활용해서 복잡한 문제 해결 방법을 고객에게 설명할 수 있다. 〈깨진 자전거 체인을 간단한 4단계로 고치는 방법〉을 예로 들 수 있다.

(8) 뉴스레터

고품질 뉴스레터는 이미 제작 중인 콘텐츠를 최대한 활용하는 동시에 리드고객의 마음속에 머무를 수 있는 좋은 방법이다. 뉴스레터는 매월, 격주 또는 기타 발행일 수 있으며, 고객이 진정으로 원하는 콘텐츠를 제공해야 한다.

[그림 7-28] 뉴스레터의 예
출처: Sam Stemler (2019. 11. 12.).

3) BoFu 단계의 콘텐츠 마케팅 전략: 전환 단계

ToFu 단계의 콘텐츠로 리드를 모으고, MoFu 콘텐츠로 리드를 육성한 후 다음 단계는 이들을 대상으로 판매를 일으켜야 한다. 앞 단계에서 모아 놓은 리드고객들은 충분히 육성되어 서비스와 제품의 가치를 알게 된다. 따라서 BoFu 단계에서는 단순히 콘텐츠만으로 마케팅 전략을 구성할 수 없으며, 자사 제품이나 서비스를 판매할 수 있는 판매소구점(sales point)을 등장시켜야 한다. 이때 자사 제품이나 서비스가 다른 경쟁업체보다 더 좋은 이유를 설명해 주고, 할인이나 프로모션 등의 혜택을 제공하는 전략이 바람직하다. 예를 들어, 웹 세미나(webinar) 등에 고객을 초대하여 자사 제품과 서비스의 혜택을 알려 주고, 무료 샘플이나 데모(평가판)를 제공하거나, 일회성 이벤트를 개최하여 할인 쿠폰을 보내 준다. 이때 고객으로부터 제공받은 이메일이나 SMS, 카카오톡 등의 메신저 수단을 이용하여 쿠폰 등을 발송함으로써 즉시 구매를 유도한다. 이때 반드시 구매를 강요해서는 안 되며 혜택만 지속적으로 안내하여도 고객은 이미 구매할 준비가 되어 있기 때문에 결국에는 제품을 구매하게 될 것이다.

이 단계에서는 사람들이 구매하기 전에 실제 제품이 주는 가치를 피부로 느끼기를 원하기 때문에, 가치 제안을 최대한 강조하며 구매자에게 자사 브랜드가 최고의 선택임을 강조하고 확인시킨다. 이를 위해서는 데모 혹은 고객 제품 평가와 같은 직접 대화형 환경이 필요하다. 예를 들어, 소프트웨어와 같은 B2B 제품이나 서비스의 경우에 일단 품질이 확인된 리드(qualified leads)는 브랜드에 만족하기 때문에 그들이 제품과 서비스를 평가할 수 있도록 해야 한다.

(1) 할인 쿠폰

MoFu 단계에서의 경품과 마찬가지로 할인 쿠폰(coupon)은 고객이 제품 또는 서비스를 시도하는 데 필요한 동기가 될 수 있다. 이러한 쿠폰 제안이 눈에 띄도록 처음 구매자를 위한 초대장으로 할인을 제시하면 좋다.

[그림 7-29] 할인 쿠폰의 예

출처: Sam Stemler (2019. 11. 12.).

(2) 사례 연구

BoFu 단계에서는 사례 연구(case study)를 활용하여 기존고객 또는 알려진 업계 인물의 이야기를 사례로 들려준다. 이 판매 퍼널 단계에서 구매자가 일상생활에서 어려움을 겪고 있는 문제나 과제를 설명하고 문제 해결 방법을 보여 준다. 예를 들어, "카렌 존스(유명 연예인)는 바지 클립을 사용하여 자전거를 타고 출근합니다."라는 사례를 들려줄 수 있다.

(3) 추천글

MoFu 단계에서 추천글(referral)은 사회적 증거와 신뢰를 구축하는 데 중요하다. 추천글은 전용 추천 페이지, 제품 페이지, 가격 페이지 또는 전환하도록 설계된 기타 페이지에서 사용할 수 있다.

(4) 제품 시연

제품 시연(product demonstration)은 어떤 제품이나 공연 따위를 잠재고객에게 공개하기 전에 시험적으로 보여 주는 의식을 말한다. MoFu 단계에서 짧은 영상으로 제품의 실제 모습을 보여 준다. "이지 팬즈 클럽을 사용하는 방법을 확인하십시오."를 예로 들 수 있다.

(5) 제품 기능 소개 페이지

제품 기능 소개 페이지를 활용해서 제품이 무엇을 할 수 있는지, 제품이 제공하는 이점, 특히 경쟁 제품에 비해 장점이 있는지 보여 준다. 바지 클립 제품 페이지를 예로 들 수 있다.

(6) 공짜 공지

제품에 대해 배웠지만 아직 구매할 준비가 되지 않은 많은 고객은 공짜(giveaway)에 흔들릴 수 있다. 소셜미디어, 뉴스레터 등을 이용해서 무료임을 공지하는 것이 좋다.

[그림 7-30] 공짜의 예
출처: Sam Stemler (2019. 11. 12.).

(7) UGC 증명

사용자 생성 콘텐츠(UGC)는 사회적 증거로 작동하여 다른 사람들이 제품에 대해 확신하고 있음을 보여 줌으로써 제품의 품질을 보여 줄 수 있다.

(8) 제품 비교 콘텐츠

MoFu 단계에서는 경쟁업체와 정면으로 맞서고 비교하여 장점을 보여 주는 것이 좋다. 다만, 제품의 장점은 타겟 페르소나[5]와 관련이 있어야 한다. 예를 들어, 바지 클립 대 벨크로 스트랩의 두 개 제품을 비교해서 보여 주는 콘텐츠를 만들어 SNS 등에 배포하면 효과적이다.

---

[5] 타겟의 전형적인 모습을 말한다.

4) BoFu 이후 단계의 콘텐츠 마케팅 전략: 지지, 옹호, 충성도 제고

최근에 고객과의 관계를 지속적으로 유지하고 이를 통해 고객 생애 가치(LTV)를 극대화하고 소비자 자산(consumer equity)을 축적하는 것이 중요해지면서, BoFu 이후 단계를 고려하여 퍼널을 설계하고 관리할 필요가 커졌다. 특히 마일리지 프로그램과 같은 고객 충성도 제고 프로그램을 본격적으로 가동하여 고객으로 하여금 재구매를 유도하고 구매고객을 충성고객화하는 작업이 필요하다.

BoFu 이후 단계에서는 구매고객을 넘어서 팬(fan)이 되게 하는 데 집중한다. 즉, 고객에게 유용한 정보를 지속적으로 제공하여 고객을 유지하고 충성도를 높이는 데 집중해야 한다. 팬은 새로운 제품과 서비스를 소개하면 바로 관심을 가지는 고객이다. 이 단계의 고객은 얼리 어답터(early adopter)로서 기꺼이 새로운 제품을 구매하고 지속적으로 새 고객을 추천해 준다. 따라서 이 단계에서는 어떤 콘텐츠와 정보가 고객 충성도를 높일 수 있을지 고민해야 한다. 예를 들어, 제품과 서비스를 사용 후 설문을 보내어 참여 시 또 다른 혜택을 주거나, 제품 사례를 공유할 이벤트를 진행하는 것도 한 방법이다. 고객의 경험을 통해 제품과 서비스가 추천되는 것은 광고의 10배, 아니 100배의 힘이 있다. 그러므로 이들에게 제품과 서비스를 추천하도록 자신 있게 요청해야 한다.

BoFu 단계 이후 충성고객이 되면 브랜드 메시지를 다른 사람들에게 전파하고, 더 많은 고객을 불러 모을 수 있는 브랜드 대사(brand ambassador) 혹은 브랜드 전도사(brand evangelist)[6]가 될 가능성이 크다. 이들이 브랜드 전도사로서 비즈니스에 적극 관여할 수 있도록 제품과 서비스 개선에 대한 설문을 지속적으로 보내는 것도 바람직하다. 그리고 이들이 새 고객을 추천할 때마다 인센티브를 받을 수 있도록 멤버십을 운영할 수도 있다. 지지 혹은 옹호 단계의 고객, 즉 브랜드 전도사가 1,000명이 되면 사업은 이미 성공의 단계를 넘어서게 된다. 다음은 BoFu 이후 단계에서 활용될 수 있는 콘텐츠 유형이다.

---

6) 대중에게 브랜드의 중요성을 친근하게 전달하는 사람을 말한다.

(1) 특집 블로그

BoFu 이후 단계의 블로그 내용은 이전에 작성한 블로그와 달라야 한다. 즉, 블로그 내용은 회사가 개최하는 이벤트나 자선 활동, 콘테스트, 경품 등 사회 활동이나 제품 판매에 더 초점을 맞출 수 있다. "Pants Clips Company(바지 클립 회사)는 개발도상국의 친환경 캠페인을 도와주기 위해 Good Works Cycling 자선단체와 협력합니다."와 같은 특집 블로그를 예로 들 수 있다.

(2) 재참여 이메일

BoFu 이후 단계에서는 고객의 관심을 유지하기 위해 이메일 내용과 레이아웃을 이전과 다르게 변경하는 것이 좋다. 그리고 기존의 콘텐츠나 정보를 최신 상태로 유지하고 고객 참여도를 높이기 위해 고객이 무엇에 관심이 있는지 물어보아야 한다. "사이클링 루틴이 변경되었습니까? 알려 주세요."라는 문장을 예로 들 수 있다.

(3) 콘테스트 또는 경품 행사

또한 고객이 구매 경험을 온라인으로 공유하고 도달 범위를 확장하도록 장려해야 한다. "Pants Clips Company 사진을 공유하고 자전거에 어울리는 헬멧을 받으세요."와 같은 경품 행사를 예로 들 수 있다.

(4) 스토리텔링 동영상

스토리텔링 동영상 콘텐츠는 고객들에게 참여 의지와 영감을 주기 위해 필요하다. 이 단계에서는 특정 고객이나 제품 관련 비즈니스에 관한 동영상, 자선 활동 등 긍정적인 메시지나 고객의 예외적인 활동을 강조할 수 있다. "카렌 존스는 일상적인 사이클링으로 그녀의 삶을 변화시켰습니다."의 스토리텔링 동영상을 예로 들 수 있다.

(5) 뉴스레터

이 단계에서는 유용한 팁, 제품 할인, 예정된 이벤트, 영감을 주는 이야기 등이 포함된, 쉽고 빠르게 이용할 수 있게 만들어진 뉴스레터로 고객의 참여를 유지하는 것이 좋다.

(6) 커뮤니티 포럼

사이버 공간에서 고객이 자신의 경험을 공유하고 다른 사람들과 연결할 수 있는 안전하고 친근한 장소, 즉 커뮤니티 포럼을 만드는 것이 효과적이다. 이러한 커뮤니티에 참여하여 마케터 자신을 전문가로 자리매김하고 긍정적인 분위기를 유지할 수 있다.

(7) 온라인 및 오프라인 이벤트

이 단계에서는 세미나, 토크 또는 무역 박람회의 라이브 피드를 게시하고 온라인 및 오프라인 이벤트를 정기적으로 주최하여 모든 사람이 참여할 수 있게 하는 것이 바람직하다. "Watch Pants Clip Company에 소속된 사이클리스트가 철인 3종 경기에서 라이브로 경쟁합니다."와 같은 이벤트와 관련된 라이브 피드를 게시하는 것을 예로 들 수 있다.

8. 리드 매니지먼트

마케팅 비용 대비 효과를 증명해야 하는 마케터에게는 데이터를 활용한 퍼널 분석과 전략 수립이 매우 중요하다. 이 과정에 리드를 육성하는 리드 매니지먼트(lead management)가 중요하다. 효과적인 리드 육성에는 각 판매 퍼널 단계에서 올바른 콘텐츠를 제공하는 것이 필수적이다. 고객이 찾고 있는 메시지와 정보를 적시에 전달할 수 있다면 구매할 때 가장 먼저 떠오를 것이다. 이는 매출을 증가시킬 뿐만 아니라 고객 관계를 강화하고 브랜드 자산을 구축하게 된다.

B2B 제품이나 서비스의 경우 구매로 가는 여정에서 리드(leads)는 제품이나 서비스에 관심을 보이기 시작한 잠재고객(potential leads)에서부터 제품이나 서비스에 관심을 보인 마케팅 리드(Marketing Qualified Lead: MQL)를 거쳐 바로 판매 증가로 이어질 가능성이 높은 세일즈 리드(Sales Qualified Leads: SQLs)에 이르기까지 여러 단계로 세분화할 수 있으며, 퍼널의 입구에서 리드를 생성하고 생성된 리드를 세일즈 리드(SQLs)로 육성하기 위한 리드 매니지먼트가 필요하다. 리드 매니지먼트 과정은 [그림 7-31]에서 보이듯이 크게 리드 창출과 리드 육성 과정을 거쳐 궁극적으로 매출 발생으로 이어진다.

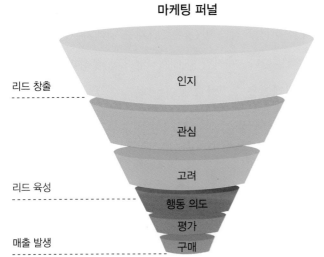

마케팅 퍼널

리드 창출
인지
- 마케팅 캠페인 및 소비자 조사
- 이벤트, 광고, 무역 블로그, 웨비나, 직접우편, 바이럴 캠페인, 소셜미디어, 조사, 미디어 노출, 기타

관심
- 인게이지먼트 및 포지셔닝 소개
- 이메일, 맞춤형 콘텐츠, 교육, 뉴스레터, 기타

리드 육성
고려
- 제품 정보 및 특별 할인
- 자동 발송 이메일 캠페인, 사례연구, 무료 제품 체험, 기타
- 제품 데모판 제공 및 쇼핑 카트 담기
- 고객 육성 과정에 판매 포함
- 제품이 최고라는 것을 입증할 마케팅 및 판매 활동

행동 의도
평가

매출 발생
구매
- 매출 달성

[그림 7-31] 리드 매니지먼트 과정

출처: SKYWORD (2020. 10. 2.).

인퓨전소프트(InfusionSoft)에 따르면, 참여한 리드를 팔로업하기 전에 30분 이상 내버려 두면 판매로 이어질 가능성이 21배 낮아지는 것을 확인했으며, 디맨드 젠 리포트(Demand Gen Report)에 따르면, 육성된 리드는 육성되지 않은 리드에 비해 판매 기회가 평균 20% 증가하는 것으로 나타났다. 이는 리드 육성이 적합한 구매자와 적절한 시간을 파악하여 구매 주기를 단축하는 데 도움이 되기 때문이다. 또한 육성된 리드 그룹이 그렇지 않은 리드 그룹보다 47% 더 많은 구매를 하고 수익을 늘리는 것으로 나타났다. 이처럼 육성된 리드고객은 브랜드에 좀 더 익숙하기 때문에 더 많은 구매를 하게 된다.

[그림 7-32]는 리드를 고객으로 만드는 과정을 8단계로 정리한 것으로서, 리드 창출부터 캠페인 성과 보고까지의 리드 매니지먼트 과정을 보여 준다. 1단계는 리드를 생성하는 단계로 잠재고객에게 참여와 역동적인 경험을 제공한다. 하지만 단순히 많은 리드를 확보해도 이것이 바로 판매 증가로 이어지지는 않으며, 리드를 구매 가능성이 높은 고객으로 육성해야 한다. 2단계에서는 확보된 데이터를 바탕으로 고객을 식별하고 잠재고객을 페르소나로 전환한다. 3단계에서는 예측모델을 활용해서 구매할 준비가 된 잠재고객을 세그먼트한다. 4단계에서는 잠재고객의 참여를 증대시키고 고객을 발전시킨다. 이 단계에서는 적시적소에 적합한 콘텐츠를 각 잠재고객에게 전달할 수 있어야 한다. 5단계는 리드

육성 단계로서 이 단계에서는 고객을 지속적으로 참여시키고 육성한다. 6단계는 캠페인에 높은 관심과 참여를 보인 페르소나를 더 정교하게 만든다. 7단계는 구매자 기준에 맞고 즉각적인 매출을 발생시키는 고객을 식별한다. 마지막 8단계는 캠페인의 성과를 측정하고 고객의 참여와 전환을 높이기 위해 캠페인을 수정하고 보완한다.

리드의 매니지먼트 과정:
잠재고객을 행복고객으로 전환하는 8단계 과정

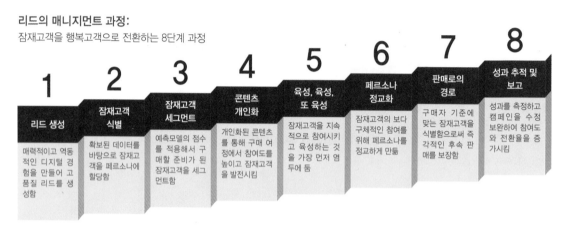

[그림 7-32] 리드 매니지먼트 캠페인 과정

출처: MarketBridge (2015. 5. 12.).

디지털 시대의 애드테크 신론

제8장

전환율 최적화

1. 전환율 최적화란

최적화(optimization)란 말 그대로 가장 알맞은 상황으로 맞춘다는 것을 의미한다. 디자인에서는 디자인 최적화, 인공지능(AI)에서는 알고리즘 최적화, 게임에서는 프로그래밍 최적화, UI에서는 웹사이트 최적화, UX에서는 사용자 경험 최적화, 키워드 마케팅에서는 검색 엔진 최적화(Search Engine Optimization: SEO), 데이터 마케팅에서는 전환율[1] 최적화(Conversion Rate Optimization: CRO), 소셜미디어 등을 통해 저명성을 획득하는 기법인 소셜미디어 최적화 등 다양한 분야에서 최적화라는 용어가 널리 사용된다.

전환율 최적화(CRO)란 전환율을 높이기 위해 수행하는 작업을 말한다. 즉, 자사의 랜딩페이지(landing page)[2] 방문에서부터 결제 완료에 이르기까지의 소비자 유입 경로에서 전환을 많이 발생시키기 위한 작업이다. 만약 방문자가 웹이나 앱에 접속한 후 바로 이탈하였다면, 잘못된 타겟팅이나 UI와 UX에 대한 불만족 등 이탈의 원인을 분석하여 문제점을 개선하여야 한다. 예를 들어, 소비자 이탈의 원인이 소비자가 방문한 웹사이트(랜딩 페이지)에 대한 나쁜 첫인상으로 나타났다면 웹사이트의 UI와 UX 디자인을 개선하고, 소비자가 원하는 기능과 정보가 없다면 사이트의 기능과 정보를 충실하게 업데이트해야 한다. 또

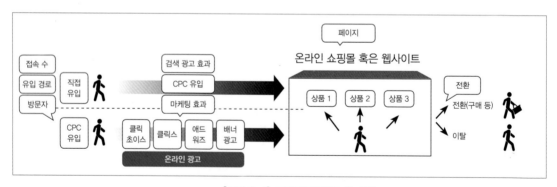

[그림 8-1] 고객의 전환(구매) 과정

출처: NHN ACE 공식 블로그.

---

1) 전환율은 광고를 클릭해 사이트에 들어온 방문객이 특정 행위(전환)를 하는 비율을 말한다(전환율 = 전환 수/유입 수×100).
2) 방문자가 최초로 방문하여 보게 되는 웹사이트를 말한다.

한 웹이나 앱의 방문자 수가 적어서 전환율이 낮다면 배너 광고, 유료 검색(paid search), 자연 검색(organic search) 등의 유입 경로를 개선하여 웹이나 앱의 트래픽을 증대해야 한다. 사이트의 성격 및 콘텐츠와 맞지 않는 소비자만 유입된다면 웹사이트 키워드를 다시 선정하는 등 검색 엔진을 최적화해야 한다. 많은 트래픽을 얻는 것이 반드시 전환을 많이 발생시킨다는 것을 의미하지는 않는다. 이미 충분한 웹 트래픽을 받고 있는데 전환이 이루어지지 않는다면 이제는 방문자를 구매고객으로 이끄는 전환율 최적화가 필요하다.

2. 전환의 종류

전환(conversion)이란 방문자 혹은 잠재고객이 구매 여정 전반에 걸쳐 웹사이트 혹은 기타 외부에서 취하는 특정 행동(action)을 의미한다. 웹사이트의 성격과 비즈니스 모델에 따라서 전환은 다르다. 예를 들어, 이커머스 비즈니스의 경우 방문자에게 요구되는 가장 중요한 행동 중 하나로 제품 구매를 들 수 있다. 따라서 이러한 방문자의 제품 구매 완료와 같은 최종 단계의 전환이 바로 큰 전환이 된다. 단지 기업이나 브랜드의 홍보를 목표로 개설된 블로그와 같은 사이트의 경우에는 아예 결제나 구매 기능이 없는 경우가 대부분이며, 임프레션(impression), 방문자 수, 도달률(reach)과 같은 트래픽이 큰 전환이 된다.

제품 구매 이외에도 회원 가입, 뉴스레터 구독, 한 달간 무료 평가판(체험) 등록, 전자책 다운로드, 배너 광고 클릭 등 여러 가지 다른 형태의 큰 전환이 존재할 수 있다. 예를 들어, 넷플릭스의 경우 회원 가입과 구독 결제 완료가 큰 전환이 된다.

반면에, 웹이나 앱에서 방문자가 접속한 후 구매 완료라는 최종 전환에 이르기까지의 구매 여정 과정에서 취하는 작은 액션들은 작은 전환이 될 수 있다. 예를 들어, 제품 세부 페이지 방문, 장바구니에 제품 추가하기, 주문양식 작성하기, 결제 및 결제 확인, 제품 수령, 반품 및 환불, 재방문 등의 모든 구매와 관련된 세밀한 단계의 행동들이 모두 소비자의 구매 여정에서 발생하는 작은 전환에 해당된다.

이러한 작은 전환들은 큰 전환에 영향을 미치며, 작은 전환을 한두 개 정도 실행하는 소비자들은 더욱 큰 전환으로 넘어갈 가능성이 크기 때문에 전환율 최적화 작업에서 큰 전환에만 초점을 맞추어서는 안 된다. 예를 들어, 광고주 사이트 방문자가 첫 방문에서 단지 둘러보기만 할 수도 있고, 즐겨찾기에 추가하거나, 무료 샘플을 요청할 수도 있다. 이러한 방문자 한 명 한 명을 모두 제어하고 작은 전환들을 하나씩 유도한다면 결국에는 제품 구매라는 큰 전환에까지 이르게 된다. 따라서 전환율 최적화 작업에서 작은 전환을 무시해서는 안 되며, 작은 전환 시에 사용자 경험이나 사용자 환경을 쾌적하게 만드는 데 노력을 기울여야 한다.

●표 8-1● 큰 전환과 작은 전환의 예시

큰 전환	작은 전환
회원 가입(서비스, 협회, 커뮤니티 등) 제품 구매 재구매 구독 카드 발급 등	트래픽 제품 상세 페이지 방문 및 재방문 랜딩 페이지 방문 콘텐츠 클릭, 좋아요, 공유, 팔로우 등의 인게이지먼트 무료 체험판 다운로드 및 등록 동영상 보기 이메일 주소 입력 및 뉴스레터 구독 상담을 위한 연락처 남기기 구글/페이스북 광고 클릭 관련 링크 클릭 주문양식 작성 환불 요청 장바구니 담기 등

[그림 8-2]의 WAYO 펫시터 앱 페이지 구조도에서 보이듯이 WAYO 앱에 접속하여 앱 우측 하단에 위치한 '이메일로 회원 가입하기'를 클릭해서 가입 정보를 입력하는 것은 작은 전환에 해당되고, 가입 최종 단계 CTA를 눌러서 가입 완료 페이지에서 회원 가입을 완료하는 것은 큰 전환에 해당된다. 또한 회원 가입을 하고 난 후 돌봄 서비스를 이용하기 위해서는 WAYO 앱에 다시 로그인한 다음, 돌봄 서비스 유형, 시간, 돌봄을 받고자 하는 반려동물을 선택하고, 결제 수단 등을 선택하고, 예약을 완료하게 된다. 이때 돌봄 서비스 유형, 시간, 반려동물을 선택하는 것은 작은 전환에 해당되고, 예약 최종 단계 CTA를 눌러서 예약 완료 페이지에서 예약을 완료하는 것은 큰 전환에 해당된다.

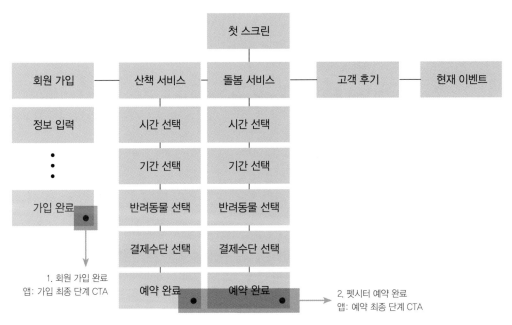

[그림 8-2] WAYO 앱에서의 큰 전환 및 작은 전환의 위치

3. 구매 전환율

전환율은 전체 방문자 중 특정 액션이나 세부적인 단계를 완료한 사람들의 비율이며, 구매 전환율은 사이트를 방문해서 구매를 완료한 사람의 비율이다. 일반적으로 사이트를 운영하는 운영자의 입장에서 사이트의 구매 전환율이 높은지 혹은 낮은지에 대해 궁금해한다. 구매 전환율(purchase conversion)을 측정하면 디지털 캠페인이 얼마만큼의 효과가 있는지를 알 수 있다. 또한 어떤 마케팅 노력이 더 효과적이고 좋은지를 비교 분석할 수도 있다. 구매 전환율은 산업이나 상품 특징, 가격 구성 등에 따라 편차가 크기 때문에 '정확히 몇 퍼센트가 좋은 수치이다.'라고 말할 수는 없다.

[그림 8-3]은 이커머스(e-commerce) 제품 유형별 구매 전환율을 나타낸다. 이를 통해 대략적으로 운영하는 사이트의 구매 전환율을 가늠할 수 있다. 그래프에 보이듯이 각 산업에 따른 구매 전환율은 제품 유형별로 차이가 다소 큰 편이지만, 0.7%에서 5.4% 사이가 중앙값으로 보인다. 옷과 패션(13.5%), 헬스와 건강(10.2%)의 구매 전환율이 높은 반면, 스

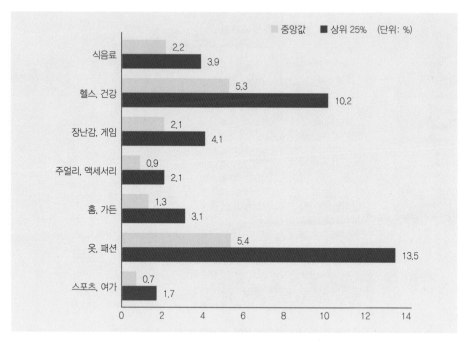

[그림 8-3] 이커머스 제품 유형별 구매 전환율

출처: 채널톡(2019. 11. 21.).

포츠와 여가(1.7%), 주얼리와 액세서리(2.1%)의 구매 전환율은 낮은 것을 알 수 있다. 한 가지 눈에 띄는 점은 같은 제품이라도 중앙값과 상위 25% 기업 사이에 편차가 크다는 것이다. 특히 식음료 분야에서는 중앙값과 상위 기업 사이의 편차가 2배 이상 나는 것을 확인할 수 있다. 상위 25% 기업은 구매 전환율에서 월등한 성과를 내고 있다.

또한 소비자 유입 경로별로 구매 전환율이 다르게 나타난다. [그림 8-4]는 유입 경로별 구매 전환율을 나타낸다. 추천 링크, 즉 리퍼럴(referral, 13.5%)과 이메일(10.2%)을 통한 유입이 가장 높게 나타났다. 반면, 페이스북(2.1%)과 기타 SNS(1.7%)를 통한 구매 전환율은 낮게 나타났다. 또한 이메일, 소셜미디어, 검색 광고, 자연 유입 등 다양한 매체를 비교해 보아도 상위 25% 기업의 구매 전환율과 중앙값은 2배가량 차이가 난다. 즉, 상위 25% 기업은 구매 전환율에 있어 월등한 성과를 내고 있다는 것을 알 수 있다. 따라서 자사 사이트를 상위 25%로 만드는 웹사이트 최적화 전략이 필요하다.

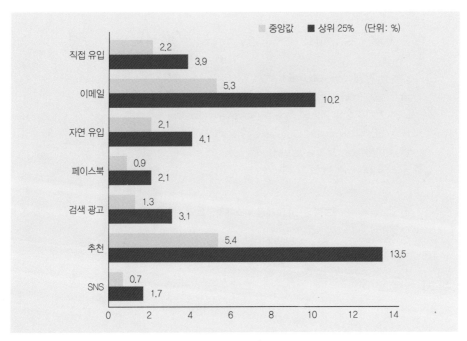

[그림 8-4] 유입 경로별 구매 전환율

출처: 채널톡(2019. 11. 21.).

4. 구매 전환율 결정 요소

시장 조사 기관인 마케팅 익스페리먼츠(Marketing Experiments)는 전환율을 높이고, 최적화 노력에 초점을 맞출 수 있는 5가지 요소로 구매 동기(motivation), 가치(value), 인센티브(incentive), 마찰(friction), 걱정 혹은 불안(anxiety)으로 구성된 MECLABS 전환율 공식을 제안하였다. [그림 8-5]의 공식에서 각 변수의 가중치를 보면 구매 전환율을 높이는 데 무엇이 중요한지 도움을 받을 수 있다. 즉, 구매 전환율에 영향을 미치는 5개의 요소를 눈여겨보면 어떻게 구매 전환율을 높일 수 있는지 힌트를 얻을 수 있다.

$$C \ = \ 4m \ + \ 3v \ + \ 2(i{-}f) \ - \ 2a$$

C = 전환율(conversion rate)

m = 동기(motivation)

v = 가치 제안의 명료함(clarity of the value propositon)

i = 인센티브(incentive to convert)

f = 마찰(friction in the conversion process)

a = 걱정(anxiety)

[그림 8-5] 마케팅 익스페리먼츠의 전환율 공식

출처: 공감스토리(2020).

1) 동기

구매 전환을 늘리는 데 있어서 가장 중요한 요소는 구매 동기(motivation)이다. 고객은 저마다의 이유로 사이트에 들어온다. 만약 여러분이 수제 케이크를 판매한다면 어떤 고객은 생일 파티에 사용할 예쁜 케이크를 사기 위해 여러분의 사이트에 들어올 것이고, 또 어떤 고객은 아이들에게 먹일 건강 간식을 찾기 위해 들어올 것이다. 여기서 중요한 것은 고객이 사이트에 들어오는 핵심 동기를 찾아내고 이에 맞는 적절한 제안을 하는 것이다.

만약 사이트가 구매 동기를 충족하지 못하면 아무리 잘 팔리는 상품이라고 해도 구매가 일어나지는 않는다. 가령 아이들에게 먹일 건강한 간식을 사러 온 고객에게 설탕과 식용 색소가 듬뿍 담긴 케이크를 추천한다고 생각해 보자. 아무리 잘 팔리는 상품이라고 해도 이러한 제품에 대한 구매가 일어나지는 않는다.

이처럼 구매 동기는 판매자가 바꾸고 싶다고 해서 마음대로 바꿀 수 있는 것이 아니다. 때문에 고객이 사이트에 들어온 이유를 명확히 파악하고, 이에 맞게 제품 상세 페이지를 구성하는 것이 중요하다. 그러기 위해서는 핵심 고객은 누구이며, 어떤 구매 동기를 가지고 있는지, 제품 상세 페이지에 이 제품이 어떤 문제를 해결하는 제품인지가 잘 설명되어 있는지 확인하는 과정이 필요하다. 또한 사이트 방문자 대부분이 검색 광고를 통해 유입된다면, 구글 애널리틱스(GA) 등의 사용자 데이터 분석 도구를 이용해 방문자가 어떤 검색어를 타고 왔는지 확인하고 그에 맞는 랜딩 페이지를 설계하는 것이 구매 전환율을 높이는

지름길이라고 할 수 있다.

2) 가치 제안의 명료함

구매 전환율에서 동기 다음으로 중요한 것은 가치 제안의 명료함이다. 가치 제안의 명료함은 쉽게 말해 다른 경쟁사가 아닌 이 제품을 사야 하는 명확한 이유를 명확히 말해 주는 것이다. 좋은 가치 제안의 예시를 가장 쉽게 찾을 수 있는 곳 중 하나가 크라우드 펀딩 사이트이다.

일반적인 이커머스에서는 한꺼번에 여러 상품을 판매해야 하기 때문에 모든 상세 페이지 하나하나에 힘을 쏟기 힘든 경우가 많다. 반면, 크라우드 펀딩 사이트에 올라오는 제품들은 보통 프로젝트(캠페인) 형식으로 진행되고, 한 시기에 한 가지 제품에만 집중하기 때문에 하나의 상세 페이지 완성도가 높다. 하나하나의 제품 콘셉트와 제안이 유니크하고 매력적이다. 때문에 크라우드 펀딩 사이트의 상세 페이지는 좋은 참고가 된다. 또한 펀딩 금액순 정렬, 인기순 정렬을 통해 보면 어떤 제품이 가장 인기가 많은 제품인지도 파악

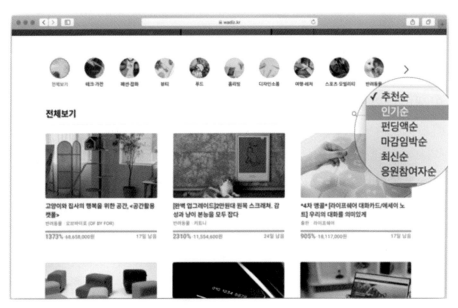

[그림 8-6] 크라우드 펀딩 사이트

출처: 와디즈.

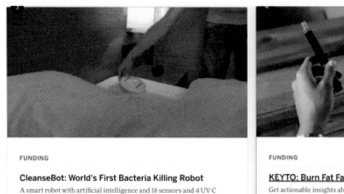

[그림 8-7] 크라우드 펀딩의 예

왼쪽: 세계 최초 박테리아 박멸 로봇
오른쪽: 지방은 빠르게 태우고, 몸무게는 쉽게 줄여 주는 건강관리 제품
출처: Indiegogo.

하기 쉽다. 크라우드 펀딩 사이트의 예로는 해외의 경우 킥 스타터(Kick Starter), 인디고고(Indiegogo)가, 한국에는 와디즈(Wadiz)가 있다([그림 8-6] 참조). 크라우드 펀딩 사이트인 인디고고에 올라온 제품의 예로는 세계 최초 박테리아 박멸 로봇과 지방은 빠르게 태우고 몸무게는 쉽게 줄여 주는 건강 관리 제품 등이 있다([그림 8-7] 참조).

3) 인센티브와 마찰

인센티브(incentive)는 상품 구매를 촉진하는 요소를 뜻한다. 할인, 적립금 증정, 사은품 증정, 회원 등급 업그레이드나 한정판, 한정구매 등으로 상품 구매를 넛지(nudge)[3]하는 것이 이에 속한다. 반면, 마찰(friction)은 상품 구매를 방해하는 장애물을 뜻한다. 가령 어려

---

[3] 넛지란 '팔꿈치로 슬쩍 찌르다'라는 뜻을 가진 단어에서 파생되었으며, 강압적이지 않은 방법으로 사람들의 행동을 바꾸는 것을 말한다. 넛지 마케팅은 사람들을 원하는 방향으로 유도하되 개인에게 선택의 자유를 주는 방법이다. 사람들이 스스로 행동을 함으로써 그것이 자신에게 유익할 것이라는 생각이 들게 하는 것이다. 이 넛지 마케팅의 강점은 강압적이지 않고 부드럽게 행동을 제안하는 방식이라는 것이다. 넛지에 관련해서는 다양한 사례가 많이 소개되고 있는데, '넛지 알림'이란 이커머스 사이트에서 바로 적용하여 활용할 수 있는 아주 간단한 알림 형태이다.

운 회원 가입 방법, 제한된 결제 방식, 복잡한 주문서 작성 페이지, 인지하기 어려운 구매 버튼, 느린 사이트 로드 속도 등이 이에 속한다.

이 둘은 서로 역의 관계이기 때문에 구매 전환율을 높이기 위해 인센티브는 높이고 마찰은 줄여야 한다. 즉, 구매 전환율 공식에 의하면, 인센티브는 크고 마찰은 적을수록 구매 전환이 더 잘 일어난다. 단, 무작정 인센티브를 주기보다는 앞에서 언급한 고객 동기와 가치 제안을 명확히 하고 난 후 인센티브를 고려하는 것이 좋다. 마케터들이 인센티브를 높이고 마찰은 줄이기 위해 구매 과정이 불편하거나 복잡하지 않은지, 할인/적립 등 고객이 받을 수 있는 구매 혜택이 충분히 강조되어 있는지를 먼저 확인하는 과정이 필요하다.

4) 걱정 혹은 불안

걱정 혹은 불안(anxiety)은 환불 정책이나 느린 배송, 현저하게 떨어지는 제품 퀄리티, 개인정보 보안 등으로 생기는 고객의 우려를 뜻한다. 나의 신용카드 정보가 안전하게 보관되는지, 불량품을 받았을 때 환불이 가능한지, 혹은 다른 사이트에서 더 낮은 가격의 상품을 발견하면 어떻게 될지 등이 여기에 해당된다.

이러한 걱정을 줄이기 위해 보안 인증을 강화하거나, 전문가 추천 리뷰 첨부, 고객 후기 페이지 강화, 기업 로고 삽입, 환불 보장 정책 수립 등을 할 수 있다. 특히 사이트에 익숙하지 않은 첫 방문 고객은 아직 쇼핑몰에 대한 신뢰가 높지 않기 때문에 반품 비용을 지원해 준다거나 이미 많은 고객이 구매한 검증된 제품이라는 점을 강조해 걱정을 없애 주는 것이 좋다. 즉, 방문고객이 최종 결제를 망설이고 있는 이유를 찾아내어 고민을 해결해 주어야 한다.

고객이 어떤 페이지에서 문의를 많이 하는지 확인하면 걱정 포인트를 찾아내기가 쉽다. 가령 A라는 상품 페이지에서 유독 많은 고객 문의가 들어온다면, A 페이지에 부족한 정보가 어떤 것인지를 확인할 수 있으며, 이를 페이지 개선에 반영하면 된다. 따라서 고객이 어떤 것 때문에 구매를 미루는지 잘 모를 경우 어떤 페이지에서 고객의 문의가 많이 들어오는지를 확인하면 효과적이다.

고객 걱정을 덜어 주는 또 하나의 방법은 사이트에서 고객이 구매를 망설일 만한 요인이 무엇인지 파악하는 것뿐 아니라 좋은 고객 리뷰가 충분히 모였는지 확인하고, 만약 고객 리뷰가 충분히 모이지 않았다면 고객 리뷰를 어떻게 모을 것인지에 대해 계획을 세워야 한다. 또한 무료 반품 혜택을 제공하고, 만약 효과가 없을 경우 환불 보장 등 고객의 걱정을 덜어 줄 수 있는 장치를 활용하는 것이 좋다.

5. 전환율 최적화의 방법

소비자는 매일 웹사이트에서 수많은 유사한 상품과 콘텐츠, 수많은 CTA 버튼을 본다. 그런데 어떻게 하면 이 수많은 상품과 콘텐츠 사이에서 자사 웹사이트 내의 상품 및 콘텐츠들의 클릭률과 전환율을 높일 수 있을까?

데이터 마케터가 구현 가능한 전환율 최적화 기술이나 방법, 전술의 수는 매우 많다. 전환율 최적화의 주요 방법들로는 랜딩 페이지 최적화, 검색 엔진 최적화(SEO), A/B 테스트를 통한 최적화, 퍼널 분석을 통한 최적화, 콜 투 액션(Call To Action: CTA) 최적화, UI와 UX 디자인 개선을 통한 웹사이트 최적화, 사회적 증거 전략을 통한 최적화, 앱스토어 최적화 등이 있다.

예를 들어, 타겟팅이나 검색 엔진을 최적화하여 웹사이트로의 소비자의 유입과 트래픽을 늘리거나, 소비자의 구매 여정을 나타내는 퍼널의 각 단계에서 타겟팅을 정교하게 최적화하여 CTA 전환율을 높일 수 있다. 또한 소비자의 구매 여정의 각 단계에서 이탈률을 확인하고 이를 개선하여 이탈률을 낮추고, 전환율을 높이거나, A/B 테스트를 통해 웹사이트를 최적화하여 방문자의 전환율을 높일 수 있다. 심지어 키워드 광고의 크리에이티브를 개선하여 클릭률을 높이거나 하는 등의 모든 작업이 전환율 최적화에 해당된다.

전환율은 모든 이커머스 기업 및 쇼핑몰 사이트를 포함한 웹 및 앱 서비스의 최종 목표라고 할 수 있다. 따라서 이를 개선하는 것은 기업의 최종 목표 달성에 매우 중요하다. 전환율을 개선할 기회를 찾기 위하여 사용자 데이터를 분석하여야 한다. 구글의 사용자 데이터에는 세션/응답/히트맵 데이터 분석, 이탈률 분석, 페이지 전환 데이터 분석, 퍼널 데이터 분석, 폼 데이터 분석, 경로 데이터 분석 등이 포함된다.

1) 랜딩 페이지 최적화

검색 키워드, 배너 광고, 이메일, 혹은 웹사이트 주소 등의 다양한 경로로 유입된 방문자가 최초로 보게 되는 사이트가 랜딩 페이지인데, 랜딩 페이지 최적화(landing page optimization)란 다양한 링크를 통해 유입되는 첫 페이지인 랜딩 페이지에서 이루어지는 최적화 작업을 의미한다.

랜딩 페이지는 사람으로 치면 첫인상에 해당된다. 첫인상이 좋지 않으면 방문자는 바로 이탈하게 된다. 즉, 방문자가 광고를 클릭하고 사이트를 방문했지만 어떠한 전환 행동도 없이 떠나 버렸다는 것은 사이트가 매력적이지 않다는 의미이다. 예를 들어, 랜딩 페이지에서 방문자가 원하는 목적 페이지를 찾을 때, 메뉴나 사이트 검색 기능 등이 충실하지 않을 경우, 혹은 방문자가 원하는 혜택을 발견하지 못하면 방문자는 원하는 웹페이지를 찾는 것을 단념하고 다른 사이트로 이동해 버리는 경우가 많다. 이러한 이유로, 방문자가 다른 사이트로 이동하지 않고 페이지에서 목적 페이지로 간단히 이동할 수 있도록 최적화하는 것이 필요하다. 즉, 사이트를 방문한 고객을 붙잡아 원하는 행동을 하게 하는 것, 그것이 바로 랜딩 페이지 최적화이다. 특히 온라인 쇼핑몰의 경우 랜딩 페이지를 통해 최종적으로 제품 상세 페이지나 장바구니, 그리고 최종 결제 완료 페이지로 이동하게 된다. 따라서 사용자가 랜딩 페이지에서 이탈하지 않고 최종 결제 완료 페이지로 넘어가도록 유도하는 랜딩 페이지 최적화가 중요하다. 방문자들이 다양한 링크를 통해 자사의 웹사이트에 유입되는 랜딩 페이지에서 기대하거나 얻고자 하는 바를 확실히 보여 주어야 방문자들의 이탈을 최소화하고 전환율을 높일 수 있다.

만약 사이트의 콘텐츠와 맞지 않는 방문자만 랜딩 페이지로 유입된다면, 해당 페이지로 랜딩되는 광고 소재를 개선하거나 사이트 키워드를 다시 선정하는 것도 중요하다. 이벤트나 무료 체험을 한다면 그 목적과 방문자의 니즈에 맞추어 방문자의 랜딩 페이지 활용을 최적화해야 한다. 즉, 랜딩 페이지에서 방문자의 이탈률을 최소화하기 위해 불필요하거나 혼란을 주는 내용을 최대한 피하고 방문자가 방문 목적을 쉽고 빠르게 달성할 수 있도록 안내해 주어야 한다.

또한 랜딩 페이지 로드 속도가 느릴수록 랜딩 페이지를 닫을 확률이 높아지기 때문에 랜딩 페이지 로드 속도를 개선하여야 한다. 로드 속도를 개선하기 위해 방문자가 실제로 마주하게 될 랜딩 페이지 디자인과 레이아웃 구성을 최적화해야 한다. 이 외에도 타이틀 태그(tag) 최적화를 통해 페이지의 제목 작성 시 타겟이 되는 키워드를 간결하게 작성해야 한다. 또한 검색 엔진이 페이지 접근 시 해당 페이지의 내용을 미리 판단하기 위한 메타 태그(meta tag, 태그를 설명하는 태그)도 설정해야 한다.

2) 검색 엔진 최적화를 통한 방법

검색 엔진 최적화(Search Engine Optimization: SEO)란 검색 결과에서 자사 사이트가 검색 페이지 상단에 더 잘 노출될 수 있도록 하는 일련의 작업이다. 즉, 구글, 네이버, 다음, 야후, 바이두와 같은 검색 엔진에서 찾기 쉽도록 사이트를 개선하는 작업을 말한다.

이를 위해 검색 엔진이 자료를 수집하고 순위를 측정하는 방식에 맞게 자사 웹페이지를 구성해야 한다. 즉, 검색 엔진 최적화 작업을 성공적으로 수행하기 위해서는 구글과 네이버 등의 검색 엔진 알고리즘의 특성을 잘 파악해야 한다. 핵심 키워드뿐만 아니라 네이버나 구글에서 볼 수 있는 연관 키워드를 같이 상위에 노출되게 해야 한다. 즉, 자사 웹사이트의 도메인 파워를 높여 핵심 키워드뿐만 아니라 네이버나 구글에서 볼 수 있는 연관 키워드들이 같이 검색 엔진의 상위에 노출되게 하는 것이다.

구글 검색 결과 페이지의 웹로그 데이터 분석 결과에 따르면, 무려 91.5%의 웹 트래픽이 검색 결과 첫 페이지에 집중되어 있다. 따라서 사용자가 키워드 검색을 했을 때 검색 결과 첫 페이지에 자사 브랜드가 뜨지 않으면 잠재고객에게서 트래픽을 얻을 가능성이 10분의 1 미만으로 낮아진다. 따라서 자사 사이트가 검색 시 상위에 노출되도록 하기 위해 검색 엔진 최적화가 필요하다.

검색 순위가 높다는 것은 자사 사이트로 더 많은 사람이 들어오는 기회를 제공하는 것이기 때문에 검색 시 상위에 노출된다는 것은 웹 마케팅의 성공의 지름길과도 같다. 즉, 검색 엔진 상위 노출을 통한 사용자들의 사이트 유입은 전환을 일으킬 수 있는 기회를 제공하기 때문에 전환율 최적화에 매우 중요하다.

검색 엔진 최적화가 잘 진행되면 유료 검색(paid search), 자연 검색(organic search), 추천

(referral), 소셜 네트워크 등을 포함한 다양한 트래픽 중에서도 자연 검색 트래픽이 증가한다. 자연 검색 트래픽은 네이버, 구글, 다음 등 검색 엔진의 검색 결과 링크와 같이 무료 검색을 통해 사이트에 들어온 트래픽을 뜻하며, 유료 검색인 키워드 광고보다 판매 전환율이 높다. 이는 꽤 많은 사람이 광고라고 표시된 검색 결과를 신뢰하지 않고 자연스럽게 올라오는 검색 결과를 선호하기 때문이다.

이렇게 자연 검색을 통해 자사 사이트에 유입된 방문자는 대개 검색 동기가 높으며 제품 및 서비스를 구입하는 확률도 높아서 전환으로 이어지기 쉬운 경향이 있다. 검색 엔진 최적화의 강점은 다음과 같다. 첫째, 유료 키워드 광고와는 다르기 때문에, 마케팅 비용을 절감할 수 있다. 즉, 키워드 광고나 디스플레이 광고와 비교했을 때, 검색 엔진 최적화는 들이는 비용에 비해 ROI(Return On Investment; 투자 대비 수익) 효과가 높고 장기적으로 효과가 지속된다. 둘째, 검색 엔진 최적화는 판매로 이어질 수 있는 많은 트래픽을 얻을 수 있다. 즉, 검색 엔진으로부터의 트래픽은 키워드 광고보다 판매 전환율이 일반적으로 높다. 일반적으로 검색 엔진으로부터의 트래픽은 소셜미디어로부터 온 트래픽에 비해 대략 3배 정도가 많다고 알려져 있으며, 트래픽의 증감에 따라 기업의 매출과 수익 규모는 큰 영향을 받게 된다.

검색 엔진 최적화를 통해 키워드의 순위가 상승한다면 사용자의 안정적인 유입을 기대할 수 있다. 즉, 검색 엔진 최적화를 통해 사용자의 의도에 맞는 키워드를 획득함으로써 전환율이 높은 사용자의 유입을 얻을 수 있다. 하지만 검색 광고에 많은 돈을 써도 사람들이 클릭조차 하지 않아 원하는 마케팅 결과가 나오지 않는 경우도 허다하다. 셋째, 키워드가 상위에 표시됨으로써 높은 브랜딩 효과를 얻을 수 있다. 사이트가 검색 결과 첫 페이지에 노출되었을 때, 브랜드 인지도를 높일 수 있으며 신뢰도 또한 높일 수 있다.

검색 엔진 최적화를 실시할 때 가장 중요한 것은 사용자가 원하는 콘텐츠를 만들고 사용자에게 양질의 정보를 제공하는 것이다. 사용자가 알기 쉬운 콘텐츠와 검색 엔진이 잘 파악할 수 있는 문장을 제공해야 한다. 또한 구글, 네이버, 다음, 바이두 등 검색 엔진마다 검색 알고리즘이 다르기 때문에 각 검색 엔진 알고리즘의 특성에 맞추어 사이트를 최적화해야 한다. 예를 들어, 최근에 네이버는 이미지가 검색이 잘되게 검색 알고리즘을 업데이트했다고 알려져 있다. 따라서 검색 엔진 측의 알고리즘 업데이트와 변경에 따라 순위가 좌

[그림 8-8] 구글 SEO 작업 후 매출 및 전환율 변화

출처: 노벨라 소프트(2021).

우되기도 하기 때문에 알고리즘 업데이트를 지속적으로 관찰하고 지속적으로 콘텐츠를 포스팅하는 등 최적화 작업을 꾸준히 진행해야 한다. 보통 검색 엔진 최적화 작업 결과의 효과가 나타나기까지, 즉 키워드의 순위 상승과 유지에 도달하기까지 2~3개월의 시간과 비용이 소요된다.

　[그림 8-8]은 국내 최대 역직구 사이트 중 한 곳이 2019년 검색 엔진 최적화 작업 후 매출 및 전환율이 상승한 것을 보여 주는 데이터이다. 이 데이터에 따르면, 검색 엔진 최적화

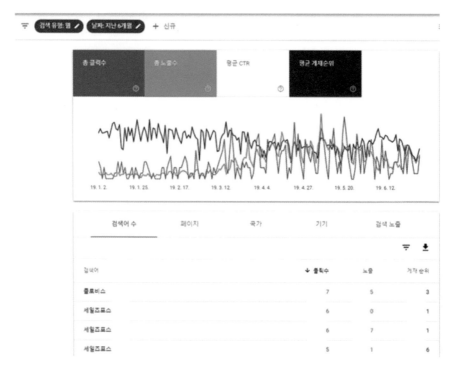

[그림 8-9] 서치 콘솔 분석 결과의 예

출처: 클로비스(2019. 11. 6.).

작업 후 전환율은 2,651% 증가하였으며, 거래 수는 268%, 수익은 446%나 증가하였다.

검색 엔진 최적화를 잘 세팅해 두어야 회사의 웹사이트가 검색 결과 페이지 상단에 노출될 수 있다. 구글에서 제공하는 웹 마스터 도구인 구글 서치 콘솔(Google Search Console)을 이용하면 검색 엔진 최적화가 잘 세팅되었는지를 확인할 수 있다. 즉, 사람들이 어떤 키워드를 검색해 사이트를 찾고 어떤 키워드가 검색 결과 페이지에서 상단에 노출되고 있는지를 알 수 있다. 또한 게재 순위가 높은지, 해당 키워드의 클릭률과 노출 수, 클릭 수는 어떠한지를 파악할 수 있다. [그림 8-9]는 '클로비스' 홈페이지에 대한 서치 콘솔 분석 결과를 보여 준다.

3) A/B 테스트를 통한 방법

A/B 테스트는 그로스 해킹(growth hacking) 과정의 중요한 한 부분이다. A/B 테스트는 웹페이지나 앱의 두 개의 버전을 서로 비교 실험하여 어떤 버전이 효과적인지를 판단하는 방법이다.

[그림 8-10]에서 보이듯이 웹사이트 방문자를 임의로 두 집단으로 나누고 한 집단(대조군, control group)에게는 기존 사이트를 보여 주고, 다른 집단(실험군, variation group)에게는 새롭게 업데이트되거나 변화를 준 사이트를 보여 준 다음, 어떤 집단이 더 높은 성과를 보이는지를 정량적으로 평가하는 실험 방식이다. 여기에서 성과란 구매 전환율, 재방문율, 구독, 회원 가입률 등의 캠페인 목표를 말한다. A/B 테스트를 통해 구매 전환율이나 재방문율 등의 지표가 어떤 것이 성과가 더 좋은지를 판단하여, 더 높은 전환율을 얻는 버전을 채택한다.

마케터는 웹사이트 사용자 경험의 다양한 요소를 A/B 테스트를 통해 최적화할 수 있다. 즉, A/B 테스트를 통해 디자인, 버튼 색상, CTA 문구 등을 비롯한 사용자 경험의 모든 요소를 테스트할 수 있다. A/B 테스트를 통해 사용자가 선호하는 카피와 화면 구성을 확인하고 이를 바탕으로 사용자 경험을 개선할 수 있다. 예를 들어, 사이트에서의 방문자들의 이탈률을 낮추기 위하여 CTA(Call To Action) 버튼이 잘 보이는 곳에 위치하는지, 카피는 이상하지 않은지 등을 A/B 테스트를 통하여 검증할 수 있다. 또한 A/B 테스트를 통해 구매까지

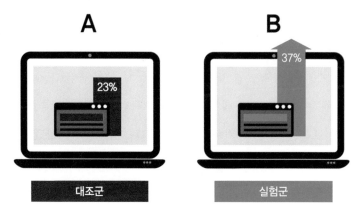

[그림 8-10] A/B 테스트의 예

출처: Optimizely (2021).

이어지는 경로가 최적의 상태를 유지하는지 확인할 수 있다. 예를 들어, 랜딩 페이지에서 다양한 디자인, 기능, 크리에이티브, 콘텐츠의 배치나 길이 등을 테스트해 보고, 어떤 대안 페이지가 가장 많은 전환을 유도하는지 파악한 뒤 사용자 경험을 최적화할 수 있다.

A/B 테스트는 웹사이트에서 방문자가 전환 의도를 보였음에도 이탈한 이유를 파악하는 데에 유용하다. 예를 들어, 방문자가 장바구니에 상품을 담았음에도 전환되지 못했을 경우 결제 단계에서 예상치 못한 비용이 발생했을 가능성이 큰데, 이러한 가능성을 고려하여 A/B 테스트를 통해 배송비 및 반품 정책과 같은 세부 정보를 상품 페이지에 보다 상세히 표기하고, 이것이 전환율에 영향을 미치는지 살펴볼 수 있다.

전환율 최적화에 관해서는 성공의 지름길은 없다. 전환 수가 즉시 증가하는 마법 같은 트릭도 존재하지 않는다. 이것들은 모두 시간이 걸리는 과정이다. 하지만 A/B 테스트를 통해 변경 사항들을 지속적으로 테스트하고 적용한다면 보다 나은 전환율과 강력한 브랜드를 얻게 된다. 모든 브랜드를 위한 전환율을 높일 수 있는 적절한 색상, 크기, 이미지 또는 텍스트란 없다. A/B 테스트를 통해 색상, 디자인 크기, 복사와 같은 요소를 최적화할 수 있는 새로운 방법을 찾고, 그런 다음에 긴급성을 유발하는 버튼을 넣는다면, 잠재고객을 구매 전환이라는 최종 퍼널 단계로 밀어넣을 수 있다.

4) 퍼널 분석을 통한 방법

퍼널 분석을 통하여 각 퍼널 단계에서 고객 이탈률을 개선하면 전환율을 최적화하고 개선할 수 있다. 퍼널 분석이란 웹사이트로의 고객 유입 과정에서부터 전환(상품 구매, 문의 완료, 회원 가입 등)에 이르기까지 어떤 단계에서 얼마나 이탈하는지를 시각화하여 전환율 개선에 활용하는 분석 기법이다.

웹사이트를 운영할 때 퍼널을 분석하면 취약한 페이지와 성과를 내는 페이지를 알 수 있다. 즉, 마케팅 퍼널의 각 단계에서 전환 혹은 이탈이 발생하게 되는데, 앞 단계에서 다음 단계로 전환이 누적되어 마지막 단계인 구매 전환까지 이르면 비로소 매출이 발생하게 된다. [그림 8-11]에서 보이듯이 퍼널은 전환으로 갈수록 좁아지는 깔때기 모양을 취한다. 따라서 퍼널의 각 단계를 분석하여 이탈률이 높은 페이지를 확인하고 이를 개선하면 구매 전환으로 갈수록 좁아지는 퍼널의 통로를 넓힐 수 있다.

퍼널의 구성요소를 어떻게 정의하고 분석하느냐에 따라 전환률 최적화(CRO)의 적용 영역을 정의할 수 있다. 예를 들어, [그림 8-12]의 세 개의 퍼널 형태 중 제일 왼쪽 퍼널에서는 사이트 내에서 모든 구매 여정이 이루어지기 때문에 GA(구글 애널리틱스) 등을 이용하여 사이트 내 소비자들의 경로를 분석하고 각 단계에서의 이탈률을 확인하면 최적화 작업

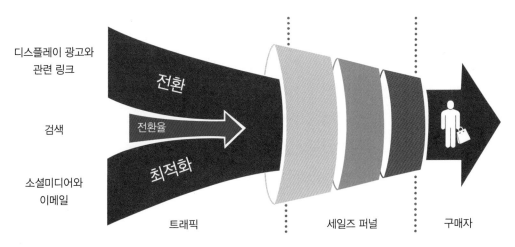

[그림 8-11] 고객 유입 경로

출처: Kivanc Kilic (2016. 9. 22.).

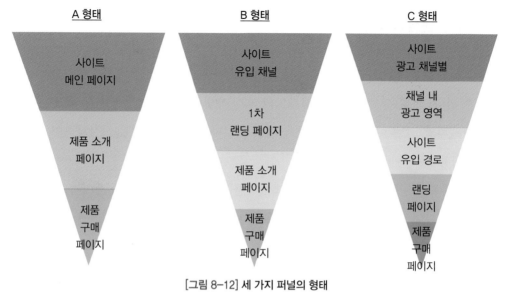

[그림 8-12] 세 가지 퍼널의 형태

출처: 최진용(2013. 4. 15.).

을 진행하기 쉽다.

　반면, 제일 오른쪽 퍼널의 경우 광고 채널 앱을 거쳐 사이트로 유입되는 더 복잡한 과정을 거친다. 따라서 어떤 광고 채널 앱과 광고 영역을 통해 유입되었는가를 추가로 분석해야 하기 때문에 GA 이외에 광고ID[4] 분석 등 더 많은 크로스 디바이스 분석 솔루션과 사용자 추적 데이터가 필요하다. 그렇기 때문에 퍼널 분석이 어렵다. 최근 해외 기업들은 제일 오른쪽의 C 형태 퍼널을 설계하고 분석하여 성공적인 전환율 최적화(CRO) 작업을 수행하고 있으며, 이를 통해 마케팅 예산의 최적화 및 효율성을 극대화하고 있다.

　기업의 데이터 마케터들은 사이트 방문자들의 구매 전환에 이르는 고객 경험 프로세스를 단계별로 나누어 언제, 어디서, 어떻게 들어와서 이탈하는지를 파악하여 원인을 분석한다. [그림 8-13]에서 보이듯이 홈페이지 방문자 수가 100명, 회원 가입을 한 사람이 20명, 장바구니에 담은 사람이 10명, 최종적으로 결제한 사람이 1명뿐이라면, 결제 단계에서 전환율 개선이 필요하다는 것을 알 수 있다. 따라서 퍼널 분석을 통해 각 단계에서의 고객 이탈과 전환을 정확히 측정하지 못하면 원인을 분석할 수 없고, 취약 단계의 고객 경험과 문

---

4) 모바일 앱에서 광고에 접속한 사용자를 추적할 수 있는 고객 식별 ID(Identification)를 말한다.

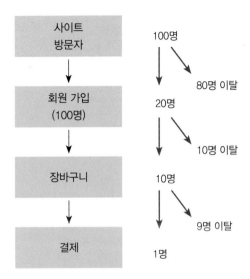

[그림 8-13] 퍼널 단계별 고객 이탈 분석의 예

제점을 개선할 수 없다. 따라서 일단 고객의 사이트 유입 후 전환에 이르는 고객의 구매 여정이 파악되면 고객 경험 프로세서를 단계별로 나누어 언제, 어디서, 어떻게 이탈하는지 파악하여 이탈 원인을 개선함으로써 최종 전환율을 높일 수 있다.

기업들은 마케팅 목표에 따라서 퍼널을 설계하고, 퍼널에서 각 고객이 위치한 단계에 따라 마케팅 메시지를 달리하여 고객들을 퍼널의 다음 단계로 진입시킴으로써, 이탈을 최소화하고 결국 구매로 이르게 해야 한다. 예를 들어, 상품 판매 증대를 목표로 할 경우 매출을 개선하려면 고객이 구매로 가는 여정, 즉 퍼널을 설계하고 이를 분석해서 이탈률이 높은 단계를 확인하고 사이트를 개선하는 전략 등을 수립하여야 한다.

보통 GA와 같은 웹로그 분석 도구의 경우 세션(session)을 기준으로 사용자의 유입 수와 이탈률, 전환율, 잔존율을 시각화한다. 여기서 이탈률은 사용자가 홈페이지를 방문해 한 페이지만 보고 다른 페이지로 유입 없이 나가는 비율을 말하며, 전환율은 전환을 한 사용자의 비율, 잔존율은 전환 경로의 각 단계에서 다음 단계로 이동한 사용자의 비율을 의미한다. 퍼널 단계의 마지막에는 '결제하기'와 같은 최종 목표 도달 페이지가 자리한다.

퍼널 분석을 통한 전환율 개선에는 크게 이탈률을 개선하는 방안과 사용자의 유입 수를 늘리는 방안이 있다. 먼저 이탈률을 개선하는 방법으로는 사용자 인터페이스(UI)와 사용자 경험(UX)을 개선하는 방안이 있다. 즉, 퍼널의 단계별 취약 페이지의 UI와 UX를 개선

[그림 8-14] 퍼널 분석의 사례

출처: Google "An example of funnel visualization"

함으로써 전체 이탈률을 줄일 수 있다. 사용자 경험(UX) 개선의 예로는 장바구니 버튼의 위치와 색상 변경을 들 수 있다.

두 번째 전환율 개선 방안으로는 검색 엔진 최적화(SEO)와 광고 캠페인 등을 통해 전체 사용자의 유입 수를 늘려 전환 수를 개선하는 방안이 있다. 두 방안을 시행했을 때 퍼널의 전환 수가 어떻게 달라지는지, 그리고 동일한 전환 수를 얻기 위해 유입 수를 얼마나 모아야 하는지를 비교하여 어떤 것이 최선인지 의사결정을 내려야 한다.

[그림 8-14]의 예에서 메인 페이지에서 세션당 방문자 수가 7,777명인데 이 중에서 89.2%가 다음 페이지로 넘어가지 않고 이탈하였으며, 두 번째 단계로 넘어온 841명 중에서 41.1%가 이탈하였다. 따라서 메인 페이지와 두 번째 페이지에서 이탈률을 줄이기 위하여 사용자 경험을 개선하는 것이 필요하다.

5) 콜 투 액션의 최적화를 통한 방법

(1) 콜 투 액션이란

콜 투 액션(Call To Action: CTA)은 사용자가 어떤 행동을 하도록 유도하거나 요청하는 메시지이며, 통상 사용자의 행동을 부르는 버튼, 링크 혹은 배너 이미지를 말한다. 즉, 사이트 방문자를 제품 또는 회사 소개 페이지로 연결되는 링크나, 제품 판매 링크 또는 이벤트 참여 링크 등으로 유도하는 것이 CTA이다.

CTA는 회원 가입, 팔로우, 구독, 구매, 다운로드, 문의, 뉴스 기사 공유하기, 기부 등 다양한 목적으로 사용되고 있는데, 이커머스 사이트의 경우 궁극적으로는 구매 행위를 이끌어 내는 것이 목적이다. 즉, 웹사이트에 전략적으로 배치하여 방문자가 리드고객[5] 또는 구매고객이 되도록 권장하는 것이다.

웹사이트에 방문하여 콘텐츠를 접한 방문자들은 기업이 제공하는 CTA 장치에 대해 반응함으로써 잠재고객에서 리드고객, 나아가 최종적으로 제품 구매고객으로 전환되어 간다. 따라서 방문자가 퍼널을 따라 들어오면 최종 지점에 CTA 버튼이 위치하게 되며, 전환 프로세서는 절정에 달하게 된다. 따라서 방문자들이 버튼을 최종적으로 누르게 하는 것이 중요하다. 요약하면, CTA는 고객들이 최종 전환에 이르는 결정적인 관문이며, 문의하기, 회원 가입, 장바구니 담기, 찜하기, 구매하기, 다운로드, 기부하기, 구독하기와 같은 중요한 전환 지점을 담당하고 있다.

(2) 콜 투 액션 최적화

콜 투 액션(CTA) 최적화는 CTA 버튼의 클릭률을 높이기 위해 수행하는 모든 작업을 말한다. 마케팅에서 CTA는 고객의 '전환율'을 높이는 역할을 한다. 만약 CTA가 잘 만들어지지 않았다면 자사 웹사이트로 유입된 방문 고객을 최종적으로 전환으로 유도하는 데에 어려움을 겪을 것이다. 따라서 하나의 작은 CTA 버튼은 온라인 비즈니스의 승패를 가릴 수

5] 상품이나 서비스에 어느 정도 관심이 있어서 기꺼이 이메일 주소나 휴대폰 번호 등 일정 수준의 개인정보를 주는 고객을 말한다. 디지털 마케팅에서 리드 제너레이션(lead generation), 즉 리드고객을 많이 창출하는 것이 단순히 노출이나 도달을 높이는 것보다 중요하다.

있을 정도로 매우 중요한 역할을 한다. CTA 버튼은 사용자가 원하는 어떤 상황에서도 사용할 수 있도록 최적화되어야 한다. 즉, 웹사이트와 콘텐츠를 만들 때, CTA를 유도하는 장치들을 어디에, 어떻게 삽입할 것인지를 잘 고려하고 만들어야 한다. 또한 사용자에게 CTA를 지속적으로 노출해 그 메시지를 항상 상기할 수 있도록 하는 것이 중요하다. 이러한 이유로 잠재고객에게 노출되는 웹사이트와 앱의 페이지, 이메일, 뉴스레터 등 모든 곳에 CTA가 존재하고 있어야 한다.

　CTA 버튼에 대한 최적화 작업은 디자인, 색상, 카피, 마케터가 생각하는 다른 요소들까지 거의 모든 경우에 수백 가지가 넘는 옵션이 있다. 이러한 이유로 마케터들이 가지고 있는 전환에 대한 모든 지식과 경험을 아주 작은 공간에 집중해야 하는 시간이 바로 CTA 버튼 최적화 작업이다. 따라서 많은 마케터가 이를 위해 적지 않은 시간과 돈을 투자한다. [그림 8-15]에서 강조 표시된 버튼은 일반적인 랜딩 페이지에서 볼 수 있는 전형적인 CTA 버튼 예시이다. 이 페이지에는 관련된 문구와 정보를 기입할 수 있는 필드가 있다.

　CTA를 유도하는 방법으로는 다음과 같은 것들이 있다. 첫째, 구체적인 수치 등을 사용하여 가치나 혜택을 명확하게 제시하면 방문자의 행동 유도에 큰 도움이 된다. 예를 들어, 쇼핑몰 에이블리는 회원 가입 시 고객들이 번거로움 때문에 망설인다는 사실을 알고, ‘회

[그림 8-15] CTA 버튼의 예

출처: Park Myung Geun (2018. 6. 16.).

원 가입' 대신 '5초 회원 가입'이라는 문구로 클릭을 유도했다. 즉, 회원 가입을 하는 데 걸리는 시간이 매우 짧다는 사실을 암시하는 표현을 사용한 것이다.

또한 A/B 테스트를 통해 어떤 CTA 버튼 문구가 효과적인지 확인하는 것이 좋다. 예를 들어, 'The Next Web'에서는 거래 페이지로 더 많은 트래픽을 얻으려고 두 가지의 CTA 문구를 테스트해 보았다. 첫 번째 버튼은 단순히 '거래하기'라고 하고, 두 번째 버튼은 '104 거래하기'로 특정 거래 수가 구체적으로 명시되어 있다. A/B 테스트 결과 정답은 두 번째 CTA 문구로, 거래 페이지의 클릭 수를 크게 늘렸다. 이처럼 구체적이고 특정한 제안으로 호기심을 불러일으켜 전환을 늘리고 앞으로도 사용할 수 있는 새로운 방법들을 발견할 수 있다. 이 외에도 CTA 버튼 문구에 종종 사용되는 '무료'라는 단어는 방문자가 클릭할 때 얻을 수 있는 가치를 제안한다.

둘째, CTA 버튼의 디자인 및 레이아웃, 색상을 통해 전환율을 향상시킬 수 있다. 사용자가 해당 버튼이 클릭할 수 있는 것임을 인식할 수 있도록 사각형 모양으로 경계를 명확히 하고, 버튼 주변으로 공백을 두어야 한다. 적절한 공백은 디자인에서 컨테이너(container)의 역할을 하며, 방문자를 진정시켜 주고, 그들의 주의와 관심을 유도한다. 예를 들어, '지금 구매하기'와 '장바구니 넣기'와 같은 CTA 버튼은 독자적으로 존재해야 한다. 또한 배경과 대비되는 색상을 사용하거나, 본문과는 다른 컬러로 방문자의 주의를 끌거나 눈에 띄게 해야 한다. 즉, 해당 CTA 버튼이 돌출되도록 다른 웹사이트의 구성요소들과 멀리 떨어뜨려 놓아야 한다.

[그림 8-17]에서 보이듯이 버튼 색상 같은 간단한 수정만으로 전환에 큰 영향을 줄 수

[그림 8-16] 최적화된 CTA 버튼의 예

출처: Park Myung Geun (2018. 6. 16.).

[그림 8-17] CTA 버튼 색상 변경의 예

출처: Groobee (2019. 12. 16.).

있다. 대부분 쇼핑몰에서 오른쪽의 예와 같이 가장 중요한 상품 상세 페이지의 장바구니와 구매하기 버튼을 함께 보여 주고 있다. 이 같이 페이지 하단에 두 개의 버튼을 함께 배치하는 경우 버튼 색상이 전환에 중요한 역할을 할 수 있다.

오른쪽의 예에서 '메시지로 문의하기'는 고스트 버튼(배경과 같은 색상에 테두리와 텍스트만 얹어 마치 유령처럼 UI에 자연스럽게 섞이는 디자인 버튼)으로 처리하고, 최종적인 구매하기 버튼은 빨간색으로 처리하여 선명하게 보이게 함으로써 고유의 톤 앤 매너(tone & manner)를 해치지 않으면서 구매 전환을 유도하고 있다.

버튼 색상은 웹사이트 전체의 색 구성, 기존 디자인 요소나 배경 색상에 따라 달라지며, 배경 색상과 충돌하지 않아야 한다. 그러나 모든 페이지에 공통적으로 적용되는 색상이나 사이즈는 없다. 꾸준히 A/B 테스트를 통하여 고객들의 반응을 확인하고 인사이트(insight)를 얻어야 한다. 즉, 최적의 CTA 버튼 색상을 알 수 있는 유일한 방법은 바로 A/B 테스트이다. 선택한 색상이 방문자들의 주의를 잘 끄는지 확인하려면 다양한 버튼을 만들어 해당 페이지에서 다양하게 비교해 보는 것도 좋다.

셋째, CTA 버튼은 클릭하고 이해하기 쉬운 크기로 만들어야 한다. 즉, 모바일과 데스크톱 모두에서 적절한 크기로 CTA 버튼을 최적화해야 더 많은 전환과 고객들을 확보할 수 있다. 하지만 큰 것이 항상 좋은 것만은 아니다. 가장 중요한 점은 사람들이 편안하게 클릭할 만큼 충분히 크게 버튼을 만들어야 한다는 점이다. 만약 버튼이 너무 크거나 부자연스러우면 사람들이 버튼을 클릭하지 않을 수도 있으며 깔끔한 디자인 요소를 방해할 수 있다. 반면, 버튼이 너무 작으면 엄지손가락으로 클릭하기가 쉽지 않다. 따라서 랜딩 페이지의 카피 및 이미지의 크기에 맞추어 버튼을 적절하게 조정해야 한다.

보통 평균적으로 소비자들은 미디어 소비의 69%를 모바일에서 한다. 즉, 소비자들은 데스크톱보다는 모바일에서 더 많이 탐색한다. 만약 모바일 환경에서 눈에 띄게 너무 큰 CTA 버튼을 만들면 아무도 이를 클릭하지 않을 것이다. [그림 8-18]은 달러 셰이브 클럽(Dollar Shave Club)의 모바일 사이트에서 제공되는 버튼의 색상과 크기가 적당한 CTA 버튼의 좋은 예시이다.

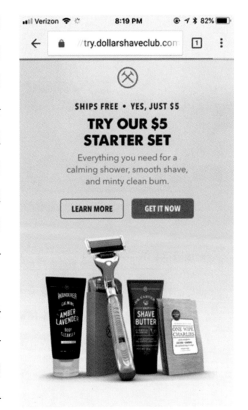

[그림 8-18] 달러 셰이브 클럽(Dollar Shave Club) 모바일 사이트의 CTA 버튼의 예

출처: Park Myung Geun (2018. 6. 16.).

넷째, CTA 버튼 문구는 짧고, 쉽게 읽힐 수 있어야 한다. [그림 8-19]에서 보이듯이 긴 수식어를 사용하는 것보다 아주 조심스럽게 몇 개의 단어만 선택하면 된다. 즉, 너무 많은 단어를 포함하고 있고, 읽는 데 시간이 너무 걸리면 CTA 버튼을 클릭하지 않고 이탈할 확률이 높아진다. 또한 '구독' 혹은 '다운로드'와 같이 정적인 단어를 쓰기보다는 동적인 단어, 즉 동사를 사용하고, 구체적인 행동을 지시해 주는 것이 좋다. 예를 들어, '시험 구매(trial)'보다는 '시험 구매해 보세요(Start trial)' '사이트 방문'보다는 '사이트를 방문하세요'로 표현해야 한다. 행동과 추진력을 제안하는 단어, 고유하고 행동 지향적인 단어는 내용을 흔들 수 있다. "Get it Now(사세요)"에서 "Gimme(Give me, 주세요)"로 버튼 문구를 바꾼 'Sumo'는 무려 182%의 놀라운 전환 증가를 보였다.

다섯째, 방문자가 클릭하는 접점 어디서나 메시지를 일치시키는 등 메시지의 일관성이

[그림 8-19] 좋고 나쁜 CTA 버튼 문구의 예

출처: Park Myung Geun (2018. 6. 16.).

유지되어야 한다. 예를 들어, 소셜 광고와 랜딩 페이지 내 버튼 문구가 일치한다면 방문자의 혼동을 줄이고 신뢰와 클릭률을 높이는 데 도움을 준다. [그림 8-20]에서 보이듯이 'RBC'라는 은행은 '$6 Small Business Account(6달러의 소규모 비즈니스 계정)' 'Make every dollar count(모든 달러를 계산)'라는 슬로건을 소셜 광고와 소셜 광고를 클릭하면 넘어가는 랜딩 페이지에 동시에 사용하여 전환율을 21.4% 향상시켰다.

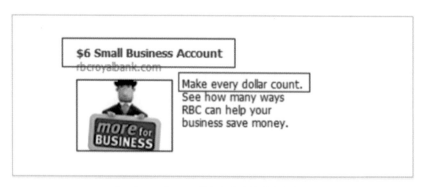

[그림 8-20] CTA 버튼의 메시지 일관성의 예

출처: Park Myung Geun (2018. 6. 16.).

이 외에도 메시지에 1인칭 용어를 사용하면 사용자의 오너십을 개인화하기 때문에 보다 많은 클릭을 유도할 수 있다. 예를 들어, '나만의 가이드 받기'나 '나만의 테스트 해 보기'는 당신이 방문자에게 이야기하는 것이 아닌 방문자에게 결정하게 하는 것으로 버튼을 클릭하게 한다.

여섯째, 행동을 유도하기 위해서는 긴박감을 느끼는 문구나 긴급함이 느껴지는 표현을 활용하는 것이 좋다. 즉, 같은 목적이라도 '지금' '당장' '오늘'과 같이 긴박감을 주면서 행동을 유도하는 것이 효과적이다. '곧 등록이 마감됩니다' '지금 방문하세요' '6월 27일까지 신청하세요' '오늘 오후 6시 이전에 신청하세요' 등의 예를 들 수 있다. [그림 8-21]의 쇼핑몰 에이블리의 제품 상세 페이지에서 보이듯이 '구매하기'보다 '지금 구매하기'로 바꾸면 전환

[그림 8-21] 쇼핑몰 에이블리의 긴박함을 느끼게 하는 문구의 예

출처: Groobee (2019. 12. 16.).

 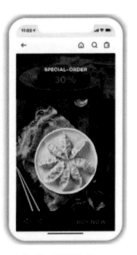

[그림 8-22] '29CM'의 긴박함을 느끼게 하는 문구의 예

출처: Groobee (2019. 12. 16.).

율을 높일 수 있다. 또한 [그림 8-22]의 '29CM'의 제품 상세 페이지의 경우에도 과거에는 'buy(구매하세요)'라는 단어만 사용하다가, 최근에 'buy now(지금 구매하세요)'로 바뀌었다. 이처럼 간단한 단어 하나만으로도 클릭률과 전환율을 높일 수 있다.

이 외에도 부정적인 문구보다 'yes'라는 긍정적인 문구를 사용하면 긍정적인 느낌을 줄 수 있다. 또한 현재 상황을 명료하게 표현하는 명확한 명사를 사용하는 것이 좋다. 예를 들어, 아마존은 'proceed(구매 진행)' 'checkout(결제)'과 같은 명사를 사용하여 구매가 진행 중임을 말하는 동시에 현재 상황을 명료하게 표현해 준다.

일곱째, CTA 버튼 개수는 랜딩 페이지당 단 하나의 CTA 버튼만 사용하는 것이 적당하다. 방문자의 요구사항이 간단히 클릭 한 번으로 진행될 수 있다면 방문자의 액션이 쉽게 일어날 수 있다. 하지만 너무 많은 CTA 버튼이나 링크가 주어지면, 선택 장애로 인해 방문자들의 CTA에 대한 반응이 나빠진다. [그림 8-23]의 CTA 문구는 웹사이트 URL을 입력하고 오른쪽 버튼을 누르기만 하면 된다.

[그림 8-23] 단순한 CTA 버튼의 예

출처: Park Myung Geun (2018. 6. 16.).

여덟째, CTA 버튼의 배치 위치도 중요하다. CTA 버튼의 위치는 매장으로 치면 고객에게 다가가는 타이밍(timing)이다. CTA 버튼을 묻히게 배치하거나 너무 과대하게 노출하면 안 된다. 일반적으로 웹사이트 게시물 가운데나 마지막 부분에 CTA 문구가 표시된다. 하지만 일부 연구에 따르면, CTA 배너나 버튼을 카드뉴스나 메일, 기사 등의 상단에 위치시키면 더 높은 클릭을 불러일으킨다고 한다. 따라서 CTA 버튼의 위치는 행동 가능한 여러 위치를 찾아 테스트해 보고 그중에서 성과가 가장 좋은 곳으로 선택해야 한다. 또한 CTA

의 클릭을 유도하기 위해 시각적 요소나 텍스트 레이아웃을 방향각(movement)[6]으로 사용하여 원하는 곳으로 고객의 시선을 향하게 하는 것이 좋다([그림 8-24] 참조).

아홉째, 개인화된 CTA를 활용해야 한다. 개인 맞춤형 CTA는 하나의 일률적인 메시지보다 200% 더 높은 전환율을 가져온다고 알려져 있다. [그림 8-25]는 개인화 CTA의 예시이다. 왼쪽 이미지에서는 방문자일 경우, 리드고객일 경우에 보이는 CTA가 모두 다른 것을 확인할 수 있다. 예를 들어, [그림 8-25]에서 보이듯이 신규 아파트 분양의 경우 분양회사 홈페이지를 처음 방문한 고객에게는 아파트 분양 소개서(apartment guide)를 제공하고, 아파트 구매에 관심을 보이는 리드고객에게는 무료 상담(free consultation)을 받을 수 있는 CTA 버튼을 제공한다. 또 하나의 예로서 화장품을 판매하는 쇼핑몰의 경우, 쇼핑몰을 처음 방문했을 때에는 무료 샘플 신

[그림 8-24] 방향각 사용의 예

출처: BODYLUV.

청을 유도하는 CTA를 제공하고, 그 이후 관계가 어느 정도 형성되었을 때는 신상품이나 세일 상품과 같은 정보를 전달하는 CTA를 제공한다. 또한 [그림 8-25]의 오른쪽 부분에서 보이듯이 구독자에게는 해당 블로그 글을 공유할 것을 유도하는 CTA를 제공하고 있고, 비구독자에게는 블로그를 구독 신청할 것을 유도하는 CTA를 제공하고 있다. 개인화된 CTA

[그림 8-25] 개인화 CTA 버튼의 예

출처: (왼쪽) Jeffrey Vocell (2018. 6. 28.).; (오른쪽) 손은진(2016. 7. 14.).

6) 독자의 시선을 특정 방향으로 유도하는 이미지나 텍스트 레이아웃을 말한다.

를 제공할 경우 이렇게 CTA가 자신만을 위해 만들어진 것처럼 느껴지게 만들어 고객의 만족도는 높아지고 전환율은 증가한다.

열째, 구매를 통해 실제 고객이 되었을 때는 그동안의 구매 이력을 기반으로 취향에 맞는 상품을 추천해 주는 CTA를 제공할 수 있다. 고객이 처음 쇼핑몰을 방문했을 때와 여러 차례 방문하고 구매를 한 이후에도 동일한 웹사이트와 CTA가 보인다면 고객 만족도는 향상되기 어려울 것이다. CTA 버튼의 전환율을 높이기 위해 웹사이트에 방문하는 고객의 특성을 이해하고 더 나은 사용자 경험을 제공해야 한다. 그러기 위해서는 꾸준히 A/B 테스트를 통하여 고객의 반응을 확인하고 인사이트를 얻어야 한다.

6) UI와 UX 디자인 최적화를 통한 방법

만약 랜딩 페이지에서 고객 이탈의 원인이 사이트에 대한 첫인상이 나쁜 것으로 나타났다면 사이트 UI와 UX 디자인을 개선하고, 소비자가 원하는 기능과 정보가 없다면 사이트의 콘텐츠를 충실하게 업데이트해야 한다.

사용자의 전환율을 높이는 랜딩 페이지를 제작하려면 UI를 최적화해야 한다. 예를 들어, PC, 모바일, 태블릿 포맷에서 자유롭게 접근 가능하도록 랜딩 페이지 사이즈를 디바이스 사이즈에 맞추어 최적화한다. 또한 CTA 버튼은 잘 보이는 곳에 위치하는지, 카피는 이상하지 않은지 등을 A/B 테스트(비교 테스트)를 통해 검증해야 한다. CTA 버튼은 색상을 사용해서 독립적으로 보이게 하는 것이 좋다. 즉, 해당 버튼이 돌출되도록 다른 웹사이트의 구성요소들과 멀리 떨어뜨려 놓아야 한다.

방문자의 UX를 향상시키기 위해 개인화된 서비스를 제공하는 것이 필요하다. 아마존의 경우 사이트 전체가 나만을 위해 만들어진 사이트처럼 느껴지게 만들었다. 아마존처럼 계속해서 방문자에 대한 정보를 수집하고 수집한 정보를 활용하여 방문자에게 맞는 상품을 추천해 주고, 방문자가 관심 있어 할 만한 제품 정보를 제공해 주어야 한다. 이미 홈페이지도 여러 번 방문했고, 페이지도 많이 보고 자료도 다운받았음에도 불구하고, 모든 방문자에게 같은 페이지를 보여 주고 하나의 상품과 콘텐츠 혹은 서비스만을 홍보한다면 방문자의 UX를 향상시킬 수 없을 것이다.

방문자의 UX를 향상시키기 위해 콘텐츠 최적화도 중요하다. 콘텐츠는 사용자에게 필요한 가치를 제공하는 내용으로 구성되어야 하고, 사용자의 눈높이에 와닿을 수 있는 카피와 이미지로 사용되어야 하며, 방문자가 원하는 것을 쉽고 빠르게 확인 가능하도록 최적화해야 한다. 방문자에게 맞는 상품을 추천해 주고, 방문자가 선택한 카테고리에 관한 콘텐츠만 자신의 뉴스피드상에서 확인할 수 있다면 방문자의 UX를 향상시킬 수 있다. 신용카드 등록인 결제 정보 입력을 마지막으로 요구하는 것이 좋다. 결제 양식의 끝부분에 신용카드 세부 정보 입력란을 남겨 두어야 한다. 연구를 통해 지불 세부 사항을 먼저 입력하게 하는 행위가 고객이 구매를 완료하지 않는 부정적인 반응을 야기할 수 있다는 것을 보여 주므로 먼저 더 쉽고 덜 불쾌한 정보를 요구하는 것이 좋다. 이것은 또한 발을 들여놓는 FITD(Foot-In-The-Door) 기법을 사용한다. 먼저 요청자와 받는 사람 사이에 작은 유대감을 형성하고, 커다랗고 쉬운 정보부터 마지막에 귀찮은 정보를 요청하는 것이 더 효과적이다.

달러 표시와 같은 통화를 보여 주는 것은 피하는 것이 좋다. 여러 국가의 통화로 상품 정

[그림 8-26] 디자인 최적화의 예

출처: 그로스해킹 파트너 LABBIT(2018. 2. 10.).

보를 제공하는 경우 혼동을 야기할 수 있다. 이 경우 통화 기호를 숫자 값보다 작게 설정하면 필요한 모든 정보를 제공하는 동안 여러 국가의 통화로 인한 혼란을 줄일 수 있다.

웹사이트를 디자인하고 고객에게 전달할 여러 가지 정보가 있을 때, 이를 명확하게 한곳에서 제시하면 방문자가 구매하기가 더욱 쉽다. 또한 출구나 메뉴가 너무 많으면 방문자가 원하는 행동을 방해할 수 있다. 특히 결제 페이지에서 모든 산만함을 제거하면 사용자는 주요 목표인 지불 행위에 집중할 수 있다. 많은 요소가 계산 과정에 피상적으로 나타나는 것은 불필요하니 제거하는 것이 좋다. 주의 분산을 피하기 위해 카테고리 영역은 과감하게 지우는 것이 좋다. [그림 8-26]에서 상점의 모든 카테고리 메뉴가 제거된 것을 볼 수 있다. 대신, 왼쪽 상단에는 작게 제작된 클릭 로고가 있으며, 오른쪽 상단에는 카트 보기, 라이브 채팅 지원, 전화번호 및 피드백 링크 등 눈에 잘 띄지 않는 링크들이 돌아가고 있다.

7) 사회적 증거를 통한 방법

사회적 증거(social proof)는 사회적으로 어떤 전문가나 유명한 사람, 내가 아는 지인, 타인의 보증이나 추천의 글/사용 후기(testimonials) 등의 언행을 통해 누군가에게 끼치는 영향력을 말한다. 고객들은 제품에 대한 사회적 증거를 원한다. 사회적 증거는 고객이 무엇을 보고 사는가에 대한 대답이라고 할 수 있다.

사회적 증거 전략에는 사용자 리뷰, 유명인 보증, 테스트 점수, 넛지 알림, 포모마케팅을 비롯하여 9개의 방법이 있다. 만약 높은 전환율을 원한다면, 이러한 사회적 증거 전략들을 홈페이지에 도입하는 것이 좋다. MZ세대뿐만 아니라 온라인 구매 경험에 익숙한 타겟 고객을 대할 때 이 방법들을 적용하면 효과적이다. 이 방법들은 홈페이지, 이커머스 등 온라인에 게재되는 모든 페이지에 적용될 수 있으며, 이커머스 기업이나 포춘(Fortune) 500 기업들은 모두 이러한 사회적 증거를 사용한다.

(1) 사용자 리뷰와 사회적 영향자

사회적 증거의 대표적인 예로서 사용자 리뷰를 들 수 있다. 초기의 대표적인 리뷰는 아마존의 별점을 주는 사용자 리뷰(user review) 방식이었다. 한 조사에 따르면, 70% 이상의

[그림 8-27] 별점 리뷰의 예

출처: 제이킴의 스마트워커(2015. 10. 11.).

미국인들이 구매 결정을 내리기 전에 사용자 리뷰를 보며, 63%의 고객이 상품 리뷰가 있는 페이지에서 구매하는 것을 선호하는 것으로 나타났다. 사용자 리뷰는 전환을 유도할 수 있는 강력하고 비용 효율적인 방법이다. 사용자 리뷰는 훨씬 더 길이가 짧고 일반적으로 점수화하여 공개되기 때문에 사용 후기보다 훨씬 더 효과적일 수 있다. 또한 사용자 리뷰는 고객의 피드백을 경청하고 이를 바탕으로 전체 사용자 환경을 개선할 수 있다는 장점이 있다.

[그림 8-27]에서 보이듯이 4.5 이상의 별점 리뷰가 전체 리뷰에서 일정 수준 이상으로 도달하면 구매 전환율을 훨씬 더 높일 수 있다. 이것이 아마존과 앱스토어가 모든 상품에

●표 8-2● 사회적 영향자의 유형

유형	내용
전문가의 사회적 증거	특정 분야에서 권위를 가진 교수, 전문 블로거 등의 한마디가 영향을 미칠 수 있다.
유명인(celebrity)의 사회적 증거	한국이 특별히 연예인 마케팅이 활발한데, 이렇게 유명인을 이용한 마케팅으로 영향을 미칠 수 있다.
사용자(user)의 사회적 증거	일반 사용자도 영향을 미칠 수 있다.
군중(crowd)의 사회적 증거	군중도 영향을 미칠 수 있다. 예를 들면, "50만 명이 선택한 영어단어집"과 같은 맥락이다.
친구(friend)의 사회적 증거	지인도 영향을 미칠 수 있다. 페이스북의 광고 수익이 잘 말해 준다.

출처: 지식 기록소(2019. 12. 29.).

대한 리뷰를 강조하는 이유이다. 하버드 대학교의 연구에 따르면, 인터넷 리뷰 서비스인 '옐프(Yelp)'에서 별이 하나 더해지면 해당 기업의 매출이 5~9% 향상되는 것으로 조사되었다. 또한 보통 사회적 증거를 이끌어 내는 사회적 영향자는 전문가의 사회적 증거, 유명인의 사회적 증거, 사용자의 사회적 증거, 군중의 사회적 증거, 친구의 사회적 증거의 다섯가지 유형으로 분류할 수 있다.

(2) 사용자의 사용 경험 공유

소셜미디어 등에 사용자의 사용 경험을 공유하는 것이 효과적이다. 사용자의 사용 경험은 [그림 8-28]에서 보이듯이, 사진이나 그 사람의 이름을 같이 쓰면 훨씬 더 효과적이다. 무조건 한 개 이상의 사용자의 실사용 경험을 추가하는 것이 좋다. 사용자의 사용 경험은 단순히 홈페이지뿐 아니라 회사 상품 소개서, 구독 이메일, 브로슈어, PR 보도자료 등에 추가하는 것이 바람직하다.

[그림 8-28] 사용자의 사용 경험 공유의 예

출처: 김도연(2018. 11. 27.).

(3) 유명인 보증

유명인의 보증(celebrity's endorsement) 혹은 공개적인 지지가 있으면 전환율이 높아진다. 어떤 영향력 있는 사람(influencer)이 제품, 산업 등에 대해 언급했을 때 그 파급력을 마케팅에서도 누릴 수 있다. [그림 8-29]와 같이 유명인(celebrity)을 광고에 단순히 등장시키는 것만으로도 유명인 후광 효과(halo effect)를 누릴 수 있다. 예를 들어, 예전에 이효리가 스몰 웨딩을 한 이후로 스몰 웨딩이 유행했던 적이 있다.

[그림 8-29] 유명인 보증의 예

출처: 김도연(2018. 11. 27.).

(4) 테스트 결과/점수

상품 구매율과 상품 조회 수를 보여 주거나 고객 서비스, 환불, 제품 배송 등을 기간 내에 확실히 한다는 것을 보여 주는 증거로 점수 등을 만들어 사용하면 효과적이다. 예를 들어, [그림 8-30]에서 보이듯이 구글은 고객 서비스, 배송, 환불을 빠른 기간 내에 한다는 것

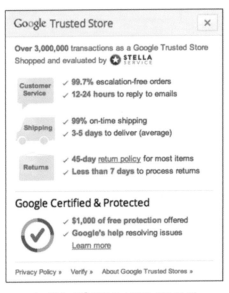

[그림 8-30] 구글의 신뢰도 점수의 예

출처: 김도연(2018. 11. 27.).

을 보여 주는 신뢰도 점수를 만들어 효과를 보고 있다.

(5) 넛지 알림/설득 알림

넛지(nudge)란 '팔꿈치로 슬쩍 찌르다'라는 뜻을 가진 단어에서 파생되었으며, 강압적이지 않은 방법으로 사람들의 행동을 바꾸는 것을 말한다(예: '혹시 첨부해야 할 파일은 없습니까?'). 부드러운 간섭을 통한 넛지 효과를 활용해 공익적 목적 등으로 변화를 이끌어 낸 사례는 많다. 그중에서 기업 마케팅 전략으로 '넛지 마케팅'이 최근 각광받고 있다. 넛지 마케팅은 강압하지 않고 은근슬쩍 유도하는 마케팅 기법을 의미한다. 즉, 상품에 대한 홍보나 판촉을 대놓고 하기보다는 구매하는 상황을 조장해 구매하도록 만든다. 그러나 직접적으로 명령을 하거나 지시를 내리지 않는다는 점이 특징이다. 즉, 사람들을 원하는 방향으로 유도하되 개인에게 선택의 자유를 주는 방법으로 사람들이 스스로 행동을 함으로써 그것이 자신에게 유익할 것이라고 생각하게 하는 것이다.

'넛지 알림(nudge notification)' 혹은 '설득 알림(persuasive notification)'은 제품의 희소성이나 판매의 긴급성에 따라서 더 쉽게, 빠르게, 확실하게 구매 결정을 내릴 수 있도록 사회

[그림 8-31] 넛지 알림의 예

출처: 김도연(2018. 11. 27.).

적 증거를 푸시(push) 알림의 형태로 사용자에게 보여 주는 것을 말한다. "내일까지 배송받고 싶으세요? 15분 내로 주문하시면 됩니다." "이 상품을 28명이 봤습니다." "이 와인은 리뷰에서 4.5점을 받았습니다." "카트에 현재 2개 제품이 담겨 있습니다." 등이 넛지 알림의 예이다. 넛지 알림 혹은 넛지 마케팅이 효과적인 이유는 제품 수요를 보여 줄 수 있고, 사용자 참여도를 높일 수 있으며, 이커머스의 구매 전환율을 높일 수 있기 때문이다.

(6) 포모 마케팅

FOMO란 'Fear of Missing Out'의 약자로, 놓치거나 제외되는 것에 대한 두려움이라는 의미이다. SNS에서 오늘은 누가 어떤 정보를 공유했는지, 잘 나가는 이들은 누구를 만나고, 어떤 매체를 즐겨 보는지 궁금해하는 것이 포모 증후군의 예이다. MZ세대에는 포모가 유행처럼 번지고 있다고 한다. 포모 증후군이 퍼진 결정적 계기는 SNS의 확산이다. 사용자들은 하루 종일, 365일 SNS에 매달리고, 업무를 하면서도 틈틈이, 식사하거나 커피를 마시면서도 스마트폰을 들여다보고, 혹시 자신이 소외되거나 뒤처지지 않는지 불안해한다.

포모 마케팅(FOMO marketing)은 '포모 증후군'을 이용한 마케팅이다. 이벤트브라이트(Eventbrite)가 조사한 자료에 의하면, 10명 중 7명의 밀레니얼 세대는 포모 때문에 구매를 한다고 한다. 즉, 나만 구매 안 하는 게 싫어서 같이 산다는 것이다. 포모 마케팅의 예

[그림 8-32] 포모 증후군의 예

출처: 김도연(2018. 11. 27.).

로 '매진 임박' '한정 수량' 등의 전략이 있다. 이것은 제품의 공급량을 일부러 줄여 소비자들을 조급하게 만드는 마케팅으로, 넛지 마케팅과 유사한 전략이다. [그림 8-33]의 이케아(IKEA) 사례가 넛지 마케팅 및 포모 마케팅의 사례이다.

[그림 8-33] 이케아의 포모 마케팅의 예

출처: 김도연(2018. 11. 27.).

　포모 마케팅 전략은 다음과 같다. 첫째, 사람들이 구매하고 있다는 것을 보여 주어야 한다. 실제로 쇼피파이(Shopify) 쇼핑몰의 경우, '최근 구매' 혹은 '지금 사고 있다'는 것을 보여 주는 위젯이 있다. 즉, 위젯 하단에 실구매자의 장소, 이름을 공개함으로써 신뢰감을 상승시킨다. [그림 8-34]의 모바일 앱 하단에 보이는 '1분 전 구매 현황'과 [그림 8-35]의 '오레곤에 사는 린제이가 구매한 굿 바이브 팔찌!'처럼 최근 주문 알림을 웹사이트에서 보여 주는 것이 포모 마케팅의 좋은 예이다.

[그림 8-34] 쇼피파이 쇼핑몰 위젯의 예

출처: 김도연(2018. 11. 27.).

[그림 8-35] 최근 주문 알림의 예

출처: 김도연(2018. 11. 27.).

둘째, 놓친 기회를 강조해야 한다. 부킹닷컴(Booking.com)에 가면 아주 특이한 메시지를 볼 수 있다. [그림 8-36]에서 보이듯이 "Sorry, this property is sold out(죄송합니다. 이 호텔은 지금 매진입니다.)."라고 매진을 눈에 띄는 빨간색으로 표시함으로써 사용자에게 아주 좋은 기회를 놓쳤다고 두려움을 줄 수 있다. 다음에 숙소를 예약할 때 다시 부킹닷컴에 들어가서 기회를 노려 볼 수 있게 한다.

[그림 8-36] 놓친 기회 강조의 예

출처: 김도연(2018. 11. 27.).

셋째, 현재 재고를 공개하는 것이 좋다. [그림 8-37]의 아마존 사이트에서 보이듯이 "단 2개 남았습니다! 이게 마지막입니다!"가 대표적인 예이다.

[그림 8-37] 아마존의 재고 공개의 예

출처: 김도연(2018. 11. 27.).

넷째, 타이머를 달아야 한다. [그림 8-38]에서 보이듯이 타이머는 사용자들이 심리적인 급박감을 느끼도록 할 수 있다.

[그림 8-38] 타이머 활용의 예

출처: 김도연(2018. 11. 27.).

다섯째, 경쟁을 부추겨야 한다. '블랙 프라이데이'와 같은 세일 현장에서 단 2개 남은 TV를 수십 명이 사려고 달려드는 장면을 뉴스에서 볼 수 있다. 온라인에서도 이러한 물리적인 경쟁을 부추긴다면 효과가 있을 것이다. [그림 8-39]에서 보이듯이 "10명의 다른 고객이 보고 있습니다."라는 메시지를 던지는 것도 경쟁을 부추기는 좋은 방법이다.

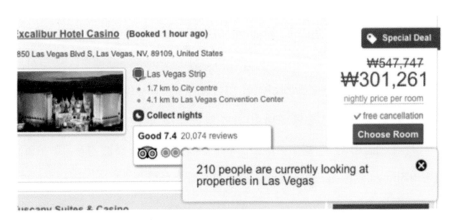

[그림 8-39] 경쟁을 부추기는 것의 예

출처: 김도연(2018. 11. 27.).

여섯째, 포모라고 말해야 한다. [그림 8-40]에서처럼 "Don't Miss Out(절대 놓치지 마세요!)"라는 문구의 팝업창을 띄우면 뻔하지만 유효한 전략이 될 수 있다.

[그림 8-40] 포모 마케팅의 예

출처: 김도연(2018. 11. 27.).

(7) 증명서/인증/로고/매체 로고 삽입

신뢰를 전달하기 위해 인증(seals, certification) 로고(logo)나 배지(badget)를 달아 주는 것도 좋은 방법이다. [그림 8-41]에서 보이듯이 다양한 인증(certified) 배지나 증명서, 로고는 구매 전환을 증대하는 데 중요한 심리적인 역할을 한다. 자사의 상품을 커버한 매체 로고도 매우 중요한 사회적 증거 중의 하나이다. 신상품을 출시하는 경우나 해외 시장에 진출해야 할 자사의 제품이 단 한 번도 이런 미디어에 노출된 적이 없는 경우, 그 무엇보다 미디어 커버리지(media coverage)를 최우선으로 진행해야 한다.

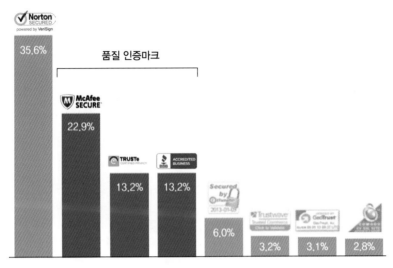

[그림 8-41] 인증의 효과

출처: 김도연(2018. 11. 27.).

[그림 8-42] 매체사 로고의 예

출처: 김도연(2018. 11. 27.).

(8) 클라이언트 로고

기업 홈페이지에 있어야 할 필수적인 요소인 클라이언트(client) 로고는 뻔하더라도 꼭 한 줄 삽입하는 것이 좋다. 특히 홈페이지는 회사의 첫인상을 좌우하며 모든 잠재 해외 바이어, 파트너사가 홈페이지로 먼저 리서치를 하기 때문에 기존 클라이언트 히스토리를 시각적으로 정돈하는 것도 매우 중요하다.

[그림 8-43] 클라이언트 로고의 예

출처: 김도연(2018. 11. 27.).

(9) 소셜 공유

소셜 공유(social share) 버튼인 소셜 플러그인을 사용하는 것이 좋다. 소셜 플러그인은 인기 있는 글을 나타내는 지표로서 확실히 역할을 한다. 소셜 플러그인은 컴퓨터로 보고 있다면 좌측 벽면에 보일 것이고, 핸드폰으로 보면 하단에 보일 것이다.

[그림 8-44] 소셜 플러그인의 예

출처: 김도연(2018. 11. 27.).

8) 앱스토어 최적화

앱스토어 최적화(App Store Optimization: ASO)란 앱이 앱스토어에서 검색이 잘되도록 하는 전략 또는 방법이다. 즉, 모바일 앱과 게임을 iOS 앱스토어와 구글 플레이 내 상위 랭킹에 진입하기 위해 최적화하는 작업을 의미한다. 앱스토어를 최적화하면 앱에 더 많은 사용자를 유입시킬 수 있다. 예전에는 마케터가 SEO만 알아도 통했지만, 최근 모바일 퍼스트(mobile first) 시대에 접어들면서 ASO도 반드시 알아야 하는 상황이 되었다. 앱을 출시하려면 개발자가 앱스토어에 앱을 올려야 하며, 안드로이드는 구글 플레이, iOS는 애플 앱스토어에 올려야 사용자들이 앱을 다운로드할 수 있다.

사용자들은 원하는 앱을 보통 검색을 통해 다운로드한다. 조사에 따르면, 애플 앱스토어에서 다운로드되는 앱의 65%가 화면 하단에 있는 'Search Bar'를 통해 이루어진다고 한다. 즉, 검색되지 않으면 아무리 앱을 잘 만들어도 사용자를 만날 기회조차 없어진다고 할 수 있다. 따라서 훌륭한 데이터 마케터라면 ASO 전략을 세울 수 있어야 하고, 이를 실행에 옮겨야 한다.

앱스토어 최적화 전략으로는 제목과 부재, 앱 설명, 앱 아이콘, 스크린샷 및 동영상 등이 있다. 첫째, 앱의 제목에는 단순 이름뿐 아니라 검색 트래픽이 가장 높은 키워드를 포함해야 한다. 일례로, 구글맵 고(Google Maps Go)는 앱 제목에 '경로, 교통정보, 대중교통'이라는 단어를 포함하고 있다. 이처럼 제목에 키워드를 넣으면 사용자가 해당 앱에 대한 정보를 곧바로 알 수 있다. 앱스토어에는 추가 키워드를 넣을 수 있는 부재 영역이 있다. 여기에 핵심 키워드를 노출해야 한다. 예를 들어, 만약에 여러분이 여성 쇼핑몰을 창업하여 앱 이름을 '쁘띠걸'이라고 한다면 처음에는 사용자들이 모르기 때문에 사용자가 아무리 검색을 해도 검색이 되지 않을 것이다. 다음의 예에서 보이는 것처럼 앱 제목에는 사용자들이 검색할 때 자주 입력하는 단어가 반드시 포함되어야 하며, 주요 키워드를 제목에 배치하면서 너무 길지 않게 노출하는 것이 핵심 포인트이다.

"쁘띠걸–여성쇼핑몰, 여성의류, 패션, 스타일, 여성코디, 트렌드"

검색이 잘되는 키워드 선택의 가장 쉬운 방법은 상위에 랭크된 앱을 벤치마킹하는 것이다. 앱스토어의 추천을 참고하거나, 검색 시 애플과 구글 모두가 관련 키워드를 자동으로 입력해 주는 키워드를 선택하는 것이 가장 좋은 출발점이라 할 수 있다. 참고로 애플과 구글은 각각 애플 서치애드(Apple Search Ads), 구글 애드워드(Google Adwords)라는 키워드 리서치 툴을 보유하고 있다. 이를 활용하는 것이 바람직하다.

둘째, 앱과 관련된 키워드를 선택하면 앱이나 게임의 설명을 포함할 수 있다. 잠재 사용자들은 앱 설명을 통해 해당 앱이나 게임에 대해 더 많이 알게 되므로 가장 설득력 있는 앱 기능에 대해 반드시 설명해야 한다. 키워드는 전반적으로 사용되어야 하지만, 애플과 구글이 해당 앱을 거부할 수 있고 사용자들이 다운로드 시점에서 이탈할 수 있으므로 키워드로 도배된 앱 설명은 지양하는 것이 좋다.

셋째, 앱 아이콘, 스크린샷 및 동영상 광고와 같은 비주얼 자산 또한 앱스토어 최적화(ASO)에 영향을 준다. 앱에 대한 사용자의 첫인상은 앱 아이콘과 스크린샷이 될 수 있으므로 이 부분에서 주목을 끌 필요가 있다. 스크린샷에는 게임이나 앱의 핵심 부분을 표시해 두어야 하며, 핵심 기능을 설명하기 위해 스크린샷에 짧은 텍스트를 겹쳐 놓는 것도 도움이 된다. 동영상 광고가 있다면 재생하자마자 해당 앱이나 게임의 매력을 보여 주어야 한다. 앱 아이콘과 스크린샷의 경우 끊임없이 A/B 테스트를 통해 전환율(앱 설치)을 개선해야 한다. 포켓 잼(Pocket Gems)의 에피소드(episode)는 잘 만들어진 앱스토어 설명의 좋은 사례이다. 재미있는 목소리로 게임 플레이와 주요 기능을 명확하게 묘사해 준다.

넷째, 설명은 쉽고 자연스럽게, 핵심 키워드는 앞에 노출해야 한다. [그림 8-45]의 왼쪽이 쿠팡, 오른쪽은 일반 여성 쇼핑몰의 예시 화면이다. 둘의 가장 큰 차이는 쿠팡(왼쪽)은 서비스의 강점과 핵심 키워드를 첫 문단에 배치해서 '더 보기'를 굳이 누르지 않아도 앱에 대한 이해가 되도록 한다. 반면, 여성 쇼핑몰(오른쪽)은 '더 보기'에 설명이 딱 2줄에 불과하다. 앱에 대한 완성도가 아무리 높다 할지라도 어느 정도의 설명은 필요하다. 최대한 쉽고

[그림 8-45] 쿠팡과 여성 쇼핑몰의 예

출처: App Store.

자연스럽게 쓰고, 필요하다면 카피라이터의 도움을 받는 것도 하나의 방법이다. 설명은 앱스토어 검색 알고리즘에서 많은 비중을 차지한다. '더 보기'를 누르지 않아도 완벽하게 사용자들이 이해할 수 있을 정도로 설명이 되어 있어야 한다. 그리고 A/B 테스트를 통해 설명을 수정하기 전과 후를 비교하여 왜 자사 앱의 다운로드 수가 경쟁사 대비 낮았는지를 확인하는 것이 좋다.

다섯째, 리뷰의 양은 많을수록, 평점은 높을수록 좋다. 가격 다음으로 구매를 결정하는 요소는 평점이다. 제품이 아무리 좋아도 평점이 낮으면 구매를 망설이게 된다. 잘 알려진 소셜 커머스, 여행, 교육, 부동산 앱 중 상위에 랭크된 앱들을 검색해 보면, 대부분 평점이 낮은 앱은 거의 찾아보기 힘들다. 리뷰가 없다면 리뷰 작성 이벤트를 진행해야 한다. 예를 들어, 리뷰 작성 시 적립금을 주거나 기프티콘을 주는 방법 등을 활용할 수 있다. 고객이 작성한 리뷰는 꾸준히 모니터링해서 고객 목소리를 반영해야 한다. 성공한 앱들을 보면 대부분 고객의 목소리를 경청하고 고객이 원하는 것을 서비스에 반영하고 있다.

6. 전환율 최적화 테스트의 사례

〈표 8-3〉은 어떤 기업의 전환율 최적화의 테스트 결과를 보여 준다. 테스트 결과에 따르면, 이 회사는 구글에 키워드 클릭당 비용(Cost Per Click: CPC) 3달러를 지불하는 광고를 하고 있다. 이 광고를 통한 노출 수(impression)는 10만 회이다. 키워드와 랜딩 페이지를 최적화하기 전의 기준치 데이터를 보면 40번의 전환을 만드는 데 총 6,000달러를 소요했고, 전환 하나를 만들어 내기 위해 150달러의 비용이 소요되었다.

첫 번째 시나리오는 유료 검색(paid search)을 최적화하여 CTR이 0.2% 증가하고 랜딩 페이지 방문 수도 200명 증가하였다. 이 경우에는 CTR과 방문 수도 증가했으나, 전환당 비용은 150달러로 기준점과 동일하다. 따라서 전환율이 조금은 개선되어 보이지만 결국 총비용은 10%가 증가한 6,600달러가 되었다. 결국, 전환이 증가한 만큼 비용도 증가한 상황이다.

두 번째 시나리오의 경우는 랜딩 페이지만 최적화하여 적용한 경우이다. 이 경우 랜딩 페이지 전환율이 0.2% 증가하고 심지어 전환당 비용은 감소했다. 그런데 방문 수는 그대로여서 증가에는 전혀 도움이 안 되었다. 즉, 키워드에 돈을 지불하는 이유는 더 많은 유입을 유도해서 전환을 높이기 위함인데, 이 시나리오의 경우에는 반쪽짜리 성과만 보였다고 할 수 있다.

세 번째 시나리오, 즉 유료 검색에 대한 최적화와 랜딩 페이지 최적화를 모두 시행했을 때 두 마리의 토끼를 모두 잡을 수 있었다. 이와 같은 전환율 최적화 테스트를 현실적으로 가능하게 하려면, 잘 설계된 시나리오를 가지고 여러 가지 테스트 기법을 통해서 최소 몇 주 정도의 테스트 기간을 거치는 노력이 필요하다.

이런 전환율 최적화 테스트들을 웹사이트에 쉽게 구현할 수 있는 구글 옵티마이즈(Google Optimize, 구글의 A/B 테스트 솔루션) 등 좋은 도구가 이미 시장에 많이 나와 있으니 테스트 시나리오를 잘 구성할 수만 있으면 테스트 데이터는 쉽게 얻을 수 있다.

실제로 많은 전문가에 따르면, 테스트를 통해 성과를 보이기 힘든 산업이나 목표 혹은 대상 같은 것은 없다. 중요한 것은 그 효과를 어떻게 수치적인 부분으로 환산할 수 있는가에 대한 물음인데, 테스트의 결과 및 효과를 보여 주는 구글 옵티마이즈와 같은 많은 도구를 통해 수치적인 비즈니스의 결과를 얻을 수 있다.

전환율을 최적화한다는 것은 단순히 전환율 상승 그 이상의 의미를 포함한다. 즉, 전환의 최적화를 통한 즉각적인 전환율 상승은 기업이 테스트 기반의 과학적인 최적화를 지속

● 표 8-3 ● 유료 검색 최적화와 랜딩 페이지 최적화의 전환 비용

	유료 검색 임프레션	유료 검색 CTR	랜딩 페이지 방문	랜딩 페이지 전환율	전환	광고비 지출	전환당 비용
오리지널(기준치)	100,000	2%	2,000	2%	40	$6,000	$150
시나리오 1: 유료 검색 최적화	100,000	2.2%	2,200	2%	44	$6,600	$150
시나리오 2: 랜딩 페이지 최적화	100,000	2%	2,000	2.2%	44	$6,000	$136
시나리오 3: 위의 두 시나리오 모두 사용	100,000	2.2%	2,200	2.2%	48.4	$6,600	$136

출처: Goward Chris (2013. 1. 14.).

할 수 있게 하는 성공 경험의 시작점이다. 전환 최적화를 위한 테스트의 과정과 결과를 분석하는 일련의 활동들은 궁극적으로 기업의 전반적인 마케팅 전략 및 비즈니스 전략에 영향을 줄 수 있는 지속적인 학습 환경을 만든다. 이 과정을 통해 기업은 스스로 진화하면서 학습한다.

7. 정리하기

우리가 타겟팅을 고민하기 전에 먼저 고민해야 하는 것은, 궁극적으로 가고자 하는 목표(전환)가 무엇인지, 웹사이트 최적화를 통해서 얻고 싶은 것이 무엇인가를 아는 것이다. 전환 효과가 검증되지 않은 누군가에게 임의로 타겟팅을 하는 것보다는 전환율 최적화 테스트를 통해서 그 광고의 효과를 먼저 검증하고 효과가 좋은, 즉 전환율이 높은 광고로 타겟팅하는 것이 바람직하다.

대부분 회사가 전환율 최적화를 통해 얻고 싶어 하는 것은 추가 비용을 지불하지 않고도 더 많은 매출 혹은 그와 유사한 성공을 얻고자 하는 것이다. 당연히 매출과 관련이 없고 효과가 별로 없는 광고 클릭에 비용을 계속 내는 것을 원하는 이는 없을 것이다. 따라서 전환율 최적화 테스트를 통해서 그 광고의 효과를 먼저 검증하는 것이 바람직하다.

디지털 시대의 애드테크 신론

제9장

검색 엔진
최적화

FTSE 200
8942.95
+1.65%

1. 검색 엔진 최적화의 개념

검색 엔진 최적화(Search Engine Optimization: SEO)는 기업의 콘텐츠가 소비자에 의해 전략적으로 공유되도록 만드는 기술로서 올바른 콘텐츠를 올바른 사람에게 올바른 때에 공급해 주는 디지털 마케팅의 중요한 기술이다. 검색 엔진 최적화는 구글(Google), 빙(Bing), 야후(Yahoo!), 네이버, 다음과 같은 검색 엔진에서 소비자가 자료를 검색할 때 기업의 콘텐츠가 소비자에게 효과적으로 노출될 수 있도록 만들어 준다. 예를 들어, 홍삼과 관련된 블로그를 운영한다면 '홍삼종류' '홍삼효능' '부모님 선물' '건강식품' 등 소비자가 제품과 관련해서 자주 검색할 만한 키워드를 추출한 다음, 포스팅할 때마다 한두 가지의 핵심 키워드를 전략적으로 배치해서 해당 블로그가 검색 엔진에 노출되도록 하는 것이다. 검색 엔진 최적화는 블로그, SNS, 카페, 커뮤니티, 네이버 지식in 등의 콘텐츠를 검색 엔진이 잘 선택하고 노출할 수 있도록 관련 키워드를 최적화하는 작업으로서, 별도의 비용을 들여서 하는 검색 엔진 마케팅과는 다르다.

반면, 검색 엔진 마케팅(Search Engine Marketing: SEM)은 키워드 마케팅 혹은 키워드 광고라고도 하며, 어떤 브랜드와 관련된 키워드를 구매하여 관련 키워드를 소비자가 검색했을 경우 브랜드 홈페이지 또는 쇼핑몰 등을 상위에 노출시켜 브랜드를 인지시키거나 실제 매출로 연결하는 마케팅 활동을 말한다. 예를 들어, 네이버에서 '대출상담'이라고 검색할 경우 제일 상위에 노출되는 '파워링크' 및 '비즈 사이트'가 바로 검색 엔진 마케팅의 결과이다. 대부분 클릭당 비용으로 과금되고 정확한 타겟팅이 가능하며 광고 효과 분석이 용이하다. 또 시장 환경의 변화나 트렌드에 따라 장소나 시간의 제약 없이 시의적절하게 키워드를 변경해 가면서 실시간 마케팅이 가능하다는 장점이 있다.

검색 엔진의 검색 결과 화면은 크게 자연 검색 결과와 키워드 광고의 두 종류로 나뉜다. 자연 검색 결과는 검색 엔진 최적화(SEO)에 해당되며, 파워링크 등 광고 범위 내의 검색 결과는 키워드 마케팅 혹은 키워드 광고에 해당된다. 따라서 검색 엔진 최적화는 검색 엔진의 알고리즘에 웹사이트를 안팎으로 최적화하여 검색 엔진에서의 노출 기회를 늘리는 것이 목표이며, 검색 엔진 최적화를 염두에 두고 콘텐츠를 제작해야 한다.

일반적으로 검색 엔진 최적화를 향상시키기 위해 가장 기본적인 조건은 검색 엔진에서 소비자가 자주 검색하는 인기 검색어가 제목과 내용에 포함되도록 해야 한다. 반면, 콘텐츠 간에 상호 링크(cross linking)되도록 검색 엔진의 상위 순위에 표출시키는 것과 같은 보다 전문적인 기술은 키워드 광고를 활용해야 한다.

2. 검색 엔진 최적화의 핵심 성과 지표

핵심 성과 지표(KPI)는 마케터가 진행한 수많은 마케팅 캠페인의 가치와 그 성공을 수치로 증명할 수 있는 지표이다. 이를 통해 해당 캠페인이 과연 성공적인지 정확하고 명확하게 측정할 수 있다. 검색 엔진 최적화의 경우 그 성공 여부를 확인하기 위해 잡아야 할 가장 중요한 KPI에는 키워드 순위 상승, 오가닉 유저(organic user)[1]와 세션(session)의 증가, 리드/전환(leads/conversions) 증가, 이탈률(bounce rate) 감소, 세션당 페이지 수 증가, 평균 세션 시간(average session duration) 증가, 페이지 로드 시간(page load time) 감소, 종료 페이지(top exit page) 증가, 크롤링 오류 감소 등이 있다. KPI 중 이탈률, 크롤링 오류, 페이지 로드 시간은 감소하고 나머지 KPI는 증가해야 고객 수, 이익, ROI 등이 증가할 수 있다.

1) 키워드 순위 상승

키워드 순위는 특정 키워드가 주요 검색 엔진 결과에서 배치되는 위치이다. 가장 첫 번째 위치에 있는 것이 가장 효과적이며, 또한 검색 쿼리[2]가 많은 키워드에서 검색되는 자사의 홈페이지 순위가 높을수록 더 좋다고 할 수 있다. 키워드 순위는 검색 엔진 최적화 성공과 직접적으로 연결되기 때문에 필수적인 KPI로 간주된다.

키워드 순위 상승(keyword ranking increases)은 트래픽, 리드 및 판매와 같은 다른 주요

1] 광고 없이 자연 유입이 이루어진 사용자를 말한다.

2] 사용자가 '웹에서 내가 원하는 정보를 찾아줘'라고 검색 엔진에 보내는 요청을 말하며, 사용자가 검색어를 입력하고 검색을 요청하면 쿼리가 만들어져 인터넷을 통해 검색 엔진에 전달된다.

목표를 달성하는 첫 번째 진입 포인트이다. 따라서 키워드 순위를 주의 깊게 관찰해야 한다. 키워드 순위가 수시로 변동하는 것은 지극히 정상적인 현상이며, 검색 엔진의 알고리즘 업데이트로 인해 크게 변할 수도 있지만 장기적인 관점에서 성장을 보아야 한다.

만약 순위가 떨어지면 사이트에서 해결해야 할 문제가 바로 보이는 것이 아니기 때문에 가능하면 매일 관찰하면서, 조금 변동이 있더라도 당황하지 말고, 온 페이지와 오프 페이지 최적화 노력으로 키워드 순위를 향상시켜야 한다.

고품질 콘텐츠 추가에서부터 속도 최적화, 링크 빌딩 및 소셜 인게이지먼트에 이르기까지 다른 검색 순위 요소들이 키워드 향상에 도움이 된다. 또한 과도한 최적화는 아무것도 안 하는 것만큼 나쁜 것이다.

미국의 경우 SEMRush나 SE Ranking 같은 도구를 사용하여 키워드 순위를 트래킹할 수 있으며, 한국의 경우 네이버 광고시스템의 키워드 도구 기능을 이용하면 검색량을 분석할 수 있다.

브랜드명이나 서비스, 비즈니스 위치 등과 관련된 구체적인 롱테일 키워드는 자연 유입으로 키워드 검색 순위를 올리기에 가장 용이하다. 이러한 것들은 검색 쿼리가 많은 키워드에 비해 경쟁 강도도 낮고 무엇보다 상대적으로 높은 전환(conversion)을 보여 주기 때문에 장기적인 검색 엔진 최적화 전략의 일환으로 볼 수 있다.

2) 오가닉 유저와 오가닉 세션의 증가

오가닉 유저(organic user)와 세션(session)의 증가는 검색 엔진 최적화의 핵심 목표인 웹사이트를 보다 명확하게 분석할 수 있기 때문에 가장 중요한 핵심 성과 지표이다. 오가닉 유저 및 세션의 증가와 같은 오가닉 트래픽(organic traffic)은 구글 애널리틱스에서 직접 측정하거나 다른 제3자(3rd-party) 애널리틱스 등에서 측정한 다른 데이터 요소들을 통합하여 측정할 수 있다.

세션은 웹사이트 방문, 해당 방문 중 사용자가 수행한 작업, 즉 사이트에서 사용자가 종료한 작업으로 정의된다. 사용자가 오프 상태로 기본적으로 30분 동안 사용하지 않으면 세션이 종료된다. 이뿐만 아니라 단일 사용자가 여러 개의 세션을 생성할 수도 있다.

오가닉 세션은 구글이나 네이버 같은 검색 엔진에서의 웹사이트 방문을 측정한다. 오가닉 세션의 증가에는 브랜드 인지도와 키워드 순위 등 몇 가지 원인이 있다. 첫째, 디지털 혹은 전통적인 마케팅 활동으로 인해 브랜드 인지도가 높아지면 결과적으로 브랜드명이나 제품명에 대한 보다 많은 검색 결과를 확인할 수 있다.

둘째, 오가닉 세션은 검색 엔진 결과 페이지의 검색 순위에 따라 증가한다. 예를 들어, 검색량이 많은 키워드의 검색 순위가 2페이지에서 1페이지로 향상된다면 오가닉 세션이 급증할 수 있다. 따라서 설득력 있는 페이지 제목을 만들고 명확하고 매력 있는 CTA 문구로 메타 디스크립션(meta description)[3]을 작성하여 더 많은 오가닉 유저와 세션을 유도해야 한다. 메타 디스크립션은 검색 사용자의 클릭을 유발한다. 웹사이트의 첫인상을 결정하는 가장 큰 요소 중 하나는 웹사이트 디자인이 아니라 검색 엔진 결과 페이지에 보이는 메타 디스크립션이다. 검색 결과 페이지에서 좋은 메타 디스크립션이 보이지 않으면 웹사이트로 방문조차 하지 않는다.

오가닉 유저와 세션의 증가는 검색 엔진에서 그만큼 더 많고 가치 있는 지분을 차지하고 있다는 것을 의미하며, 이는 검색 엔진 최적화 캠페인을 통해 이루고자 하는 목표와 일맥상통한다. 온 페이지 혹은 오프 페이지 최적화를 비롯한 디지털 마케팅뿐만 아니라 전통적인 마케팅까지 모두 이 오가닉 세션을 증가시키는 데 도움을 줄 수 있다.

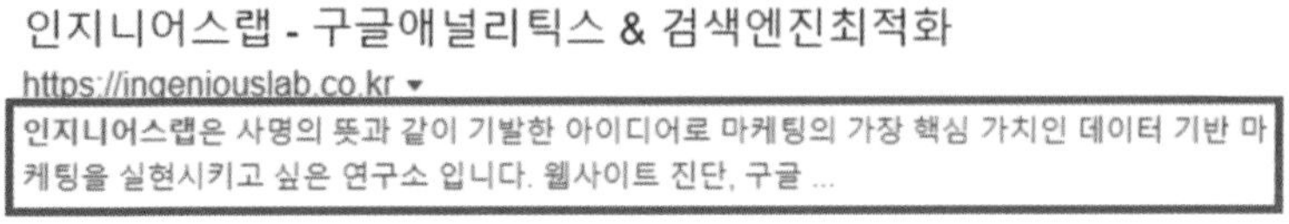

인지니어스랩 - 구글애널리틱스 & 검색엔진최적화
https://ingeniouslab.co.kr ▾
인지니어스랩은 사명의 뜻과 같이 기발한 아이디어로 마케팅의 가장 핵심 가치인 데이터 기반 마케팅을 실현시키고 싶은 연구소 입니다. 웹사이트 진단, 구글 ...

[그림 9-1] 메타 디스크립션의 예

출처: 인지니어스랩.

---

[3] 검색 엔진의 결과 페이지에 표시되는 몇 줄의 텍스트로 표시된 것을 말한다. 메타 디스크립션은 HTML의 구성요소 중 하나로, 해당 페이지에 대한 요약문 역할을 한다.

3) 리드/전환 증가

앞에서 언급한 두 가지 KPI는 사이트에 방문자들을 끌어오기 위한 것과 관련이 있다. 그러나 사이트에 방문한 후에 방문자들이 취해야 할 행동은 바로 세일즈(sales)로 전환될 수 있는 리드(lead) 생성이다. 리드는 잠재고객과의 모든 종류의 접촉을 의미한다. 이러한 접촉은 회원 가입, 뉴스레터 구독, 제품 문의 및 상담, 전화, 웨비나 등록, 제품 및 서비스 구독, 구매 완료 등이 있다.

구글 애널리틱스(GA)에서도 KPI와 관련된 목표와 이벤트를 설정하면 다양한 측정 기준으로 리드를 트래킹(tracking)할 수 있다. 예를 들어, 모바일과 데스크톱 중에서 어디가 전환율이 높은지, 성별에 따른 전환율은 어떠한지, 가장 많은 리드를 이끌어 낸 페이지는 무엇인지를 분석할 수 있다. 또한 목표 유입 경로(퍼널)를 설정하여 사람들이 프로세스에서 이탈한 위치를 확인하고 사이트를 개선하고 캠페인을 거기서부터 반복할 수도 있다.

리드의 증가는 더 많은 사이트 방문자를 끌어들이고 있다는 것을 의미할 뿐만 아니라 전체 방문자 중 더 많은 이들이 마케터가 원하는 전환 작업을 완료하고 있다는 것을 의미한다. 이는 고객 기반을 늘리고 매출을 늘리는 핵심적인 비즈니스 목표와 매우 밀접하기 때문에 당연히 핵심 KPI 요소로 볼 수 있다. 이러한 KPI의 결과를 향상시키기 위해서는 CRO(전환율 최적화)와 UX(사용자 경험)에 중점을 두게 된다. 예를 들면, 전환율 최적화를 위해 웹사이트를 쉽게 탐색할 수 있는지, CTA가 눈에 잘 띄고 명확한지, 콘텐츠가 신뢰할 만하고 설득력이 있는지, 사용자가 쉽고 예상된 방식으로 전환 유입 경로를 이동할 수 있는지와 같은 질문을 던질 수 있다.

4) 이탈률 감소

이탈률(bounce rate)은 누군가 웹사이트를 방문했다가 아무 일도 하지 않고 떠났다는 것을 의미한다. 즉, 첫 번째 페이지 뷰 이후 다른 페이지를 조회하지 않았거나 아무런 상호작용이 없었다는 것을 말한다. [그림 9-2]의 세 가지 세션 중 세션 1과 세션 2는 첫 번째 페이지 뷰 이후 다른 페이지 뷰 또는 이벤트를 통해 상호작용을 완료한 반면, 세션 3은 아

[그림 9-2] 페이지 뷰 이후 고객 이탈의 예

출처: D.MENTION (2018. 5. 15.).

무런 히트 없이 종료되어 이탈이 발생했다. 일반적인 이탈률은 40~60%이며, 모든 세션의 약 절반이 아무런 조치 없이 이렇게 종료된다. 물론 이는 업계 혹은 회사에 따라서 크게 달라진다.

이탈률이 낮다는 것은 검색 엔진 알고리즘에 대한 우선순위가 사용자의 검색어를 만족시키고 있다는 것을 나타내기 때문에 중요한 KPI이다. 사용자가 키워드를 검색하면 구글은 문제를 해결할 수 있고 가장 관련성이 높은 최상의 콘텐츠를 제공하기를 원하기 때문이다. 물론 사용자가 검색 결과 페이지로 다시 돌아오면 해당 페이지가 관련성이 없고 탐색하기 힘들거나 신뢰할 수 없음을 보여 줄 수 있다.

5) 세션당 페이지 수 증가

세션당 페이지 수는 평균적으로 한 세션 동안 사용자가 방문한 페이지 수를 측정하는 간단한 지표이다. 또한 한 페이지의 반복 방문을 나타낸다. 세션당 페이지 수를 측정하는 항목은 사이트 아키텍처(site architecture)의 깊이와 전환 유입 경로의 복잡성에 따라 다르다. 예를 들어, 한 페이지짜리 웹사이트가 있는 경우 세션당 1페이지가 완벽한 수치이다. 이 경우에는 사이트에서 머무르는 시간을 확인하는 것이 좋다. 사용자에게 알리는 데 중점을 둔 콘텐츠 위주의 사이트 혹은 일반적으로 여러 제품을 보고 여러 단계의 결제 프로세스가 있는 이커머스(e-commerce) 사이트의 경우에는 평균 세션당 더 많은 페이지가 표시된다.

사용자 행동을 트래킹하는 다른 측정 항목과 마찬가지로 세션당 페이지는 사이트의 가치와 품질, 사용자 탐색 방법을 나타내는 중요한 KPI이다. 사용자가 100페이지를 방문한다고 해도 전환이 이루어지지 않으면 실질적인 가치는 없다고 할 수 있다. 따라서 깊은 내부 페이지에서도 사용자를 전환 유입 경로로 더 깊게 안내할 수 있도록 눈에 잘 띄는 CTA가 있어야 한다.

6) 평균 세션 시간 증가

평균 세션 시간(average session duration)은 웹사이트 평균 방문 시간을 측정하는 항목이다. 콘텐츠와 사이트의 구조가 깊을수록, 방문하는 시간이 더 길 것으로 예상할 수 있다. 평균 세션 시간은 사이트의 콘텐츠 품질을 확인하고 어떻게 해야 사용자들이 머무르고, 읽고, 클릭하게 할 수 있는지 그 인사이트를 제공하기 때문에 중요한 KPI 지표이다. 평균 세션 시간이 짧아지면 뭔가가 사용자를 혼란스럽게 하고 있다는 것을 알 수 있다. 잠재고객을 리드 혹은 구매고객으로 전환하기 위해 눈에 잘 띄고 명확한 CTA에 계속 집중해야 한다.

7) 페이지 로드 시간 감소

페이지 로드 시간(page load time)은 사이트를 로드하는 데 걸리는 시간으로 지금까지 언급한 대부분의 지표에도 어느 정도 기여하게 되는 항목이다. 만약 웹사이트를 로드하는데 시간이 너무 오래 걸리면 검색 결과 페이지로 다시 되돌아갈 확률이 그만큼 높아진다. 즉, 사이트 로드가 너무 느리면 사이트에서 처음 방문한 랜딩 페이지에 이어 더욱 깊숙한 페이지로 넘어갈 가능성이 그만큼 더 줄어든다. 이렇게 해당 기업과의 첫 번째 접점에서 불편을 겪으면 전환 가능성이 매우 낮아진다.

이상적인 페이지 로드 시간은 콘텐츠의 복잡성과 사용자의 인내심에 따라 달라질 수 있지만 대개 대부분의 사용자들은 페이지를 로드하는 데 3초 이상 걸리면 이탈하게 된다. 이어 더욱 깊숙한 페이지로 로드할 때마다 이탈률은 더욱 증가하게 된다. 예를 들어, 로드하는 데 5초가 걸리는 페이지는 1초 내에 로드되는 페이지와 비교하여 이탈률이 90% 이상 높다.

사이트의 로드 시간을 확인하고 이를 개선하기 위해 서버, 코드, 콘텐츠, 이미지, 페이지 레이아웃에 대해 수행할 수 있는 최적화 작업을 진행해야 한다. 예를 들어, 10년 동안 쌓아둔 비대한 코드, 방대한 이미지, 리다이렉트(redirect) 체인(chain)을 수정하는 대신, 이미지, 콘텐츠, 코드를 최적화하는 편이 훨씬 쉽다. 즉, 웹사이트 작업을 수행할 때마다 페이지 레이아웃을 다시 디자인하든 새로운 그림을 업로드하든, 그 로드 속도를 염두에 두고 진행해야 한다.

8) 종료 페이지 증가

종료 페이지(top exit pages)는 사용자가 세션을 종료하거나 탭 또는 브라우저를 닫거나 새로운 웹사이트를 검색하기 전에 사용자가 마지막으로 방문한 페이지이다. 사람들이 웹사이트를 떠날 때 종료 페이지에서 무조건 부정적인 경험을 갖는 것은 아니다. 사용자는 완전히 만족한 경험을 가진 상태로 감사 페이지 혹은 구매 완료 페이지에서 종료할 수도 있다. 하지만 이 여정을 끝까지 끝내려고 하지 않는 사용자가 많은 경우에는 CRO와 UX 작업을 통해 이를 개선할 수 있다. 참고로 GA 내에서도 행동 분석 → 사이트 콘텐츠 → 종료 페이지로 이동하여 이러한 사용자 여정과 관련된 세부 정보를 확인할 수 있다. 또한 원시적인 이탈 수 자체뿐만 아니라 이탈률도 중요하다. 종료 페이지가 아닌 페이지의 이탈률이 높으면, 이는 최적화가 필요한 단계로 볼 수 있다.

9) 크롤링 오류 감소

크롤링 오류(crawling errors)도 검색 엔진 최적화의 KPI 지표 중의 하나이다. 크롤링은 구글봇(Googlebot)과 같은 소프트웨어 따위가 웹을 돌아다니며 유용한 정보를 찾아 특정 데이터베이스로 수집해 오는 작업 혹은 그러한 기술을 말한다. 크롤링 오류는 검색 엔진과 같은 크롤러가 잘못된 URL을 크롤링하거나 [그림 9-3]처럼 페이지 인식이나 페이지 가

●표 9-1● 크롤링 오류 유형

크롤링 오류 유형		설명
사이트 오류	DNS 오류	검색 엔진이 사용자 서버와 통신할 수 없음을 의미(사이트 방문 불가) 예: 사이트 다운
	서버 오류	봇이 웹사이트에 액세스할 수 없다는 의미 예: 사이트 업로드 요청 시간 초과 혹은 사이트에 방문자가 너무 많아 서버가 모든 요청을 처리할 수 없는 경우
	로봇 실패	서버의 robots.txt에서 액세스를 허용하지 않을 경우, 즉 서버에 추가된 'robots.txt' 파일이 크롤링 액세스를 금지할 경우. 이러한 문제를 해결하려면 크롤링을 허용하도록 'robots.txt' 파일을 구성해야 함
URL 오류		검색 엔진 봇이 웹사이트의 특정 페이지를 크롤링하려고 할 때 발생 예: 주어진 페이지가 더 이상 존재하지 않거나 잘못된 URL을 입력할 경우, 혹은 리다이렉트 체인(redirect chain)이 있는 경우

저오기에 실패한 것을 말한다.

　이 같은 크롤링 오류는 [그림 9-4]의 왼쪽 빨간 박스에서 보이듯이 GA 내의 구글 서치 콘솔(Google Search Console)의 '크롤링 오류'에서 확인할 수 있다. 참고로 구글 서치 콘솔에서 'Fetch as Google' 도구를 선택하고 가져오기와 렌더링 옵션을 클릭하면 언제든지 페이지의 크롤링 가능성을 테스트해 볼 수 있다.

[그림 9-3] 크롤링 오류의 예

출처: Jane Kim (2018).

크롤링 오류는 크게 사이트 오류와 URL 오류로 구분할 수 있다. 사이트 오류는 구글봇이 DNS(Domain Name System, 도메인 네임 시스템) 서버와 통신할 수 없거나, 요청 시간이 초과되거나, 사이트가 다운된 경우 발생할 수 있다.

URL 오류는 검색 엔진 봇이 웹사이트의 특정 페이지를 크롤링하려고 할 때 발생하는 크롤링 오류이다. 즉, 주어진 페이지가 더 이상 존재하지 않거나 긴 리다이렉트 체인(redirect chain)이 있는 경우 크롤링 오류는 URL 수준에서도 발생할 수 있다. 크롤링 오류가 급증하는 경우 크롤링 오류가 서버 수준이거나 URL 오류가 핵심 페이지에 영향을 준다면 특히 조치를 취해야 한다.

구글봇이나 다른 검색 엔진들의 크롤러는 사이트의 가치 혹은 관련성을 평가하기 위해 사이트 콘텐츠에 완전히 읽고 쉽게 액세스할 수 있어야 한다. 사이트에 크롤링 오류가 있다면 구글봇이 사이트에 액세스하거나 콘텐츠를 읽는 데 문제가 있다는 것을 의미한다. 따라서 검색 엔진 최적화 작업에서 크롤링 오류가 가급적 발생하지 않도록 해야 한다.

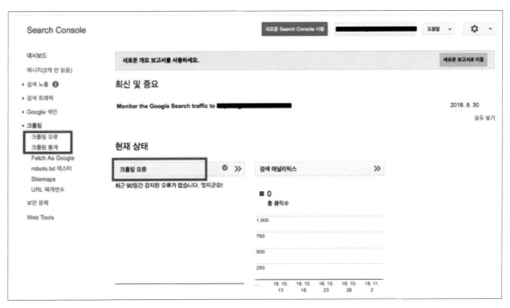

[그림 9-4] 구글 서치 콘솔의 '크롤링 오류'

출처: Jane Kim (2018).

3. 블로그 검색 엔진 최적화

블로그 검색 엔진 최적화란 블로그 콘텐츠를 검색 엔진이 잘 선택하고 노출할 수 있도록 관련 키워드를 최적화하는 작업이다. 구글처럼 블로그가 아닌 일반 웹사이트는 네이버에서 검색어를 최적화하기 무척 어렵다. 이 때문에, 네이버에서는 검색어 최적화를 블로그 최적화라고 한다. 블로그 검색 엔진을 최적화하기 위해서는 블로그에 포스팅할 때 검색 엔진에 쉽게 노출될 수 있는 글을 써야 한다. 일반적으로 블로그 포스트[4]를 검색 상위에 노출하는 방법은 여섯 가지가 있다.

첫째, 포스팅 상단에 핵심 검색어를 입력한다. 포스팅(블로그의 본문 영역을 작성하여 만드는 행위)을 할 때 가장 기본이 되는 것은 제목에 핵심 검색어를 입력하는 것이다. 제목은 자연스럽게 표현하되, 의문문 형태로 질문하듯이 표현하면 호기심을 유발해 제목을 보고도 클릭하게 한다. 제목뿐만 아니라 포스팅한 내용에도 '검색 키워드'를 삽입한다. 본문에서

[그림 9-5] 키워드의 비중

출처: 이광성(2015).

---

4) 글을 적거나 이미지, 동영상 등을 올리는 본문 영역을 말한다.

도 검색어와 관련된 내용을 자연스럽게 서술함으로써 검색 엔진이 쉽고 정확하게 자사 블로그를 찾아낼 수 있도록 해야 한다. 포스팅 부분 중 상단에 '검색 키워드'를 많이 넣을수록 검색에 유리하다. 최소 다섯 장 이상의 이미지와 동영상이 삽입된 경우에도 이미지 사이에 핵심 검색어가 노출되도록 해야 한다. 둘째, 태그에도 핵심 검색어를 입력한다. 하단에 있는 태그에 핵심 검색어를 입력하는 것이다. 태그는 블로그 최적화를 유도하는 데 중요한 역할을 하며, 핵심 검색어가 태그와 같다고 생각하면 된다. 셋째, 이미지를 적절하게 활용한다. 포스팅할 때는 텍스트 위주로 구성된 것보다 이미지가 적절하게 배치되면 검색 수가 높아진다. 그림을 넣을 때는 jpg 파일이 검색에 유리하고 평균 5장 이상 넣되, 가능하면 선명도나 화질이 높은 것이 좋다. 넷째, 검색 엔진이 좋아하는 포스팅 기본 양식은 제목에 핵심 키워드 1회 이상, 이미지와 이미지 사이에 들어가는 키워드, 태그에 반복적인 핵심 키워드를 중복해서 표시하는 방식이다. 다만 블로그의 글을 가져와 복사하여 붙인 글이나 목적이 없는 글, 이미지만 있는 글은 포스팅이라고 말할 수 없다. 다섯째, 검색 엔진 최적화를 통해 단일 페이지가 높은 순위를 차지한다고 해도, 관련 페이지에서 링크들이 제대로 작동해야 한다. 즉, 몇몇 페이지와 글에 전략 키워드를 서로 링크시키면 검색 엔진 순위 상승 가능성이 커진다. 여섯째, 검색 순위를 높이려면 문구 하나를 정해서 그 문구에 집중해야 한다. 어떤 페이지는 한 페이지에 '무료 온라인 계좌'와 '무료 계좌 온라인'이 동시에 있을 때도 있다. 이런 경우 둘 다 높은 검색어 순위에 들기 어렵다.

블로그 검색 엔진 최적화의 첫 번째 과정은 내 블로그에 적절한 키워드를 찾아내는 것이다. 키워드는 소비자가 관심이 있어 일정 수 이상 꾸준히 검색되어야 한다. 소비자가 관심이 없어서 아무도 검색하지 않는 키워드를 쓴다면 방문자가 없어질 것이다. 반대로 인기 키워드는 경쟁이 치열해서 키워드 관련 콘텐츠를 작성하더라도 상위에 노출되기 어렵다. 키워드를 결정했다면 실제로 해당 키워드를 얼마나 많은 사람이 검색하는지를 네이버 검색 광고 관리 시스템에서 확인할 수 있다.

4. 카페 검색 엔진 최적화

카페 게시글을 검색 상위에 노출하는 카페 검색 엔진 최적화도 블로그 검색 엔진 최적화와 유사하다. 카페 검색 엔진 최적화를 위해, 첫째, 카페 글의 제목과 내용에 핵심 키워드를 배치해야 한다. 특히 사람들이 자주 검색하는 키워드를 제목과 내용에 포함해야 검색 상위 노출에 유리하며, 문장의 길이는 2~4줄 이내로 짧게 작성하는 것이 좋다. 또한 핵심 키워드와 연관 키워드를 단락마다 적절히 배치하고 카페의 제목과 핵심 키워드를 통일시키면 유리하다.

둘째, 카페 활동지수와 운영지수를 높여야 한다. 카페 글이 최신 글일수록, 카페 회원 수가 많을수록, 글에 사진이 포함될수록, 활동성(조회 수, 댓글 수, 답글 수)이 높을수록 검색 노출 순위에 유리하다. 등록한 게시글에 회원들의 지속적인 댓글이 달릴 수 있도록 하고 회원들의 댓글이 올라오면 빠르게 답글을 달 수 있게 해야 활동성이 높아질 수 있다. 만약 블로그를 지속해서 운영한 상태라면 블로그를 운영 중인 아이디를 이용하여 카페를 운영하는 것이 상위 노출에 유리하다. 이것은 운영 중인 블로그 아이디의 운영자 수가 신규 카페 아이디의 운영자 수보다 상대적으로 높기 때문이다.

디 지 털 시 대 의 애 드 테 크 신 론

제10장

A/B 테스트의 이해

FTSE 200
8942.95
+1.65%

1. A/B 테스트란

A/B 테스트는 말 그대로 웹이나 앱에서 A 버전과 B 버전 두 개의 버전을 무작위로 사용자들에게 보여 주고 어떤 버전이 더 효과적인지(어떤 버전이 높은 전환율 또는 재구매율 성과를 얻는지)를 판단하는 방법이다.

즉, A/B 테스트란 웹사이트 사용자를 임의로 두 집단으로 나누고, 한 집단에게는 기존 사이트를, 다른 집단에게는 새로운 사이트를 보여 준 다음, 두 집단 중 어떤 집단이 더 높은 성과를 보이는지 측정하여 새 사이트가 기존 사이트에 비해 얼마나 효과적인지 정량적으로 평가하는 방식이다. 성과는 새 사이트의 목표에 따라 다른데, 보통은 회원 가입률, 재방문율, 구매 전환율 등의 지표를 말한다.

여기에서 현재 사용되며 운영되고 있는 사이트를 A 버전이라고 하며, 기존의 사이트에 약간의 변경을 가하여 일부 사항이 수정된 새 사이트를 B 버전(실험 대상이 되는 버전)이라고 한다. 일반적으로 수정된 B 버전은 사용자의 행동에 영향을 미칠 수 있는 하나의 변형(카피를 바꾸거나 새로운 기능을 추가)을 제외하면 나머지는 동일하게 유지한다. 각 버전을

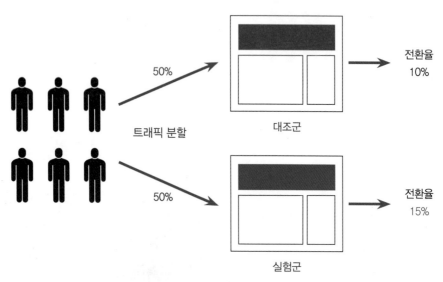

[그림 10-1] A/B 테스트의 사례

출처: 재밌는 그로스 해킹(2019. 10. 28.).

본 사용자의 행동 데이터를 통계적으로 분석하여 특정한 변화를 준 실험 사이트인 B 버전이 목표를 더 높게 달성하는지를 파악할 수 있다.

[그림 10-1]에서 보이듯이 한 웹사이트에서 한 개의 버튼 요소의 디자인만 다른 두 가지 버전을 무작위로 사용자에게 제공해, 두 디자인의 상대적인 효용성을 측정할 수 있다. 실제 대상자를 반으로 나눈 후 두 가지 포맷의 테스트 자료(버튼, 이미지 등을 바꿈)를 만들어서 이를 A, B 그룹 각각에 제공하였다. 이에 따라 각 그룹이 얼마나 반응했는지를 판단한 후 결과가 우수한 버전을 실전에 채택하였다.

A/B 테스트가 중요한 이유는 가설을 직관이나 경험이 아니라 실제 데이터로 증명할 수 있기 때문이다. 예를 들어, 유튜브의 새로운 서비스인 유튜브 레드(YouTube Red)의 홍보 캠페인에서 "30일간 무료 체험"이라는 카피를 추가하면 클릭률이 증가할 것이라는 가설이 있다고 한다면, 웹에서는 사용자 행동을 트래킹할 수 있기 때문에 사용자들이 실제로 어떻게 반응하는지 정량적으로 측정할 수 있다. 실제 사용자들의 심리와 행동을 파악하는 귀중한 자료가 되고, 이 피드백을 통해 서비스를 최적화할 수 있다.

A/B 테스트의 목적은 웹 디자인 혹은 UX 디자인과 같은 온라인 영역에서, 관심 분야에 대한 긍정적인 결과를 늘리거나 사용자 반응을 극대화하는 웹페이지에 대한 변경 사항이 무엇인지를 규명하기 위한 것이다.

A/B 테스트를 하면 방문자를 '임의로' A 집단과 B 집단으로 나누어 A 집단의 방문자에게는 기존 디자인을 보여 주고 B 집단의 방문자에게만 새 디자인을 보여 준다. 새 디자인을 적용하기 전의 매출과 새 디자인을 적용한 후의 매출을 직접 비교하는 대신, 실험을 통해 A 집단과 B 집단의 매출을 비교하면 시간의 흐름에 따라 발생하는 다른 요인들(예를 들어, 경쟁 쇼핑몰 부도, 신상품 입고, 경기 변동 등)을 통제할 수 있기 때문에 순수하게 디자인 변화로 인한 매출 차이만을 가려낼 수 있다. 실험 후 A 집단에 비해 B 집단에서 매출 증가가 있었다면 '디자인 개편'과 '매출 증가' 사이에는 인과관계가 성립할 가능성이 대단히 크다고 말할 수 있다. 배너 광고의 클릭률(click-through rate)을 증대시키기 위하여 [그림 10-2]와 [그림 10-3]에서 보이는 것처럼 카피를 추가하거나 바꾸어 사용자 경험과 클릭 전환율을 높이는 것이 그 예이다.

A/B 테스트는 그로스 해킹 과정의 일부로 두 개의 버전을 나누어 어떤 것이 성과(예를

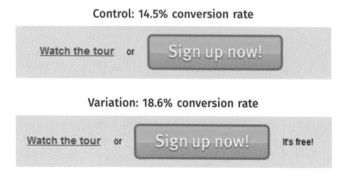

[그림 10-2] 카피 추가의 예

출처: Affde (2020. 12. 18.).

[그림 10-3] 카피 변경의 예

출처: Paras Chopra (2010. 6. 24.).

들어, 쇼핑몰 사이트의 경우 재방문률이나 구매 전환율)가 좋은지를 정량적으로 평가하는 방식이다. 반면, A/B 테스트와 달리 다변량(다항) 테스트(Multivariate Testing: MVT)는 동시에 여러 개의 요소를 테스트하거나 더 많고 복잡한 사항을 수정하여 테스트하는 것을 말한다. 예를 들어, CTA 버튼의 색상과 크기, 문구의 3개 요소의 조합인 6개의 버전을 테스트하는 것이 이에 해당한다.

2. A/B 테스트의 목적

1) 전환율 개선

A/B 테스트는 아마존, 구글, 넷플릭스 등 웹과 앱을 기반으로 하는 비즈니스에서 전환율에 문제가 있다고 느낄 때와 전환율 개선을 위하여 새로운 기능을 테스트하고 디자인을 최적화하려고 할 때 활용된다. 즉, A/B 테스트는 웹사이트를 개발하거나 운영하면서 기대

[그림 10-4] 개인정보 입력 양식의 변화

출처: Paras Chopra (2010. 6. 24.).

하는 만큼의 성과가 나지 않을 때 웹사이트를 개선하고 이를 다시 최적화하기 위한 작업의 일부라고 할 수 있다.

특히 A/B 테스트는 주로 이커머스 웹페이지에서 마케팅과 관련해서 많이 쓰이고 모바일 앱이나 게임 분야에서도 폭넓게 사용된다. 이 테스트를 통해 웹사이트를 최적화하고, 비즈니스의 성장을 위해 어떤 것을 선택할지 결정을 내릴 수 있다. 따라서 A/B 테스트의 기본적인 목적은 기술적 관점에서 보면 웹사이트를 개선하는 것이다. 하지만 비즈니스 관점에서 보면 온라인 쇼핑몰과 같은 웹사이트 개선의 목적은 전환율 개선을 통한 수익률 증대라고 볼 수 있다. 이를 위해 웹사이트 디자인의 구성요소들, 예를 들어 카피(텍스트), 이미지, 색상, 레이아웃(예: 상품 배치) 같은 요소들뿐만 아니라 사용자의 행동 변화에 영향을 줄 수 있는 인터페이스들(예: CTA) 등에 변화를 주어 웹사이트 UX를 개선할 수 있다. [그림 10-4]처럼 어떤 웹사이트에서 회원 정보 입력 칸을 문장 스타일의 정보 입력 양식으로 변경함으로써 입력을 완료할 확률이 25%에서 40%로 증가한 것을 발견하였다.

A/B 테스트는 구체적이고 명확한 기능이나 디자인을 테스트할 때 효과적이다. 하지만 완전히 새로운 기능을 추가하거나 훨씬 높은 단계의 의사결정에 관해서는 효과적이지 않다. 예를 들어, 프리미엄 기능을 추가한다거나, 현재 시작 페이지에 어떤 문제가 있는가와 같은 추상적이고 광범위한 질문에는 대답하기 어렵다.

일반적으로 사용자가 웹사이트를 방문한 후 결제 완료 페이지에 바로 유입이 되기보다는 제품 상세 페이지와 장바구니 등 여러 단계의 퍼널을 거쳐 유입이 되는 경우가 많다. 이 때 A/B 테스트를 통하여 퍼널의 각 과정에서의 이탈률을 개선하면 전환을 최적화하거나 개선할 수 있다. 따라서 사용자가 웹사이트에 접속한 후 구매 전환에 이르기까지 각 단계에서의 퍼널 분석이 필요하다. 서비스에서 사용자들이 통과하는 퍼널을 단계적으로 분석해 보고, 이 과정에서 A/B 테스트로 개선이 필요한 지표를 선택한다. 예를 들어, 사용자들이 특별히 많이 이탈하는 단계나 최종 목표인 구매 전환에 가장 큰 영향을 주는 단계를 개선해야 할 지표를 먼저 선정하여 A/B 테스트를 진행할 수 있다.

2) 가격 조정

두 번째로 가격을 조정하여 고객의 반응을 살펴볼 때 A/B 테스트를 진행한다. 가격을 변경할 때 진행한다고 고객에게 적발되었을 경우 위험이 따른다. 실제 A/B 테스트 과정이 부실하면 실제로 고소까지 당하는 경우가 발생한다. 따라서 절대로 동일한 제품이나 서비스를 가격만 다르게 해서 실험을 진행하면 안 된다. 가격에 대한 A/B 테스트를 진행할 때는 가격에 포함된 혜택들을 조금 바꾸어 볼 수 있고, 제품의 구성을 변경하여 수익률을 비교해 보는 식으로 진행할 수도 있다.

3. A/B 테스트의 과정

A/B 테스트는 오래전부터 과학의 실험 연구 방법에서 가설을 입증하기 위해 사용되어 온 대조군(controlled group)과 실험군(experimental group)을 비교 검증하는 것과 본질적으로 동일하다. 즉, A/B 테스트는 실험연구에서 실험집단과 통제집단(대조군)을 비교하는 통제집단 실험 설계(control group experimental design)라고 보면 된다. 따라서 실험연구라는 과학적 방법론을 인터넷 환경에 맞게 실행하는 것으로 볼 수 있다. A/B 테스트는 다음과 같은 단계를 거친다.

1) 1단계: 조사수행

1단계는 인사이트를 찾기 위해 기존에 존재하는 데이터를 모으고 들여다보는 것이다. 설문조사, 구글 애널리틱스(GA), 사용자 테스트와 같은 웹사이트 분석 도구를 사용하여 방문자의 행동에 대한 데이터를 수집하고 측정 항목을 점검한다. 방문자의 행동이 전환되는 시점에서 전환을 중단하는 원인과 웹사이트에서 문제가 되는 기능과 영역을 파악한다.

2) 2단계: 목표와 지표의 구체화

2단계에서는 A/B 테스트를 통해 달성하고자 하는 목표를 명확히 해야 한다. 개선해야 할 목표와 지표를 결정한다. 목표에는 전환율 등이 포함될 수 있다. 예를 들어, 자동차 튜닝 업체가 온라인 홍보를 위해 웹사이트의 메인 사진을 바꾸어 보고자 한다면, 랜딩 페이지의 비주얼이나 카피 변화를 통해 전환율을 높이는 것을 목표로 할 수 있다.

3) 3단계: 가설 세우기

1단계에서 진행한 결과로 얻은 인사이트를 바탕으로 전환을 늘리기 위한 가설을 세운다. 예를 들어, 2단계에서 랜딩 페이지의 비주얼이나 카피 변화를 통해 전환율을 높이는 것을 목표로 세운다면, 3단계에서는 두 개의 버전 중 저가부터 고가까지의 다양한 튜닝된 차를 디스플레이하는 B 버전이 방문자들의 클릭 수를 더 높일 것이라는 가설을 세울 수 있다. 즉, 목표와 지표가 있다면 그다음 단계는 이제 어떤 변화를 주어야 이 지표가 향상될 수 있을지와 왜 그럴지에 관해 가설을 세운다. 예를 들어, '결제 페이지를 3단계에서 2단계로 바꾸면 결제하기를 클릭한 사람 중 완료한 사람의 비율이 높아질 것이다. 이는 결제 단계가 간단하면 중간에 포기하고 나가는 고객이 줄어들 것이기 때문이다.'라는 가설을 세울 수 있다. 여기에서 결제 단계를 간소화하는 것뿐만 아니라 사용자의 행동에 영향을 미치는 요소라면 무엇이든지 A/B 테스트의 대상이 될 수 있다. 예를 들어, 헤드라인, 텍스트, 이미지, 사용 후기, CTA(Call To Action) 버튼, 링크, 페이지 레이아웃, 접기 버튼, 기사 스크랩 등을 A/B 테스트의 대상으로 하여 가설을 세우고 검증할 수 있다.

4) 4단계: 실험 설계

실험 설계에서는 모집단의 정의, 표본 크기의 결정, 분기 단위 및 분석 단위의 결정, 실험 기간의 결정 등이 포함된다. 먼저, 실험을 할 때 표본의 크기를 결정해야 한다. 표본의 숫자가 많을수록 신뢰도 높은 결과를 얻을 수 있으나, 경우에 따라서는 모든 사용자를 대상으로 하기보다는 특정 목표 집단을 대상으로 하는 것이 바람직하다. 예를 들어, 홈페이지의 한국어 폰트(font)를 변경하는 테스트를 진행할 경우 이 변화의 영향을 받는 사용자가 한국인이기 때문에 외국인 사용자는 제외하는 것이 바람직하다. 따라서 실험의 대상이 되는 모집단을 정확히 정의를 내려야 한다. 표본과 표본의 크기는 구글 옵티마이즈(Google Optimize)와 같은 A/B 테스트 프로그램을 사용하면 쉽게 찾을 수 있다.

코호트(cohort)를 기준으로 A/B 테스트를 진행할 수 있는데, 코호트란 특정 기간 동안 특정 경험을 공유한 사람들의 집합을 말한다. 예를 들어, 앱 설치가 기준이라면 4월에 앱을 설치한 그룹과 5월에 앱을 설치한 그룹으로 구분하는 식이다. 코호트 분석은 사용자의 행동을 분석할 때 널리 쓰이는 방법으로, 코호트를 사용해 새로이 앱을 설치하여 서비스를 사용하기 시작한 사용자들을 대상으로만 A/B 테스트를 실시한다면 학습효과(시간이 지남에 따라 차차 변화하는 것으로, 예를 들어 앱이나 서비스에 익숙해지는 것)를 데이터에서 배제할 수 있다.

또한 실험집단과 대조집단을 나눌 때 나누는 기준, 즉 분기(division) 단위를 결정해야 한다. 일반적으로 사용자 ID, 쿠키(익명의 ID), 이벤트를 기준으로 구분한다. ID의 경우 회원의 ID를 기준으로 대조군과 실험군을 나눈다. ID를 사용하면 같은 사용자가 시차를 두고 나중에 다시 접속하거나 디바이스를 웹에서 앱으로 바꾸더라도 같은 사용자임을 알 수 있다. 사용자가 로그인을 해야 대조군과 실험군으로 나눌 수 있고, 이럴 경우 개인 식별 정보를 침해할 우려가 있다.

쿠키(cookie)란 사용자가 사이트를 방문할 때 생성되는 기록인데, 로그인이 되지 않아도 사용자 행동을 트래킹해서 테스팅 데이터를 수집할 수 있다. 다만, 브라우저나 디바이스가 바뀌거나 쿠키가 삭제되면 정보를 수집할 수 없다는 단점이 있다. 또한 사용자가 새로운 웹사이트 접속 시 '쿠키 정보 수집' 창에 동의를 해야 정보의 수집이 가능하다.

이벤트(event)를 사용하여 구분한다면 사용자가 어떤 행동을 했을 때 A 혹은 B의 결과가 나타나게 된다. 예를 들어, '회원 가입' 이벤트를 기준으로 한다면 매번 회원 가입을 클릭할 때마다 A 화면이 뜰 수도 있고, B 화면이 뜰 수도 있다. 이 경우 샘플을 무작위로 뽑을 수 있어서 조사 결과의 타당성을 높일 수는 있으나, 조사의 일관성을 해칠 수 있다. 이벤트 분기는 사용자가 눈치채기 어려운 A/B 테스트에만 주로 쓰인다. 예를 들어, '동영상 로드 속도를 높였을 때 동영상을 끝까지 보는 사람의 비율이 증가하는지'를 확인하고자 하는 가설을 세우고 이를 검증한다고 하자. 동영상 로드 시간이 0.5초인 경우와 2초인 경우로 구분하여 사용자가 동영상을 클릭할 때마다 랜덤으로 0.5초인 경우와 2초인 경우가 나타나게 한다면, 사용자는 이 둘의 차이를 알아채기 어렵다. 이러한 경우 이벤트를 사용해서 A/B 테스트를 진행하기에 적합하다고 할 수 있다.

분석단위(unit of analysis)는 A와 B 두 개의 그룹 간의 차이의 통계적 유의성을 검증하기 위한 최소 단위이다. 예를 들어, 만약 A/B 테스트를 통해 분석하려는 지표가 클릭이나 페이지 뷰 혹은 구매 전환이라면 가입 회원당 클릭 수, 페이지 뷰, 구매 전환 수가 최소 분석 단위가 된다. 분석 단위가 단순한 페이지 뷰와 같은 지표를 하면 실험 기간 동안 한 명의 회원이 여러 번의 페이지 뷰를 만들어 낼 수 있기 때문에 두 그룹 간의 차이에 관한 통계적 유의성을 검증하기 어렵다.

실험 기간은 최소 수 일 이상이 바람직하다. 만약 기간이 너무 짧으면 실험의 정확도가 떨어질 수 있다. 특히 트래픽 검증은 특정한 날짜나 요일(예: 명절, 휴가 기간 등)에 영향을 많이 받기 때문에 평소와 전혀 다른 패턴이 나타날 수 있다. 따라서 이러한 돌발 변수들이 실험에 영향을 주지 않도록 고려해서 기간을 결정해야 한다. 또한 구매 주기가 긴 상품(자동차, 가구 등)의 경우에는 테스트 효과가 나타날 때까지 시간이 걸리기 때문에 현실적으로 가능한 선에서 충분한 기간을 갖고 실험을 해야 한다.

5) 5단계: 테스트 실시

여러 가지 테스트 대상과 이에 대한 가설이 있다면, 예상되는 효과의 크기와 실행 난이도에 따라 우선순위를 매겨서 효과가 크고 실행하기 쉬운 가설부터 실험을 진행한다. 구체적으로 3단계에서 만든 가설을 기반으로 변형을 만들어 기본 버전과 새 버전을 비교하여 테스트한다. 월간 방문자와 현재 전환율 및 예상 전환율 변화를 염두에 두고 테스트 기간 내에 이를 계산한다. 5단계에서 통계적으로 유의미한 결과를 얻기 위해 일정 기간 동안 기다린다.

6) 6단계: 결과 분석 및 결론 도출

테스트 결과를 분석하고 지표가 성공적으로 변했을 경우 실적이 좋았던 버전을 배포하고, 만약 별다른 차이가 나타나지 않았다면 인사이트를 다시 끌어내어 후속 테스트를 빠르게 진행해야 한다. 지표가 긍정적으로 변하였다고 해서 반드시 이 결과가 의미 있는 결과라고 단정 지을 수 없다. 이는 실험 과정에서 오류가 발생할 수 있기 때문이다. 따라서 통계적 유의성 등을 따져 보아야 한다.

4. A/B 테스트의 단점과 한계

첫째, A/B 테스트는 '탐색과 활용'이라는 근본적인 딜레마를 갖고 있다. 즉, 테스트를 너무 자주 해도 혹은 자주 하지 않아도 문제가 발생한다. A/B 테스트를 자주 하면 실험 기간 단기적으로 손해가 발생할 수 있다. 예를 들어, 쇼핑몰 사이트에서 구매 전환율이 높은 CTA 버튼이 무엇인지 알아보기 위한 실험을 진행한다고 치자. 2주 동안 전체 방문자를 50:50으로 나누어 기존 CTA 버튼과 새로운 CTA 버튼을 보여 주고자 한다. A/B 테스트를 3일쯤 진행했더니 새로운 CTA 버튼을 본 집단에서의 매출이 기존 CTA 버튼을 본 집단에 비해 절반밖에 나오지 않는다면, 애초에 계획했던 2주 동안 실험을 진행하려할 때 막심한 매출 손해를 감수해야 하고 오히려 실험을 안 하느니만 못한 결과를 초래한다. 이처럼 어떤 CTA 버튼이 얼마의 보상을 주는지를 탐험해 보는 것을 멀티 암드 벤딧(multi-armed bandit) 알고리즘[1]에서는 '탐색(exploration)'이라고 한다.

반면에 앞의 경우와 반대로 새로운 CTA 버튼을 본 집단에서 매출이 기존의 CTA 버튼을 본 집단에 비해 더 많은 매출이 발생한다면, 실험을 예정된 2주 동안 진행하지 않고 짧게 할수록 더 많은 수익을 기대할 수 있다. 하지만 실험 기간을 짧게 하면 잘못된 선택을 할 수 있으며, 그렇게 된다면 기회비용 또한 발생할 수 있다. 이런 경우를 '활용(exploitation)'이라고 한다.

이처럼 두 가지 경우 중 어느 하나만을 선택해서는 최대한의 돈을 버는 시나리오를 기대하기 어렵다. 멀티 암드 벤딧 알고리즘을 활용하여 A/B 테스트를 진행하면, 이러한 탐색과 활용의 딜레마를 효과적으로 해결할 수 있다. 현재 네이버 등이 이러한 알고리즘을 활용하고 있다.

둘째, A/B 테스트만 해서는 지역 최적점[2]에 머물게 될 위험이 있다. A/B 테스트라는 것은 기존 상태에서 작은 변화(되도록 하나의 변수만 살짝 바꾸기)를 가하며 점진적으로 더 나은 상태를 찾아가는 방식으로 진행된다. 하지만 이 방식으로는 지역 최적점에 수렴할 수 있을 뿐 전역적인 최적점[3]을 찾을 수 없다.

셋째, A/B 테스트의 결과는 계절 변화나 취향 변화 등 시간의 흐름에 따라 바뀔 수 있다. 작년 겨울에 A/B 테스트를 하여 얻은 결론은 언제까지 유효할까? 실험은 시공간의 보편성에 대한 가정을 깔고 있다. 이러한 가정은 물리학과 같은 과학의 영역에서는 확실히 보장되지만, 비즈니스 영역에서는 보장되지 않는다. 비즈니스 환경에서는 어제의 세상과 오늘의 세상이 다르고, 미국과 한국이 다르다. 결국, 실험 결과의 확실성을 유지하기 위해서는 실험을 지속해서 반복해야 하는데, 이런 경우 '탐색의 딜레마'가 발생할 수 있다.

---

1) 주 어떤 슬롯머신이 어떤 수익률을 가지는지 모를 때, 탐색(exploration)과 활용(exploitation)을 적절히 사용하여 최적의 수익을 찾아내고자 하는 인공지능 강화학습 알고리즘이다.
2) 주어진 한정된 범위 내에서의 최적화를 말한다. 웹사이트 내의 CTA 버튼 색상의 최적화를 예로 들 수 있다.
3) 전체 범위 내에서의 최적화를 말한다. 웹사이트 전체의 최적화를 예로 들 수 있다.

5. 구글 옵티마이즈

구글 옵티마이즈(Google Optimize)는 A/B 테스트를 통해 사용자 경험(UX)을 개선할 수 있도록 도와주는 웹사이트 최적화 도구이다. 구글 옵티마이즈를 생성하면 간편하게 실험을 생성할 수 있으며, 개발자의 도움 없이 마케터가 손쉽고 빠르게 테스트를 진행할 수 있다. 또한 실험에 대한 진행 상황 및 실험 결과를 옵티마이즈와 연동된 GA에서 제공하는 보고서 등을 통해 확인할 수 있다.

구글 옵티마이즈는 무료 버전과 유료 버전(옵티마이즈 360)의 두 가지 버전이 있다. 유료 버전에서는 GA의 잠재고객 타겟팅 기능을 제공하여 더욱 다채로운 실험을 진행할 수 있다. 또한 유료 버전에서는 목표를 중간에 변경할 수 있으나, 무료 버전에서는 변경할 수 없다.

옵티마이즈는 무료 버전인 경우에도 굉장히 편리하고 직관적인 시각 편집기(visual editor)가 내장되어 있어, 이 시각 편집기를 사용하면 코드 작업 없이도 텍스트(제목), 이미지, 글꼴, 스타일, 레이아웃 등을 손쉽게 변경할 수 있다. 즉, 대안 페이지(실험 페이지)를 미리 제작할 필요 없이 원본 페이지를 수정해서 바로 사용할 수 있다.

구글 옵티마이즈를 활용한 A/B 테스트는 크게 3단계를 거쳐 진행된다. 1단계는 가설 수립, 2단계는 A/B 테스트(실험 진행), 3단계는 결과 혹은 분석이다. 첫째, 가설 수립 단계에서는 마케터가 해결하고자 하는 문제(예: 클릭률)를 파악한 다음 이를 개선하기 위해 변경할 수 있는 것에 대한 가설을 세운다. 예를 들어, 마케터가 'CTA 버튼 색상이 너무 어두워서 클릭률이 낮은 것 같은데 밝은색으로 바꿔 보면 어떨까?'라는 문제를 파악했다면, 'CTA 버튼 색상이 밝은 버전이 어두운 버전의 CTA 버튼보다 방문자들의 클릭 수를 더 높일 것이다.'라는 가설을 세울 수 있다. 둘째, A/B 테스트 단계에서는 옵티마이즈 A/B 테스트를 세팅(setting)하고, 원본 페이지와 새롭게 변경한 대안 페이지를 만들어 실험을 진행한다. 셋째, 결과 분석 단계에서는 원본 페이지와 대안 페이지의 KPI를 비교하여 클릭 전환율 등의 KPI가 증가했는지 등을 확인하고, 이를 통해 가장 효과적인 안을 찾아낼 수 있다.

구글 옵티마이즈는 〈표 10-1〉에서 보이듯이 A/B 테스트 외에도 다변수 테스트(multivariate test), 리다이렉션 테스트(redirection test) 기능을 제공한다.

•표 10-1• **구글 옵티마이즈의 세 가지 기능**

기능	설명
A/B 테스트	같은 웹페이지에 대해 둘 이상의 버전을 무작위로 테스트함
다변수 테스트	둘 이상의 요소(예: 광고 제목과 이미지)에 대한 대안을 동시에 테스트하여 어떤 조합의 결과가 가장 좋은지를 확인함
리다이렉트 테스트	각 대안을 페이지상의 요소가 아닌 URL 또는 경로로 처리함으로써 구분된 여러 웹페이지를 서로 테스트해서 비교함. 즉, URL이 전혀 다른 두 방문 페이지를 테스트하거나 페이지 디자인을 완전히 변경하려는 경우에 효과적임

구글 옵티마이즈 A/B 테스트 세팅 과정은 다음과 같다.

첫째, GA 계정을 생성하고, 속성(마케팅의 대상이 되는 웹사이트)을 추가한다. 이때 웹사이트 방문자의 행동을 추적하기 위한 추적 코드를 사이트 내에 적용하여야 한다.

둘째, GA 내의 옵티마이즈에 접속해서 옵티마이즈 계정 및 컨테이너(도메인)를 생성한다. 테스트를 수행하기 위한 사이트 도메인 주소가 하나의 컨테이너가 된다.

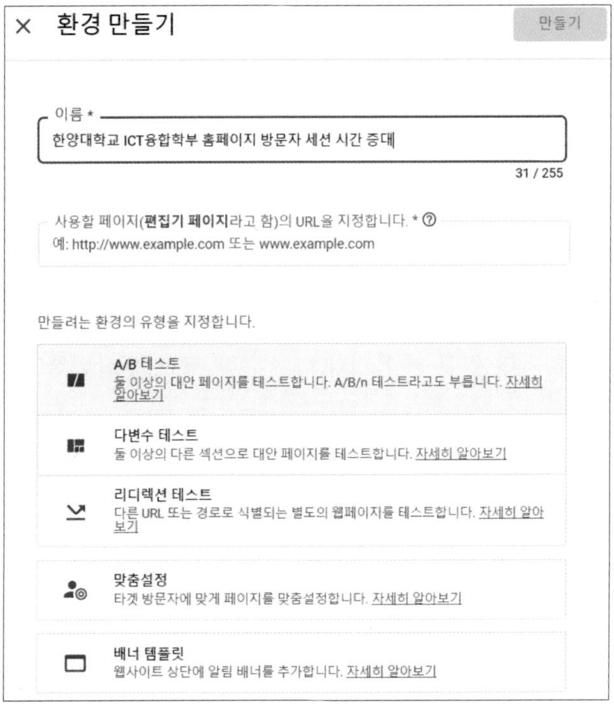

[그림 10-5] 옵티마이즈 환경 만들기

출처: Google Optimize.

셋째, 컨테이너 생성 후 '환경 만들기' 버튼을 클릭하여 새로운 테스트 만들기를 진행한다. 여기서 [그림 10-5]에서 보이듯이 테스트명, 원본 페이지 URL, 테스트 유형을 선택한다.

넷째, '대안 추가하기'에서 실제 실험의 대상이 되는 대안 페이지(실험 페이지)를 생성한다. 대안 페이지 생성 단계에서 '대안 수정' 버튼을 눌러서 실제 테스트를 위해 원본 페이지에 변형을 준다. 이때 콘텐츠 제목이나 CTA 버튼 색상, 글꼴, 크기, 이미지, 레이아웃 등의 다양한 요소를 편집할 수 있다.

다섯째, 대안 페이지 만들기가 완료되면 GA와 연동 작업을 진행한다. 구글 옵티마이즈는 GA의 추적 코드를 활용하여 A/B 테스트 데이터를 수집하는 방식이기 때문에 구글 계정과 연동을 시켜야 테스트 진행이 가능하다. 예를 들어, A라는 원본 사이트에 'UA-9792****-1'이라는 구글 추적 코드가 삽입되어 있고 A 사이트에서 테스트를 수행한다면, 'UA-9792***-1' 코드 속성 정보를 테스트 페이지와 연결해야 한다.

여섯째, 연결이 완료되면 페이지 및 사용자 타겟팅, A/B 테스트의 성과를 파악하는 데 적합한 목표를 설정한다. 페이지 타겟팅은 특정 조건이 일치하는 페이지를 설정하는 것을 말하며, 사용자 타겟팅은 테스트의 대상이 되는 사용자를 설정하는 것이다. 테스트의 목표는 페이지 뷰, 세션 시간, 이탈률, 클릭 전환율과 같은 마케터가 테스트를 통해 추적하고자 하는 항목을 말한다. 보통 구글 옵티마이즈와 연동된 GA에 이미 설정된 목표를 사용하거나 '이탈률' '거래 수' 등 사이트 활용 측정 항목에서 선택한다. 필요한 경우에는 새로운 목표를 만들어 사용할 수도 있다.

일곱째, 연결이 완료되면 원본 페이지에 GA 추적 코드를 삽입한 것처럼 대안 페이지

```
<!-- Global site tag (gtag.js) - Google Analytics -->
<script async src="https://www.googletagmanager.com/gtag/js?id=UA-140814364-9"></script>
<script>
window.dataLayer = window.dataLayer || [];
function gtag(){dataLayer.push(arguments);}
gtag('js', new Date());

gtag('config', 'UA-▓▓▓▓▓▓▓▓▓', { 'optimize_id': 'GTM-NMGJHQ4'});
</script>
```

[그림 10-6] 추적 코드와 플러그인(빨간색 부분)의 예

출처: 재밌는 그로스 해킹(2019. 10. 28.).

에도 추적 코드를 삽입해야 정상적인 데이터 수집이 가능하다. 이를 위해 옵티마이즈 우측 화면에 최적화 도구 설치 메뉴를 클릭하여 추적 코드를 사이트 내 head 태그 사이에 붙여 넣는다. 단, 애널리틱스 추적 코드가 이미 삽입된 경우에는 추적 코드 하단에 플러그인(plugin)이라 불리는 작은 소스 코드인 스니펫(snippet)만 복사하여 추가해 주면 된다. 추적 코드 삽입이 완료되면 테스트를 진행하는 순간부터 모든 데이터가 추적되어 저장된다.

테스트가 진행되면 상세한 결과 보고서를 조회할 수 있으며 조회된 결과에 따라 사이트 최적화 작업을 진행한다. 구글 옵티마이즈를 활용한 A/B 테스트의 결과는 구글 옵티마이즈의 [보고] 메뉴에서뿐 아니라 GA 보고서에서도 조회할 수 있다. [그림 10-7]은 GA 보고서의 [행동]-[실험] 메뉴에서의 실험 결과를 보여 준다. 이 화면에서 보이듯이, 실험 결과는 대안 페이지보다 원본 페이지에서 세션 수, 전환 수, 전환율이 더 높은 것으로 나타났다.

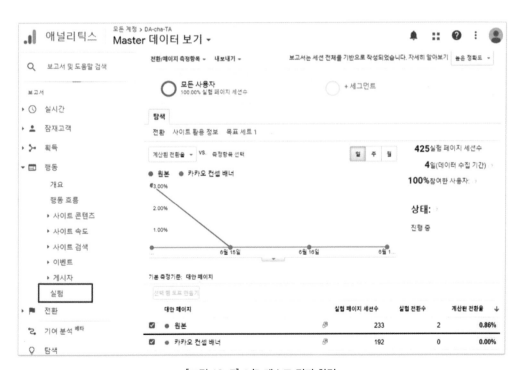

[그림 10-7] A/B 테스트 결과 화면

출처: 다차타.

6. A/B 테스트의 적용 산업 분야

A/B 테스트는 광고, 이커머스, SNS 등 웹이나 앱 플랫폼을 기반으로 하는 모든 플랫폼 비즈니스의 전환율(구매, 회원 가입 등)을 개선하여 수익을 높이고자 할 때 진행한다. A/B 테스트는 웹/앱 기반 비즈니스라면 누구나 사용하고 있는 필수 도구이다. 아마존, 구글, 넷플릭스 등 많은 기업이 새로운 기능을 테스트하고 디자인을 최적화하기 위해 A/B 테스트를 활용하고 있다. 예를 들어, 구글은 오래전부터 꾸준히 인터페이스(UI, UX)를 최적화하기 위하여 한 번에 50개 이상의 A/B 테스트를 진행하고 있는데, 사실 우리는 인터페이스(UI, UX)가 약간 바뀌어도 이를 알아채지 못하거나 신경 쓰지 않지만 A/B 테스트의 실험 대상이 되고 있다.

보통 A/B 테스트를 진행하는 경우는 트래픽이나 유용성, 전환율을 개선하기 위하여 웹사이트 디자인을 새롭게 하거나 바꾸는 경우가 많다. 예를 들어, 방문자를 고객으로 전환시키기 위하여 고객이 원하는 페이지를 만들어야 한다. 이때 다양한 웹 디자인 중 어떤 것이 가장 효과적으로 이를 충족하는지를 알고 싶다면 직접 테스트를 해 보는 것이 가장 빠르다. 웹사이트 변화에 따라 사용자의 반응이 더 안 좋아질 수 있기 때문에 A/B 테스트를 진행하여 확인한다. 여기서 주의할 점은 트래픽 자체가 적은 경우 A/B 테스트를 진행한다면 사실상 제대로 된 테스트가 되지 않는다. 비즈니스의 규모가 적다면 더 많은 트래픽과 인지도를 높인 다음에 진행하는 것이 바람직하다. 또한 A/B 테스트 진행 시 날짜나 요일, 시간 등도 영향을 받아 결과에 영향을 미칠 수 있고, 유입 경로나 기기, 운영체제, 브라우저와 같은 사용자 경험에 따라 결과가 달라질 수 있다. 그러므로 이러한 항목들의 영향을 최소화해야 정확한 A/B 테스트가 가능하다. A/B 테스트는 다음과 같은 비즈니스 산업 영역에 활용될 수 있다.

1) 이커머스

A/B 테스트는 다양한 산업 분야에 적용된다. 예를 들어, 이커머스 서비스에서는 결제에

이르는 유입 경로를 최적화하고 평균 주문 값과 장바구니에 넣었지만 구매를 하지 않은 경우를 A/B 테스트로 비교하여 개선할 수 있다. 예를 들어, 운송비가 표시되는 난에 무료 배송임을 강조하여 추가하거나 지불 방식, 서비스 리뷰, 평가 등을 쉽게 확인할 수 있도록 변경하여 전환율을 높일 수 있다.

2) 미디어 및 퍼블리싱

미디어 및 퍼블리싱 비즈니스의 목표 중 일부는 독자층의 형성과 잠재고객의 증가, 방문자가 웹사이트에 머무는 시간을 늘리거나 소셜 공유 등으로 기사 및 콘텐츠 구독을 부추기는 것일 수 있다. 이메일 가입 방식과 추천 콘텐츠, 소셜 공유 버튼, 구독 제안 표시 등 다양한 홍보 옵션을 A/B 테스트를 통하여 실험해 볼 수 있다.

3) 여행 비즈니스

웹사이트 또는 모바일 앱의 경우 성공한 예약 횟수와 부수적인 구매로 인한 수익 등을 이용하여 A/B 테스트를 진행할 수 있다. 검색 결과 페이지, 다른 서비스 상품 프레젠테이션, 체크아웃 진행률 막대그래프 등을 변경해 볼 수 있다.

7. A/B 테스트의 활용 사례

1) 넷플릭스의 사례

넷플릭스는 넷플릭스에 관심을 보이는 사용자들을 대상으로 가입 전환율을 높이기 위해 메인 화면을 개선하는 작업을 수행하였다. 먼저 아직 회원 가입을 하지 않은 고객들을 대상으로 회원 가입 전 어떤 화면을 원하는지에 관한 설문조사를 실시한 결과, 약 46%의 사용자들에게서 '시청할 수 있는 영화와 TV 쇼 목록'이라는 응답을 얻었다. 이러한 설문

[그림 10-8] 넷플릭스의 메인 화면

출처: Designers+Geeks (2016. 7. 21.).

조사 결과를 반영하여 메인 화면에서 이러한 목록 콘텐츠를 제공한다면 가입 전환율을 개선할 수 있을 것이라는 가설을 세우고, 메인 화면에서 다양한 프로그램 목록이 제공되는 B 안을 새롭게 만들어 기존의 메인 화면과 비교하는 A/B 테스트를 진행하였다. B 안은 [그림 10-8]의 왼쪽 사진과 같다.

A/B 테스트 결과, A 안에 비해 가입 전환율이 오히려 더 낮아지는 결과가 나타났다. 이는 시청 목록 화면에서 가입 페이지로 바로 전환되는 것이 아니라 오히려 탐색으로 인해 가입 전환 콘텐츠 영역에서 벗어나게 되고, 또한 원하는 콘텐츠가 없을 경우에 좌절감을 느껴 이탈하는 경우가 발생하였기 때문으로 밝혀졌다.

이러한 일련의 문제점을 개선하기 위해 넷플릭스는 사용자들이 가입 전 시청 가능 목록을 확인할 수 있도록 하되 시청 목록 위주로 탐색하는 행위에 몰입하지 않고 실제 가입으로 전환될 수 있도록 [그림 10-8]의 오른쪽 사진과 같이 헤드라인 카피를 "See what's next. Watch anytime cancel anytime(다음을 기대하세요. 어디서든 시청할 수 있고 언제든 취소할 수 있습니다.)"로 수정하여 디자인을 개선하였다.

2) 오바마 캠페인 사례

오바마 전 미국 대통령은 2008년과 2012년 대선 캠페인 활동에 A/B 테스트를 적극적으로 활용하여 사이트 내 정책이나 큰 변형 없이도 단순히 사이트 UI/UX를 개선하는 A/B 테스트만으로 엄청난 성과를 거두었다.

먼저, 4개의 CTA 버튼과 6개의 다른 미디어(3개의 홈페이지 메인 사진과 3개의 동영상)를 만든 다음 사이트에 접속하는 사람들에게 무작위로 시안에 노출되도록 했다. [그림 10-9] 에서 보이듯이 CTA 버튼은 'join us now' 'learn more' 'sign up now' 'sign up'의 4개 버전을 포함하며, 홈페이지 메인 사진은 원본 이미지인 'Get Involved'와 'Change' 'Family'의 3개 버전을 포함한다.

[그림 10-9] **실험용 CTA 버튼과 이미지**

출처: 분석마케팅(2017. 8. 28.).

A/B 테스트는 옵티마이즐리(Optimizely)라는 최적화 솔루션을 통해 진행되었다. CTA 버튼의 문구와 홈페이지의 메인 사진을 달리하여 테스트를 실행한 결과, [그림 10-10]에서 보이듯이 'Learn More' 버튼과 'Family' 이미지의 조합이 원본 대비 18.6%, 13.1% 더 나은 전환 성과를 보였으며, 이 두 개를 조합한 홈페이지는 원본 대비 전환율(이메일 뉴스레터 구독률)이 무려 40.6%나 증가하는 결과를 보였다.

[그림 10-10] 최종안

출처: 분석마케팅(2017. 8. 28.).

디 지 털 시 대 의 애 드 테 크 신 론

제11장

어트리뷰션

1. 어트리뷰션이란

기업은 다양한 유형의 광고와 채널을 이용하여 광고 캠페인을 진행한다. 이때 광고주와 마케터는 제품 및 서비스가 고객과 만나는 접점(touch point)의 중요성을 알게 되고, 퍼널의 각 단계에서 진행한 캠페인이 전환에 미치는 영향을 이해하고자 한다. 따라서 기업이 캠페인 과정에서 수행하는 가장 중요한 일 중의 하나는 브랜드와 고객의 접점에서 발생하는 캠페인의 성과를 측정하는 일이다.

이 과정에서 대중매체를 이용한 광고 캠페인의 효과(상표 인지도, 호감도, 구매 의향 제고 등) 측정은 캠페인 종료 후 고객들을 대상으로 하는 설문조사와 같은 비교적 단순한 방식으로 이루어지지만, 디지털 광고 채널을 이용한 디지털 광고 캠페인은 고객과의 접점에 해당하는 채널별로 캠페인의 성과(로그인, 앱 설치, 구매, 고객 유지 등)를 정교하게 측정한다.

어트리뷰션(attribution)의 사전적 의미는 '귀속시킴'이라는 뜻으로, 다양한 매체를 거쳐 전환이 발생했을 때 어떤 매체가 정말 전환에 기여했는지를 찾아서 성과를 귀속시키는 것을 말한다. 즉, 마케터가 디지털 캠페인을 통하여 기대하는 성과를 얻기까지 고객들이 어떤 경로와 채널을 거쳐 왔으며, 이 가운데 어떤 채널들이 성과에 어느 정도 기여했는가를 분석하는 작업이다.

예를 들어, [그림 11-1]은 브랜드와 고객의 첫 번째 접점에 해당하는 채널 A에서부터 앱 설치를 거쳐 구매라는 전환에 이르기까지 신규고객이 유입되는 경로이자 고객 구매 여정

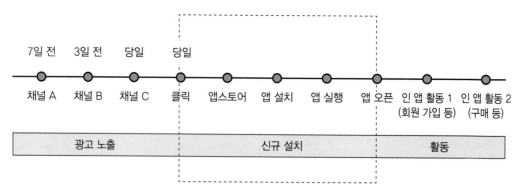

[그림 11-1] 신규고객의 유입 경로와 어트리뷰션 과정

을 나타낸다. [그림 11-1]에서 보이듯이 신규고객은 먼저 A, B, C의 3개의 채널에 노출된다. 이 중 채널 C에서 광고 클릭을 통해 앱스토어에서 다운로드한 앱을 설치하고 실행한 후 회원 가입이나 구매와 같은 인앱 활동(in-app engagement)을 하게 된다.

이 과정에서 신규고객은 앱 설치에 이르기까지 A, B, C의 세 개의 채널을 거치며, 이때 신규고객의 앱 설치가 어떤 채널의 영향을 가장 많이 받았는지를 평가하는 어트리뷰션 과정을 거친다. 이처럼 앱 설치 광고를 통한 앱 설치는 일반적으로 한 개 이상의 채널 및 광고와 대여섯 번의 클릭을 거쳐 이루어지는데, 어트리뷰션은 앱 설치에 대한 각 채널의 기여도를 어떻게 평가할 것인지를 결정하는 과정이라고 할 수 있다.

일반적으로 마케터는 광고매체를 운영할 때 2~3개 이상, 많으면 10개가 넘는 매체 혹은 채널을 동시에 운영한다. 이러한 상황에서는 이용자가 여러 개의 광고에 반응할 수 있다. [그림 11-2]에서 볼 수 있듯 브랜드 인지 · 관심 및 고려 · 구매 전환에 이르는 것으로 가정되는 고객의 구매 여정에서 고객들은 유료 광고, 유료 검색, 자연 검색, 소셜 네트워크, 직접 유입, 리퍼럴(referral) 등의 다양한 접점을 거치게 된다. 여기에서 직접 유입은 주소창에 URL을 입력하는 것과 같은 것을 말하며, 자연 검색(organic search)은 이용자가 스스로 검색하여 사이트에 유입하는 것, 소셜 네트워크는 페이스북과 같은 SNS를 통한 유입,

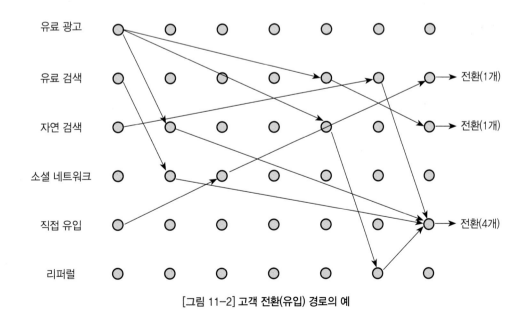

[그림 11-2] 고객 전환(유입) 경로의 예

리퍼럴(referral)은 외부 사이트, 예를 들면 블로그, 웹매거진과 같은 사이트에서 링크를 타고 넘어온 유입을 말한다. 그리고 유료 검색(paid search)은 네이버 파워링크와 같은 검색광고를 통해 들어온 유입을 말한다.

고객들은 첫 번째 접점에서 제품을 인지하고, 중간 단계에서 관심과 고려를 갖게 되며, 마지막 접점에서는 최종 구매 전환을 하게 된다. 이처럼 고객이 제품을 인지하는 단계에서부터 구매에까지 이르는 전환 경로는 다양한 채널의 조합으로 나타나는데, 이처럼 고객이 접촉한 모든 채널의 영향력을 측정하는 것을 멀티 터치 어트리뷰션(multi-touch attribution)이라고 한다. 이렇게 모든 채널의 영향력을 측정함으로써 디지털 캠페인에 포함된 각 채널별로 최적화된 예산 배분과 함께 최종 목표인 전환율(Conversion Rate: CVR)을 높일 수 있게 해 준다.

2. 어트리뷰션 모델

일반적으로 광고주는 어떤 채널이 전환에 더 많이 기여했는지를 알고 싶어 한다. 마케터는 이러한 각 채널의 전환 가치를 부여함으로써 광고주가 마케팅 노력을 집중하고 예산을 투입할 최적의 채널 또는 접점을 결정하는 데 도움을 준다.

일반적으로 마케터가 캠페인의 성과에 대한 각 채널의 기여도를 정성적으로 부여하는 규칙이 마련되었다. 이러한 규칙을 설정하는 것을 어트리뷰션 모델(성과 기여도 평가 모델)이라고 한다. 예를 들어, 사용자가 매체 A에서 광고를 클릭하고 얼마 후에 노출된 매체 B에서도 광고를 클릭한 후 앱을 설치하였다면, 앱 설치에 대한 각 채널의 기여도를 첫 번째 접점인 A에게 줄 수도 있고, 마지막 접점인 B에게 줄 수도 있고, 모두에게 줄 수도 있다. 어트리뷰션 모델은 이처럼 성과에 대한 각 채널의 기여도를 부여하는 규칙이라고 할 수 있다. 어트리뷰션 모델의 적용은 클릭-앱 설치의 예시를 들었으나, 앱 설치-구매, 재설치-구매 등과 같이 광고 성과를 어떻게 정의하느냐에 따라 다양한 유형을 적용할 수 있다.

어트리뷰션 모델은 싱글 터치 어트리뷰션 모델(single touch attribution model)과 멀티 터치 어트리뷰션 모델(multi touch attribution model)로 크게 구분된다. 먼저, 싱글 터치 어트리뷰션 모델은 고객 경로에서 한 개의 접점에만 기여도를 부여하는 방식을 말하며, 전체 마케터의 60%가 채택하고 있는 가장 일반적인 방식의 모델이다. 이 모델의 장점은 이해하기 쉽고 적용하기 쉽다는 점을 들 수 있으며, 단점은 제품이 판매되기까지의 짧지 않은 과정 중 한 가지 접점만이 판매의 공을 세웠다고 인정함으로써, 고객 구매 경로의 다른 접점을 고려하지 않는다는 점을 들 수 있다. 따라서 마케터가 한 개의 접점에만 중점을 두고 마케팅을 진행함으로써 비효과적인 마케팅 전략에 투자할 수 있다. 싱글 터치 어트리뷰션 모델은 '퍼스트 터치(First Touch)'와 '라스트 터치(Last Touch)'의 두 가지 유형이 있다.

반면, 멀티 터치 어트리뷰션 모델은 제품 판매가 이루어지기까지 고객이 접촉한 모든 접점에 판매의 기여도를 부여하는 방식이다. 멀티 터치 어트리뷰션 모델은 기여도를 평가할 때 모든 접점을 고려하며 전체 퍼널에서 전환으로 이어지는 데이터를 더 많이 제공함으로써 광고주와 마케터들이 사용자들의 앱 설치 및 구매 전환의 원인을 더 정확하게 파악하게 해 준다. 즉, 어떤 광고가 사용자들에게 보이는지 그리고 성공적인 전환으로 이어질 수 있는 광고가 무엇인지를 알게 해 줌으로써 향후 미디어믹스 및 채널 선정에 대한 의사결정 과정에 도움을 준다. 멀티 터치 어트리뷰션을 측정하기 위하여 광고 노출 단계에서부터 사용자 추적이 이루어져야 한다. 그러나 현실적으로 퍼블리셔(매체사)들의 추적 코드 설치 등에 대한 비협조로 사용자 추적이 힘든 점이 있으며, 제3자 트래킹(3rd-party tracking)의 대부분이 사용자 동의 없이 이루어지기 때문에 사생활 침해의 소지가 있다는 것이 단점으로 지적된다.

멀티 터치 어트리뷰션 모델이 등장하게 된 배경에는 기존 웹이나 앱 광고 효과 트래킹 툴(tracking tool, 트래커라고도 함)을 이용한 광고 성과 데이터의 한계 때문이다. 기존의 광고 효과 트래킹 툴을 이용한 광고 성과 측정은 캠페인에 동원된 여러 개의 채널과 광고 중 최종적으로 구매 전환이 이루어진, 즉 매출에 최종적으로 기여한 채널과 광고의 성과만 100% 인정하고, 고객이 구매 전환에 이르기까지 경로에서 접촉한 나머지 채널과 광고들의 영향력을 무시함으로써 캠페인에 동원된 다양한 광고 채널의 영향력을 반영하지 못한다. 멀티 터치 어트리뷰션 모델은 브랜드와 고객 간의 모든 접점에서 기여도를 측정할 수 있으며, 전체 미디어믹스 전략에서 어떤 채널이 성과가 좋은지 혹은 그렇지 않은지를 확인할 수 있는 장점이 있다. 따라서 이 모델은 채널 전략 수립 시 마케팅 예산을 적절히 할

당하는 데 필요한 인사이트를 제공해 준다. 멀티 터치 어트리뷰션 모델은 그 방식에 따라 리니어(linear), 시간 가치 감쇠(time decay), U자형(U-shaped), W자형(W-shaped), 맞춤형 (custom) 등의 다양한 유형으로 구분된다.

●표 11-1● 싱글 터치 어트리뷰션 모델 vs. 멀티 터치 어트리뷰션 모델

싱글 터치 어트리뷰션 모델	멀티 터치 어트리뷰션 모델
• 퍼스트 터치 모델 • 라스트 터치 모델	• 리니어 모델 • 시간 가치 감쇠 모델 • U자형 • W자형 • 맞춤형

1) 싱글 터치 어트리뷰션 모델

(1) 퍼스트 터치 모델

퍼스트 터치 모델(first touch model) 혹은 퍼스트 클릭 모델(첫 번째 클릭 모델)은 고객과 브랜드가 처음 만나는 접점(채널)에 모든 기여도(credit)를 부과하는 방식이다. 예를 들어, 사용자가 매체 A에서 클릭하고, 얼마 후에 노출된 매체 B에서도 클릭한 후 앱을 설치하고 신규 실행했다면, 두 개의 매체 중 어떤 매체에 앱 설치와 신규 실행이라는 광고 성과를 인정해 주어야 할까? 이 경우 앱 설치와 신규 실행의 기여를 첫 번째 접점인 A에게 줄 수도 있고, 마지막 접점인 B에게 줄 수도 있고, 모두에게 줄 수도 있다. 퍼스트 터치 모델은 첫 번째 클릭이 발생한 광고 채널에 캠페인의 성과를 인정한다. 즉, 여러 번의 클릭을 거쳐 신규 실행이 발생했다면 첫 번째 클릭을 일으킨 매체의 성과로 인정한다.

이 모델은 새로운 리드(lead)를 창출하는 채널을 별도로 구분하고자 할 때 효과적이다. 반면, 제품이 판매되기까지의 짧지 않은 과정 중 첫 번째 접점(예: 유튜브 광고)을 통해서 제품을 구매하는 고객이 거의 없기 때문에 전체 캠페인의 성과 측정이 어렵고, 고객을 전환까지 이끌어 내는 전체 프로세스의 가치를 무시한다는 점이 단점으로 지적된다.

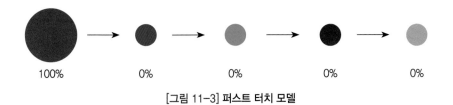

[그림 11-3] 퍼스트 터치 모델

(2) 라스트 터치 모델

라스트 터치 모델(last touch model) 혹은 라스트 클릭 모델(마지막 클릭 모델)은 고객과의 마지막 접점, 즉 고객이 제품을 구매하기 바로 전 전환 기회가 발생하는 지점에만 모든 기여도를 부여하는 방식이다. 예를 들어, 사용자가 매체 A에서 클릭하고, 얼마 후에 노출된 매체 B에서도 클릭한 후 앱을 설치하고 신규 실행했다면, 2개의 매체 중 마지막 클릭이 발생한 채널의 성과를 인정한다. 이 모델은 어떤 접점이 즉각적인 전환에 기여하는지 알고 싶은 마케터에게 유용한 모델이다. 반면, 고객의 구매 여정에서 초기 단계인 인지와 고려에 기여한 채널의 성과를 무시하는 경향이 있다.

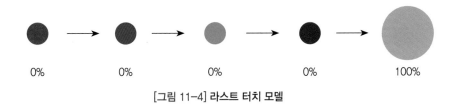

[그림 11-4] 라스트 터치 모델

2) 멀티 터치 어트리뷰션 모델

(1) 리니어 모델

리니어 모델(linear model)은 전환 경로를 따라 모든 접점에 동일한 기여도를 부여하는 방식이다. 예를 들어, 사용자가 매체 A에서 클릭하고, 얼마 후에 노출된 매체 B에서도 클릭한 후 앱을 설치하고 신규 실행했다면, 클릭을 발생시킨 모든 채널에 동일 비율의 성과를 인정한다. 이 모델은 고객의 여정에 기여한 모든 채널을 알고 싶을 때 사용하는데, 단점은 각 채널 접점의 성과 차이에 관계없이 모든 접점에 동일한 기여도가 부여되기 때문에 단일 캠페인 내에서 성과가 좋은 채널을 확인하고 더 좋은 방향으로 최적화하기 어려우며,

각 채널의 성과 기여도에 따라 알맞게 보상을 배분할 수 없다는 단점을 들 수 있다.

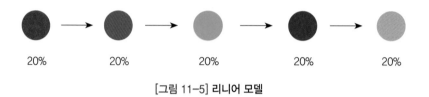

20%   20%   20%   20%   20%

[그림 11-5] 리니어 모델

(2) 시간 가치 감쇠 모델

시간 가치 감쇠 모델(time decay model)은 리드가 전환에 가까이 이르렀을 때 이에 비례하여 기여도를 증가시키는 모델이다. 즉, 판매 혹은 전환과 같은 성과가 발생한 시점과 가장 가까운 접점들에 대부분의 기여도를 부여하는 방식이다. 이 모델은 판매 주기가 길고 리드의 움직임에 가장 큰 영향을 끼치는 채널을 확인할 때 적합한 모델이다. 반면에 이 모델의 단점은 고객 여정의 초기에 고객을 판매 퍼널로 유입시키는 데 기여한 접점의 성과는 무시하는 경향이 있다는 것이다.

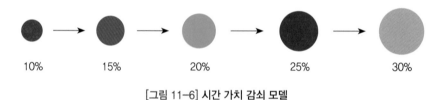

10%   15%   20%   25%   30%

[그림 11-6] 시간 가치 감쇠 모델

(3) U자형 모델

U자형 모델(U-shaped model)은 리니어 모델과 시간 가치 감쇠 모델을 결합하여 첫 번째 및 마지막 접점을 중심으로 최적화하고 중간 접점들에 나머지 기여도를 나누어 할당하는 모델로서 위치 기반(position-based) 어트리뷰션 모델이라고도 한다. 이 모델은 마케터들이 브랜드 인지도를 생성한 최초의 접점과 구매 전환으로 이어진 최후 접점에 가장 큰 중요성을 부여할 수 있도록 해 준다. 일반적으로 첫 번째 혹은 마지막 접점에 각각 40%씩 기여도를 부여하고, 그 사이의 다른 접점들에 나머지 기여도(약 20%)를 부여한다.

이 모델은 첫 번째와 마지막 접점이 중간 단계의 깔때기보다 더 중요하고 가치가 있다는 것을 전제로 가정한다. 하지만 전환율의 대부분을 첫 번째 접점과 마지막 접점에 할당하기 때문에, 이러한 두 접점이 전환을 위한 가장 강력한 원동력이 되지 않는 경우가 있다는 사실이 간과될 수 있다. 예를 들어, 첫 번째 접점이 유료 검색 광고이고, 전환으로 연결된 접점이 중간 단계에 있는 이메일이라면, 유료 검색 광고에 더 많은 기여도를 부여하는 것이 합당하지 않을 수 있다.

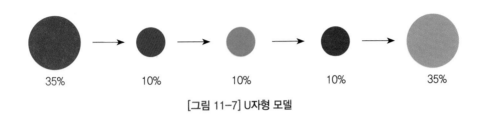

[그림 11-7] U자형 모델

(4) W자형 모델

일반적으로 어트리뷰션의 접점은 크게 퍼스트 터치(고객과의 첫 번째 접점, 방문이 발생), 리드 생성(리드고객이 생성되는 지점), 전환 기회 생성(고객이 구매를 결정하게 되는 지점), 구매 완료(고객이 제품을 구매하는 지점)의 네 단계로 크게 구분될 수 있다. W자형 모델(W-shaped model)은 U자형 모델처럼 고객과의 첫 번째와 마지막 접점, 그리고 리드 생성을 일으키는 접점에 각각 30%씩의 기여도를 부여한다. 첫 번째 접점은 방문, 두 번째 접점은 리드 생성, 세 번째 접점은 전환 기회를 발생시킨다. 나머지 10%의 기여도는 다른 접점에 나누어 부여한다. 이 모델은 B2B 마케터들이 가장 많이 사용하는 모델로서 마케팅팀에서 세일즈팀으로 업무가 이관되는 과정이 있는 프로세스에 가장 적합하다.

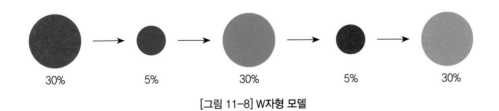

[그림 11-8] W자형 모델

(5) 맞춤형 모델

맞춤형 모델(custom model)은 광고주 맞춤형 모델로서 광고주의 상황에 맞게 다양한 접점에 각기 다른 성과 기여도를 부여할 수 있다. 이 모델은 수년에 걸쳐 어트리뷰션을 측정해서 나름의 방대한 데이터를 가지고 있는 광고주에게 적합한 모델이다. 이 모델을 만들기 위해 과거 다양한 캠페인이 어떻게 작동되고 성과를 내었는지에 대한 깊이 있는 이해가 필요하다. 예를 들어, 과거 가장 많은 트래픽을 유도한 콘텐츠의 포맷을 확인할 수 있는 실질적인 데이터들이 있는 경우, 콘텐츠 마케팅 담당자는 전자책, 웹 세미나, 영상과 같은 특정 콘텐츠에 따라 어트리뷰션 점수를 달리 부여할 수 있다.

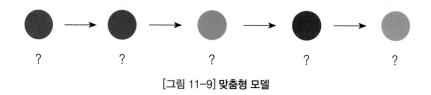

[그림 11-9] 맞춤형 모델

3. 어트리뷰션 측정 방법

일반적으로 어트리뷰션 측정 방식은 광고의 유형이 웹 광고인지 혹은 앱 광고인지에 따라서 웹 어트리뷰션 측정 방법과 앱 어트리뷰션 측정 방법으로 나뉜다. 웹 어트리뷰션 측정은 쿠키(cookie), HTTP 리퍼러(referrer), 맞춤 파라미터 URL 등을 통해 이루어진다. 반면, 앱 어트리뷰션 측정은 광고 고유 식별자 매칭, 구글 리퍼러 매칭, 핑거프린터 매칭의 세 가지 방법을 활용한다. 웹과 앱 어트리뷰션을 측정하기 위해서는 두 가지 조건이 충족되어야 한다. 첫째, 사용자를 식별할 수 있게 하는 디바이스 식별, 둘째, 사용자가 어디서 웹이나 앱으로 들어왔는지 그 소스(source)를 파악하는 것이다. 이 둘을 대조하면 어떤 채널에 광고 성과가 귀속되는지를 알 수 있다.

1) 웹 어트리뷰션 측정 방법

웹 어트리뷰션에서는 쿠키를 이용하여 사용자 디바이스를 식별하고 HTTP 리퍼러와 UTM(Urchin Tracking Module)과 같은 맞춤 URL 파라미터[1]를 사용해서 사용자의 채널 접촉 및 유입 경로, 즉 소스를 파악한다. 또한 쿠키에도 사용자를 추적할 수 있는 고유값을 저장할 수 있기 때문에 소스의 파악이 가능하다. HTTP 리퍼러는 기본적으로 웹 브라우저 내에서 링크를 통해 웹사이트를 이동할 때 최종 도착 페이지에 남기는 값이다. 예를 들어, 만약 웹사이트 A에서 B로 이동하는 하이퍼링크를 사용자가 클릭하면, 웹 브라우저에서 B 사이트로 리퍼러(참조 주소)를 전송하게 된다. 사이트 관리자는 전송된 리퍼러를 보고 방문자가 A 사이트를 통해 자신의 사이트를 방문했는지를 알 수 있다. 또한 이를 통해 어떤 위치에서 웹사이트가 많이 홍보되고 있는지 파악할 수 있다. 하지만 이 HTTP 리퍼러는 조작이 가능하며, 리다이렉트(redirect) 과정에서 유실될 수 있고 추가적인 정보를 저장하지 못한다는 한계를 갖고 있다. 이를 해결하기 위해 구글 애널리틱스의 전신인 Urchin은 UTM 파라미터를 도입하였으며, URL 뒤에 붙는 5개의 파라미터를 통해 자사 웹사이트에 방문한 트래픽의 캠페인 정보를 식별할 수 있다.

UTM 파라미터는 사이트 방문자가 어디에서 유입되었는지, 온라인 혹은 오프라인으로 왔는지를 GA에 알려 주는 코드이다. 이는 UTM 코드가 추가된 URL을 클릭한 사용자가 어떤 채널, 매체, 캠페인 등을 통해 전환되었는지 알려 준다. 총 5개의 UTM 매개변수가 있으며, 이 중 3개는 GA에서 웹로그 분석에 꼭 필요한 매개변수이고 나머지 2개는 선택적으로 사용할 수 있다. UTM 파라미터를 잘 활용해야 각 매개변수의 파라미터값을 가지고 사용자 데이터를 그룹화할 수 있다.

UTM 파라미터는 UTM 소스(source), UTM 매체(medium), UTM 캠페인(campaign), UTM 키워드(term), UTM 콘텐츠(content)의 5개의 UTM 매개변수를 포함한다. 첫째, UTM 소스는 사용자를 사이트로 보낸 리퍼럴(referral) 채널을 식별하는 데 필요한 짧은 기본 코드이다. UTM 코드는 'utm_source'로 표시된다. 이러한 트래픽을 유입시키는 소스에는 소셜미

https://www.digiocean.co.kr?utm_source=naver&utm_medium=cpc&utm_camapign=brand_search&utm_content=extended-ad&utm_term=digiocean

[그림 11-10] UTM 매개변수 예시

출처: DIGIOCEAN (2021. 7. 6.).

1) URL 파라미터는 UTM 매개변수라고도 불리며 URL 주소(예: www.yourstore.com/?utm_source=facebook)에서 물음표(?) 다음에 오는 문자열을 말한다.

디어(페이스북, 트위터 등), 검색 엔진(구글, 네이버 등), 블로그, 또 다른 웹사이트, 심지어 뉴스레터와 브로슈어 같은 것들이 모두 포함된다.

둘째, UTM 매체는 사용자를 사이트로 이동시킨 캠페인 채널을 나타낸다. 즉, UTM 매체는 오가닉 소셜, 소셜 광고, 이메일, 검색 광고 등 트래픽을 유입시키는 채널의 종류를 나타낸다. UTM 코드는 'utm_medium'이다. 예를 들어, UTM 소스가 'Facebook'이라면, UTM 매체는 'Social'이 된다.

셋째, UTM 캠페인은 제품 이름, 프로모션 이름, 캠페인 슬로건 등 진행 중인 캠페인을 식별할 수 있는 정보이다. 즉, 랜딩 페이지와 관련되어 있는 캠페인이 어떤 것인지를 확인해 준다. 특히 이 기능은 다양한 오퍼(offer)를 활용하여 A/B 테스트를 할 때 어떤 오퍼가 가장 효과적인지 확인하려는 경우 유용하다. UTM 코드는 'utm_campaign'으로 표시되며, 예시로는 'summer_sale' 'free_trial'이 있다.

넷째, UTM 키워드는 어떤 검색어를 통해 유입되었는지를 말하며, 광고 키워드를 추적하는 데에 사용한다. UTM 키워드는 특정 검색어를 기반으로 하는 PPC 광고 캠페인[2]을 진행하는 경우에 사용한다. UTM 코드는 'utm_term'로 표시되며, 예시로는 'social_media' 'newyork_cupcakes'를 들 수 있다.

다섯째, UTM 콘텐츠는 캠페인의 여러 가지 광고 소재를 구분하는 데 사용되며, A/B 테스트를 진행하는 경우, 또는 리퍼럴되는 광고나 에셋에 여러 개의 링크가 포함되어 있고 사용자들이 그중 어떤 링크를 눌렀는지 알고 싶을 때 활용한다. UTM 코드는 'utm_

●표 11-2● UTM 파라미터 유형과 예시

유형	UTM 매개변수	예시
UTM	utm_source=[소스 이름]	utm_source=facebook
UTM 매체	utm_medium=[매체 이름]	utm_medium=paid_social
UTM 캠페인	utm_campaign=[캠페인 이름]	utm_campaign=summer_sale
UTM 키워드	utm_term=[키워드 이름]	utm_term=social_media
UTM 콘텐츠	utm_content=[콘텐츠 이름]	utm_content=video_ad

---

2) PPC는 Pay-Per-Click의 약어로, 클릭당 과금이 되는 방식의 검색 엔진 광고 캠페인이다.

content'이며, 예시로는 'video_ad' 'text_ad' 'blue_banner' 'green_banner'를 들 수 있다.

구글의 URL 빌더를 사용하면 매번 수동으로 UTM 코드를 추가할 필요 없이, 간편하게 URL에 UTM 매개변수를 추가할 수 있다. 첫째, 구글의 캠페인 URL 빌더(builder) 페이지에 접속한다. 이때 가능한 경우 HTTPS 버전을 사용하여 브라우저에서 성가시게 보안 경고 (Not Secure) 알림이 뜨지 않도록 한다. 둘째, [그림 11-11]에서 보이듯이 구글 URL 빌더 입력 창이 나타나면 마케팅 캠페인의 랜딩 페이지 또는 목적지 페이지의 URL을 입력한 후, 추적하려는 매개변수값을 캠페인 소스, 매체, 이름, 콘텐츠, 검색어의 순으로 차례대로 입력한다. 셋째, 자동으로 생성된 URL을 확인한 후, Convert URL to Short Link를 클릭하거나, Copy URL을 눌러서 복사한다. 넷째, 복사한 URL을 캠페인 콘텐츠에 붙여 넣는다.

이렇게 사용자 지정한 UTM 매개변수 정보에 따라 수집된 웹사이트 트래픽 데이터를 분석할 수 있다. 입력한 UTM 매개변수와 관련된 데이터는 대부분 GA의 '획득' 보고서에서 확인할 수 있다.

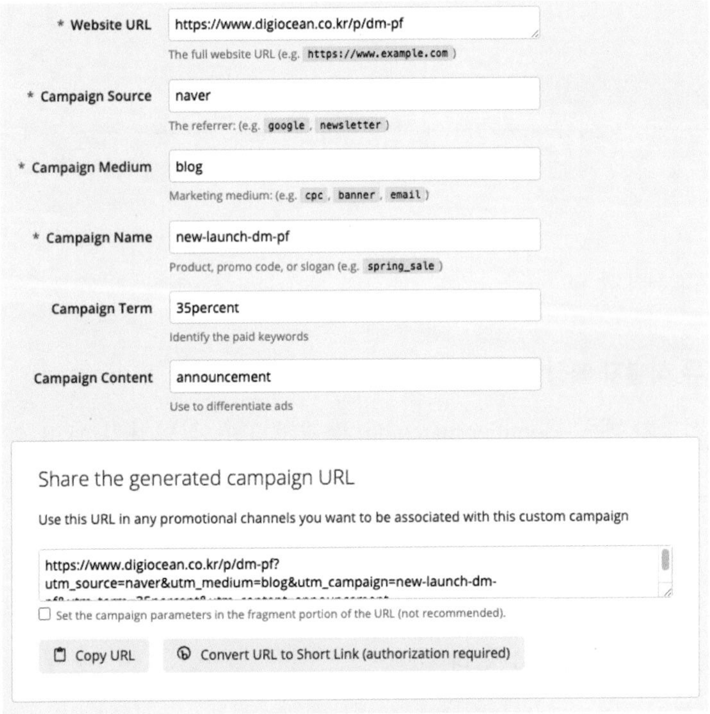

[그림 11-11] UTM 매개변수 입력 창

출처: DIGIOCEAN (2021. 7. 6.).

2) 앱 어트리뷰션 측정 방법

웹사이트에서 사용자 유입과 유입 이전의 경로를 쉽게 추적할 수 있는 것은 바로 그 웹사이트 자체를 자사가 소유하고 있기 때문이다. 즉, 자사 웹사이트에 들어온 로그 데이터를 자사가 확인할 수 있기 때문에, 그 데이터를 가지고 어트리뷰션 분석이 가능하다. 그러나 앱스토어는 자사의 소유가 아니기 때문에 [그림 11-12]에서 보이듯이 사용자가 광고 클릭과 링크를 통해 앱스토어로 들어가서 앱을 설치하고 앱을 열기 이전까지 자사 소유가 아닌 영역인 추적 단절 구간에서의 데이터는 전혀 사용할 수가 없다. 앱 어트리뷰션 도구 (app attribution tool)는 이러한 사용자 추적 단절 구간인 음영 구역을 추적하기 위해 링크에서부터 앱 설치를 매칭시키는 방법을 사용한다. 구체적으로 모바일 환경에서는 쿠키 대신에 ADID(Advertising ID)라 불리는 스마트 기기별 광고 고유 식별자를 통해서 주로 어트리뷰션 측정이 이루어지며, 이 외에도 구글 리퍼러, 클릭 아이디, 핑거프린트 등의 여러 방식을 조합해서 사용한다.

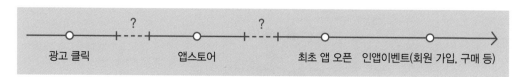

[그림 11-12] 앱스토어에서의 추적 단절

출처: Airbridge (2020. 4. 13.).

(1) 광고 고유 식별자 매칭

광고 고유 식별자 매칭(identifier matching)은 광고 고유 식별자인 ADID와 사용자가 유입된 경로인 소스를 매칭하는 방법이다. 즉, 사용자가 광고를 클릭하면 이런 행동이 ADID로 수집되어 사용자가 앱을 설치 및 실행할 때 생성된 ADID와 대조를 하고, 앱 다운로드 전의 사용자 ADID와 앱 실행 후의 사용자 ADID가 일치하면 어떤 채널이 앱 설치와 같은 전환에 기여했는지를 측정할 수 있다.

[그림 11-13]에서 보이듯이 사용자가 추적 URL(tracking URL)[3]이 세팅된 광고를 클릭하면 해당 사용자의 광고 식별자가 이 추적 URL 파라미터에 추가된다. 이때 트래커[4]는 파라

[그림 11-13] 광고 고유 식별자 매칭 방법

출처: 와이즈트래커(2021. 11. 10.).

미터를 통해 광고 식별자가 포함된 데이터를 수집하고 플레이스토어로 사용자를 리다이렉트한다. 사용자가 다운로드한 앱을 실행하면, 앱 안에 있던 분석 SDK가 광고 고유 식별자를 수집하여 트래커로 전송하고, 트래커는 광고 클릭 시점에 수집한 식별자와 앱 실행 시점에 수집한 식별자를 대조하여 기여 성과를 측정한다. 따라서 데이터 마케터는 기본적으로 추적 URL을 세팅하고 분석 SDK를 앱에 삽입하며, 광고 클릭 데이터와 앱 실행 데이터를 대조한 후 리포팅을 하는 작업을 수행해야 한다.

(2) 구글 플레이 리퍼러 매칭

구글 플레이 리퍼러 매칭(Google Play referrer matching)은 앱 설치를 위해 광고를 클릭

---

3) 광고 클릭을 통해 앱스토어로 연결될 때 몇 밀리 세컨드라는 짧은 시간 동안 잠깐 경유하는 URL을 말한다. 이 URL 파라미터에는 사용자가 언제, 어떤 매체에서 클릭했는지에 관한 정보가 포함되며 트래커가 이 정보를 수집해서 어트리뷰션 측정에 활용한다. 추적 URL은 광고물에 세팅되며, 어트리뷰션 툴에서 만든다.

4) 사용자 행동을 추적한 데이터를 수집하여 광고 회사로 전송하는 트래킹 툴(tracking tool)이자 어트리뷰션 솔루션/툴을 말한다. 트래커는 광고 및 매체 성과 및 전환에 이르기까지 데이터를 수집하고 분석한다. 트래커의 데이터 수집 방식은 웹과 앱으로 나뉜다. 주로 웹의 경우 스크립터, 앱의 경우 SDK를 통해 사용자 추적을 한다. 마케터는 이 정보를 토대로 사용자 맞춤형 광고를 선별하며, 해당 사이트 외에도 자신들과 계약을 맺은 다른 사이트나 서비스에도 해당 광고를 노출한다.

할 때 검출한 리퍼러(referrer)[5]와 앱을 설치한 후에 검출한 리퍼러를 대조하여 전환(앱 설치)과 같은 기여 성과를 측정하는 방식이다. 구체적으로 [그림 11-14]에서 보이듯이 사용자가 추적 URL이 세팅된 광고를 클릭하면, 트래커는 광고 클릭 시 수집한 리퍼러를 추가하여 사용자를 플레이 스토어로 리다이렉트한다. 사용자가 이곳에서 다운로드한 앱을 실행할 때 분석 SDK는 이 리퍼러를 검출하여 어트리뷰션 툴인 트래커로 전달한다. 트래커는 광고를 클릭할 때 발생한 리퍼러와 앱 실행에서 검출한 리퍼러를 대조하여 사용자가 일치하면 어떤 채널이 앱 설치와 같은 전환에 기여했는지를 측정할 수 있다. 구글 플레이 리퍼러 방식은 구글 플레이를 통해 앱이 설치된 경우에만 사용자 디바이스를 식별할 수 있으며, 신뢰도가 높고, 이론상으로 100% 식별이 가능하다. 즉, 구글을 통해 리퍼러를 받기 때문에 리퍼러가 유실되거나 왜곡될 가능성이 적어 정확도가 높고 광고주와 매체사 모두 식별 결과를 신뢰하게 된다. 하지만 이 방법은 iOS 기반의 플랫폼에는 적용할 수 없다는 한계가 있다.

[그림 11-14] 구글 플레이 리퍼러 매칭 방법

출처: 와이즈트래커(2021. 11. 10.).

---

[5] 리퍼러는 사용자의 유입 경로를 알려 주는 URL 파라미터로서 광고를 클릭할 때 발생하여 구글 플레이에 전송·저장된다. 앱을 설치한 사용자의 유입 경로를 알려 주는 리퍼러여서 구글 플레이 설치 리퍼러(Google Play install referrer)라고 한다.

(3) 클릭 아이디 매칭

클릭 아이디(click ID)란 각 광고 클릭에 부여하는 고유한 클릭 아이디를 기준으로 어트리뷰션을 측정하는 방법이다. 많은 지면을 보유한 매체의 경우 수억 건의 클릭을 처리해야 하며, 이러한 경우 어떤 지면의 광고에서 어떤 클릭이 발생했는지에 대한 데이터 수집이 필요하다. 이를 위해 각 클릭마다 고유한 식별값을 붙이는 클릭 아이디 매칭(click ID matching) 방법을 사용한다.

[그림 11-15]에서 보이듯이 사용자에 의해 광고 클릭이 발생하면 해당 클릭의 고유한 클릭 아이디가 세팅된 추적 URL 파라미터에 추가된다. 트래커는 파라미터에 포함된 클릭 아이디를 리퍼러에 추가하고 사용자를 최종 목적지인 앱스토어로 리다이렉트한다. 만약 사용자가 플레이 스토어를 통해 다운로드한 앱을 실행하면 분석 SDK는 이 리퍼러를 검출하여 트래커로 전송한다. 검출된 리퍼러에는 클릭 아이디가 포함되어 있으며, 트래커는 클릭 시점에 발생한 클릭 아이디와 앱 실행 시점에 발생한 클릭 아이디를 대조하여 앱 설치에 기여한 매체의 성과를 측정할 수 있다. 클릭 아이디 매칭 방식은 리퍼러 전체에서 클릭 아이디 값만 뽑아서 대조하는 것이며, 구글 리퍼러 방식은 리퍼러 전체를 대조한다는

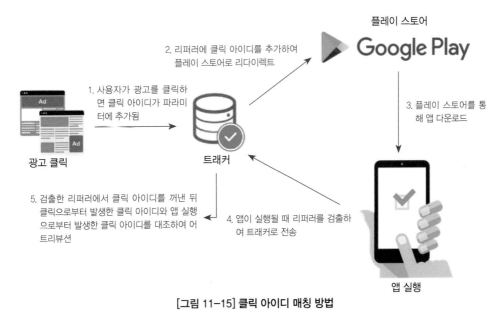

[그림 11-15] 클릭 아이디 매칭 방법

출처: 와이즈트래커(2021. 11. 10.).

것이 차이점이다. 클릭 아이디도 광고 아이디와 마찬가지로 고유한 값이라는 점에서 정확도가 높다. 다만, 구글 리퍼러 방법처럼 iOS 기반의 플랫폼에는 적용할 수 없는 한계점을 갖고 있다. 또한 모든 매체가 클릭 아이디를 지원하지 않고 클릭 아이디를 사용할 매체 환경을 갖추지 못한 매체도 있다.

(4) 핑거프린트 매칭

핑거프린트 매칭(fingerprint matching)은 광고 아이디나 구글 설치 리퍼러와 같은 고유 식별자를 사용할 수 없을 때 사용자 단말기의 다양한 정보를 조합해서 생성한 핑거프린트(fingerprint)를 기준으로 어트리뷰션을 측정하는 방식이다. 핑거프린트는 해당 기기의 고유 지문으로 사용자가 광고를 클릭할 때 단말기 모델, 명칭, OS 버전, IP 주소, 브라우저 정보, 통신사, 국가 및 언어 설정 등의 다수의 정보를 이용해 만들어진다. [그림 11-16]에서 보이듯이 사용자가 광고를 클릭하면 트래커가 핑거프린트를 만드는 데 필요한 정보를 수집하고, 앱이 실행될 때 해당 단말기의 핑거프린터 정보를 수집한 후 이 둘을 대조함으로써 어트리뷰션을 측정한다.

광고 고유 식별자(ADID), 리퍼러, 클릭 아이디의 세 가지 방법은 확실한 식별값으로 일

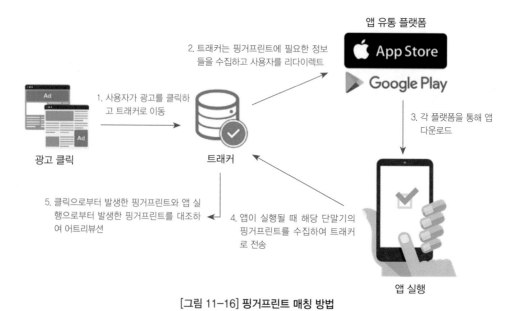

[그림 11-16] 핑거프린트 매칭 방법

출처: 와이즈트래커(2021. 11. 10.).

대일 매칭이 이루어지지만, 핑거프린트는 간접 정보들을 이용하여 이 '단말기'일 것이라는 일종의 프로파일을 만드는 것으로 100% 일치하지 않을 수 있다. 즉, 앞의 세 가지 방법이 사용자 이름, 주민등록번호, 전화번호 등의 고유값으로 사용자를 찾아내는 반면에, 핑거 프린트는 IP 주소, 브라우저 정보, 통신사, 단말기 모델, OS 버전, 국가 및 언어 설정 등 다수의 조건을 만족하는 사용자를 찾아낸다. 핑거프린트 매칭은 앞선 세 가지 방식 모두 활용이 어려울 때 사용된다. IP 주소나 디바이스 환경 등 사용자의 앱 이용 환경에서 수집할 수 있는 간접 정보를 활용하여 추정하는 방식이기 때문에 기술적으로 한계가 있는 상황에서도 적용할 수 있다. 반면, 앞선 방식과 달리 간접 정보를 활용하기 때문에 앞의 세 가지 방법보다 정확도가 상대적으로 떨어진다.

3) 웹투앱 어트리뷰션 측정 방법

앱 설치 캠페인의 경우 모바일 웹 광고를 통해 앱 다운로드 버튼을 클릭한 다음, 앱스토어로 이동해서 앱을 설치하는 경우가 많다. 이러한 경우 웹투앱(web-to-app)[6] 어트리뷰션 측정이 필요하다. 웹에서는 URL 주소만으로 바로 접근 가능하지만, 앱은 구글 플레이 스토어나 애플 앱 스토어라는 중간 단계를 거쳐야 한다. 즉, 앱 설치 광고를 클릭한 사용자는 이러한 앱 마켓으로 연결되어 앱 마켓 상세 페이지를 살펴보고 앱 설치 여부를 결정하게 된다. 예를 들어, [그림 11-17]에서 보이듯이 사용자가 광고나 링크를 클릭하고 광고주의 모바일 웹사이트로 연결되면 스마트 배너나 앱 다운로드 버튼이 보인다. 이때 사용자는 스마트 배너나 버튼을 클릭하고 앱스토어로 리다이렉트된다. 이러한 경우 웹은 쿠키, 앱은 광고 아이디로서 광고 식별자가 서로 다르다. 즉, 웹은 쿠키, 앱은 광고 아이디를 사용하기 때문에 쿠키와 광고 아이디를 연결해서 데이터를 통합적으로 처리해야 한다.

구글 애널리틱스는 웹과 앱에 공통적으로 사용하는 사용자 아이디를 활용하여 웹에서 앱으로 이어지는 사용자 추적을 통해 어트리뷰션을 측정할 수 있다. 하지만 이 방법은 로

---

6) 사용자가 웹에서 광고를 클릭해서 앱을 설치하는 경우 최종 목적지가 앱이기 때문에 크게는 앱 어트리뷰션에 포함하기도 한다.

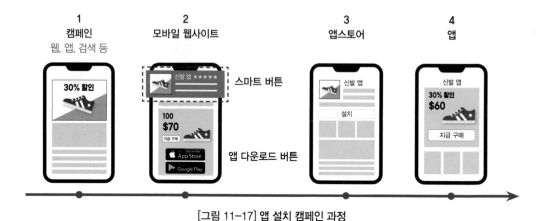

1
캠페인
웹, 앱, 검색 등

30% 할인

2
모바일 웹사이트

신발 앱 ★★★★★
스마트 버튼

100
$70
지금 구매

App Store
Google Play
앱 다운로드 버튼

3
앱스토어

신발 앱

설치

4
앱

신발 앱
30% 할인
$60
지금 구매

[그림 11-17] 앱 설치 캠페인 과정

출처: AppsFlyer (2022. 2. 2.).

그인을 한 사용자만 추적할 수 있는 반면, 대다수 사용자는 여러 플랫폼에 걸쳐 로그인을 하지 않기 때문에 정확한 어트리뷰션 측정이 어렵다. 이러한 문제를 해결하기 위해 일부 어트리뷰션 제공업체들은 웹과 앱 어트리뷰션을 통합적으로 측정할 수 있는 MMP(Mobile Measurement Partner) 솔루션을 제공하고 있다. 즉, 모바일 앱, 모바일 웹, 데스크톱 웹 등 각 매체 플랫폼의 데이터를 연동 및 통합하고, 하나의 MMP 대시보드에서 전환에 대한 매체 기여도를 중복 없이 측정할 수 있게 해 준다.

4. 어트리뷰션 도구

어트리뷰션 도구(attribution tool)는 광고를 통해 얻을 수 있는 앱 설치, 구매, 로그인 등의 특정 성과들이 어떤 매체를 통해 발생한 것인지를 분석해 주는 제3자 도구(3rd-party tool)로서 광고 성과 최적화를 위해 사용된다. 어트리뷰션 도구에는 웹 어트리뷰션 도구, 앱 어트리뷰션 도구, 웹과 앱 어트리뷰션을 모두 분석할 수 있는 도구가 있다.

1) 웹 어트리뷰션 도구

대다수 기업은 자신들이 운용하는 웹사이트 혹은 제3자 사이트의 웹로그 정보(예: 쿠키)를 수집하고 소비자 행동을 추적 · 분석하기 위해 추적 코드(tracking code)를 활용하며, 이를 통해 어트리뷰션을 할 수 있다. 대표적인 웹 어트리뷰션 도구로는 구글 애널리틱스(GA)가 있다. GA는 쿠키 기반의 웹로그 분석을 통해 사용자 소스, 매체, 유입 채널의 세 가지 유형의 데이터를 분석한 어트리뷰션 보고서를 마케터에게 제공한다. 소스는 특정 페이지에 유입되기 전에 머물렀던 페이지 도메인이고, 매체는 소스 페이지 안에서 사용자를 웹/앱으로 보내는 구체적인 방법을 말한다. 즉, 사용자가 CPC 방식의 키워드 검색 광고를 통해 사용자를 웹사이트로 보냈다면 이 사용자의 유입 매체는 CPC가 된다. 반면, 채널은 직접 유입, 자연 검색, SNS, 이메일, 리퍼럴 등과 같이 트래픽 소스를 그룹화한 것이다.

[그림 11-18]은 GA에서 확인 가능한 어트리뷰션 모델 분석 샘플 보고서이다. 이 보고서는 직접 유입을 제외한 광고 채널 중 사용자들이 마지막으로 클릭한 채널들의 전환 수 및 전환율을 보여 준다. 사용자들이 거쳐 간 여러 채널 중 이메일로 유입된 사용자들의 전환량과 전환율이 가장 높음을 알 수 있다. 여기에서 Direct는 URL 입력 등을 통한 직접 유입

MCF Channel Grouping	Spend (for selected time range)		Last Non-Direct Click		Loves Data's Model		% change in Conversions (from Last Non-Direct Click) Loves Data's Model
			Conversions ↓	CPA	Conversions	CPA	
1. Email	A$0.00 (0.00%)		913.00 (75.58%)	A$0.00 (0.00%)	865.41 (71.64%)	A$0.00 (0.00%)	-5.21% ↓
2. (Other)	A$0.00 (0.00%)		82.00 (6.79%)	A$0.00 (0.00%)	43.03 (3.56%)	A$0.00 (0.00%)	-47.52% ↓
3. Direct	A$0.00 (0.00%)		72.00 (5.96%)	A$0.00 (0.00%)	161.38 (13.36%)	A$0.00 (0.00%)	124.15% ↑
4. Organic Search	A$0.00 (0.00%)		51.00 (4.22%)	A$0.00 (0.00%)	51.85 (4.29%)	A$0.00 (0.00%)	1.67% ↑
5. Social Network	A$0.00 (0.00%)		51.00 (4.22%)	A$0.00 (0.00%)	59.29 (4.91%)	A$0.00 (0.00%)	16.25% ↑
6. Referral	A$0.00 (0.00%)		30.00 (2.48%)	A$0.00 (0.00%)	19.59 (1.62%)	A$0.00 (0.00%)	-34.69% ↓
7. Paid Search	A$49,869.67 (100.00%)		9.00 (0.75%)	A$5,541.07 (13,422.22%)	7.43 (0.62%)	A$6,707.76 (16,248.27%)	-17.39% ↓

[그림 11-18] GA 어트리뷰션 보고서

출처: Benjamin Mangold.

MCF Channel Grouping Path	Conversions
1. Organic Search	1,333 (30.39%)
2. Paid Search > Organic Search > Direct	228 (5.20%)
3. Organic Search × 2	178 (4.06%)
4. Paid Search × 2	134 (3.06%)
5. Organic Search > Direct × 2	134 (3.06%)
6. Paid Search > Organic Search	105 (2.39%)
7. Direct × 3	69 (1.57%)
8. Paid Search > Direct	67 (1.53%)
9. Referral	43 (0.98%)
10. Organic Search > Direct × 2	39 (0.89%)

[그림 11-19] GA MCF 보고서

출처: Benjamin Mangold.

을 말하며, Organic Search는 자연 검색을 통한 유입, Social Network는 페이스북과 같은 SNS를 통한 유입, Referral은 사이트 내의 블로그, 웹매거진 등의 다른 사이트 혹은 링크를 통한 유입, Paid Search는 유료 검색 광고를 통한 유입을 말한다.

또한 GA는 광고 캠페인에 포함된 여러 마케팅 채널(예: 웹사이트 트래픽 소스)이 전환에 기여한 역할을 분석해 주는 다중 채널 유입 경로 보고서(Multi Channel Funnel Report: MCF)를 제공한다. 이 보고서는 전환에 이르는 경로에서 각 채널에서의 전환 성과를 분석해서 보여 준다. [그림 11-19]는 GA에서 확인 가능한 MCF 보고서의 예시이다. 사용자가 거치는 다양한 접점(디지털 터치 포인트)에서의 전환 성과를 알 수 있다.

2) 앱 어트리뷰션 도구

모바일 앱 기반의 광고는 앱 설치, 회원 가입, 구매 전환처럼 다양한 유형의 인게이지먼트를 목적으로 하는 경우가 많기 때문에 어트리뷰션 과정이 웹에 비해 복잡하다. 이는 웹에서 앱으로 넘어오는 순간 쿠키를 통한 사용자에 대한 정보가 단절되기 때문에 해당 사용자에 대한 유입 경로를 분석하기 어렵고, 구글 플레이나 애플 앱스토어에서 발생한 앱 설치를 확인할 수 없기 때문이다. 즉, 모바일 환경에서는 웹에 대응되는 쿠키가 없기 때문에 해당 광고를 보았는지, 클릭했는지, 앱을 설치했는지, 실행했는지, 오픈했는지 등 모든 앱 활동의 추적이 쉽지 않다. 따라서 별도의 모바일 앱 어트리뷰션 도구가 필요하다.

앱 어트리뷰션 도구는 고객의 앱 유입에서부터 앱 활동까지를 측정하고 분석한다. 앱 어트리뷰션을 하기 위해 웹의 쿠키에 해당하는 ADID 데이터를 수집해야 하며, 모바일 어트리뷰션 도구는 웹의 스크립트(태그) 대신에 SDK라는 추적 코드를 앱에 삽입해서 데이터를 수집한다. 앱 어트리뷰션 도구는 앱 내에서 발생하는 사용자들의 활동을 기록한 앱로그를 수집할 수 있는 SDK(Software Development Kit)를 심는 기능을 제공하기 때문에 마케터가 번거롭게 앱에 직접 SDK를 삽입할 필요가 없다. 현재 해외에서 개발된 어트리뷰션 도구로는 구글 애널리틱스, 구글 파이어베이스(Firebase) 등이 있고, 국내에는 앱스플라이어(AppsFlyer), 애드브릭스(Adbrix), 튠(Tune), 애드저스트(Adjust) 등 많은 앱 어트리뷰션 도구가 있다.

3) 어트리뷰션 도구의 장점

어트리뷰션 도구는 광고 캠페인을 통해 고객들이 전환으로 유입되는 경로를 추적할 수 있게 해 줌으로써 광고 캠페인에 가장 성공적인 채널을 결정하는 광고 매체 최적화를 가능하게 한다. 또한 앱 혹은 웹의 이름도 모른 채 광고를 구매·집행하는 모바일 중심의 프로그래매틱 광고 네트워크의 구조가 갖는 한계로 인해 발생하는 부정 광고 문제점들을 상당 부분 해소할 수 있다. 어트리뷰션의 장점은, 첫째, 어트리뷰션 툴은 각 매체의 기여도를 산정하는 데 도움을 줌으로써, 앱 마케팅의 성과를 정확하게 분석할 수 있게 해 준다. 디지털 마케팅 캠페인마다 각기 다른 고객 유입 경로를 가지고 있기 때문에 모바일 어트리뷰션 툴이 없으면 고객이 어디에서 오는지, 어떤 매체가 전환에 가장 크게 기여하는지 판단할 수 없다.

일반적으로 앱 설치 캠페인의 어트리뷰션에서 사용자가 거쳐 온 여러 채널 중에서 마지막 채널의 성과만 100% 인정하는 경우가 많다. 이를 라스트 터치 어트리뷰션(last touch attribution)이라고 한다. 예를 들어, 앱 설치당 비용이 CPI 기준으로 한 건 설치당 2,000원이라면, 사용자가 마지막으로 터치한 광고를 송출한 채널 혹은 애드 네트워크가 2,000원

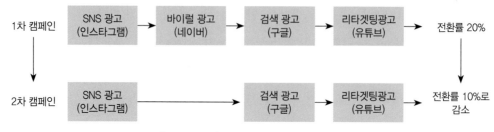

[그림 11-20] 리타겟팅 광고 캠페인의 예

의 광고비 전부를 받는다. 예를 들어, [그림 11-20]의 리타겟팅 광고 캠페인에서 보이듯이 1차 캠페인에서 마지막 채널(유튜브)과 광고의 성과만 구매 전환에 기여한 것으로 100% 인정하고, 고객들이 구매 전환에 이르기까지 경로에서 접촉한 바이럴(viral) 광고와 같은 나머지 채널 및 광고들의 영향력을 무시한다면, 이는 이어지는 2차 캠페인에서 바이럴 광고의 배제와 이로 인한 전환율의 감소로 이어질 수 있다.

이처럼 어트리뷰션은 마지막 접점에서의 성과만을 측정하는 기존의 성과 분석 관행과 광고 효과 측정 데이터의 한계로 인해 초래되는 문제들을 극복하고 향후 전환율을 높이는 캠페인을 가능하게 해 준다.

둘째, 어트리뷰션 도구는 광고 참여자들의 중복값을 필터링하여 마케팅 비용의 중복 청구를 방지해 준다. 어트리뷰션은 ADID와 같은 고유 광고 식별값을 사용하여 멀티 터치 사용자들의 광고 접점들을 모두 추적함으로써 광고를 통해 유입된 이용자가 앱의 신규 실행 이용자인지 아닌지를 판단해 주고, 매체 간 발생하는 중복 참여자들을 모두 걸러 낸다. 즉, 'ab01bf⋯'라는 ID를 가진 고유 광고 식별값이 SDK를 통해 한 번 수집되어 어트리뷰션 도구에 저장되었다면, 해당 광고 식별값을 가진 사용자의 매체는 어떠한 다른 매체에서 광고를 접하더라도 신규 실행자로 인정되지 않는다. 예를 들어, 어떤 사용자가 A 매체를 통해 앱을 설치한 경우 이 설치에 대한 기여는 A 매체가 갖고 있으며, 이는 어트리뷰션 도구에 기록된다. 따라서 추후 앱을 삭제하고 B 매체를 통해 다시 앱을 설치하여도 신규 설치(new install)는 여전히 A 매체의 기여로 남게 된다. 따라서 이 경우 신규 실행자로 인정된 A 매체에만 광고비를 지불하면 되기 때문에 각 매체별로 청구되는 광고비의 이중 지불을 방지한다.

멀티 터치를 한 사용자가 한 번이라도 터치한 네트워크는 모두 기여를 인정받고 설치에 대한 비용을 청구할 수 있다. 즉, 애드 네트워크 플랫폼은 고객이 단지 터치만 하였을 뿐 그들이 기여하지 않은 앱 설치에 대해서도 비용을 요구할 수 있다. 이 경우 광고주는 결론적으로 원래 내야 할 CPI 비용의 2배, 3배를 지불하게 된다. 따라서 어트리뷰션 솔루션을 활용하면 애드 네트워크 플랫폼 간 교차분석을 통해 정확하게 어떤 네트워크 플랫폼을 통해 앱 설치를 했는지 추적할 수 있기 때문에, 이러한 CPI 비용의 중복 청구를 방지하고 광고비의 효율적인 사용을 가능하게 해 준다.

셋째, 어트리뷰션 도구는 부정 광고를 감지하고 방어해 준다. 부정 광고는 영어로 애드 프로드(ad fraud, 광고 사기)라고 하며, 어떠한 기술을 이용하여 광고 성과를 왜곡하여 과대한 비용이 발생하게 해 회사의 이윤에 영향을 주는 부정 광고 트래픽을 말한다. 부정 광고는 악성 소프트웨어와 봇(bot)을 이용해 거짓 클릭과 부정 트래픽을 만들어 광고비를 부당하게 획득함으로써 막대한 광고비 손실을 초래한다. 즉, 부정 광고는 광고를 클릭하거나 앱을 설치한 것처럼 속여 부정 트래픽을 만든 뒤, 이를 소비자의 실제 활동인 것처럼 속여 광고비를 부당하게 획득한다.

부정 광고는 크게 부정 노출 혹은 노출 사기(impression fraud), 무효 클릭(click fraud, 클릭 사기), 무효 설치 혹은 설치 사기(install fraud)의 3가지 유형으로 나뉜다. 부정 노출은 노출당 비용 사기(CPM fraud)를 말하며, 무효 클릭은 클릭당 비용 사기(CPC fraud), 무효 설치는 설치당 비용 사기(CPI fraud)를 말한다. 부정 노출은 무분별하게 팝업 광고를 노출하거나 같은 게재 지면에 여러 개의 광고를 쌓아서 동시에 노출하는 행위를 말하며, 무효 클릭은 악성 소프트웨어나 봇으로 실제 사용자의 클릭이 아닌 허위 클릭을 생성하는 것을 말한다. 무효 설치는 이미 앱을 설치한 디바이스의 ID를 리셋(reset)해 재설치하거나 가짜 클릭을 통해 앱을 자동 설치하는 것을 말한다.

부정 광고의 발생은 사용자가 거쳐 온 모든 접점에 기여도를 부여하는 멀티 터치 어트리뷰션이 어려우므로 마지막 클릭(last click)이나 노출(impression)에 기여도를 부여하는 라스트 터치 어트리뷰션 모델을 많이 사용하는 것이 하나의 원인이다. 즉, 앱 설치 직전 마지막 클릭이나 노출에 기여도를 부여하는 것이 쉽기 때문에 마지막 노출이나 클릭을 부정한 방법으로 만들어 내려고 시도한다는 것이다. 어트리뷰션은 이러한 부정 광고를 방어하는 기능을 가지고 있다. 마케터들이 일별, 주별, 월별 등 단·장기에 걸쳐 정기적으로 어트리뷰션 데이터를 추적·분석함으로써 평균 클릭 수 대비 앱 설치, 전환, 구매 수치 등이 갑자기 높아지는 경우나 광고 클릭 후 설치 완료 세션의 비정상 유무, 특정 IP의 중복 행동 및 이상 패턴과 같은 진행 중인 캠페인의 이상 징후를 확인할 수 있다. 또한 어느 정도의 예산을 광고로 집행하고 있다면 부적절한 광고비 집행을 방지하기 위해 애드브릭스의 'Fraud Kill-Chain', 앱스플라이어의 'Protect360', 애드저스트의 'Fraud Prevention Suite' 등과 같은 제3자 트래커 서비스가 제공하는 애드 프로드 감지 솔루션을 사용하는 것이 바람직하다.

부정 광고로 인해 광고주는 막대한 광고비를 쏟아부어도 실제 효과가 그만큼 떨어질 수밖에 없다. 이뿐만 아니라 애드 프로드는 마케팅 비용 낭비와 캠페인의 효율 저하는 물론, 데이터 왜곡으로 인한 잘못된 성과 측정을 유발해 캠페인에 악영향을 초래한다. 글로벌 디지털 광고 시장에서 애드 프로드로 인한 광고 비용 손실액은 2019년 420억 달러(약 46조 3,050억 원)에서 계속 증가해 2023년에는 1,000억 달러(약 110조 2,500억 원)에 이를 것으로 전망된다.

●표 11-3● **부정 광고의 유형**

부정 광고의 유형		설명
부정 노출	애드스태킹	하나의 광고 뒤에 여러 개의 가짜 광고를 겹쳐 만드는 것으로, 사용자는 한 개의 광고를 보지만 실제 여러 개의 광고에 노출된 것으로 성과에 반영
	비디오 오토-플레이	사용자가 보지 못하거나 알지 못할 때 동영상 광고를 자동 재생하는 것으로, 조작된 광고 성과 발생
무효 클릭	자동 리디렉션	사용자가 광고 클릭을 하지 않아도 해당 광고의 랜딩 페이지를 방문하는 것으로 조작
	사기성 광고	사용자가 외부 링크를 통해 앱의 인터페이스를 모방한 광고를 노출하거나 앱의 경고 창 또는 가짜 닫기 버튼을 만들어 사용자를 속임
무효 설치	클릭 인젝션	사용자가 앱을 설치한 다음, 실행하기 바로 직전에 다른 플랫폼에서 앱을 설치한 듯 허위 클릭을 발생시켜 광고 성과를 가로챔
	클릭 스패밍	사용자가 실제로는 광고에 클릭 등 반응하지 않았지만 반응했다고 가짜 신호(fake signal)를 보내는 것
	SDK 스푸핑	스푸핑은 추적용 SDK를 직접 공격하는 것으로, 사용자 정보 없이 개인 디바이스를 해킹하고 이 과정에서 얻은 정보를 가짜 앱 설치에 활용함. 가장 악질적인 광고 사기 유형

5. 룩백 윈도우

1) 웹 성과 분석에서의 룩백 윈도우

광고 성과를 인정하는 기간은 온라인 마케팅에서 중요한 요소 중 하나이다. 앱 광고에서는 이를 룩백 윈도우(lookback window)라고 하며, '룩백(lookback)'은 '뒤돌아보다'라는 뜻을 지니고 있다. 룩백 윈도우는 광고 성과를 뒤돌아보는 기간, 즉 전환 추적 기간을 말한다. [그림 11-21]에서 보이듯이 광고 캠페인의 성과 분석에서 룩백 윈도우를 30일로 설정했다면, 구매로 전환되었던 2월 10일부터 30일 전인 1월 10일까지의 광고 채널(매체)만 광고 성과로 인정한다. 따라서 두 번째 광고인 B 광고 채널만 전환(구매)에 기여했다고 인정할 수 있다. 구글 애널리틱스의 경우 어트리뷰션을 지원하기 위해 다중 채널 유입 경로 보고서(multi channel funnel report)를 제공하고 있으며, 광고 성과 인정 기간이라고 할 수 있는 '전환 확인 기간'을 설정할 수 있다.

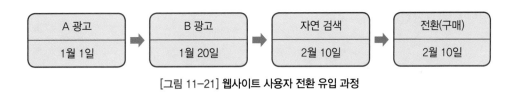

[그림 11-21] 웹사이트 사용자 전환 유입 과정

2) 앱 성과 분석에서의 룩백 윈도우

앱 광고에서는 앱 설치라는 개념이 중요하기 때문에 웹 분석과 달리 앱 설치에 룩백 윈도우의 초점이 맞추어져 있다. 링크 클릭과 앱 설치의 시간 간격으로 룩백 윈도우, 즉 광고 성과 인정 기간으로 판단한다. [그림 11-22]에서 보이듯이 사용자가 1월 1일에 A 광고를 클릭해서 해당 앱의 존재를 알게 된 후 앱스토어를 방문했으나 앱 리뷰가 안 좋아서 앱을 다운로드하지 않고 바로 앱스토어를 이탈했다. 하지만 1월 10일에 친구가 다시 이 앱을 추천하여 1월 10일에 이 친구가 보내준 링크, 즉 리퍼럴(referral)을 통해 앱을 설치했다. 이 경우 룩백 윈도우 기간이 15일로 설정되었다면 A 광고 채널이 전환에 기여했다고 인정한다. 즉, 룩백 윈도우가 15일이라고 가정했을 때 A 광고 매체의 링크를 클릭한 후 15일 이내에 설치가 발생하면 A 광고 채널이 그 설치에 기여한 것으로 인정한다.

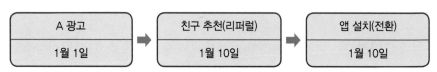

[그림 11-22] 앱 사용자 전환 유입 과정

　특정 매체에서 마지막 클릭이 발생한 이후 광고 성과를 어느 기간까지 인정할 것인가를 정하는 데 정답은 없지만, 어트리뷰션 방식과 마찬가지로 매체 운영 전략과 방침에 따라 적절하게 조정하는 과정이 필요하다. 예를 들어, 룩백 윈도우를 1일로 설정할 수도 있고, 7일 혹은 15일로 설정할 수도 있다. 만약 룩백 윈도우가 7일로 설정된 광고가 있다고 가정하고 매체 A에서 9월 1일에 클릭이 발생한 이후 5일에 신규 실행이 이루어졌다면, 룩백 윈도우 7일 내에 포함되기 때문에 매체 A의 성과로 인정된다. 하지만 10일에 신규 실행이 발생했다면 룩백 윈도우 7일에서 벗어나기 때문에, 매체 A의 성과가 아니라 자연 유입의 신규 실행으로 판단한다.

디 지 털 시 대 의 애 드 테 크 신 론

제12장

디지털 마케팅의 기법

1. 마케팅 패러다임의 변화

마케팅 패러다임의 변화란 마케팅 철학 혹은 개념의 시대적 변화를 말한다. 마케팅 철학은 1950년대 대중 마케팅에서 1970년대 표적 마케팅으로, 1980년대 틈새 마케팅에서 1990년대 이후 일대일 마케팅으로 변화해 왔다. 이러한 마케팅 패러다임들을 전통적 마케팅 패러다임이라고 한다면, 2000년 이후에 등장한 퍼포먼스 마케팅, 콘텐츠 마케팅, 리마케팅/리타겟팅, 인바운드 마케팅, 바이럴 마케팅, 인플루언서 마케팅 등과 같은 개념들은 빅데이터 기반의 새로운 디지털 마케팅 패러다임들이라고 할 수 있다. 전통적 마케팅 패러다임은 일회성 거래의 확보를 위해 마케팅 믹스를 투입하는 특징을 갖고 있는 반면에, 빅데이터 기반의 새로운 마케팅 패러다임은 개별 고객과의 장기적인 관계와 쌍방향 의사소통을 중요시한다.

●표 12-1● 마케팅 패러다임의 변화

패러다임	내용 및 사례
대중 마케팅	1950~1960년대의 마케팅 패러다임으로 불특정 다수를 대상으로 동일 메시지를 전달하며 똑같은 판매 방식을 사용하는 마케팅이다(예: 코카콜라의 대중 마케팅).
표적 마케팅	1970년대에 등장했으며 시장을 세분화하여 각각의 시장에 다른 마케팅 프로그램을 수립, 적용하는 마케팅 개념으로 현대적 의미의 마케팅 개념이라고 할 수 있다. 고객의 차별화된 욕구에 기반한 고객 만족(Customer Satisfaction: CS)에 초점을 맞춘다. STP 마케팅 혹은 세분화 마케팅이라고도 불린다.
틈새 마케팅	1980년대 초에 등장하였으며, 기존의 표적 시장을 더욱 세분화하는 형태의 마케팅으로 수요는 존재하나 다른 기업이 간과한 틈새를 찾아 공략하는 형태의 마케팅을 의미한다. 표적 마케팅과 마찬가지로 고객 만족(CS)에 초점을 맞춘다. 대표적인 예로 덩치 큰 사람을 위한 Big & Tall 의류 브랜드가 있다.
개별마케팅	1990년대에 고객 DB의 발달로 나타났으며, 고객들을 하나의 소비집합체로 간주하는 대중 마케팅에 반대되는 개념으로 고객을 하나하나의 개인으로 이해하여 그 개인의 욕구와 필요를 충족시켜 주고, 이러한 고객 만족을 통해 기업의 매출과 수익의 극대화를 이루려는 마케팅 철학이다. 일대일 마케팅이라고도 한다. 개별마케팅을 하기 위하여 고객 DB를 구축하여야 하며, 따라서 데이터베이스 마케팅,[1] 관계 마케팅,[2] 직접 마케팅[3] 등과 중복되는 개념이다.

대량 맞춤형 마케팅	대량이라는 의미의 mass와 맞춤형이라는 의미의 customization의 합성어로 개별 고객의 욕구를 충족하는 동시에 저렴한 비용으로 대량 맞춤 생산하여 마케팅하는 것을 의미한다. 2000년대에 접어들어 ICT 기술의 발달로 저렴한 비용으로 대량 개별화가 가능해졌다.
디지털 혹은 데이터 마케팅	2010년대에 등장한 디지털 마케팅은 빅데이터를 통해 고객의 소비패턴과 선호도, 정보 등을 분석하여 구매할 가능성이 큰 고객에게 맞춤형 혜택을 제공하는 데이터 기반의 마케팅을 말한다. 퍼포먼스 마케팅, 콘텐츠 마케팅, 인플루언서 마케팅, 바이럴 마케팅 등이 디지털 마케팅에 속한다.

1) 데이터베이스 마케팅은 고객에 대한 여러 가지 정보를 컴퓨터를 이용하여 데이터베이스화하고 구축된 고객 데이터베이스를 바탕으로 고객 개개인과의 일대일 관계 구축을 위한 마케팅 전략을 수립하고 집행하는 제반 활동을 말한다.

2) 관계 마케팅(relationship marketing)은 고객과의 성공적인 교환관계를 수립하고 발전·전개하며 유지하는 모든 마케팅 활동을 말한다. 고객의 정보를 바탕으로 고객과 긍정적 관계를 유지·확대하며, 고객 생애 가치(life-time value) 극대화에 초점을 맞춘다(예: 은행, 항공사, 백화점의 VIP 고객 우대 프로그램 등).

3) 어떠한 장소에서든 측정 가능한 반응을 얻거나 거래를 성립시키기 위해 직접 매체를 사용하는 마케팅의 쌍방향 의사소통 시스템으로 정의된다.

2. 디지털 마케팅 기법

1) 온드 미디어 마케팅

온드 미디어[1] 마케팅(owned media marketing)은 기업이나 조직이 자체 소유한 고유채널인 온드 미디어(owned media)에서 타겟에게 도움이 되는 콘텐츠를 언론 미디어처럼 지속해서 제공해 타겟이 자신의 문제를 해결하도록 도와주고 신뢰를 얻는 마케팅 방식이다.

전통적인 마케팅은 브랜드가 전략을 수립하고 콘셉트를 선택하고 메시지를 만들고 매체를 임시로 구매하여 자사 브랜드의 메시지를 알린다. 반면, 온드 미디어 마케팅은 자사의 메시지를 자사가 보유한 매체에서 알리는 행위이다. 즉, 온드 미디어 마케팅은 페이드

---

1) 온드 미디어는 페이드 미디어(paid media), 언드 미디어(earned media)와 함께 트리플 미디어(triple media)로 불린다. 페이드 미디어는 전통적인 유료 매체이고, 언드 미디어는 댓글, 사용 후기처럼 소비자가 정보를 생산 및 확산하고, 입소문을 내는 채널 역할을 한다. 소셜미디어 시대에는 매체의 의미가 페이드 미디어에서 온드 미디어, 언드 미디어로 확장되며, 광고마케팅 캠페인을 성공시키기 위해 이 세 개의 미디어를 잘 결합하여 시너지 효과를 극대화하는 것이 중요하다.

미디어와 같은 매체를 빌려서 광고하는 방식이 아닌 브랜드가 스스로 매체를 소유하여 마케팅하는 방식이다. 온드 미디어의 종류는 〈표 12-2〉에서 보이듯이 자사 웹사이트, 자사 소셜미디어 계정, 자사 커뮤니티, 매거진, 웹진, 뉴스레터 등이 있다.

온드 미디어 마케팅은 자사가 보유 혹은 운영 중인 온드 미디어를 통해 잠재고객에게 필요한 콘텐츠를 지속해서 공급함으로써 기업의 고객 접점을 극대화하고, 장기적으로 실구매고객, 나아가 충성고객으로 육성한다. 즉, 온드 미디어 마케팅은 잠재고객을 자사의 온드 미디어로 유입시켜 고객과 장기적인 신뢰를 구축하고, 궁극적으로 충성고객과 옹호고객으로 만드는 것에 초점을 둔다. 현재 기업 홈페이지, SNS 계정과 같은 온드 미디어를 대 고객 접점으로 하는 광고마케팅 활동이 증가하면서 온드 미디어의 광고마케팅 채널화가 진행되고 있다. 이제 온드 미디어는 다양한 광고마케팅 활동의 허브(hub)가 되어 가고 있다.

기업 입장에서는 효과적인 온드 미디어 마케팅 전략이 제대로 진행된다면 단기 매출의 증대와 비용 절감뿐만 아니라 브랜딩 효과와 소비자 자산(consumer equity) 증대까지 모두 다 해결할 수 있다. 온드 미디어 마케팅은 브랜드 인지도 제고, 차별화된 브랜드 이미지 확립, 브랜드 팬덤 형성, 브랜드 충성도 제고와 같은 브랜딩 효과부터 리드고객, 가망고객, 신규고객의 창출뿐만 아니라 기존고객의 유지 등 다양한 목적을 수행할 수 있다.

●표 12-2● 트리플 미디어와 그 특징

구분	매체 종류	수용자 특성	역할
페이드 미디어	대중매체, 옥외매체, DM, 검색광고, 스폰서십 광고, 인스토어 미디어 등	불특정 다수	캠페인 인지, 온드와 언드 미디어로 고객 유입
온드 미디어	브로슈어, 매장, 기업 웹 및 앱 페이지, SNS 공식 계정, 브랜드 커뮤니티 등	잠재, 가망, 신규, 충성고객	광고 및 마케팅 활동의 허브, 고객 육성 및 관계 유지 촉진, 충성도 강화
언드 미디어	입소문, 버즈*	옹호고객	캠페인 확산 및 대고객 신뢰와 평판 형성

* 버즈(buzz)는 벌이 귓가에서 윙윙거리는 소리 혹은 소문이라는 뜻을 지니며, 인터넷 공간에서 넘쳐 나는 소비자 댓글, 사용 후기, 정보 공유 등을 포함한다.
출처: 이경렬(2019).

온드 미디어 마케팅의 3대 전략으로는 ① 콘텐츠 마케팅, ② 검색 엔진 최적화와 소셜미디어 최적화, ③ 리드 제너레이션(lead generation)과 리드 육성(lead nurturing) 전략이 있다. 온드 미디어 마케팅의 개념적 틀뿐 아니라 실제 업무에서 활용할 수 있는 수준에서 온드 미디어 마케팅의 3대 전략(혹은 시책)을 이해할 필요가 있다. 즉, 온드 미디어 마케팅의 이러한 전략들이 서로 어떻게 연관되어 시너지효과를 극대화하는지를 이해해야 한다. 온드 미디어 마케팅의 첫 번째 전략(시책)은 콘텐츠 마케팅을 활용하는 것이다. 콘텐츠 마케팅은 자사의 메시지를 자사가 보유한 매체에서 알리는 행위를 의미한다. 즉, 온드 미디어 마케팅은 자사 소유의 고유 채널을 주로 이용한다는 점에서 콘텐츠 마케팅과 유사하나, 검색 엔진 최적화와 리드 제너레이션을 강조한다는 점에서 차이가 있다. 온드 미디어는 콘텐츠를 이용하고, 콘텐츠 마케팅은 온드 미디어를 이용한다는 점에서 온드 미디어 마케팅과 콘텐츠 마케팅은 상호보완적 관계라 할 수 있다. 따라서 온드 미디어 마케팅은 콘텐츠 마케팅을 통해서 구현된다고 할 수 있다.

온드 미디어 마케팅의 두 번째 전략은 검색 엔진 최적화이다. 검색 엔진 최적화 기술을 통하여 온드 미디어 마케팅의 중간 결과물로서 제작된 콘텐츠들이 검색 결과나 소셜미디어 상에서 잠재고객에게 더욱 잘 노출될 수 있도록 최적화해야 한다. 온드 미디어 마케팅은 기본적으로 콘텐츠를 연결고리로 하여 사용자와 커뮤니케이션을 시도하고, 기존고객과 더욱 깊은 관계 구축하거나 잠재고객을 발굴하는 것을 목표로 한다. 따라서 온드 미디어 마케팅에서 고객들이 검색 엔진과 소셜미디어에서 관련된 정보를 탐색할 때 기업이 게재한 콘텐츠가 더욱 잘 노출될 수 있도록 검색 엔진을 최적화하는 것이 중요하다.

온드 미디어 마케팅의 세 번째 전략은 리드 제너레이션이다. 온드 미디어 마케팅은 기업의 홈페이지에 방문한 잠재고객의 방문 정보와 접촉 정보를 바탕으로 잠재고객을 구매로 유도하고, 단골고객으로 육성해야 한다. 이때 리드고객을 창출하는 것을 리드 제너레이션이라고 하고, 리드고객을 실구매고객으로 육성하는 것을 리드 육성이라고 한다. 즉, 기업의 홈페이지나 기타 온드 미디어에 방문한 잠재고객에게 고객이 원하는 정보를 제공함으로써 구매 의향을 환기해 고객 스스로가 고객에게 기업이 연락을 취할 수 있는 정보(예: 전화번호, 이름, 이메일, 카카오톡 아이디, 페이스북 아이디 등)를 제공하도록 유도하는 시책을 리드 제너레이션이라고 할 수 있다.

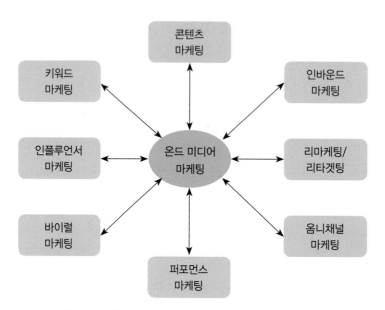

[그림 12-1] 온드 미디어 마케팅과 다른 마케팅 간 컨버전스

　　온드 미디어 마케팅은 콘텐츠 마케팅, 인바운드 마케팅, 리마케팅/리타겟팅, 퍼포먼스 마케팅, 인플루언서 마케팅, 바이럴 마케팅, 옴니채널 마케팅과 목적, 전략과 전술, 채널 활용에서 차이가 있으며 이들 마케팅의 원리와 통합되어야 시너지 효과를 극대화할 수 있다. 즉, 온드 미디어 마케팅이 다른 마케팅 기법들과 통합이 되어야 통합 마케팅 커뮤니케이션(Integrated Marketing Communication: IMC)와 통합 브랜드 커뮤니케이션(Integrated Brand Communication: IBC) 전략을 효율적으로 펼칠 수 있을 뿐 아니라 기업의 다양한 마케팅 목표를 통합적으로 달성할 수 있다. 온드 미디어 마케팅을 중심으로 다른 마케팅 기법들이 통합되어야 브랜드 인지도를 높이고, 새로운 고객들을 확보하고, 수익을 증대하고, 무엇보다도 브랜드 충성도 제고, 전환율 및 비즈니스의 성장을 보장할 수 있다.

2) 콘텐츠 마케팅

(1) 콘텐츠 마케팅의 개념

　　콘텐츠 마케팅(contents marketing)이란 불특정 다수를 대상으로 TV나 신문과 같은 전통적인 미디어에 광고하는 것이 아니라, 분명하게 정의된 고객 집단에게 가치 있고 일관되면서 연관성이 높은 콘텐츠를 만들어 확산하는 마케팅 기법이다. 즉, 콘텐츠 마케팅은 제품이나 서비스를 부각하여 광고하지 않고, 잠재고객이 자신의 문제를 해결할 수 있도록 정말 관련 있고 유용한 콘텐츠를 꾸준히 제공하는 것이다.

콘텐츠 마케팅은 상품을 단순히 전달하는 것이 아니라 고객들에게 도움이 될 만한 '정보'를 제공하거나 '재미'와 '공감'을 이끌어, 고객들이 그 콘텐츠를 자발적으로 공유하고 주변 사람들에게 입소문을 내게 하는 것이 목적이다. 즉, 고객들이 콘텐츠를 스스로 공유하게 하는 마케팅이라고 할 수 있다. 따라서 고객을 서비스에 참여시키고 제품을 이야기하게 하는 것이 중요하며, 콘텐츠 마케팅은 사람들 간의 이러한 연결을 더욱 긴밀하게 해 준다. 콘텐츠 마케팅을 통하여 콘텐츠를 소비하면 소비할수록 고객들은 큰 가치를 느끼고, 어느새 자신도 모르게 특정 브랜드를 좋아하게 되고, 브랜드 인지도가 제고된다.

콘텐츠 마케팅을 육하원칙에 따라 정의하면 다음과 같다. 첫째, 누가 하는가? 콘텐츠 마케팅은 사업을 지속적으로 영위하고 싶은 모든 기업과 조직이 해야 한다. 분야를 가리지 않고, 1인 기업부터 구글이나 디즈니 같은 대기업까지 콘텐츠 마케팅의 효과를 얻을 수 있다. 콘텐츠 마케팅은 에이전시(대행사)보다 조직이 직접 하는 것이 바람직하다. 즉, 온드 미디어를 소유하고 운영하는 마케팅 책임자나 콘텐츠 책임자가 전략과 프로세스를 주도하는 것이 좋다. 물론 이 과정에서 대행사의 도움을 받을 수 있다.

둘째, 누구에게 하는가? 콘텐츠 마케팅은 타겟 오디언스(표적 고객)를 대상으로 한다. 미래에 제품을 살 잠재고객들의 반응을 얻고, 구매를 고려하는 고객의 구매를 위해 필요한 정보를 제공해야 한다. 콘텐츠 마케팅을 하기 위해서는 구매자 페르소나와 타겟팅 등에 대한 이해가 필요하다.

셋째, 무엇을 하는가? 콘텐츠 마케팅은 잠재고객에게 도움이 되는 콘텐츠, 즉 가치 있고, 관련이 있으며, 유용한 콘텐츠를 만들고 배포한다. 고객에게 도움이 되는 콘텐츠는 고객에게 필요한 정보를 주거나 재미와 즐거움을 준다. 고객에게 가치 있고, 관련이 있으며, 유용한 콘텐츠는 유용함과 재미뿐만 아니라 고객의 문제를 해결해 주거나 합리적인 구매 의사결정을 도와주는 정보까지 모두 포함한다. 고객의 문제를 해결할 수 있는 콘텐츠를 제공해야만 고객을 모을 수 있다. 그렇기 때문에 고객에게 유용하면서도 기업의 입장에서 실제 매출에 도움이 되는 콘텐츠를 제공해야 한다. 고객의 고민과 콘텐츠 제공 정보가 겹치는 교차점인 스윗 스팟(sweet spot)을 제대로 잡아야 성공 확률이 높다.

넷째, 언제 하는가? 전통적인 광고는 캠페인이라는 단위로 움직인다. 그래서 캠페인이 진행될 때는 효과가 보이지만, 캠페인이 끝나면 효과도 사라진다. 하지만 콘텐츠 마케팅은 시작과 끝이 없이 지속된다. 3년 전에 올린 유튜브 영상, 5년 전에 올린 블로그 글, 재작년에 출간한 책은 계속 콘텐츠로 남아서 고객을 모을 수 있다. 즉, 콘텐츠 마케팅은 단순히 마케팅 전술이 아니라, 철학이자 사업 프로세스이다. 따라서 사업이 존속하는 한 함께 해야 한다.

다섯째, 어디서 하는가? 콘텐츠 마케팅은 세부 전술이 아니기에 잠재고객이 접촉하는 모든 채널을 다 활용한다. 하지만 기업이 소유한 고유 채널이 중심이 되어야 한다. 기업이 소유한 고유 매체 이외의 채널은 잠재고객을 고유 채널로 유인하는 용도로 이용해야 한다. 네이버 검색 광고와 같은 페이드 미디어를 활용하면 반응이 발생하고 인지도도 상승하나, 경쟁이 치열하기 때문에 메시지를 전달해 고객을 설득하는 것에는 훨씬 많은 비용이 든다.

여섯째, 어떻게 하는가? 콘텐츠 마케팅은 지속적으로, 고객의 구매 과정에 맞는 콘텐츠를, 적절한 채널에 배포하는 것으로 해야 한다. 전략을 세우고, 전략에 맞게 콘텐츠를 제작하고, 제작한 콘텐츠를 고유매체를 포함한 각 채널에 배치한다. 특히 제작과 배치를 수월하게 하기 위해서는 콘텐츠 계획표, 편집 일정표, 콘텐츠 배치표 등의 도구가 유용하다. 또한 콘텐츠 활동의 결과를 측정하여 프로세스에 반영하고 지속적으로 개선해야 한다. 즉, 매체사처럼 꾸준히 콘텐츠를 발행해야 콘텐츠 마케팅이라고 할 수 있다. 글로벌 수준에서 앞서가는 기업들은 모두 매체사와 같은 마케팅 방식을 취하고 있으며, 앞으로 이렇게 하지 않으면 기업들은 생존이 어렵다.

일곱째, 왜 하는가? 콘텐츠 마케팅은 궁극적으로 기업의 이익 창출과 기업의 성장을 위해서 한다. 즉, 콘텐츠 마케팅을 통해 고객을 지속적으로 모으고 육성함으로써 매출을 늘리거나 마케팅 비용을 줄일 수 있다. 콘텐츠 마케팅은 마케팅 목표(매출, 시장점유율)에 따라 움직인다. 마케팅 목표를 달성하기 위해 가장 좋은 방법을 찾아가는 프로세스 자체가 콘텐츠 마케팅이다. 그리고 마케팅 목표는 기업의 비즈니스(사업) 목표와 연동되어 있다. 대부분의 기업들이 매출과의 연관이 명확히 드러나지 않는 활동을 마케팅이라는 이름으로 진행한다. 예를 들어, 타겟이나 구매 과정에 대한 이해가 설익은 상태에서 의사결정권자나 입김 센 사람들의 마음에 드는 콘텐츠를 대충 뿌려 보고 결과를 기다리는 식이다. 심지어 이 과정을 그럴듯한 보고서와 프로세스로 포장하고 결국 아무도 책임을 지지 않는 구조를 만들어 놓은 기업도 많다.

(2) 콘텐츠 마케팅의 목표

콘텐츠 마케팅은 구매 의사결정 과정의 특정 단계에서만 사용되는 마케팅 기법이나 툴을 지칭하는 것이 아니라, 구매 의사결정의 전 단계에서 잠재고객과 가망고객, 나아가 기존고객들의 가치를 극대화하기 위한 마케팅 커뮤니케이션 활동, 프로세스, 생각의 틀이다. 따라서 콘텐츠 마케팅은 단기적인 행동의 촉진만을 목표로 하지는 않으며, 다양한 콘텐츠와 다양한 채널로 잠재고객을 가망고객으로, 가망고객을 실구매고객으로, 한발 더 나아가 단골고객으로 육성하는 것을 목표로 한다. 즉, 콘텐츠 마케팅은 잠재고객을 자사의 온드 미디어로 유입시켜 고객과의 장기적인 신뢰를 구축하고, 궁극적으로 충성고객과 옹호고객으로 만드는 것에 초점을 둔다.

콘텐츠 마케팅의 목적은 구매의 전 과정에 관여하여 브랜드 인지부터 브랜드 에반젤리즘을 구축하고 달성하기까지 강력한 브랜드 스토리와 매력적인 콘텐츠를 개발하여 제공하는 것에 있다. 따라서 콘텐츠 마케팅은 고객의 구매 주기 전 단계에 걸쳐 강력한 브랜드 스토리와 매력적인 콘텐츠를 개발하여 제공하는 데에 초점을 둔다.

2016년 기업들을 대상으로 조사한 결과, 콘텐츠 마케팅을 할 때 중요하게 생각하는 목표는 브랜드 인지도(89%), 고객 유지 및 충성도 제고(86%), 고객 참여 활성화(81%), 매출(75%), 리드 제너레이션(68%), 업셀/크로스셀(61%)의 순으로 나타났다. 콘텐츠 마케팅은 인지도 제고 외에도 브랜드 이미지 확립, 기존 소비자의 유지와 새로운 시장 공략 등 다양한 목적을 갖는다. 2016년 기준으로 B2B 기업의 88%, B2C 기업의 76%가 콘텐츠 마케팅을 시행하고 있다.

콘텐츠 마케팅은 블로그, 웹사이트 등 공간에 제한되지 않고 동영상, 음악, 텍스트 어떤 형식으로도 가능하다는 특징을 지녀 다양한 매체를 통해 활용되고 있다. 그러나 2016년의 조사에 의하면 80% 이상의 마케터가 소셜미디어를 활용한다고 밝혔고, 블로그와 동영상

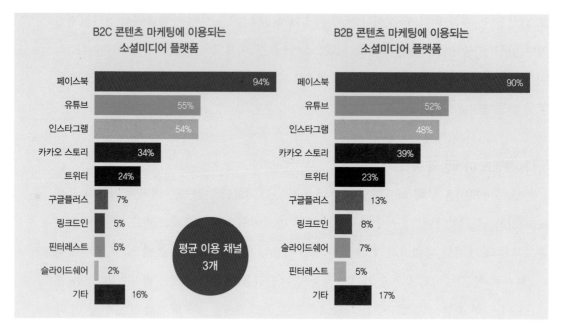

[그림 12-2] 콘텐츠 마케팅 채널

출처: 채반석(2016. 4. 26.).

이 뒤를 이었다. 콘텐츠 마케팅 채널로서 SNS가 가장 많이 활용되는 이유는, 첫째, 사람들이 일상생활에서 가장 많이 사용하는 매체이고, 둘째, 정교한 타겟팅이 가능하며, 셋째, 콘텐츠 업로드에 비용이 들지 않기 때문이다.

(3) 필립 코틀러의 콘텐츠 마케팅의 8단계

콘텐츠 마케팅의 8단계는 필립 코틀러(Philip Kotler)의 책 『Marketing 4.0』에 실려 있다. 이 책은 각 단계별로 여러 사례 분석을 포함하고 있어, 콘텐츠 마케팅 전략 수립에 많은 도움을 준다.

1단계는 콘텐츠 마케팅을 통해 이루고자 하는 목표를 설정하는 것이다. 콘텐츠 마케팅의 목표는 두 가지 주요 범주로 분류된다. 첫 번째 범주는 판매 관련 목표이다. 여기에는 제품 및 서비스에 대한 고객의 관심 유도, 판매 종료, 교차 판매(cross-sell)[2], 상향 판매(up-

---

2) 교차 판매(cross-sell)는 한 제품을 구매한 고객이 다른 관련 제품을 추가로 구매하도록 유도하는 판매 방법을 말한다. 보험상품을 구매한 고객에게 적금상품도 함께 판매하려는 것을 예로 들 수 있다.

sell)[3]가 포함된다. 두 번째 범주는 브랜드 관련 목표이다. 여기에는 브랜드 인지, 브랜드 연상, 브랜드 충성심 및 옹호가 포함된다. 목표가 판매 관련 범주에 해당한다면 콘텐츠 배포 채널이 판매 채널과 보조가 잘 맞는지 확인해야 하고, 브랜드 관련 범주에 초점을 맞추고 있다면 콘텐츠를 항상 브랜드 성격과 일치하게 해야 한다.

2단계는 고객의 모습과 정보 및 고객의 걱정과 바람을 파악하는 고객지도 작성이다. 전통적인 타겟 세분화 작업처럼 고객을 지리적, 인구학적, 심리적, 행동적 경계에 따라 분류할 수 있으며, 주로 행동적 경계가 궁극적으로 중요한 경계이다. 고객의 경계를 설정했다면, 마케터는 고객 정보를 모으고 실생활 속에서의 고객의 진정한 모습을 묘사할 필요가 있다. 고객을 구체적으로 묘사하면 할수록 타겟과의 관련성이 높은 콘텐츠와 효과적인 브랜드 스토리텔링을 개발할 수 있다. 적절한 조사를 통해서 구체적 콘텐츠의 필요성을 정의하게 해 줄 고객의 걱정과 바람을 찾고, 고객의 걱정을 덜어 주고 원하는 바를 이룰 수 있게 도와줄 콘텐츠 제공을 목표로 삼아야 한다.

3단계는 콘텐츠 구상과 계획 수립에 관한 것으로, 콘텐츠의 전체적인 주제와 로드맵은

●표 12-3● 필립 코틀러의 8단계 콘텐츠 마케팅 과정

단계		설명
1단계	목표 설정	콘텐츠 제작 전 콘텐츠 마케팅을 통해 이루고자 하는 목표는 무엇인가?
2단계	고객지도 작성	고객은 누구이며, 그들의 고민과 바람은 무엇인가? 그들의 행동 패턴은?
3단계	콘텐츠 구상과 계획 수립	콘텐츠의 주제와 포맷, 제작 로드맵은 무엇인가?
4단계	콘텐츠 창조	누가. 언제, 어떻게 콘텐츠를 창조하는가?
5단계	콘텐츠 배포	콘텐츠 자산을 어디에서 배포하는가?
6단계	콘텐츠 증폭	콘텐츠 자산을 어떻게 확산하는가?
7단계	콘텐츠 마케팅 평가	콘텐츠 마케팅 활동이 얼마나 성공적인가?
8단계	콘텐츠 마케팅 개선	기존 콘텐츠 마케팅을 어떻게 개선할 것인가?

출처: Kotler, Kartajaya, & Setiawan (2017).

3] 상향 판매(up-sell)는 같은 제품에 대하여 등급을 높여 가며 더 비싼 제품을 구매하도록 유도하는 판매 방법을 말한다. 소형차를 구매하려는 고객에게 한 등급 높은 중형차를 판매하려는 것을 예로 들 수 있다.

무엇인가를 계획하는 것이다. 즉, 3단계는 어떤 콘텐츠를 만들 것인가와 적절한 계획의 수립에 대한 아이디어를 찾는 단계이다. 즉, 콘텐츠 주제, 콘텐츠 포맷(형식)과 믹스, 콘텐츠 이야기와 캘린더를 구상하는 것이다. 적절한 주제, 알맞은 형식, 확실한 이야기의 조합은 콘텐츠 마케팅 활동의 성공을 보장한다. 적절한 주제를 찾는 과정에서 다음 두 가지를 고려해야 한다. 첫째, 콘텐츠는 고객의 걱정을 덜어 주고, 고객의 문제를 해결하며, 고객이 바라는 바를 추구할 수 있게 도와주어야 한다. 둘째, 마케터는 브랜드의 가치 제안 외에 브랜드의 임무, 즉 무엇을 표방해야 하는가를 깊이 생각해야 한다. 콘텐츠의 형식도 연구해야 하는데, 오늘날 모든 미디어 상호작용의 90%는 N-스크린상에서 일어나고 콘텐츠 마케팅이 멀티스크린 쪽으로 흐르는 경향이 있음을 염두에 두고, 콘텐츠의 가시성과 접근성을 보장해 주는 포맷을 고려해야 한다.

4단계는 콘텐츠의 창조에 관한 것이다. 누가, 언제 콘텐츠를 창조하는지 콘텐츠 내외부 창조자와 콘텐츠 생산 일정을 결정해야 한다. 콘텐츠가 고품질이고 독창적이고 풍부하지 않다면, 콘텐츠 마케팅 활동은 효과를 기대하기 어렵다. 마케터는 장기적으로 콘텐츠를 생산할 수 있는 자체 능력을 갖추어야 한다. 그럴 능력이 없다면 외부에서 콘텐츠를 확보할 방안을 마련해야 한다. 또 다른 방법은 제3자가 생산한 콘텐츠를 후원하거나 사용자가 생산한 콘텐츠를 전시하는 것이다. 콘텐츠 창조는 사실상 그 자체가 별도의 사업이 될 수 있다. 콘텐츠를 창조하기 위해서 마케터는 뛰어난 저자와 편집자를 둔 출판사처럼 행동해야 한다. 자체 콘텐츠를 생산하는 데에 유능한 회사들은 높은 수준의 저널리즘과 편집 철학을 유지하며, 자사 고객의 브랜드를 편애하지도 않는다.

5단계는 콘텐츠 자산을 어디에서 배포하고 싶은가와 관련된다. 콘텐츠가 타겟에게 전달되지 못하면 아무리 품질이 좋아도 무용지물이 되고 만다. 마케터는 고객이 콘텐츠를 반드시 발견할 수 있도록 적절한 채널 전략을 마련해야 한다. 마케터가 사용할 수 있는 주요 미디어에는 소유한 미디어(owned media), 구매한 미디어(paid media), 공짜 미디어(earned media)가 있다. 이 세 개 유형의 미디어를 잘 섞어야 도달 효과, 인게이지먼트 효과, ROI 효과, 바이럴 효과 등을 극대화할 수 있다.

6단계는 콘텐츠 증폭 전략이다. 강력한 공짜 미디어 배포의 열쇠는 콘텐츠 증폭 전략이다. 마케터가 해야 할 첫 번째 조치는 의도한 고객 집단 내에서 가장 영향력이 큰 사람들을 찾는 것이다. 영향력이 큰 사람들이 브랜드가 제공한 콘텐츠를 옹호하고 퍼뜨리게 하려면 호혜의 법칙이 적용된다. 그들과 상생 관계를 구축하고 고객을 육성하는 것이다. 마케터는 그들이 더 큰 고객 집단에 접근할 수 있게 해 줌으로써 영향력을 확대하도록 도와주어야 한다.

7단계는 콘텐츠 마케팅 활동이 얼마나 성공적인가를 평가하는 것이다. 콘텐츠 마케팅 활동이 얼마나 성공적인가를 평가하기 위해 고객 경로 전반에 걸쳐 콘텐츠가 얻은 성과를 추적해야 한다. 필립 코틀러는 콘텐츠가 가시적이고(인지, aware), 관련성이 있고(호감, appeal), 검색할 수 있고(질문, ask), 행동으로 옮길 수 있고(행동, act), 공유할 수 있는지(옹호, advocate)를 평가하는 다섯 가지 매트릭스(성과 평가 지표) 범주를 제안하였다. 첫째, 가시성 매트릭스는 임프레션(콘텐츠의 시청 횟수), 순시청자(실제로 콘텐츠를 본 사람 수), 브랜드 상기도(브랜드 이름을 상기할 수 있는 사람의 비율)의 성과 지표를 포함한다. 둘째, 관련성 매트릭스는 콘텐츠가 얼마나 관심을 잘 끄는지를 평가한다. 방문자당 페이지 뷰(콘텐츠 웹 사이트에 머무는 동안 방문하는 페이지 수), 이탈률(1페이지만 방문한 후 떠나는 사람들의 비율), 사이트 체류 시간(방문 지속 시간)을 측정한다. 셋째, 검색 매트릭스는 일반적으로 검색 엔진을 통해 콘텐츠를 얼마나 쉽게 찾을 수 있는지를 평가한다. 검색 엔진 포지션(특정 키워드를 통해 찾아보았을 때 검색 엔진에서 콘텐츠의 위치), 검색 엔진의 추천(검색 엔진을 통한 검색 결과로 회사 홈페이지를 방문하는 횟수)을 측정한다. 넷째, 행동 매트릭스는 콘텐츠가 고객을 성공적으로 행동하게 이끌었느냐를 평가한다. 클릭률(어떤 사용자가 온라인 광고에 노출된 후 클릭한 비율), CTA(Call To Action), 전환율(등록과 구매 같은 특정 행동을 완수한 사람

●표 12-4● 성과 평가 매트릭스(지표)의 범주

매트릭스 범주	내용
가시성 매트릭스	임프레션, 순시청자, 브랜드 상기도
관련성 매트릭스	방문자당 페이지 뷰, 이탈률, 사이트 체류 시간
검색 매트릭스	검색 엔진 포지션, 검색 엔진의 추천
행동 매트릭스	클릭률, CTA, 전환율
공유 매트릭스	공유율, 참여율

출처: Kotler et al. (2017).

의 비율)을 측정한다. 다섯째는 공유 매트릭스이다. 궁극적으로 마케터는 자신의 콘텐츠가 얼마나 잘 공유되는지를 추적해야 하며, 이를 통해 옹호 수준을 알 수 있다. 공유율(공유 횟수와 임프레션 간의 비율)과 참여율(공유 활동별로 나누어 산출)을 측정한다.

마지막 8단계는 기존 콘텐츠 마케팅을 어떻게 개선할 것인가와 관련된다. 콘텐츠는 역동적이기 때문에 정기적으로 개선해야 한다. 따라서 마케터는 자신의 평가와 개선 범위를 판단하고 콘텐츠 마케팅의 접근법을 수정할 시기를 정해 놓아야 한다. 콘텐츠 마케팅의 개선은 콘텐츠 주제의 변화, 콘텐츠 내용의 개선, 콘텐츠 배포와 증폭 방법의 개선을 포함한다. 콘텐츠 마케팅이 영향을 주기까지는 시간이 필요하므로 어느 정도 끈기와 실행의 일관성이 요구된다.

(4) 광고/마케팅 콘텐츠의 유형

최근에 명실상부 최고의 크리에이터와 수준 높은 콘텐츠가 모이는 유통 플랫폼인 유튜브 등을 통하여 동영상 콘텐츠 마케팅이 활성화되고 있다. 콘텐츠 마케팅을 위해서는 분명한 마케팅 목표를 갖고 전략을 짜야 하고, 동시에 '독자에게 어떤 콘텐츠가 좋은 콘텐츠인지'를 생각하는 저널리즘적인 시각이 요구된다. 콘텐츠 마케팅은 소비자들을 좀 더 많이 유입시킬 수 있는 이미지나 영상 제작, SNS 채널 특성에 맞는 카피를 뽑아내는 능력이 중요하다. 따라서 동영상 제작뿐 아니라 다양한 블로그의 포스팅 글들이나 페이스북에서 자주 보는 카드뉴스를 제작하는 것 역시도 콘텐츠 마케터의 몫이다. 요즘은 특히 광고가 아닌 정보성 글을 활용한 마케팅이나 광고 자체에 스토리텔링을 담는 마케팅 방법이 점점 중요해지고 있다.

SNS에서 업로드할 수 있는 콘텐츠의 형태는 다양하다. 예를 들어, 자사 웹사이트나 SNS 계정, 유튜브, 포털 등을 통해 방영되는 브랜디드 콘텐츠, UGC(User Generated Contents), 인플루언서 콘텐츠, 튜토리얼, 영화나 드라마 속의 PPL 콘텐츠, 짤방, 네이티브, 웹드라마 형식 등의 영상 콘텐츠를 비롯하여 이미지 형식의 카드뉴스, 인포그래픽, 그리고 웹툰, 기사 형식의 보도자료 배포, 리스티클, 애드버토리얼(advertorial)[4], 블로그 콘텐츠, 고객 체험

---

[4] 신문이나 잡지에 실려 겉으로 편집기사와 같은 느낌을 주면서 사설 형식을 갖춘 광고를 말한다. 부동산 분양기사 광고를 예로 들 수 있다.

단 기사 등이 있다.

인기 있는 콘텐츠들은 재미와 공감대를 불러일으키고, 브랜드와 이슈가 있으며, 공유를 부르는 정보성 콘텐츠들이다. 최근에 유튜브에서 인기 있는 광고 콘텐츠들은 다음과 같은 성공 요소들을 갖추고 있다. 첫째, 재미있는 요소와 공감대(entertainment & empathy)로 승부하는 콘텐츠, 둘째, 트렌드와 이슈(issue marketing)로 승화하는 콘텐츠, 셋째, 인플루언서 등을 활용하는 공유를 부르는 콘텐츠, 그리고 이 밖에 웹드라마 형태의 콘텐츠들이다.

콘텐츠 마케팅은 기업이 콘텐츠를 자체 제작하여 유튜브 등을 통해 유통할 수 있지만, MCN 서비스 사업자의 지원을 받는 인기 있는 1인 크리에이터와 협업을 통해 시행할 수도 있다. 예를 들어, 만약 화장품을 제조 · 판매하는 기업이라면 자사 제품을 사용한 튜토리얼 동영상을 제작하는 등 유용한 정보 제공도 하고 제품도 자연스럽게 광고할 수 있는 일석이조의 효과를 낼 수 있다. 오늘날 마케팅의 기본 철학은 고객 가치의 실현에 있다. 즉, 고객에게 1초라도 가치 있는 시간으로 만들어 주어야 한다. 따라서 콘텐츠에는 고객이 개인적 및 직업적 목적을 달성하기 위해 사용하고자 하는 정보가 들어가야 하고, 마케터는 콘텐츠에 대해 자신들이 내린 정의가 고객이 내린 정의와 같지 않을 수 있다는 것을 알아야 한다. 중요한 것은 고객이 내린 정의라고 할 수 있다. 콘텐츠 마케팅의 대표적인 성공 사례로는 에너지 드링크 회사인 레드불(Red Bull)을 들 수 있다. 레드불은 익스트림 스포츠 선수들을 후원하고, 유튜브 채널을 통해 생생한 소식을 중계한다. 레드불은 전체 마케팅 예산의 80%를 콘텐츠 제작에 투자한다. 배달 대행 앱을 운영하는 배달의민족은 잡지 『매거진 F』를 창간하여 인류에게 의미 있는 음식 재료를 선정하고 생산지부터 활용법까지 다양하게 다룬다.

2016년 국내 기업들을 대상으로 조사한 결과, 콘텐츠 마케팅은 평균 3개의 콘텐츠 포맷을 활용하고 있는 것으로 나타났다. 마케터들은 동영상 제작이 가장 효과적이라고 평가(70%)했으며, B2C 마케터들도 동영상을 소셜미디어 콘텐츠의 바로 아래 순위로 두었다. 국내의 경우 다양한 독립형 언론이 때로는 유익한 기사, 때로는 리스티클형 네이티브 광고로 해당 언론의 고유한 특성을 유지하면서도 적절한 네이티브 광고 콘텐츠를 기사 형식으로 선보이는 사례들이 늘고 있다. 즉, 흥미를 유발하는 콘텐츠와 가볍고 빠르게 읽을 수 있는 온라인 저널리즘이 네이티브 광고의 형태로 등장하고 있는 양상이 최근 국내에서 꽤 효과를 누리고 있는 콘텐츠 마케팅 사례들이라 할 수 있다.

3) 키워드 마케팅

(1) 키워드 마케팅의 개념

키워드 마케팅(keyword marketing)은 인터넷 포털사이트 검색창에 입력한 검색어와 연관된 광고, 또는 이메일이나 메신저를 통해 자주 사용하는 단어(키워드)와 연관된 광고를 노출하는 마케팅 기법이다. 키워드 마케팅은 인터넷 사용자들의 평소 검색기록, 이메일 및 메신저 교신 내용 등을 수집 분석해 사용자가 관심 있어 할 만한 광고를 보내 준다. 흔히 키워드 광고(keyword advertising) 혹은 검색 광고라고도 불리는 키워드 마케팅은 기업이나 제품 정보를 능동적으로 찾는 사용자를 위해 검색 엔진에 홈페이지 등록 내용을 추가하여 사용자가 검색창에 찾고자 하는 검색어를 입력했을 때 그와 관련된 광고를 보여 주거나 해당 사이트를 보여 준다.

키워드 마케팅의 유형에는 두 가지가 있다. 키워드 마케팅의 첫 번째 유형은 인터넷 포털 사이트의 검색창에 검색어(키워드)를 입력하면 검색 결과 화면에 관련 업체의 광고가 노출되는 것이다. 이런 키워드 마케팅은 가장 일반적인 것으로 구글과 네이버에서 사용한다. 예를 들어, '코스메틱'이라는 검색어로 검색하면 화장품, 피부관리숍 등의 광고 사이트가 나오는 식이다. 인터넷 사용자들이 직접 검색한 특정 검색어와 관련된 결과만 노출됨으로써 명확하게 타겟이 설정되어 있는 광고이기 때문에 불특정 다수에게 무작위로 제공되는 배너 광고에 비해 클릭률이 높고, 광고 효과도 좋은 편이다. 이 경우 검색 엔진의 역할은 검색어의 키워드 및 디렉토리(카테고리) 내에서 관련 제품 및 서비스의 주소(링크)를 제공한다. 사용자는 검색 엔진이 찾아낸 링크 중 검색 필요가 있다고 판단되면 클릭하여 해당 홈페이지로 넘어갈 수 있다.

키워드 마케팅의 두 번째 유형은 인터넷 사용자가 이메일, 메신저 내용 등에 자주 사용하는 단어(키워드)를 수집·분석하고, 평소 검색 기록을 참고하여 사용자가 관심 있어 할 만한 광고를 팝업창 등의 형태로 노출시키는 것이다. 이런 키워드 마케팅은 구글 같은 특정 포털에서만 서비스한다. 예를 들어, 고객이 이메일과 메신저 등에 '컴퓨터 구입'이라는 키워드를 자주 사용했다면 고객이 구글을 이용할 때 화면에 컴퓨터 판매처들의 광고 사이트가 뜨는 식이다. 이는 개인이 주고받는 이메일 등 통신 내역을 통해 개인정보를 수집·저장하는 것이기 때문에 사생활을 침해할 소지가 있다는 논란을 불러오기도 한다.

키워드 마케팅에서도 랜딩 페이지 최적화가 중요하다. 만약 소비자가 원하는 것을 찾지 못하면 바로 다른 곳으로 쉽게 이동해 버리기 때문이다. 따라서 랜딩 페이지가 키워드와 매칭되도록 설정되거나 키워드가 랜딩 페이지에 매칭되도록 설정되어야 구매율을 높일 수 있다. 랜딩 페이지 최적화로 인한 구매율이 2배 상승하면 ROAS(광고 수익률)도 2배 상승한다고 할 수 있다. 예를 들어, 개당 단가가 10만 원인 제품의 ROAS(광고 수익률)이 500%라면 광고비 1만 원을 투입할 경우 5만 원의 매출이 발생한다. 이 경우 광고주가 지불할 수 있는 CPS(구매당 광고단가)는 최대 2만 원이 된다. 그러나 랜딩 페이지의 최적화로 구매율이 10%에서 20%로 상승한다면 CPS는 1만 원으로 하락하며, ROAS는 1,000%로 상승한다. 이처럼 랜딩 페이지 관리를 통한 구매율의 상승은 매출 효과에 매우 긍정적인 결과를 가져다준다.

키워드 마케팅의 절차는 광고주가 광고하려는 키워드에 입찰하여 광고를 구매하고, 검색 엔진 사용자가 키워드를 입력하고 검색하였을 때 해당 키워드의 연계된 광고물이 일정 시간 동안 노출되는 것으로 이루어진다. 키워드 경매를 통해 가장 높은 클릭당 가격을 제시한 광고주의 광고가 가장 먼저 노출된다. 예를 들어, 네이버 검색 광고는 네이버 검색 광고 사이트에서 광고를 먼저 등록한 후 대표 키워드에 입찰하여 클릭당 단가가 높은 순서대로 노출된다. 만약 '청바지'라는 대표 키워드에 150개 업체가 광고 등록을 경쟁하고 있다면 이 중 입찰 금액이 가장 높은 업체가 파워링크 혹은 비즈 사이트 등의 키워드 광고 상품 노출 영역에서 가장 상위에 노출된다. 구글의 키워드 광고 상품도 하루에 지출할 평균 금액을 지정하고, 광고에 사용할 키워드와 입찰가를 설정한 후 마지막으로 결제하는 과정을 거친다.

(2) 키워드의 유형

키워드는 고객의 정보 해소 욕구가 담긴 단어로 키워드 마케팅에서는 키워드를 대표 키워드, 세부 키워드, 테마 키워드, 이슈 키워드, 직접 키워드, 간접 키워드, 로컬 키워드, 오

[그림 12-3] 대표 키워드와 세부 키워드의 관계

출처: 유성철(2017), p. 48.

타 키워드의 다양한 유형으로 분류할 수 있다. 대표 키워드는 상품이나 서비스의 최상위 키워드를 일컫는 말로, 브랜드 키워드와 핵심 키워드(기업의 제품이나 서비스를 대표하는 키워드)로 구분된다. 세부 키워드는 대표 키워드를 좀 더 구체적으로 표현해 줄 수 있는 키워드로, 세부 키워드일수록 검색 상위 노출이 수월하다. 대표 키워드는 시기별로 유행을 크게 따르지 않는 정보 검색 목적성이 강하고, 세부 키워드는 특정 시기나 연령대를 포함하거나 유행을 따르고, 구매 목적성이 강한 특성이 있다. 세부 키워드는 브랜드 키워드와 핵심 키워드 이외의 여러 단어를 조합해서 만든다.

세부 키워드는 추천 키워드, 연관 키워드, 확장 키워드로 구분할 수 있다. 추천 키워드는 주로 네이버에서 가장 많이 검색되고 있는 내용들을 집계 · 분류한 것으로, 이용자에게 추천된다. 예를 들어, 대표 키워드로 검색한 결과 추천 키워드가 검색창 바로 아래에 보인다. 추천 키워드는 비즈니스와 밀접한 키워드이고, 네이버 파워링크 광고와 지식 쇼핑 중심의 결과가 노출된다. 만약 키워드 광고나 지식 쇼핑 중심으로 마케팅을 진행한다면 추천 키워드 중심으로 조사하여 키워드를 선별한다. 연관 키워드는 검색어와 관련해서 누군가가 이미 검색한 키워드로, '유재석' 하면 유재석과 관련된 키워드(예: 무한도전, 유퀴즈 등)가 뜨는 식이다. 모든 분야에서 다양한 검색어와 콘텐츠를 분석하여 검색 사용자의 검색 의도를 파악한 후, 적합한 검색어 제공을 통해 사용자가 더욱 편리하게 정보 탐색을 할 수 있도록 지원하는 서비스이다. 2020년 3월 인물 연관검색어 서비스는 뇌물, 불륜, 명예훼손 등의 부작용으로 폐지되었다. 확장 키워드는 제품 카테고리, 기능, 가격, 성별, 연령층, 지역 등의 세부적인 키워드의 조합으로 만들어진 키워드를 말한다. 테마 키워드는 특정 시즌이나 행사 및 기념일 등과 관련된 것이며, 이슈 키워드는 드라마에서 인기 연예인이 사용하거나 착용한 물품명 또는 사회적으로 관심사가 높아진 단어가 포함된 키워드이다.

직접 키워드는 제품이나 서비스를 직접적으로 나타내는 키워드이며, 직접 키워드를 검색하는 것은 해당 상품을 구매하기 위한 정보를 얻기 위함이다. 반면, 간접 키워드는 제품이나 서비스를 직접적으로 나타내지는 않지만 직접 키워드를 통해 제품이나 서비스를 연상할 수 있는 키워드를 말한다. 간접 키워드를 검색하는 경우는 부모님 선물 등을 필요로 검색을 하다가 제주 한라봉 등을 발견하는 것을 예로 들 수 있다. 간접 키워드를 사용한 블로그 포스팅 등을 하는 경우 설득과 논리가 명확해야 하므로 제일 어렵다. 로컬 키워드는 시/도 단위가 아닌 구/동 단위의 지역 키워드를 의미하며, 여기서 메인 키워드(강남 맛집, 강남역 맛집)와 세부 키워드(강남역 삼겹살집)로 나눌 수 있다. 오타 키워드는 특히 외래어의 경우 한글로 표시할 때 편의에 따라 ㅎ, ㅍ, ㄱ, ㄲ 등으로 작성하기 때문에 사전에 검색과 조회 수를 보고 키워드에 포함해야 한다. 이 네 가지 키워드를 상황에 맞게 적절히 섞어서 사용하는 것이 바람직하다.

키워드 마케팅에서 중요한 것은 소비자들이 검색창에 입력할 가능성이 큰 정확한 키워드 추출과 설득력 있는 포스팅 내용으로 전환을 이끌어 내는 것이다. 즉, 기업이 원하는 것

●표 12-5● **키워드의 분류**

유형		사례
대표 키워드	브랜드 키워드	나이키, 아디다스, 언더아머, 퓨마 등
	핵심 키워드	커피, 남성용 캐주얼 의류, 여성용 캐주얼 의류
세부 키워드	추천 키워드	가장 많이 검색되고 있는 단어로 추천되는 키워드
	연관 키워드	'유재석' 하면 유재석과 관련된 무한도전, 유퀴즈 등
	확장 키워드	조깅용 나이키 운동화, 미끄럼 방지 등산화
테마 키워드	시즌 키워드	여름용 스키니 진, 스노우 타이어
	기념일 키워드	밸런타인데이 커플룩, 성인의 날 기념 향수
이슈 키워드		유명 셀럽이 착용한 에르메스 핸드백
직접 키워드		제주, 제주 여행, 제주 맛집, 제주 한라봉, 상주 곶감
간접 키워드		데이트 코스, 회식 장소, 가 볼 만한 곳
로컬 키워드		강남 맛집, 신촌 맛집, 홍대 맛집, 광안리 맛집
오타 키워드		돈가스(돈까스), 휘트니스(피트니스), 카페(까페)

출처: 유성철(2017), p. 48을 바탕으로 재구성.

은 이윤 창출이지 상위 노출이 아니므로 고객의 눈높이에서 고객의 고민을 해결해 줄 수 있는 글쓰기가 중요하다.

(3) 키워드 마케팅의 장점

키워드 마케팅은 전체 인터넷광고 시장에서 가장 큰 비중을 차지하고 있다. 키워드 마케팅의 장점은, 첫째, 정보를 이용하고자 검색하는 사용자에게 관련성이 높은 키워드를 제공하고 관련 정보를 노출함으로써 직접적인 방문을 유도하여, 웹사이트 방문자 유치, 온라인 및 오프라인 매출 증대, 전화 문의 유도, 재방문 유도 등의 다양한 목적에 활용할 수 있다. 즉, 키워드 광고는 제품에 관심 있고 구매할 준비가 되어 있는 잠재고객들에게 기존 매체를 통하여 기대하기 어려운 제품에 대한 능동적인 정보 수집과 탐색의 기회를 제공하여 소비자의 구매 결정을 도와주고 제품 구매로까지 연결하는 효과를 발휘한다. 특히 키워드 마케팅은 자사 비즈니스의 키워드를 이해하고, 정확한 키워드 선별을 통해 포털사이트 검색 영역에 상위 노출해 설득력 있는 포스팅 내용으로 전환을 이끌 수 있다.

둘째, 키워드 마케팅은 특정 제품이나 관심을 가진 사람에게만 광고가 노출된다는 점에서 불특정 다수를 상대하는 기존의 배너 광고보다 타겟팅 효과가 뛰어나다. 즉, 제품/서비스를 사용자가 검색하는 순간 적시에 네트워크를 통해 광고를 게재할 수 있다. 또한 이를 통해 정확한 효과 분석이 가능하다. 셋째, 하루에 4,000만 명 이상이 사용하는 모바일 및 인터넷 플랫폼(국내 기준) 내에서 사용함으로써 국내의 가장 많은 사람이 이용하고 그에 맞는 효과가 직접 나타난다.

키워드 마케팅의 성공 사례로는 신세계 닷컴(SSG.COM)의 '쓱' 캠페인을 들 수 있다. SSG, 즉 '쓱'이라는 키워드를 통해서 특정 제품이 아닌 브랜드 평판을 업계 1위까지 끌어올릴 수 있었다. 실제로 2016년 1월부터 2018년 1월까지 신세계 닷컴에서 SSG(쓱)이라는 키워드를 데이터 랩을 통해서 트렌드 조사를 한 결과 브랜드 검색이 급격하게 오르는 효과를 거두었다. 즉, 기존의 SSG.COM보다는 '쓱'이라는 키워드를 통해 더 많은 고객을 유입시켰으며 더 많은 소비자의 관심과 공감을 이끌었다. '쓱 하나 해야겠어' 등의 키워드를 이용한 마케팅의 성공으로 SSG.COM의 매출은 전년 대비 20% 증가하였고, 가입자 수 28% 증가, 사이트 검색 유지 5~6배 증가, '쓱페이' 설치자 수 140만 명 돌파 등의 성과를 얻을 수 있었다.

(4) 키워드 마케팅의 과금 체계

키워드 마케팅의 사용자들은 '검색-노출-클릭-전환(구매)'의 행동 단계를 거친다. 키워드 마케팅은 이러한 사용자의 행동 단계에 따라 효과를 분석할 수 있다. 즉, 노출 단계에서는 CPI(노출당 비용), 클릭 단계에서는 CPC(클릭당 비용), 전환 단계에서는 CPS(구매당 비용)을 효과 측정 지표로 사용한다. 일반적으로 광고주들은 CPC(Cost Per Click; 종량제)와 CPT(Cost Per Time; 정액제) 중 하나를 택하여 광고를 게재하게 된다. 즉, 키워드 광고의 과금 방식은 크게 CPC와 CPT의 두 가지로 구분된다. CPC는 사용자 방문 수, 즉 클릭 수에 따라 광고비를 지불하는 방식, CPT는 일정 기간 고정된 금액으로 광고비가 나가는 방식이다. CPC 과금 방식은 사용자가 검색 후 클릭하여 광고주의 사이트를 방문해야만 광고비가 부과되는 것으로, 국내에서는 네이버, 다음, 오버추어 코리아가 이 방식을 채택하고 있다. 반면, CPT 과금 방식은 일정 기간 행하는 광고에 대해 고정금액을 정액제로 지정한 후에 그 금액만큼만 노출하고 클릭과는 상관없이 진행되는 쉽고 안정적인 광고 방식으로, 다음(Daum)과 네이트에 동시 노출되는 스페셜 링크, 스폰서 박스 상품 등이 이 방식을 채택하고 있다.

•표 12-6• 키워드 광고의 과금 방식 및 상품 유형

구분	CPC(Cost Per Click)	CPT(Cost Per Time)
과금 방식	클릭당 과금 방식	정액제 과금 방식
광고사업자 및 광고 상품	네이버의 클릭초이스(파워링크, 비즈사이트), 파워콘텐츠, 다음의 Daum검색 광고, 오버추어의 스폰서 링크, 구글의 애드워즈	다음의 스페셜 링크, 스폰서 박스, 네이트의 비즈바로가기, 스페셜 링크, 스폰서 박스, 프리미엄 링크

출처: 이경렬(2019).

4) 인플루언서 마케팅

(1) 인플루언서의 개념

인플루언서(유명인)는 '타인에게 영향력을 끼치는 사람(influence+er)'이라는 뜻의 신조어다. SNS가 발달함에 따라 기존의 셀럽(연예인)처럼 유명하지도 않고 외모나 퍼포먼스로 인

기를 얻지도 않음에도 불구하고 각 SNS 채널별로 수만 명에서 수십만 명의 팔로워를 보유하고 트렌드를 선도하거나 타인에게 영향을 끼치는 사람을 말하며, 이러한 인플루언서를 활용한 마케팅을 인플루언서 마케팅(influencer marketing)이라고 한다. 현재 SNS, 유튜브, 아프리카TV와 같은 1인 미디어의 발달과 함께, 연예인이 아니더라도 사람들에게 영향력을 행사할 수 있는 개인이 늘어나면서 최근에 주목받고 있는 마케팅 방법이다.

한국에서 주로 인기 유튜버 크리에이터(1인 창작자) 혹은 BJ(broadcasting jockey)[5]가 대표적인 인플루언서라고 할 수 있으며, 중국에서 크게 이슈인 왕홍 마케팅 역시 이러한 인플루언서 마케팅의 하나라고 할 수 있다. 마케팅 업계에서는 구매 결정 단계에서 영향을 끼치는 역할 중 하나로 인플루언서(영향자)를 포함한다. 구매를 결정하는 승인자, 실제 구매한 상품이나 서비스를 사용하는 사용자를 포함한 일곱 가지 역할에는 항상 인플루언서가 포함되어 있는데, 그 이유는 소비자들이 마케팅 콘텐츠보다 인플루언서를 더욱 신뢰하기 때문이다. 실제 미국 소비자들을 대상으로 조사한 결과, 92%의 소비자들은 심지어 잘

[그림 12-4] 구매 결정 과정에서의 역할

출처: Sugoru: 데이터마케팅코리아(2018. 8. 6.)에서 재인용.

---

5) 인터넷 생방송 진행자를 말하며, 주로 아프리카TV에서 개인 방송 채널을 운영하는 인터넷 방송인을 지칭한다.

알지 못하는 사람일지라도 브랜드 자체의 콘텐츠보다 다른 이의 추천을 신뢰한다. 70%의 소비자들은 온라인 리뷰가 두 번째로 신뢰하는 리뷰 소스라고 답하였으며, 미국 소비자의 47%가 최근 트렌드와 아이디어를 주시하기 위해 블로그를 참조하는 것으로 나타났다.

(2) 인플루언서의 유형

소비자들은 대개 구매 결정을 내리기 전에 인플루언서들을 찾는다. 인플루언서는 영향력을 기준으로 크게 메가, 매크로, 마이크로, 나노의 네 가지로 구분할 수 있다. 메가 인플루언서(mega influencer)는 연예인, 셀럽, 유명 크리에이터 등 작게는 수십만 명, 많게는 수백만 명에 이르는 사람에게 영향을 미치는 인플루언서를 말한다. 반면에 매크로 인플루언서(macro influencer)는 수만 명에서 수십만 명에 이르는 기업자나 구독자를 확보하고 있는 온라인 카페, 페이스북 페이지, 블로그, 유튜브 채널의 운영자들이다. 메가 인플루언서가 시장에 영향을 끼친 대표적인 사례로는 2018년 2월에 JTBC의 프로그램인 〈효리네 민박 2〉의 첫 방송에서 나온 '윤아'가 있다. 〈효리네 민박 2〉에서 윤아가 와플 기계를 사용한 2018년 2월에 와플 기계에 대한 검색량과 매출이 급증하였다.

최근에 인플루언서는 메가 인플루언서에서 마이크로 인플루언서(micro influencer)로 바뀌는 추세이다. 특히 어린 시절부터 디지털 환경에서 살았던 디지털 네이티브(digital native)로 불리는 Z세대(1990년대 중반~2000년대 중반 출생) 소비자들은 연예인보다 모바일, 유튜브를 통해 접한 마이크로 인플루언서의 영향을 더 많이 받는다. 서울대학교 소비 트렌드 분석센터가 내놓은 『트렌드 코리아 2018』 역시 인터넷의 마이크로 인플루언서들이 대형 스타보다 인기를 더 끄는 현상이 속출하고 있다고 평가하기도 했다. 마이크로 인플루언서는 팔로워의 절대 규모는 1,000~10,000명으로 작지만 관심 분야에 전문성이 높고 팬층과 가깝게 소통한다는 특징이 있기 때문에 같은 규모의 광고비를 집행할 경우 투입 대비 성과가 더 높게 나타날 확률이 매우 높다. 또한 광고 유통량의 절대 규모는 작지만 소비자가 정보를 인지 및 선호할 가능성은 더욱 높기 때문에 모수는 적더라도 효과적 측면에서 매우 효율적이어서 각광받는 마케팅 수단이 되고 있다. 삼성패션연구소는 〈2017년 패션산업 10대 이슈〉에서 마이크로 인플루언서를 'The Great Minors'라고 칭하며 좀 더 세분화되고 다각화된 개별 소비자들의 취향을 수용할 수 있는 채널로서 마이크로 인플루언서의 강점

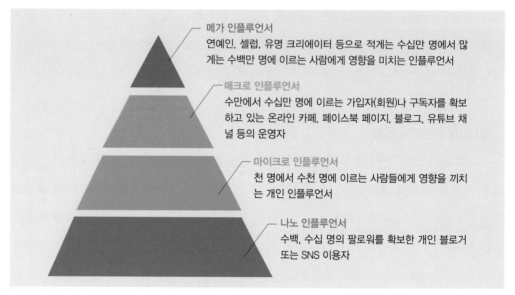

메가 인플루언서
연예인, 셀럽, 유명 크리에이터 등으로 적게는 수십만 명에서 많게는 수백만 명에 이르는 사람에게 영향을 미치는 인플루언서

매크로 인플루언서
수만에서 수십만 명에 이르는 가입자(회원)나 구독자를 확보하고 있는 온라인 카페, 페이스북 페이지, 블로그, 유튜브 채널 등의 운영자

마이크로 인플루언서
천 명에서 수천 명에 이르는 사람들에게 영향을 끼치는 개인 인플루언서

나노 인플루언서
수백, 수십 명의 팔로워를 확보한 개인 블로거 또는 SNS 이용자

[그림 12-5] 영향력으로 구분한 인플루언서의 유형

출처: 박수호, 나건웅(2018. 5. 4.).

을 언급했다. 마이크로 인플루언서 성공 사례로는 '글로시데이즈'가 있다. 화장품 업체 글로시데이즈는 뷰티 인플루언서 이사배의 추천 제품으로 구성한 '이사배박스' 상품을 출시해 판매 개시 5분 만에 4,000박스를 모두 판매하는 기록을 달성했다. 이 외에도 마이크로 인플루언서를 이용한 캠페인 사례로는 개인이 운영하는 블로그나 인스타그램, 페이스북의 개인 계정을 이용하는 경우가 있다. 나노 인플루언서(nano influencer)는 1,000명 이하의 팔로워를 보유한 인플루언서를 말하며, 팔로워에게 친구처럼 진정성 있게 다가갈 수 있다.

(3) 인플루언서 마케팅 전략

인플루언서 마케팅은 브랜드 인지도 제고, 교육, SEO 권위[6] 제고, 활용 사례 소개, 소셜 팔로잉, 부정적 피드백 관리, 매출, 신뢰 형성, UGC를 포함한 다양한 형태의 목표를 충족시킬 수 있다. 특히 인플루언서 활용의 가장 큰 목적은 정보 발신에 대한 신뢰성을 확보하는 것이라고 할 수 있다.

---

[6] SEO 권위(SEO authority)는 SEO의 성능에 영향을 미치는 요소로, 도메인 권위, 페이지 권위, 링크 권위가 있다. 도메인 권위는 도메인의 인기와 신뢰도를 말하며, 페이지 권위는 페이지의 신뢰와 링크에서 받은 가치의 양을, 링크 권위는 링크되는 페이지의 수(얼마나 링크되는가) 등을 나타낸다.

●표 12-7● 인플루언서 마케팅의 다양한 목표

목표 유형	내용
브랜드 인지도 제고	브랜드와 제품을 오디언스에게 소개
교육	튜토리얼 영상으로 제품 사용법을 교육함
SEO 권위 제고	유명 사이트에 사이트 링크를 가능하게 함으로써 SEO를 향상시킴
활용 사례 소개	제품이 어떻게 사용되는지를 알 수 있게 사용 맥락을 보여 줌
소셜 팔로잉	공감대를 느끼게 하는 콘텐츠로 소셜 팔로잉을 증가시킴
부정적 피드백 관리	부정적 의견이나 리뷰를 감소시킴
매출	콘텐츠에 대한 고객의 리뷰와 보증이 매출에 도움을 줌
신뢰 형성	인플루언서가 만든 콘텐츠가 브랜드가 만든 콘텐츠보다 신뢰가 더 큼
UGC	UGC를 블로그 등에 포스팅하면 SNS 등을 통해 인지도를 높여 줌

출처: Kimberlee Morrison (2015. 4. 3.).

인플루언서 마케팅은 크게 두 가지로 구분할 수 있다. 첫째, 인플루언서가 직접 제품 자체를 홍보하고 기업으로부터 일정한 보상을 받는 경우, 둘째, 인플루언서가 제품을 직접 홍보할 생각은 없었지만 의도치 않게 제품의 홍보 효과를 유발하는 경우이다. 전자의 경우 인플루언서 콘텐츠는 연출된 상황이 아닌 실제 사용자가 공감하도록 만드는 것이 중요하다. 만약 사용자에게 연출된 상황이 발각되면 매출은 물론 기업 이미지에도 부정적인 영향을 미치게 된다.

콘텐츠 마케팅에서 인플루언서를 활용하면 효과가 배가 된다. 인플루언서 자체가 소비자들의 이목이 집중된 유명인들이므로 관련된 동영상들은 굳이 노출하려 하지 않아도 소비자들이 스스로 그리고 수시로 찾아보게 되기 때문에 콘텐츠 마케팅의 바이럴 효과가 배가 된다. 예를 들어, '대도서관'의 기네스 맥주 광고의 본편은 조회 수만 37만 회에 달하며, 1인 크리에이터 '벤쯔'와 '씬님'은 G마켓과 제품 소개 콜라보를 진행하여 170만 회 이상의 조회 수를 기록했다. 또한 인플루언서는 기업의 제품에 대해 자세한 설명을 해 줄 수 있으며, 부정적인 피드백은 줄이고 긍정적인 피드백을 노출함으로써 검색 엔진 최적화 기능을 수행할 수 있다.

인플루언서 마케팅은 MCN(Multi-Channel Network; 다중채널 네트워크), 마케팅 에이전시(대행사), 콘텐츠 제작 서비스, 1인 미디어 플랫폼 등이 서로 유기적으로 결합해서 하나의 생태계를 이루고 있다. 인플루언서 마케팅을 서비스하는 대표적인 미디어 플랫폼으로는 유튜브, 인스타그램, 페이스북, 아프리카TV를 들 수 있다. 유튜브의 경우 특정 제품을 사용하거나 특정 체험을 경험하는 과정을 영상으로 제작하여 업로드하는 형태로 이루어지고 있으며, 인스타그램은 사진에 기반하는 매체 특성상 시각적으로 재미있거나 아름다운 장면을 연출하는 이미지를 업로드하면서 해시태그를 활용하는 방식으로 마케팅이 이루어지고 있다. 또한 아프리카TV는 1인 창작자를 지원하는 플랫폼으로서, 1인 창작자가 주로 콘텐츠 제작에 집중하면 MCN은 수익 활동이나 마케팅을 관리한다. 인플루언서 마케팅을 대행해 주는 서비스 플랫폼으로는 브랜디드 콘텐츠 마켓 플레이스 '픽업(PicUP)'이 있다. 픽업은 네 가지 채널(유튜브, 인스타그램, 페이스북, 네이버 블로그)을 서비스하고 있다. 이 외에도 인플루언서 마케팅 마켓 플랫폼으로 '민팅(Minting)'이 있는데, 민팅은 인플루언서가 민팅에 등록된 상품을 직접 본인의 SNS 채널에 홍보하고 판매할 수 있는 서비스를 제공하고 있다.

미국 인플루언서 마케팅 에이전시인 미디어킥스(Mediakix)에 따르면, TV 시청 감소와 광고를 차단하는 '애드블록킹(ad blocking)' 증가에 따른 광고 예산의 이동 등으로 인해 글로벌 인플루언서 마케팅 시장은 지속적으로 성장할 것으로 예상된다. 최근 국내에서 여러 브랜드가 인스타그램을 통한 온라인 쇼핑 서비스 및 세일즈 비즈니스에 뛰어들었다. 여성의류 및 뷰티 쇼핑몰인 '스타일난다'의 3CE 브랜드도 그중 하나이다. 시각적인 요소가 크게 작용하는 패션/뷰티 영역의 제품인 만큼 많은 소비자는 3CE의 인스타그램 피드로 상품 정보를 접하게 된다. 예를 들어, 인스타그램 피드를 통해 상품을 소개받은 후 구매로 바로 연결되면서 노출부터 구매 전환까지의 과정이 짧아졌고, 자연스럽게 높은 인지도와 충성고객군을 보유한 인플루언서의 영향력이 커지고 있다. 기존의 인플루언서 마케팅이 인플루언서가 제품을 소개하거나 간접적인 노출과 함께 구매 경로를 알려 주던 형태였다면, 이제는 적극적으로 마케팅과 구매를 연결하는 역할을 하고 있다.

마케팅 시장에서 인플루언서의 영향력이 커지는 현상은 곧 소비자의 일상에도 인플루언서의 메시지가 그만큼 많은 영향을 끼친다는 의미로 해석할 수 있다. 아름다운 여성이 되라는 인플루언싱(influencing), 시장 트렌드를 따라가라는 인플루언싱 등 알게 모르게 소비자에게 특정 메시지를 전달하는 예도 있다. 향후 미디어 커머스의 일종인 비디오 커머스(V-commerce)의 성장, 소셜 네트워크 서비스(SNS)를 통한 상품 구매 등 디지털 채널의 변화는 인플루언서 마케팅의 영향력에 큰 힘을 더해 줄 것으로 보인다.

5) 바이럴 마케팅

바이럴(viral)은 바이러스(virus)의 형용사형으로, '전이되는' 등의 의미가 있다. 즉, 바이럴 마케팅(viral marketing)은 바이러스가 전염되듯이 소비자들 사이에 소문을 타고 제품에 대한 홍보성 정보가 끊임없이 전달되도록 하는 마케팅 기법을 의미한다. 최근에는 일반적인 광고 메시지가 설득력을 잃어 가고 있어 소비자 체험과 그에 따른 입소문(평판)을 중심으로 한 바이럴 마케팅의 중요성이 부각되고 있다. 바이럴 마케팅은 사람들 간의 연결, 즉 바이럴 네트워크를 기반으로 한다. 1967년 미국의 사회심리학자인 스탠리 밀그램(Stanley Milgram)이 주장한 여섯 단계의 분리(six degrees of separation) 이론에 따르면, 전혀 모르는 사람이라도 평균 6명만 건너면 누구에게나 연결될 수 있다고 한다. 한국인들의 경우 2003년 실험 결과 4.6명만 거치면 원하는 누구에게나 연결될 수 있는 것으로 나타났다. 이는 곧 판매자의 이야깃거리를 입소문으로 여섯 번만 전달한다면 모든 사람에게 메시지를 전할 수 있다는 것을 의미한다. 즉, 바이럴 마케팅에서는 여섯 번만 추천받으면 모든 사람이 고객이 될 수 있음을 암시한다. 이처럼 사람들 간의 네트워크를 기반으로 하는

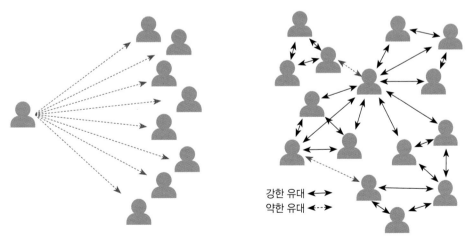

강한 유대 ↔
약한 유대 ◄--►

[그림 12-6] 매스 미디어 vs. 바이럴 네트워크

출처: 노상규(2015. 9. 2.).

바이럴 마케팅의 효과는 매우 크다고 할 수 있다.

바이럴 마케팅은 입소문 마케팅 혹은 구전 마케팅으로도 불린다. 이와 유사한 형태로는 버즈 마케팅, 게릴라 마케팅 등이 있다. 버즈 마케팅은 주로 이벤트 행사로 관심과 구전을 유도하는 것을 말하며, 게릴라 마케팅은 잠재고객이 모인 장소에 갑자기 나타나 상품을 선전하는 게릴라 전술을 활용한 마케팅을 말한다. 흔히 말하는 '파워블로거'를 이용한 마케팅도 바이럴 마케팅의 일종이다. 한국의 경우에는 인터넷을 통한 입소문으로 퍼지는 효과가 크므로 연관 검색어 및 실시간 검색어의 장악, 네이버 카페의 사용자로 가장한 콘텐츠 포스팅과 블로그, 지식in 포스팅이 바이럴 마케팅의 주를 이룬다. 하지만 사용자들이 정보 검색 시 바이럴 마케팅인지 아닌지를 판별하는 것은 쉽지 않다.

바이럴 마케팅은 기업이 의도적으로 소비자들 사이에 입소문이 퍼지게 할 목적으로 마케팅적인 행동을 취할 때 성립되며, 별다른 광고나 홍보 등 어떠한 마케팅 활동 없이 소비자들 사이에 자발적으로 생겨나는 단순 입소문 효과와 구별된다. 예를 들어, 과거 해태 허니버터칩의 폭발적인 인기는 바이럴 마케팅 효과가 아닌 단순 입소문 효과라고 할 수 있다. 바이럴 마케팅 전략에서 중요한 것은 바이럴이 될 만한 콘텐츠를 제작하는 것이다. 즉, 재미있고 흥미를 불러일으키는 브랜디드 콘텐츠를 제작·배포하는 것도 바이럴 마케팅의 한 방법이다. 일반적으로 바이럴 효과를 창출하기 위해서 입소문 효과가 큰 메가 인플루언서를 많이 활용한다.

2010년대 이후에는 페이스북, 트위터 등 SNS의 '좋아요' '공유' '리트윗' '댓글 달기' 등도 바이럴 마케팅의 중요한 수단으로 사용된다. 예를 들어, 스미노프 보드카는 "Smirnoff Be There"라는 콘셉트로 브랜드를 소개하는 캠페인 사이트를 제작하였다. 또한 캠페인 사이트 전반에 걸쳐 유튜브, 트위터, 페이스북 등에 브랜드 페이지 계정을 개설하고 링크를 제공하여 방문을 유도하고, 페이스북 '좋아요' 버튼을 누를 수 있도록 해 놓았다. 이렇게 그들의 캠페인 사이트를 각종 SNS 사이트와 연동하고 내용 및 이벤트를 SNS를 통해 퍼져 나가게 함으로써 소비자들 사이에 큰 바이럴이 되었고, 결과적으로 "Smirnoff Be There"라는 타이틀의 클럽파티는 큰 성공을 거두었다.

바이럴 마케팅은 오가닉 유저(organic users)를 유입하는 데 효과적이다. 오가닉 유저는 광고 없이 입소문에 의해 자연 유입이 이루어진 사용자라고 할 수 있다. 보통 보상형

CPI(Cost Per Install) 광고 등을 꾸준히 진행하여 앱 자체의 인기 순위가 높아졌을 때, 자연적으로 필요 혹은 인기에 편승해 유입 및 앱 설치가 이루어진 고객이 오가닉 유저에 해당한다. 오가닉 유저의 경우 광고로 유입된 유저에 비해 충성도가 높은 장점이 있다.

또한 바이럴 마케팅은 적은 비용 대비 큰 효과를 거둘 수 있다. 바이럴 마케팅은 말 그대로 입소문에 의한 마케팅이기 때문에 마케팅하는 주체가 바이럴이 될 만한 콘텐츠를 만들어 내놓고 그것이 입소문을 타기 시작한다면, 빠르게 널리 퍼지는 입소문의 특성상 그 효과가 기하급수적으로 커질 수 있다. 즉, 마케팅의 주체(주로 기업)는 바이럴이 될 만한 콘텐츠 제작 이후에는 다른 마케팅 기법보다 확산에 큰 관여를 하지 않아도 퍼져 나가는 효과가 크므로 적은 비용 대비 큰 효과를 거둘 수 있다. 기업은 인터넷의 발달로 영향력이 큰 소위 파워블로거 등을 통해 자신들의 제품을 홍보할 수 있으며, 마케팅 콘텐츠나 마케팅하고자 하는 제품 등에 대해서 소비자들이 어떠한 의견을 기업에 바로 표시하는 것이 어려웠던 전통적 마케팅과 달리 소비자들 사이의 구전을 기업이 그대로 모니터링할 수 있으므로 빠른 피드백을 얻을 수 있다. 또한 소비자는 엄청난 양의 정보 속에서 선택해야 하므로 믿을 만한 정보원과의 교류를 통하여 신뢰할 수 있는 정보를 얻기 위해 노력한다. 바이럴 마케팅은 소비자의 정보 탐색에 도움이 될 만한 정보를 제공함으로써 소비자의 구매 결정을 돕고 바이럴 효과를 이용한 마케팅으로써 지인들끼리의 정보 확산을 유도하므로, 소비자는 더욱 신뢰성 있는 정보 습득이 가능하다.

바이럴 마케팅의 폐해로는 실시간 검색어, 연관 검색어를 장악하기 위해 스팸성 정보들을 마구잡이로 올림으로써 사용자가 정확한 정보를 얻는 데 방해가 될 수 있다는 점이 있으며, 또한 프로드(fraud, 부정 트래픽), 어뷰징(abusing)[7] 등도 광고 거래 질서를 어지럽히는 심각한 문제로 지적된다.

바이럴 마케팅은 대가를 받고 올린 포스팅, 댓글, 게시글, 리뷰 등은 불법이고, 조작된 글이 발각될 경우 감당하기 어려울 만큼 큰 비난을 받게 된다. 특히 전문성이 부족한 작업

---

7) 오용, 남용, 폐해라는 뜻으로, 기업 블로그나 카페 등의 채널이나 매체를 관리해 주는 마케팅 회사, 포털 사이트, 혹은 매체가 검색 상위 노출과 의도적으로 클릭 수를 늘리기 위해 조작하는 행위, 부정한 방식으로 트래픽을 늘려 수익을 챙기는 행위를 일컫는다. 정상적인 트래픽 유입이라기보다 봇(bots), 컴퓨터로 이상 트래픽을 발생시키는 사기 수법이 대표적이다.

자가 대중에게 정보를 잘못 전달하여 오해가 생기는 경우가 많으며, 바이럴 마케팅을 하려고 사전에 일부러 조작한 글을 작성한 증거가 밝혀지면 해당 마케팅은 마케팅에 쏟은 돈과 노력의 크기에 상관없이 역효과가 발생하게 된다. 예를 들어, 아우디 코리아는 블로그 마케팅업체와 계약하고 20여 명의 블로거에게 글 하나당 10만 원을 주고 정보 글을 가장한 홍보 글을 쓰게 하는 마케팅을 펼쳤다. 이에 대해 공정거래위원회는 대가 지급 사실을 밝히지 않은 것을 소비자 기만으로 간주하여 약 1억 원에 달하는 과징금을 부과했다. 또한 일부 블로그 마케팅 대행업체는 광고주와 계약을 맺고 상품에 대해 블로그 체험단을 모집하게 한 뒤 바이럴 마케팅 포스트를 양산하였다. KT&G는 담배 바이럴 마케팅의 증거가 밝혀지고 난 후, 많은 사람이 전부 주작(없는 사실을 꾸며 만듦)을 비난하는 쪽으로 돌아섰는데, 이 또한 하나의 예이다.

바이럴 메시지는 광고가 아닌 척 더욱 정교하게 작성되는데, 이로 인한 폐해가 심각해지자 블로그 바이럴 마케팅용 포스팅 작성 시 대가성이 있는 상품이나 돈을 받았다고 표현하는 문장을 반드시 기입하도록 법이 바뀌었다. 그런데 법이 개정되자 검색어 연산자 제외를 피하려고 표기 문구를 텍스트가 아니라 이미지로 삽입하는 더 악질적인 방법이 횡행하고 있다. 또한 바이럴 메시지는 일단 퍼지면 통제 불가능하며 본래의 목적과 달리 다른 부분에서 이슈가 되어 수습할 수 없는 단계까지 가는 예도 있다. 인터넷상에서 흔히 보이는 바이럴 메시지의 상당수가 이런 식으로 처음의 홍보 의도와는 다르게 퍼진 것들이다. 이런 일이 발생했을 때 해당 광고주가 그러한 상황을 재빨리 포착해서 마케팅에 잘 이용한다면 훌륭한 바이럴 마케팅의 사례가 되며, 반드시 그렇지 않더라도 별 손해 없이 많은 인지도를 불러오는 경우도 있다.

(1) 바이럴 마케팅 프로세스

바이럴 마케팅 프로세스는 1단계는 환경 분석, 2단계는 콘텐츠 기획 및 제작, 3단계는 운영할 채널 선택, 4단계는 진행한 바이럴 마케팅 캠페인의 성과 측정 및 분석과 바이럴 마케팅 전략 보완으로 진행된다.

1단계에서 환경 분석을 통해 제품 혹은 서비스의 특징과 장단점, 경쟁자 등과 타겟층을 분석한 후 그에 맞는 콘셉트를 정한다. 또한 벤치마킹할 경쟁 기업 및 브랜드와 이들이 운

1단계	2단계	3단계	4단계
환경 분석	콘텐츠 기획/제작	운영 채널 선택	성과 분석

[그림 12-7] 바이럴 마케팅 프로세스

영하는 바이럴 마케팅 채널들이 어떻게 활용되고 있는지를 분석한다. 이를 통해 경쟁 기업이나 브랜드의 기자단 및 외부 체험단 등의 활동과 이들이 작성한 콘텐츠 내용을 분석해서 벤치마킹할 수 있다. 타겟의 연령대, 성별, 거주 지역, 직업 등을 포함한 타겟 분석은 바이럴 마케팅 채널을 선택할 때 중요 자료로 활용된다. 일반적으로 여성과 20대 젊은층은 인스타그램을, 중년층은 네이버 밴드 등을 많이 활용한다.

2단계에서 콘셉트와 채널 특성에 맞게 콘텐츠를 기획 및 제작한다. 이때 콘셉트에 해당하는 핵심 키워드를 선별한 후 모든 바이럴 마케팅의 공식 채널의 콘텐츠 제목, 내용에 각각 포함시켜 등록한다. 선별된 핵심 키워드는 카카오 스토리, 페이스북, 트위터 등에서 해시태그(#)로도 활용한다.

3단계에서 필수 채널인 공식 채널들 이외에 외부 홍보 채널들을 선택한 후 같이 운영한다. 공식 채널은 기업에서 직접 운영하고 꾸준히 브랜드나 제품을 알릴 수 있는 콘텐츠를 발행하는 채널이고, 외부 홍보 채널은 직접 운영하는 것은 아니지만 블로그 체험단, 홍보 기자단, 서포터즈, 언론 보도 등을 통해서 기업, 브랜드, 제품을 홍보할 수 있는 관리 채널이다. 공식 채널은 성격에 따라 콘텐츠를 구축할 수 있는 베이스캠프 역할을 하는 온드 미디어와 고객 응대, 바이럴 효과 등을 기대할 수 있는 채널로 구분할 수 있다. 베이스캠프 역할을 하는 대표적인 공식 채널로는 페이스북, 인스타그램, 트위터, 카카오스토리, 핀터레스트, 폴라와 같은 SNS 계정, 블로그, 카페, 유튜브, 네이버 포스트 등이 있고, 고객 응대 및 바이럴 효과를 기대할 수 있는 채널에도 SNS, 블로그, 카페, 네이버 지식in, 온라인 미디어 등이 있다. 특히 블로그는 콘텐츠의 베이스캠프 역할과 동시에 바이럴 효과 등 두 가지 모두를 기대할 수 있는 채널이다. 해시태그의 활용을 통해 인스타그램 등 SNS 채널에서 관심사를 기반으로 바이럴 효과를 기대할 수 있다. 바이럴 마케팅 채널은 각각 고유의 특성이 있으므로 기업과 브랜드의 특성 및 상황에 맞게 운영해야 한다. 특히 공식 채널은 콘텐츠를 꾸준히 발행할 수 있으므로 기업이 처한 상황들을 충분히 고려해야 한다.

끝으로 4단계에서는 바이럴 마케팅 캠페인의 성과와 문제점을 평가하고 차기 캠페인에 반영한다. 현실적으로 1인 기업의 경우 꾸준한 홈페이지 관리 및 블로그 포스팅, 이벤트 기획, SNS를 통한 고객과의 소통 및 정기적인 이벤트 진행, 챗봇을 통한 실시간 고객 상담, 정기적인 동영상 제작 및 배포를 위한 유튜브 운영 등 이러한 모든 것을 혼자서 진행하기 쉽지 않다.

(2) 바이럴 마케팅 키워드 만들기

바이럴 마케팅은 고객의 마음을 제대로 파악하는 것에서부터 시작하며 키워드를 통해 고객의 마음을 읽을 수 있다. 따라서 바이럴 마케팅에서 마케팅 키워드를 만드는 것이 중요하다. 어떤 키워드를 선택하는가에 따라서 브랜드에 미치는 마케팅 효과가 달라질 수 있으므로 콘텐츠 제작 시 콘셉트와 핵심 키워드를 정한 후 제목과 내용 등에 적절히 반영해야 한다. 대표 키워드는 정보 검색 목적성이 강하며, 조회 수가 높고, 소비층의 범위가 넓다. 세부 키워드는 구매 목적성이 강하며 범위가 좁고, 특정 기간, 시즌, 트렌드가 반영되어야 하므로 판매의 계절성이 강한 시기성 제품에 효과적이다. 바이럴 마케팅의 목적이나 대상에 따라 대표 키워드와 세부 키워드의 비율을 적절히 조율해서 사용하는 것이 좋다. 만약 신제품 론칭 시 혹은 유행을 타는 상품에는 세부 키워드를 선별하여 마케팅을 진행하는 것이 좋다. 예를 들어, 한양대학교의 경우 모든 채널에서 상시적이고 공통적으로 진행해야 하는 대표(핵심) 키워드는 '지역, 대학, 학과'이며, 세부 키워드는 '수시, 정시, 추

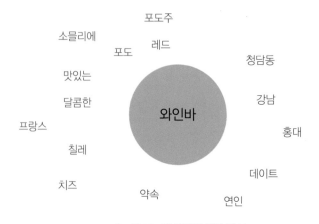

[그림 12-8] 와인바 연상 단어

가 모집' 등의 시즌별 키워드를 포함한다.

키워드를 추출할 때 머릿속에 떠오르는 모든 연상되는 단어를 나열해 보고, 고객 입장에서 원하는 키워드를 뽑아야 한다([그림 12-8] 참조). 예를 들어, '퇴근 후 와인 한잔하고 싶은데 어디가 좋을까?' 등 고객의 언어로 키워드를 뽑아야 한다. 이를 기초 자료 검색 단계라고 할 수 있다. 다음은 대표 키워드와 연관된 세부 항목을 조합하여 확장 키워드를 만든다. 예를 들어, 기초 자료 검색 단계에서 연상한 단어를 〈표 12-8〉과 같이 세부 항목으로 정리하면 각 세부 항목을 조합하여 확장 키워드를 만들 수 있다.

●표 12-8● 확장 키워드 추출의 예

제품군	세부항목	특징	지역	확장 키워드
와인바	레드와인 화이트와인 치즈	맛있는 달콤한 고소한	강남 청담동 홍대	강남에서 레드와인이 맛있는 와인바

두 번째는 관심 있는 추천 검색어와 연관 검색어를 조사하여 연관된 키워드를 선별한다. 추천 검색어는 비즈니스와 밀접한 키워드이고, 파워링크 광고와 지식쇼핑 중심의 결과가 노출된다. 반면, 연관 검색어는 모든 키워드로 확장되어 있으므로 블로그, 카페, 지식in, 네이버 포스트 등의 정보들이 검색 결과에 노출된다. 만약 키워드 광고나 지식쇼핑 중심으로 마케팅을 진행한다면 추천 검색어 중심으로 조사해 키워드를 선별한다.

세 번째는 쇼핑 검색어의 결과를 중심으로 키워드를 선별한다. 예를 들어, '블라우스'라는 키워드로 검색하면 우측에 여성 블라우스 쇼핑 검색어를 확인할 수 있다. 만약 해당 검색어가 쇼핑 검색 의도가 높은 검색어라면 해당 검색어와 연관성이 깊은 연관 검색어(예: 인기상품 키워드, 브랜드 등)를 선별할 수 있다.

(3) 해시태그를 활용한 바이럴 마케팅

해시태그(#, hash tags)는 단어나 여백 없이 구절 앞에 해시 기호 #를 붙이는 형태의 표시 방법으로, # 기호 뒤에 특정 단어를 적으면 그 단어에 대한 글들을 모아 분류해서 확인할 수 있다. 해시라는 기호를 써서 게시물을 묶는다(tag)고 해서 '해시태그'라는 이름을 붙였다. 처음에는 연관된 정보를 한데 묶는 정도의 기능으로 쓰였지만, 지금은 검색 등 다른 용도로 쓰인다. 즉, 해시태그는 사전의 색인처럼 원하는 내용을 빠르게 찾아 주는 역할을 한다. 인스타그램이나 페이스북과 같은 SNS에 게시물을 올리고 해시태그를 달면 다른 사용자도 같은 해시태그를 단 게시물을 함께 찾아볼 수 있다.

해시태그는 트위터, 페이스북, 카카오스토리, 인스타그램, 네이버, 핀터레스트 등에서 특정 단어를 편리하게 검색할 수 있는 메타 데이터의 한 형태로 블로그나 카페의 태그(tag)와 유사하다. SNS를 작성할 때 '#'으로 표시되는 해시태그 뒤의 단어는 링크로 변환되어, 해당 단어를 누르면 그 단어의 검색 결과 페이지로 이동한다. 또한 해시태그는 기업의 핵심 키워드, 상품명, 브랜드명, 이벤트명, 정보의 핵심 내용, 모임, 사건, 고객들과 약속에 의한 단어 등에 사용된다.

해시태그를 통해 기업 브랜드 또는 핵심 메시지를 확산시키거나 캠페인, 이벤트 등을 전개하여 바이럴 효과를 얻을 수 있다. 예를 들어, LG유플러스는 체험매장을 방문해 갤럭시S 체험 인증 사진을 찍고 개인 SNS(페이스북, 트위터, 카카오스토리, 인스타그램 등)에 해시태그 '#유플갤9'을 붙여 업로드하면 추첨을 통해 다양한 상품을 제공하는 이벤트를 진행하였다. 이벤트가 진행되는 동안 각각의 SNS에서 '#유플갤9'을 검색하면 이에 관한 글과 사진들만 모아서 볼 수 있었다. '#맛집' '#뷰티' 등 큰 카테고리명, '#삼성전자'와 같은 기업명, '#갤럭시노트9'과 같은 브랜드명, '#쓱'과 같은 캠페인 슬로건 등은 물론 '#홍대역앞맛집' 등과 같이 해시태그를 보다 세분화된 형태로 활용할 수도 있다.

6) 퍼포먼스 마케팅

퍼포먼스 마케팅(performance marketing)은 온라인에서 다양한 경로로 노출한 커뮤니케이션 및 광고를 통해, 브랜드 웹사이트와 쇼핑몰 등에 유입된 고객들이 매출로 전환되는 과정을 점검하고 개선하는 일련의 마케팅 과정이다. 퍼포먼스 마케팅은 마케팅 회사나 사이트 운영자들이 자신의 사이트에 사용자가 들어와서 판매 혹은 온라인 상담 등의 구체적인 행동까지 도달했을 때, 이 행동에 이바지한 마케팅/광고 활동에 대한 비용을 지급하고, 이에 대한 데이터를 분석하고, 이를 바탕으로 문제점을 개선하는 일련의 마케팅 과정을 의미하는 용어이다. 즉, 온라인 활동, 광고 프로그램, 기타 다양한 마케팅 활동들의 성과 데이터(접촉 수, 전환 등)를 추적하고 개선하는 것이 퍼포먼스 마케팅의 핵심이다. 특히 웹이나 앱에서의 고객들의 행위가 모두 데이터로 남기 때문에, 이러한 행동을 기반으로 새로운 마케팅 전략을 펼치는 것이 가능하다. 예를 들어, 고객들이 남긴 데이터 분석을 통해서 고객이 어떤 상품을 구매하기까지 어떤 것을 검색하고, 어떤 경로(채널) 및 어떤 광고를 통해서 최종적으로 구매하였는지를 분석한다. 퍼포먼스 마케팅에서는 각 구매 단계마다 고객의 유실과 유입을 엄밀하게 체크 혹은 분석한 후 큰 입구에서 유입된 트래픽(고객들)을 작은 입구까지 유실되지 않도록 웹이나 앱의 사용자 경험(UX)이나 콘텐츠 등을 개선하는 것이 중요하다.

　퍼포먼스 마케팅은 마케팅 캠페인의 단계별 목표 달성을 최우선하는 성과 중심의 마케팅이기 때문에 아무리 계획과 전략이 좋아도 성과를 내지 못한다면 실패한 것이다. 즉, 단순히 광고비를 집행한 매체사에서 제공하는 수치를 확인하고, 다운로드나 사용자, 매출 데이터 등을 요청하며 수치가 늘었는지만 확인해서는 안 된다. 성별, 연령, 지역 등의 타겟 조건을 세분화하고 소재의 문구나 디자인, 노출 시간 등을 A/B 테스트를 통해 변경해 가는 등의 다양한 가설 수립과 검증 과정을 거치는 실험을 마케팅 전 과정에 적용하며 최적화를

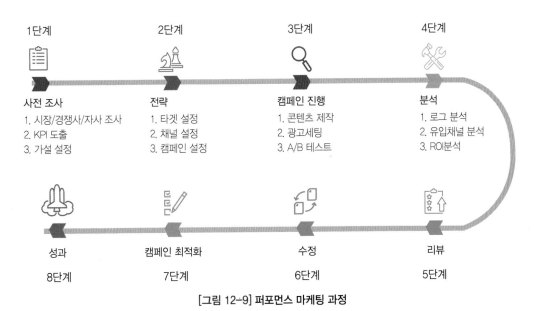

[그림 12-9] 퍼포먼스 마케팅 과정

출처: 본게노스주식회사.

해 나가는 것이다. [그림 12-9]는 1단계 사전 조사부터 8단계 성과에 이르기까지 퍼포먼스 마케팅 캠페인의 진행 절차를 보여 준다.

　퍼포먼스 마케팅은 소비자 빅데이터 분석에 기반한 고객들의 행동을 바탕으로 인사이트를 도출해 내는 것이 중요하다. 구체적으로 퍼포먼스 마케팅은 자사의 웹사이트로 고객이 들어오는 순간 하나하나의 움직임을 추적하여 분석하고 인사이트를 찾아낸다. 예를 들어, 웹사이트의 하단 부분 배너에 고객들의 클릭률이 높다면, 이것은 고객들이 관심 있어 하는 내용이라고 판단한다. 이 배너를 웹사이트의 상단에 올리고, 배너를 누르고 들어갔을 때 나오는 랜딩 페이지를 더욱 매력적으로 꾸며, 마케팅의 목표, 즉 매출 증대를 이루는 데 큰 도움이 되게 한다. 이뿐만이 아니라 자사의 상품과 광고에 관심을 보이고 구매하려는 사람들을 더 유입하기 위해 어떻게 광고를 집행할지, 어느 채널이 더욱 효과적인지를 연구하기도 한다. [그림 12-10]은 퍼널(funnel)의 각 단계별로 분석 데이터가 달라진다는 것을 보여 준다. 예를 들어, 인지 단계에서는 임프레션, 도달률, 빈도, CPM, CPV, VTR 등의 트래픽 효과를 측정할 수 있으며, 고려 단계에서는 CPC, CTR 등의 트래픽 효과들을 분석할 수 있다. 또한 전환 단계에서는 CPA, CTA, CVR, CPI, CPS 등의 성과 지표들을 측정할 수 있으며, 충성도 제고 단계에서는 LTV(Life Time Value)와 같은 지표들을 측정해서 캠페인의 성과를 분석할 수 있다.

　퍼포먼스 마케팅을 효과적으로 수행하기 위해서는 웹로그와 같은 데이터 분석 도구를

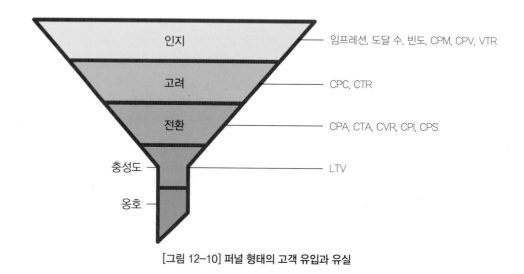

[그림 12-10] 퍼널 형태의 고객 유입과 유실

다룰 수 있어야 한다. 퍼포먼스 마케팅을 시도하려면 웹로그와 같은 데이터 분석 솔루션이 필요하다. 요즘은 구글 애널리틱스(Google Analytics)와 같이 무료로 데이터 분석을 할수 있는 데이터 분석 도구가 있어, 개발자 수준의 지식이 없이도 데이터 분석이 가능해졌으며, 이러한 퍼포먼스 마케팅을 시도하려는 기업들이 더욱 많아지고 있다. 구글 애널리틱스를 통해 어떤 마케팅 채널의 효율이 높은지, 어떤 광고를 통해 많은 고객이 유입되는지, 웹페이지를 방문한 고객들은 어느 랜딩 페이지에서 오래 머무는지, 목표로 하는 전환이 잘 일어나고 있는지 파악할 수 있다. 만약 목표한 대로 흘러가지 않는 지점이 있다면, 그 부분에 대한 인사이트를 도출한 후 해결점을 도출해 낼 수 있다. 퍼포먼스 마케터가 되려면 문제의식을 느끼고, 고객들의 자취와 행동을 하나하나 트래킹하며 문제를 해결해 나갈 수 있는 소위 그로스 해킹(growth hacking)에 관한 사고력을 갖추고, 데이터 분석 도구를 다룰 줄 알아야 한다. 또한 고객이 어떤 사람이고 무엇을 좋아하는지, 어떤 서비스를 제공해야 할지 끊임없이 궁금해하고 해결하려는 마음가짐이 중요하다. 퍼포먼스 마케터에게는 보고서를 만들고 보는 능력도 중요하다. 퍼포먼스 마케팅에서 일명 대시보드라고 하는 보고서가 핵심적이다. 앞서 말한 고객들의 자취와 행동들은 모두 대시보드를 목적에

[그림 12-11] 대시보드의 예

출처: Saadia Minhas (2019. 11. 27.).

맞게 커스터마이징을 잘하여 인사이트를 뽑아 낼 수 있으며, 이를 바탕으로 올바른 의사결정도 가능하게 된다. 구글 애널리틱스(GA)에는 굉장히 다양한 방식으로 원하는 대로 빠르게 대시보드를 만드는 기능도 있다.

퍼포먼스 마케팅의 단점은 다단계의 효과위계모델, 예를 들어 인식, 지식형성, 좋아함, 선호, 확신, 구매 행동으로 구성된 레비지와 스타이너(Lavidge & Steiner, 1961)의 6단계 효과위계모델과 같은 정교한 소비자의 정보처리 과정을 일일이 추적·파악할 수 없다는 점을 들 수 있다. 또한 제품관여도에 따라 달라지는 소비자 정보처리 과정을 효과적으로 설명할 수 없다는 점도 지적된다. 예를 들어, 새로 시장에 출시된 노트북과 같은 고관여 제품의 경우에는 '인지-고려-전환-충성도-옹호'와 같은 단계로 성과를 추적할 수 있으나, 음료수와 같은 저관여 제품의 경우 고려 단계가 없이 신제품 광고에 노출된 후 제품 인지 다음 단계로 바로 전환이나 구매가 일어날 수 있다.

(1) 퍼포먼스 마케팅 사례

음악산업 종사자들에게 필요한 음악 정보를 제공하는 블로그를 운영하는 회사가 이메일 구독자 확보를 목표로 하는 광고 캠페인을 진행하였다. 페이스북 광고 집행 시 '재즈 역사'에 관심 있는 사람과 '음악산업'에 관심 있는 사람들에게 페이스북 광고를 내보낸 후, 블로그에 유입되는 사람들의 행동을 살펴보았다. 그 결과, '재즈 역사'에 관심 있는 사람들이 블로그에서 훨씬 활발하게 움직임을 발견하였다. [그림 12-12]에서 보이듯이 '3분 만에 제대로 아는 재즈의 역사'라는 게시글이 높은 관심을 얻었던 반면에, 실제 목표한 '음악산업' 게시글의 퍼포먼스는 낮게 나타났다. 이에 '재즈 역사'에 관심 많은 사람이 블로그의 진성 타겟임을 확인하였고, 이와 관련된 홍보 콘텐츠를 제작하여 많은 이메일 구독자를 확보하였다. 이처럼 정확한 타겟에게 홍보를 진행한 덕분에, 기존에 2.79%에 달했던 이메일 구독률이 33.7%까지 치솟았다. 이 같은 사례에서 보듯이 퍼포먼스 마케팅은 고객이 어떤 행동을 보이는지를 하나하나 트래킹한 후 유의미한 인사이트를 도출해 내어 더 나은 전략을 수립하면, 고객이 원하는 대로 상품과 서비스를 제공하고 효율적으로 최선의 효과를 창출해 내는 데 큰 도움이 된다.

또 하나의 퍼포먼스 마케팅의 성공 사례로 '어썸스토리'를 들 수 있다. 동화책 기업인 어

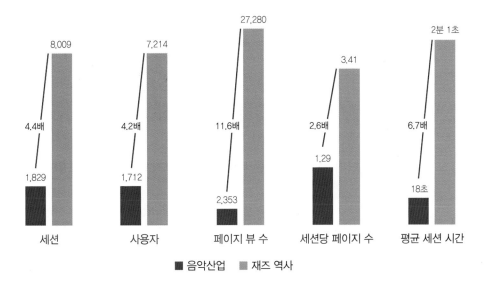

[그림 12-12] 음악산업과 재즈 역사 블로그 게시글의 퍼포먼스 비교

출처: 선한인공지능연구소(2020. 3. 8.).

썸스토리는 2018년 2월에 시작한 스타트업 회사로, 웹사이트를 오픈한 뒤 고객들의 반응을 분석하였다. 빅데이터 분석 결과, 사이트에 접속한 100명 중 제품을 구매한 케이스는 1.5명에 불과한 것으로 나타났다. 어썸스토리는 이러한 결과에 대해 사이트에 들어온 고객들이 제품 조회를 잘 하지 않는다고 판단했다. 그리고 이를 개선하기 위해 회사의 특징이 잘 드러나고 이해하기 쉽게 웹사이트를 리모델링하였다. 리모델링 결과, 제품 조회 비율은 94%로 증가하였고, 최종 목표인 구매는 100명 중 1.5명에서 4.6명으로 3배나 증가하였다. 이처럼 고객 반응을 보고 분석한다면 쉽게 성과를 올릴 수 있다.

7) 리타겟팅과 리마케팅

리타겟팅(retargeting)은 웹사이트에 한 번 이상 방문했거나 이전에 마케팅 캠페인을 접한 사람을 대상으로 구매 전환(purchase conversion)을 유도하는 마케팅을 말한다. 즉, 어떤 소비자가 온라인 쇼핑몰을 방문해서 이런저런 제품을 알아보았을 경우 그 소비자가 남긴 방문의 흔적, 예를 들어 온라인 사용자들이 매 순간 생성하는 다양한 행동 데이터를 이용하여 그날 혹은 다른 날 그 소비자가 다른 웹이나 앱에 접속하였을 때에도 프로모션, 이벤트, 혹은 광고 메시지를 노출해 구매를 유도하는 식이다. 만약 어떤 사람이 인천-방콕 간 항공권을 구매하기 위해 하나투어에서 여행 상품을 검색하였다면, 그 행동의 쿠키값이 저장되고, 추적 코드가 이 쿠키 정보를 구글 애즈와 같은 애드 네트워크 혹은 리타겟팅 플랫폼에 보내게 되면 이 플랫폼은 쿠키에 저장된 사용자 디바이스 정보를 통해 사용자를 인식하여 그 사람이 웹이나 앱에 접속할 때마다 항공권 관련 혹은 방콕 여행 관련 숙박 배너를 반복적으로 노출한다. 여기서 쿠키값이란 웹사이트 방문 기록, 검색 기록, IP, 상품 구매 내역 등을 말한다.

리타겟팅 전략은 고객에게 불필요한 광고성 메시지를 노출할 확률이 낮아지기 때문에 소비자에게 신뢰를 얻을 수 있고, 신규 방문자보다 더 높은 전환 성과를 얻을 수 있다. 실제 웹이나 앱을 처음 방문한 사람들은 바로 구매로 전환되지 않은 경우가 많으며, 전체 방문객 중 겨우 2%만이 구매 단계로 전환된다고 한다. 이 2%라는 수치는 사용자가 브랜드의 제품 혹은 서비스를 구매하기로 마음먹은 순간보다 한참 전에 사용자의 마음을 얻어야 구매로 전환이 된다는 것을 뜻한다. 따라서 가장 적절한 타겟팅 대상은 웹사이트에 한 번 이상 방문했거나 이전에 마케팅 캠페인을 접한 사람이다. 이런 사람을 대상으로 리타겟팅을 실행하면 신규 방문자보다 더 높은 전환 성과를 얻을 수 있다.

리타겟팅은 '인지-관심-고려-구매 전환-구매 후' 등의 소비자의 각 구매 단계에 따라 각기 다른 광고 메시지 혹은 콘텐츠를 만들어 배포함으로써 광고비를 절감하면서 전환율을 높일 수 있다. 예를 들어, 인지 단계에서 소비자 욕구 분석을 하여 제품에 관심을 가질 만한 1차 타겟들을 세분화하고, 이들이 좋아할 만한 콘텐츠를 제작하여 배포한다. SNS 등을 통해 수집된 빅데이터 분석을 통하여 고객의 관심사, 소셜 활동, 비슷한 관심사를 공유하는 사람들의 취미 등을 파악하여 콘텐츠 제작에 활용한다. 이때 소셜 매트릭스 등의 소셜 검색 솔루션을 이용할 수 있다. 고려 단계에서는 인지 단계의 메시지와 콘텐츠에 관심을 보인 고객을 찾아서 이들을 위한 콘텐츠를 만들어 배포한다. 예를 들어, 좋은 제품을 고르는 법, 제품 비교 등과 같은 정보성 콘텐츠를 만들어 인지 단계에서 관심을 보인 고객들에게 배포하는 방식이 있다. 또한 페이스북과 인스타그램 등의 SNS에서 특정 게시물에 '좋아요'를 누른 고객에게만 콘텐츠를 배포할 수 있다. 만약 여기서 더 관심을 보이는 고객이 있다면 세일즈할 기회를 포착할 수 있으며, 이들에게 할인, 쿠폰, 이벤트, 세일즈 프로모션 정보를 배포하여 구매를 유도한다. 제품을 구매한 고객들에게는 'Happy Call' 등의 CRM[8] 수단을 활용하여 구매 후 인지 부조화를 감소시키고 재구매와 충성도를 높인다. 리타겟팅은 DMP(데이터 관리 플랫폼) 사용 목적의 73%를 차지할 정도로 여러 타겟팅 기법 중 애드테크 광고시장에서 큰 비중을 차지하고 있으며, 높은 효율성으로 광고주들로부터 호응을 얻고 있다. 대표적인 리타겟팅 상품으로는 구글의 GDN, 크리테오, 내로우 캐스트 등이 있다.

반면에, 리마케팅(remarketing)은 리타겟팅과 거의 같은 의미로 사용되나, 일부에서는 리마케팅과 리타겟팅을 실행 전략의 관점에서 구분하기도 한다. 리타겟팅이 사용자들이 웹이나 앱에서 남긴 흔적을 바탕으로 관심 있는 상품과 서비스를 지속해서 웹이나 앱에 노출하는 광고기법을 말하는 반면에, 리마케팅은 주로 제품을 장바구니나 위시리스트에 추가한 후에 결제를 하지 않고 이탈하는 사용자를 대상으로 이메일을 보내어 구매를 촉구하는 전략이다. 예를 들어, 어떤 소비자가 최근 A라는 온라인 쇼핑몰의 장바구니 단계에서 이탈한 적이 없는데도 한 달 이용 기간이 만료될 예정이라는 이메일을 받았다면, 이는 과거 구매 내용에 대한 정보를 '리마인드'해 줌으로써 구매 전환으로 유도하는 리마케팅 전략이라고 할 수 있다. 이처럼 두 개의 개념 모두 구매 가능성이 큰 사용자의 전환을 높이는 데 목표를 두지만, 실행하는 전략에 따라 차이가 있다. 리마케팅이 기존 사용자에게 맞춤형 이메일 캠페인을 진행해 이탈 방지 및 사용자 유지 측면에 중점을 두는 전략이라면, 리타겟팅은 다양한 형태와 넓은 대상으로 한 유료 광고에 중점을 둔다. 즉, 리타겟팅은 사용자의 검

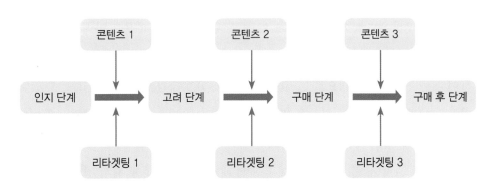

[그림 12-13] 소비자 구매 여정 단계의 리타겟팅 과정

---

8) Customer Relationship Management의 약자로, 고객 관계 관리를 말한다.

색 기록과 인터넷 경로를 기반으로 맞춤형 광고를 반복적으로 제공하는 것을 말한다.

아질원(AgilOne)이 발표한 전 세계 쇼핑 사용자가 선호하는 개인 맞춤 마케팅(marketing personalization preferences of shoppers worldwide) 조사에 따르면, 가장 효과적인 이메일 리마케팅 기법은 다음과 같다. 첫째, 세일 상품 정보 제공으로, 응답자 중 58%가 이전에 확인했거나 즐겨찾기를 한 제품의 세일 정보를 알려 주면 좋다고 응답했다. 둘째, 장바구니 단계에서 구매하지 않은 상품 정보를 제공하는 것으로, 25~34세의 사용자 중 41%는 장바구니에서 구매하지 않은 아이템을 알려 주면 좋다고 응답했다. 셋째, VIP 대상 이메일 발송으로, 사용자 중 51%는 아웃리치(outreach) 이메일[9]을 받으면 VIP 대우를 받는 것 같아서 좋다고 응답했다.

8) 인바운드 마케팅

인바운드 마케팅(inbound marketing)은 기존의 돈을 주고 구매하는 광고와는 달리, 사이트 방문자나 고객들이 회사의 제품이나 서비스에 관심을 가지고 스스로 찾아와서 능동적으로 구매하게 하는 일련의 과정을 말한다. 즉, 인바운드 마케팅이란 소비자들이 스스로 정보를 찾는 과정에서 기업의 홈페이지나 플랫폼에 유입되었을 때 매력적이고 가치 있는 콘텐츠와 서비스, 정보 등을 제공함으로써 방문자의 관심을 끌고 궁극적으로 잠재고객이었던 방문자를 실제 고객으로 전환하는 마케팅 활동이라 할 수 있다. 인바운드 마케팅의 반대 개념은 아웃바운드 마케팅(out-bound marketing)이다. 아웃바운드 마케팅은 전통적으로 대중매체를 통해 불특정 다수에게 일방적으로 다가가는 방법을 말한다. 즉, 광고 등을 이용하여 제품 정보를 일방적으로 전달하는 푸시(push) 형태의 마케팅이라고 할 수 있다.

인바운드 마케팅은 고객의 허락을 받는다는 느낌과 함께 고객들을 자석처럼 끌어당기는 풀(pull) 마케팅이다. 예를 들어, 포털에서 검색 시 브랜드 페이지가 가장 상단에 위치하는 것, 뉴스레터 신청 시 발송하는 것, 혹은 SNS 채널에 팔로잉하게 해서 정기적으로 브랜드 관련 정보를 제공하는 등 고객 스스로 필요한 정보를 찾을 때 브랜드가 이를 지원하는

---

9) 아웃리치 이메일은 소비자의 관계를 우선으로 하는 이메일 커뮤니케이션 전략이다.

방식의 마케팅 활동이다. 우리는 매 순간 수많은 인바운드 마케팅 활동에 노출되어 있다. 예를 들어, 쇼핑이나 서비스 이용을 위해 앱이나 웹을 방문할 때 회원 가입을 하면 쿠폰을 준다는 팝업이 뜨는 것 혹은 내가 관심이 있는 정보가 이메일 뉴스레터 형태로 제공되는 것 등을 예로 들 수 있다.

카카오멜론의 영상(http://blog.naver.com/datamarketing/221315203164)을 통해 어떤 인바운드 마케팅 장치들이 있는지 확인해 보면, 고객은 이모티콘을 받기 위해 '자발적으로' 카카오톡 앱을 열고, 회원 가입을 함으로써 자신의 정보를 공유하는 것에 동의하며 자신의 친구들에게 음악을 공유하고 있다. 이처럼 인바운드 마케팅은 고객이 적극적으로 자신의 브랜드 및 제품을 알리는 활동들로 연결시킬 수 있다는 점에서 엄청난 힘을 가지고 있다. 그 힘의 결과로 바로 고객을 이해하고, 고객에게 매력적인 콘텐츠(정보)를 제공하여, 결국 자사의 고객으로 만드는 과정이 이루어지게 된다.

•표 12-9• 인바운드 마케팅 vs. 아웃바운드 마케팅의 수단

인바운드 마케팅	아웃바운드 마케팅
• SEO(검색 엔진 최적화) • 블로깅 • 소셜미디어 • 팟캐스트[1] • 옵트인 이메일[2]	• 방송 및 인쇄매체 • 콜드 콜링[3] • 텔레마케팅 • 무역쇼 • 옵트아웃 이메일[4]

1) 팟캐스트(podcast)는 아이팟(iPod)의 pod와 방송(broadcast)의 cast가 합쳐진 단어로, 시청 또는 청취를 원하는 사용자들이 원하는 프로그램을 선택하여 자동으로 구독할 수 있도록 하는 인터넷 방송이다.
2) 옵트인 이메일은 수신동의를 받은 사람에게 보내는 메일이다.
3) 콜드 콜링(cold calling)은 일종의 판촉 전화로, 사전에 귀띔 없이 막무가내로 전화를 해서 홍보하는 것을 말한다.
4) 옵트아웃 이메일은 수신동의를 받지 않은 사람에게 보내는 메일이다.

출처: HS Adzine (2017. 1. 9.).

인바운드 마케팅은 크게 리드고객 창출, 구매고객 전환, 충성고객 유지의 3단계 고객 전환 과정을 거친다. 먼저, 1단계(attract stage)는 블로그, 키워드 검색, 소셜미디어 마케팅 등 다양한 마케팅 플랫폼을 이용하여 소비자의 주의를 끌어 관심이 생기게 만드는 단계이다. 이 단계에서 CTA를 통하여 방문자를 랜딩 페이지로 유도하고, 리드고객을 창출한다. 랜딩 페이지에는 기본적으로 소비자에게 혜택으로 느껴지는 오퍼(offer)가 담겨 있는데, 이

[그림 12-14] 카카오멜론 CTA 이미지
출처: 멜론.

[그림 12-15] 강렬한 유혹의 랜딩 페이지
출처: 멜론.

곳에서 방문자가 원하는 것을 충실하게 보여 주어야 한다. 방문자들은 자신이 원하는 내용이나 기능이 없다고 판단되면 고민 없이 페이지를 빠져나와 다른 사이트로 이동하기 때문이다. 따라서 랜딩 페이지에서 방문자가 원하는 것이 무엇인지를 포착하여 랜딩 페이지에 방문한 사람이 쉽고 빠르게 방문 목적을 달성할 수 있도록 최적화하는 것이 중요하다. 랜딩 페이지에는 많은 내용을 담기보다는 가급적 간결하게 제작하는 것이 좋다. [그림 12-14]의 카카오멜론 서비스의 경우, 랜딩 페이지에서는 방문자들이 CTA에서부터 기대했던 오퍼인 '3D 라이언 이모티콘'만을 강조하여 깨끗하고 간결하게 만들었다. 이 웹페이지에서는 다른 정보들은 다 제거함으로써 방문자에게 그들이 이벤트에 참여하는 목적을 부각해 큰 부담 없이 이벤트에 참여하도록 만들었다.

2단계(convert stage)는 랜딩 페이지를 방문한 리드고객 혹은 구매 의향이 있는 소비자의 흥미를 유발하는 콘텐츠 혹은 오퍼를 제공함으로써 구매고객으로 만드는 단계이다. 즉, 랜딩 페이지를 방문한 사람들을 구매로 전환하는 것이다. 오퍼는 사전적 의미로는 '제의하다, 권하다'라는 뜻으로, 잠재고객을 위한 가치 있는 보상이다. 즉, 잠재고객인 방문자들에게 제공하는 특정한 목적의 가치 있는 유·무형의 콘텐츠나 서비스이다. 방문자들이 기업 측에서 제공하는 오퍼를 받기 위해서는 그들의 요구사항을 들어주어야 한다. 즉, 그들의 요구사항을 들어줌으로써 오퍼와 맞바꾸는 개념이다. 그러므로 방문자들이 가치가 있다고 느낄 정도로 오퍼의 가치가 높아야 하며, 그 대가로 기업은 구매고객을 확보하게 된다.

3단계(close & delight stage)는 계속해서 가치 있는 콘텐츠를 통해 신규고객 혹은 초기 구매고객을 자발적인 프로모션 고객으로 전환해 충성고객으로 만드는 단계이다. 따라서 효과적인 인바운드 마케팅은 단계별 세분화된 전략을 수립하고 적합한 고객과의 관계를 형성해야 한다.

인바운드 마케팅에서의 핵심은 방문자를 리드(관심)를 가진 고객들로 만들고 지속적으로 고객과의 관계를 형성하는 것이다. 그러나 단지 이 과정에서 잠재고객들이 구매 의향을 가졌다는 것에 그친다면, 그것은 성공적인 인바운드 마케팅이라고 할 수 없다. 더욱 효과적인 인바운드 마케팅을 위해서는, 먼저 고객에 대한 이해를 통해 그들이 구매에 이르기까지 어떠한 경로를 거치며 어떠한 콘텐츠에 반응하는지를 파악해야 한다. 또한 최종적으로 잠재고객을 구매고객으로 만들며, 더 나아가 지속적 프로모션을 통해 충성고객으로 만드는 것이 중요하다.

유튜브의 고프로 영상(https://youtu.be/QhzDLYdyVLY)은 고프로(GoPro)가 매년 진행하는 'GoPro Awards'에 참여한 영상 중 하나이다. 고프로를 사용해 찍은 사진 혹은 동영상 파일이나 편집 영상을 GoPro Awards 홈페이지에 올리는 사람들에게 매년 500만 달러(약 57억 원)의 상금을 지원한다. 영상 속 주인공은 고프로를 이용하는 평범한 일반인 남성이다. 고프로는 자신의 브랜드를 홍보하려는 특별한 비용이나 광고물 없이도 잠재고객을 대상으

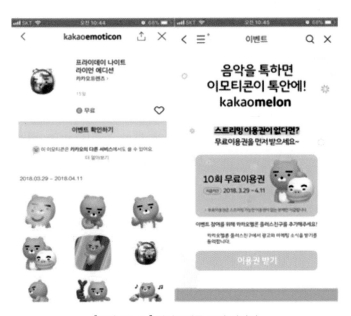

[그림 12-16] 카카오멜론 오퍼 이미지

출처: 멜론.

로 자발적으로 제품을 구매하고 제품을 사용하여 재미있는 콘텐츠를 만들어 낼 수 있는 생태계를 조성하였다. 그 결과, 고프로는 다중 보편적인 매스 마케팅을 떠나, 사용자 콘텐츠에 투자하여, 최대의 마케팅 효과를 거둘 수 있게 되었다. 능동적인 소비를 넘어 효율적인 마케팅까지 가능케 하는 힘, 이것이 바로 인바운드 마케팅에 담긴 진정한 가치이다.

9) 모바일 O2O 마케팅

O2O는 Online to Offline의 약자로, 온라인의 기술을 이용해서 오프라인의 수요와 공급을 혁신하는 새로운 현상을 지칭한다. 온라인과 오프라인을 연결한 마케팅으로, 특정 지역에 들어서면 실시간으로 스마트폰에 쿠폰 등을 보내 주는 서비스가 대표적인 서비스이다. O2O의 정의는 크게 두 가지가 있다. 우선 O2O를 협의로 정의하면 전통적인 오프라인 리테일(retail) 사업에 온라인 기술을 적용하고 여기저기 흩어져 있는 다양한 옴니채널을 묶어서 하나의 구매 경험을 제공하는 서비스 시스템을 만드는 것이다. 스타벅스 매장에 모바일 기술을 적용해서 줄 서지 않고 편하게 주문할 수 있는 '사이렌 오더(Siren Order)'를 예로 들 수 있다. O2O에 대한 광의는 온라인 기술이 오프라인 세상에 적용되어 일어나는 모든 현상을 지칭한다. 온라인 기술이 가정에 적용되면 스마트 홈이고, 온라인 기술이 공장에 적용되면 스마트 공장이 된다. 협의로는 O2O는 단순히 리테일 영역의 판매 혁신으로 생각할 수 있다. 하지만 광의로 해석하면 오프라인과 온라인이 융합되면서 일어나는 모든 서비스 혁신을 의미한다.

우리는 이미 O2O 세상을 살고 있다. 택시를 탈 때는 우버(Uber)나 리프트(Lyft), 카카오택시(KakaoTaxi) 같은 O2O 서비스를 사용한다. 오프라인 택시에 온라인 기술을 적용한 우버는 기존 택시 서비스의 영역을 일반인이 자신의 개인 자동차까지 택시로 활용할 수 있도록 해 오프라인 세상을 변화시켰다. 숙박을 원할 때는 에어비앤비(Airbnb)로 숙소를 예약한다. 오프라인 호텔에 온라인 기술을 적용한 에어비앤비는 일반 가정집도 호텔로 쓸 수 있도록 그 영역을 확대했다. 우버나 에어비앤비에서 시작한 O2O 서비스는 미용, 발레파킹, 옷 수선, 가사도우미 서비스까지 그 영역을 전방위로 확산하고 있다. 요리사가 필요할 때는 푸드앤잡으로 요리사를 부르고, 일손이 부족하면 알바몬으로 일꾼을 부른다. 돈이 필요하면 대출나라에서 돈을 빌린다. 이런 식으로 수없이 많은 O2O 혁신 기업이 생겨나고 있다. O2O 혁명을 고객의 측면에서 보면 누릴 수 있는 상품과 서비스의 영역이 엄청나게 넓어진 것이다.

10) 제휴마케팅

제휴마케팅(affiliate marketing)은 머천트(merchant)[10]와 어필리에이트(affiliate)[11] 혹은 웹사이트 발행자(publisher)의 관계를 연결하여 매출과 수익을 공유하는 마케팅이다. 즉, 제휴마케팅은 머천트가 인터넷에 있는 웹사이트들과 제휴를 맺고 상품 판매를 위임하여 그 실적에 따라 커미션, 즉 수수료를 배분하는 방법이다.

이 방법은 제품 및 서비스를 판매하는 사이트 머천트가 고객을 끌어들이고, 제품 및 서비스를 진열·판매하는 공간을 다른 사이트 어필리에이트를 통하여 확장시키면서, 이들 사이트를 통하여 방문한 고객이 제품 및 서비스를 구입했을 때 발생하는 수입을 함께 공유하는 웹 비즈니스(상품 판매, 광고) 촉진 기법의 하나이다. 어필리에이트 혹은 웹사이트 발행자는 파트너의 웹사이트에 새로 방문자, 회원, 고객, 매출을 발생시키면, 그에 대한 노력으로 소정의 보상을 받는다.

제휴마케팅의 장점은 어필리에이트들이 적은 비용(클릭당 혹은 상품 판매당 광고비 지불)으로 상품의 링크를 걸어 대신 홍보를 해 줌으로써 마케팅 비용을 절감하고, 계속해서 수익을 창출할 수 있다는 점을 들 수 있다. 또한 광고비를 사후 지급하므로 광고주의 부담이 적은 것이 장점이다.

최근에 일반 직장인 등 개인들이 스스로 어필리에이트가 되어 자신의 블로그, SNS 등에 머천트의 링크를 걸고 클릭을 발생시킴으로써 수익을 창출하는 사례들이 증가하고 있다.

10] 인터넷을 통해 상품이나 서비스를 판매함으로써 수익을 올리려는 상거래기업 또는 인터넷을 통해 자사의 브랜드를 알리거나 가입자를 모집하고자 하는 모든 기업을 말한다.
11] 특정한 사이트나 개인의 웹 공간(블로그 포함)을 소유하고 있고, 이를 통해 수익을 창출하고자 하는 개인이나 기업 등을 말한다. 즉, 인터넷 사이트를 보유한 개인이나 기업으로서 사이트를 이용한 수익을 창출하거나, 사이트의 콘텐츠를 더 알차게 꾸미기 위해 다른 업체의 제품이나 서비스를 자신들의 사이트에서 손쉽게 소개하여 상거래를 일으키고 그에 따른 수익을 얻고자 하는 사이트를 말한다.

예를 들어, 내가 SNS 등에 공유한 링크를 통해 클릭이 발생하거나, 앱을 다운받거나, 영상을 재생하거나, 상담을 신청하거나 상품 혹은 서비스를 구매하거나 등의 결과가 발생하면 머천트로부터 수익을 받게 된다.

이들 개인 혹은 제휴 마케터들이 제휴마케팅을 통하여 수익을 낼 수 있는 제휴마케팅 플랫폼들에는 텐핑(10Ping), 링크프라이스, DBDB deep, 애드픽(Adpick), 리더스 CPA 등이 있다. 개인들은 이 플랫폼에서 머천트와 계약을 맺고 제휴마케팅에 참여하여 수익을 올릴 수 있다.

제휴마케팅에 참여하는 머천트들은 자신들의 웹이나 앱에 대해 사용자들의 클릭을 원하는 기업부터 동영상 재생, 앱 설치(예: 원어민 회화 앱), 참여, 상담 신청을 원하는 기업들(예: 치킨집 창업, 유아교육 상담)까지 매우 다양하다. 예를 들어, 개인이 공유한 링크를 통해 타겟들이 클릭을 하거나, 영상을 재생하거나, 앱을 다운받거나, 상담을 신청하면 내가 판매하거나 공유한 상품 혹은 서비스라는 것이 자동으로 추적되어 수익이 발생·누적되는 식이다. 일종의 소문 내기라고 할 수 있으며, 개인이 블로그나 온라인 카페를 통해 제휴모델 혹은 제휴 프로그램을 직접 만들어 패시브 인컴(passive income)을 올릴 수도 있다.

시간과 장소로부터 자유로운 디지털 노마드(digital nomad)가 되기 위해서는 패시브 인컴을 만들어야 한다. 제휴마케팅은 초기 비용이 들지 않고, 리스크가 없고, 초보자가 가장 쉽게 무자본으로 시작할 수 있으며, 개인이 일하지 않는 시간에도 계속 돈이 들어오는 패시브 인컴을 창출하는 수단으로 주목받고 있다.

11) 옴니채널 마케팅

옴니(omni)란 라틴어로 '모든 것'을 뜻하며, 채널은 '유통'을 의미한다. 옴니채널은 고객들이 이용 가능한 온·오프라인의 모든 쇼핑 채널을 말하며, 옴니채널 마케팅(omni-channel marketing)은 이러한 고객을 중심으로 채널들이 유기적으로 연결되어 끊기지 않고 일관된 쇼핑 경험을 제공하는 마케팅을 말한다. 즉, 북미 전국 소매협회(National Retail Federation, 2011)의 정의에 따르면, 고객 중심으로 모든 채널을 통합하여 일관된 커뮤니케이션을 제공함으로써 고객 경험을 강화하고 판매를 증대시키는 전략을 말한다. 또한 소비자가 온라인, 오프라인, 모바일 등 다양한 경로를 넘나들며 상품을 검색하고 구매할 수 있도록 한 서비스, 각 유통채널의 특성을 결합해 어떤 채널에서든 같은 매장을 이용하는 것처럼 느낄 수 있도록 한 쇼핑 환경을 말한다. 옴니채널 관리(omni-channel management)는 다음과 같이 정의한다.

> 채널 전반에 걸친 고객 경험과 채널 전반에 걸친 성과가 최적화되는 방식으로 사용 가능한 수많은 채널 및 고객 접점의 시너지효과를 관리하는 것(Verhoef, Kannan, & Inman, 2015)

옴니채널 전략의 등장은 쇼루밍족과 역쇼루밍족을 넘나드는 '옴니 쇼퍼(omni shopper)' 비중의 증가와 관련이 있다. 쇼루밍(showrooming)족은 오프라인 매장(쇼룸)에서 제품을 살펴보고 온라인에서 최저가에 구매하는 사람들을 말한다. 즉, 백화점, 마트 등 상품을 직접 보고 만져 볼 수 있는 오프라인 매장에서는 체험만 하고, 정작 상품을 살 때는 가격이 더 싼 온라인 사이트 혹은 쇼핑몰에서 같은 상품을 저렴하게 구매하는 행위를 쇼루밍이라고 하며, 이러한 소비자를 '쇼루밍족'이라고 부른다.

반면, 역쇼루밍(reverse-showrooming)족은 온라인에서 미리 제품을 검색하고 확인한 후 오프라인 매장에서 최종 구매하는 소비자를 말한다. 이들은 온라인에서 제품 정보와 사용후기를 꼼꼼히 비교하여 마음에 드는 제품을 결정한 후, 오프라인 매장에서 직원들의 도움을 받아 최종 구매를 결정한다. 특히 안전에 민감한 화장품과 유아용품, 해외 고가 브랜드, 온라인 전용 길거리 패션 브랜드, 가전제품 등에서 두드러지게 나타나는 현상이다. 역쇼루밍은 온라인에서 제품을 미리 검색해 보고 가기 때문에 쇼핑시간을 절약할 수 있으며, 매장에서 제품을 직접 확인하고 살 수 있는 장점이 있다. 이러한 온 · 오프라인을 넘나드는 옴니 쇼퍼들이 증가하면서 이들을 대상으로 모든 채널을 통합하여 일관된 커뮤니케이션 전략으로 고객 경험을 강화하고 판매를 증대하는 옴니채널 전략이 중요하게 되었다.

옴니채널 전략은 채널들 간 통합, 상호 보완, 시너지 극대화, 효율성 극대화, 고객 가치(서비스) 강화의 측면에서 장점이 있다. 그러나 옴니채널 전략은 같은 제품 가격이라는 조건에서 각 채널이 통합되기 때문에, 각 채널의 특성에 따라서 가격 차별을 할 수 있는 멀티채널 전략보다는 수익성이 떨어질 수 있다. 따라서 옴니채널 전략은 제품의 특성, 소비

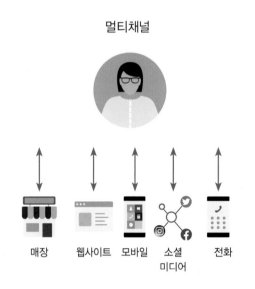

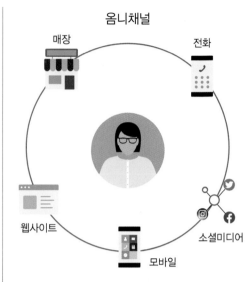

| 멀티채널 | 옴니채널 |

매장   웹사이트   모바일   소셜미디어   전화

소비자가 이용 가능한 모든 채널이 서로 통합되지 않음

소비자가 이용 가능한 모든 채널이 서로 연결됨

[그림 12-17] 멀티채널과 옴니채널

출처: Basis Technologies-Omnichannel Strategy.

자 특성, 시장의 특성에 따라 최고의 선택이 아닐 수 있다. 백화점도 옴니채널 강화에 중점을 두고 있다. 롯데백화점은 업계 최초로 온라인 구매 상품을 오프라인 매장에서 찾아가는 '스마트 픽' 서비스, 카트나 장바구니 없는 쇼핑 시스템인 '스마트 쇼퍼' 서비스를 시행하고 있다. 또한 3D 스캐닝 기술을 활용한 '3D 발사이즈 측정' 서비스, 증강현실 기술을 활용한 '3D 가상 피팅' 서비스, 통역 위치 안내 등에 대한 무인 서비스를 제공하는 로봇쇼핑 도우미 '엘봇' 등 첨단 ICT와 쇼핑을 접목한 체험형 매장을 통해 고객에게 색다른 경험을 제공하고 있다.

디 지 털 시 대 의 애 드 테 크 신 론

제13장

디지털 마케팅 콘텐츠

1. 디지털 마케팅 콘텐츠의 분류

디지털 마케팅에서 사용하는 콘텐츠는 크게 콘텐츠 형태, 미디어 유형, 채널 유형에 따라 분류할 수 있다. 콘텐츠 형태로는 블로그 포스팅(posting), 백서(white paper), 기사(예: 프리랜서 기사, 제3자가 큐레이팅한 글, 자동차 전문 기자의 시승 체험기 등), 논문, PDF 자료, 웨비나(webinars; web-based seminars)[1], 증언 영상, 고객 문의, 인터뷰 자료(고객, CEO 등), 뉴스레터(e-Newsletter), 이야기 영상(고객 체험 수기 등), 교육 영상(예: 튜토리얼 동영상), 사례 분석, 전자책(eBooks), 단편영화, 그래픽(인포그래픽 등), 사진, 프레젠테이션 자료, 팟캐스트(podcast) 등이 있다.

미디어 유형으로는 구매 콘텐츠(유료 콘텐츠), 소유 콘텐츠, 소셜 콘텐츠로 구분할 수 있다. 스노(Snow, 2015)는 소유 콘텐츠(owned content), 임대 콘텐츠(rented content), 소셜 콘텐츠(social content) 등 세 가지 유형을 제시하고 있다. 구매 콘텐츠(paid content)는 인터넷에서 유료로 제공되는 콘텐츠를 말한다. 소유 콘텐츠는 자체적으로 개발한 콘텐츠이다. 임대 콘텐츠는 누가 콘텐츠를 만들었든 간에 출판이 되도록 비용을 지불한 콘텐츠를 의미

● 표 13-1 ● 디지털 광고/마케팅 콘텐츠의 분류 및 유형

분류 기준	유형	사례
콘텐츠 형태	비디오 동영상, 글, 사진, 이미지 등	튜토리얼 영상, 리스티클, 카드뉴스, 인포그래픽 등
미디어 유형	페이드 미디어 콘텐츠(구매 콘텐츠, 임대 콘텐츠), 온드 미디어 콘텐츠(소유 콘텐츠, 1인 미디어 콘텐츠), 언드 미디어 콘텐츠(소셜 콘텐츠 혹은 마이크로 콘텐츠)	브랜디드 콘텐츠, 협찬 기사, 애드버토리얼, 네이티브(이상 페이드 미디어 콘텐츠), 블로그, 카페 공식 SNS 계정 콘텐츠(소유 콘텐츠), 댓글, 공유 등(소셜 콘텐츠)
채널 유형	블로그 콘텐츠, 카페 콘텐츠, SNS 콘텐츠, 유튜브 콘텐츠, 페이스북 콘텐츠, 인스타그램 콘텐츠, 카카오 스토리 콘텐츠 등	고객 체험단 콘텐츠, 대학생 기자단 콘텐츠(블로그 콘텐츠)

---

1) 웹(web)과 세미나(seminar)의 합성어로, 인터넷이 연결된 컴퓨터, 태블릿, 휴대폰을 이용해 강사와 참석자 사이에서 실시간, 양방향으로 진행되는 세미나를 말한다.

하며, 언론 기사나 광고 형태로 출판된다. 흔히 '협찬 콘텐츠(sponsored content)'로 부른다. 소셜 콘텐츠는 SNS에 커뮤니케이션 채널을 만들고 대화를 촉발하기 위해 사용하는 '마이크로 콘텐츠(micro content)'이다. 소유 콘텐츠는 소유 미디어와 유사한 개념이며, 임대 콘텐츠는 구매 미디어와, 소셜 콘텐츠는 획득 미디어와 유사한 개념으로 이해할 수 있다.

또한 채널 유형 혹은 유통 플랫폼을 기준으로 블로그, 카페, 유튜브, 페이스북, 인스타그램, 카카오 스토리 콘텐츠 등으로 분류할 수 있다. 이 중 기업들이 가장 많이 활용하는 콘텐츠 플랫폼은 블로그이다.

2. 디지털 마케팅 콘텐츠의 유형

1) 브랜디드 콘텐츠

(1) 브랜디드 콘텐츠의 개념

브랜디드 콘텐츠(branded content)란 하나의 콘텐츠 속에 브랜드를 녹여 내는 것으로, 짧은 영상, 웹툰, 게임 등 다양한 콘텐츠로 브랜드 메시지를 담을 수 있다. 즉, 넓은 의미로 보았을 때 기사, 영상, 웹툰, 게임, 팟캐스트, 웹드라마, 가상현실 및 증강현실 영상 등 다양한 포맷의 콘텐츠가 브랜디드되면 그것이 바로 브랜디드 콘텐츠라고 할 수 있다.

브랜디드 콘텐츠는 새로운 개념이 아니며, 이미 방송 초기에 오래전부터 있었다. 기업들은 방송 콘텐츠 제작을 후원하면서 브랜드를 간접적으로 영화, 드라마, 퀴즈쇼, 예능 프로그램 등에 노출했다. 브랜디드 콘텐츠는 소비자가 관계를 맺고자 하는 브랜드와 연결된 콘텐츠를 만드는 마케팅 기법이다. 즉, 브랜디드 콘텐츠는 브랜드 자체가 하나의 콘텐츠가 되어 그 자체만으로 즐길 수 있으며, 더 나아가 소비자들 사이에서 자발적으로 공유된다.

기존의 지상파 광고들이 자신의 브랜드/제품 메시지를 직접적으로 전달하는 콘텐츠의 형태를 가졌다면, 브랜디드 콘텐츠는 반대의 성향을 가진다. 즉, 브랜디드 콘텐츠는 직접적인 광고 메시지를 담는 대신 보는 사람들에게 도움이 되고, 보는 사람들의 흥미를 끄는 정보의 형태로 메시지를 구성함으로써 광고를 마치 하나의 콘텐츠처럼 보이게 한다. 브랜디드 콘텐츠에 제품이 등장할 수 있으나 주요 초점이 아니며 직접적으로 언급되지 않는다. 오히려 추상적인 가치와 브랜드 스토리에 초점을 맞춘 콘텐츠 내용을 구성한다.

브랜디드 콘텐츠는 일반 광고처럼 광고주가 비용을 지불한다는 특징이 있다. 또한 브랜디드 콘텐츠는 TV, 유튜브, 소셜미디어, 블로그, 홈페이지, 이메일 등 다양한 채널로 배포되기 때문에 콘텐츠 최적화(content optimization) 기술이 필요하다. 그리고 배포 후의 분석도 필수로 콘텐츠 ROI(투자 수익률, Return On Investment)를 개선하는 것도 중요하다.

브랜디드 콘텐츠 마케팅의 가장 일반적인 형태는 기업이 브랜드와 관련된 콘텐츠(예: 영화, 게임 등)를 만들어 배포하는 것이다. 예를 들어, BMW는 2001년에 'The Hire'라는 마케팅 캠페인을 시작하여 BMW 차량이 등장하는 일련의 단편영화를 제작했다. 이 단편영화는 텔레비전, 인쇄물 및 온라인 마케팅을 통해 시청자를 BMW 영화의 웹사이트로 안내하여 영화를 스트리밍하고 해당 기능 차량에 대한 정보와 같은 부수적인 정보에 접근할 수 있게 했다. 또한 BMW는 잡지 『배니티 페어(Vanity Fair)』와 함께 영화를 DVD로 배포하여 회사의 고객들에게 배포를 확대했다. 2005년 캠페인이 끝날 무렵, 8개 영화 시리즈는 1억 건이 넘는 조회 수를 기록했으며 몇몇 영화는 광고 및 단편영화상을 받기도 했다.

●표 13-2● 브랜디드 콘텐츠, 콘텐츠 마케팅, PPL

구분	내용
브랜디드 콘텐츠	브랜디드 콘텐츠는 PPL을 포함할 수 있으나, 반드시 브랜드 프로모션을 목적으로 하지는 않는다. 다만 브랜디드 콘텐츠는 가치를 공유하는 콘텐츠와 연합하여 브랜드 인지도를 높일 수 있다. 또한 예술가와 제작자가 후원하는 일반적인 에디토리얼 콘텐츠와 달리 광고주가 후원한다.
콘텐츠 마케팅	콘텐츠 마케팅에서는 콘텐츠는 브랜드의 마케팅 전략의 첫 번째로 제시된다. 콘텐츠 마케팅은 브랜드로 만든 모든 유형의 콘텐츠를 포함하는 폭넓은 개념인 반면, 브랜디드 콘텐츠는 특정 유형의 콘텐츠에 초점을 둔다. 콘텐츠 마케팅 전략은 브랜디드가 되지 않은 콘텐츠(예: 제품 정보 가이드, 튜토리얼 영상, 또는 사용 후기)도 포함한다.
PPL(Product Placement)	PPL에서는 제품이 명확히 노출되지만, 브랜디드 콘텐츠에서는 필수적인 요구 사항은 아니다. 제품 배치는 수동적이다. PPL(제품 배치)에 대한 세부 사항(예: 제품이 배치되는 맥락 결정 등)의 통제는 대부분 콘텐츠 브랜드가 아니라 제작자가 갖는다. PPL은 스토리텔링을 활용하지 않는다. PPL에서 주요 스토리는 제품 또는 브랜드와 관련이 없지만, 브랜디드 콘텐츠는 항상 브랜드 및 기업 가치와 관련된다.

(2) 브랜디드 콘텐츠의 특징과 장점

브랜디드 콘텐츠의 특징은 다음과 같다. 첫째, 고객에게 브랜드와 관련된 가치를 제공하는 것에 중점을 두고 있으며, 제품이나 서비스에 초점을 두지 않는다. 브랜디드 콘텐츠는 제품 정보 사용보다 고객 정보의 사용이나 고객에 대한 깊은 이해에 의존한다. 둘째, 브랜드에 대한 대화를 촉진하고 좋은 평판을 얻게 한다. 브랜디드 콘텐츠는 직접 판매 또는 구매 전환 이상으로 잠재고객에게 영향을 미치고 브랜드에 대한 대화를 촉발할 수 있다. 따라서 이러한 유형의 브랜디드 콘텐츠의 성공 여부를 측정하는 주요 지표로는 언급 수 (mentions)와 평판을 들 수 있다. 셋째, 브랜디드 콘텐츠는 고객에게 엔터테인먼트와 같은 부가적인 가치를 제공한다. 브랜디드 콘텐츠의 목적은 고객들이 광고주를 의식하면서도 콘텐츠를 즐기고 소비하게 하는 것이다. 고객들이 콘텐츠에 끌리고, 즐기고, 흥미를 느낀다면 궁극적으로 원하는 결과를 얻을 수 있다. 따라서 고객이 실제로 소비하고자 하는 콘텐츠(공감과 재미를 불러일으키는 콘텐츠)를 만들어야 한다. 넷째, 브랜디드 콘텐츠는 고객 정서에 소구한다. 브랜디드 콘텐츠는 왜 자사 브랜드가 경쟁사 제품보다 나은지에 대한 합리적인 주장을 하는 것이 아니라 보다 친밀한 수준에서 잠재고객과의 연결을 추구한다. 다섯째, 브랜디드 콘텐츠는 스토리텔링을 활용한다. 브랜디드 콘텐츠가 본질적으로 추구하는 것은 브랜드의 이야기를 시작, 중간, 끝 부분까지 고객에게 전달하는 것이다. 여섯째, 브랜디드 콘텐츠는 다양한 포맷으로 만들어지며, 많은 확산 채널을 통해 배포될 수 있다. 브랜디드 콘텐츠는 영상, 글, 애니메이션, 팟캐스트, 대화형 형식, 웹드라마, 비디오 게임, 이벤트 등 다양한 형태로 만들어진 후, 디지털 기술과 소프트웨어의 도움을 받아 디지털 디바이스로 배포된다. 또한 브랜디드 콘텐츠는 브랜드 스토리를 알리기 위해 여러 포맷을 결합할 수도 있다. 이는 앱에서 소셜 네트워크, 브랜드 웹사이트에 이르기까지 다양한 채널로 확산된다.

브랜디드 콘텐츠의 장점은 다음과 같다. 첫째, 브랜디드 콘텐츠는 기존의 배너 및 팝업 광고와 달리 인터넷 이용을 방해하지 않아 사용자가 침입성(intrusiveness)을 적게 느끼게 한다. 즉, 사용자가 자발적으로 콘텐츠에 다가가게 하고, 콘텐츠를 소비하게 한다. 둘째, 브랜디드 콘텐츠는 고객의 공감을 불러일으키고, 브랜드와 정서적인 관계를 맺게 하여 오랫동안 그것을 기억하게 만든다. 셋째, 브랜디드 콘텐츠는 바이럴 효과가 뛰어나다. 브랜드화된 콘텐츠는 사용자들이 공유할 수 있는 포맷으로 제공되며, 이로 인해 종종 소셜 네트워크를 통해 공유된다. 많은 사람에게 퍼지는 '눈덩이' 효과가 빠르게 나타날 수 있다. 넷째, 브랜디드 콘텐츠는 브랜드의 포지셔닝을 향상한다. 브랜디드 콘텐츠는 기존의 배너 광고처럼 단순히 광고 슬로건을 반복하는 대신 브랜드와 연관시키고자 하는 가치를 이야기함으로써 고객의 마음속에 브랜드의 연상이나 특성을 깊숙이 자리매김하게 한다. 다섯째, 브랜디드 콘텐츠는 인게이지먼트(참여)와 충성도를 창출한다. 브랜디드 콘텐츠는 고객이 깊은 수준에서 브랜드에 관여하게 하고 결국 고객 아이덴티티의 일부로 통합되게 한다. 여섯째, 브랜디드 콘텐츠는 트래픽 및 리드 촉진에 도움이 될 수 있다. 브랜디드 콘텐츠는 웹사이트에 많은 트래픽을 발생시키고 사용자를 전환 유입 경로(conversion funnel)로 유도할 수 있다.

브랜디드 콘텐츠의 효과는 설득지식모델(persuasion knowledge model)[2]로도 설명할 수 있다. 사용자들이 콘텐츠에 대해 유용한 정보가 들어 있고 재미와 흥미가 있다고 느끼면, 설령 광고임을 지각하여도 마케터의 설득 전술에 대응하는 설득지식을 활성화하지 않고 메시지에 큰 거부감을 보이지 않는다는 것이다. 반면, 브랜디드 콘텐츠가 지나치게 혹은 노골적으로 사용자를 설득하려는 메시지를 갖고 있을 경우, 설득지식을 활성화하여 오히려 역효과가 발생할 수 있다. 실제 미국 피츠버그 대학교의 앤드류 스테펀(Andrew Stephen) 교수와 동료들이 기업의 페이스북 페이지에 포스팅된 4,284개의 콘텐츠에 대해 소비자들의 반응(좋아요, 공유, 댓글, 홈피 방문 등)을 조사한 결과, 해당 콘텐츠에 '제품에 대해 긍정적인 태도를 가져라'라는 설득 메시지가 명확할 경우나 콘텐츠에 사용되는 톤 앤 매너가 지나치게 자신들을 설득하려는 어투일 경우 해당 포스트에 대해 부정적인 태도를 나타내었다.

(3) 브랜디드 콘텐츠의 성공 사례: 레드불

브랜디드 콘텐츠를 활용한 콘텐츠 마케팅의 대표적인 성공 사례로 에너지 음료인 '레드

2] 1994년에 프리스타드(Friestad)와 라이트(Wright)가 제안한 모델로, 소비자가 마케터의 설득 시도에 대응하는 데 있어 그들이 지니고 있는 지식구조를 어떻게 활용하는가를 종합적으로 다루는 이론이다. 소비자는 마케터의 설득 시도에 대응하기 위해 자신의 지식을 활용하여 대응 논리를 개발한다는 것이 이 이론의 핵심이다.

불(Reb Bull)'을 들 수 있다. 레드불은 각종 익스트림 스포츠 이벤트와 선수들을 후원하고 관련 콘텐츠를 제작하여 SNS 등 다양한 미디어를 통해 꾸준히 배포했다. 예를 들어, 레드 불은 사람이 우주에서 지구로 떨어지는 낙하산 프로젝트를 후원하고, 실제 프로젝트의 실 험 장면을 동영상으로 만들어 유튜브를 통해 중계하였다. 레드불은 이러한 콘텐츠 마케팅 을 통해 도전 정신이라는 레드불의 브랜드 가치와 브랜드 메시지를 소비자에게 전달하고, 이를 통해 자연스럽게 소비자의 마음속에 레드불의 브랜드 아이덴티티를 확립하는 효과 를 거두었다.

2) 네이티브 광고

(1) 네이티브 광고의 개념

네이티브 광고(native ad)는 해당 웹사이트에 맞게 고유한 방식으로 기획 및 제작된 광고 를 말한다. 즉, 배너 광고처럼 본 콘텐츠와 분리된 별도의 영역에 존재하지 않고, 해당 웹 사이트의 주요 콘텐츠 형식과 비슷한 형태로 제작된다. 기존 광고와 달리 웹사이트 사용 자가 경험하는 콘텐츠 일부로 작동하여 기존 광고보다 사용자의 관심을 적극적으로 끄는 형식을 사용한다. 페이스북 뉴스피드에 올라오는 홍보글, 구글 검색 시 나오는 검색어 광 고, 언론사 사이트에 일반 기사와 동등하게 배치되는 협찬 기사 등이 그 예이다. 따라서 네 이티브 광고는 웹과 앱에서 기존 콘텐츠가 게재되는 것과 같이 다른 콘텐츠와 뒤섞여 자연 스럽게 노출될 수 있으며(김미경, 이혜규, 2016) 이러한 이유로 사용자들은 광고라는 거부감 없이 정보성 콘텐츠의 일종으로 받아들이게 된다.

네이티브 광고와 기존 노출형 광고의 다른 점을 살펴보면 배너 광고와 같은 기존의 노출 형 광고는 기사와 분리된 채 별도의 광고 위치에 노출되지만, 네이티브 광고는 일반 기사 와 유사한 콘텐츠의 형태를 띠면서 기사와 함께 섞여서 배치된다. 즉, 네이티브 광고는 온 라인 언론사의 웹사이트에서는 해당 사이트의 원래 콘텐츠인 것처럼 기사 형태를 취하며, 일반 기사와 동등하게 배치된다. 네이티브 광고는 매체사의 관점에서는 콘텐츠 전략이 아 닌 광고의 한 노출 포맷으로 보는 관점이 강한 반면, 콘텐츠 공급자의 관점에서는 광고가 아닌 듯해도 광고 효과를 지닌 모든 콘텐츠를 네이티브 광고로 보는 경향이 있다. 예를 들어, 1인 미디어의 PPL 영상, 애드버토리얼(advertorial), 파워블로거의 제품 리뷰 포스팅, 정보 전달과 함께 특정 제품을 홍보하는 잡지 기사 등이 모두 네이티브 광고에 포함된다. 유튜브 채널 및 브랜드가 운영하는 채널에 업로드되는 동영상 또한 네이티브 광고라고 볼 수 있다.

네이티브 광고는 유료 광고의 한 형식으로 일반 콘텐츠와 달리 제작비를 협찬받았다는 사실을 명확히 기재하며, 해당 기업을 일방적으로 홍보하지 않고 기사 가치가 충분한 양질의 콘텐츠를 제공한다는 점에서 '기사형 광고(editorial ad)'와 다른 점을 보인다. 즉, 네이티브 광고는 협찬 여부를 명기하지 않고 기사면에 실리는 애드버토리얼과 달리 협찬 여부를 명기하고 콘텐츠 가치를 높이는 광고라고 할 수 있다. 또한 네이티브 광고는 정해진 광고 영역이나 위치에 게재되는 것이 아니라는 점에서 광고면에 실리는 기사 포맷의 기사형 광고와 구별된다.

(2) 네이티브 광고의 특징과 장점

네이티브 광고는 수익성이 떨어지는 배너를 대체하는 포맷으로 주목받고 있으며, 최근에 광고 노출 공간이 제한적인 모바일 광고 시장에서 확산되는 추세이다. 네이티브 광고는 일반 웹과 앱의 포맷 및 콘텐츠와 유사하게 혹은 원래 콘텐츠인 것처럼 자연스럽게 보이기 때문에 웹과 앱 상의 UI 디자인 및 레이아웃 포맷을 전혀 고려하지 않은 일관된 포맷으로 지원되는 스탠다드 배너 광고와 달리 사용자의 사용 경험을 크게 방해하지 않는다. 따라서 광고 노출 위치에 'Sponsored'와 같은 광고문구가 표시되어도 광고 노출에 큰 거부감을 느끼지 않으며, 이는 추가적인 임프레션(impression) 및 CTR(Click Through Rate)의 증가로 이어져 기존의 배너 광고보다 더 큰 트래픽 효과(traffic effect)를 얻게 한다. 즉, 광고 노출 위치에 광고임이 표시되거나 사용자 스스로 광고임을 지각하여도 큰 이질감이나 거부감 없이 광고 메시지를 받아들이게 하는 효과가 있다. 실제로 IPG Media Lab & Sharethrough(2018. 5. 6.)에서 4,770명의 사용자를 대상으로 300픽셀×250픽셀의 배너 광고와 네이티브 광고의 효과를 비교한 결과, 네이티브 광고가 기존 배너 광고보다 주목도가 52%나 높은 것으로 나타났다. 또한 네이티브 동영상 광고는 일반 동영상 콘텐츠와 내용면에서 유사하고 생활 정보형 콘텐츠와 엔터테인먼트 콘텐츠가 많으므로 해당 광고에 접속한 사용자들에게 '리트윗(retweet)' '좋아요(like)' '공유(share)' 등의 링크를 제공하여 바이럴 효과를 높일 수 있다. 한편, 네이티브 광고가 사용자 경험(UX)을 얼마나 향상할 수 있는지, 사용자가 네이티브 광고를 얼마나 신뢰할 수 있는지에 관한 의문이 제기되고 있다. 네이티브 광고는 사용자의 웹이나 앱 사용 경험을 방해하지 않으려는 노력의 결과물이므로 사용자 입장에서 당장은 큰 거부감을 느끼지 않을 수 있지만, 장기적으로 사용자들의 이용 경험이 반복되고 누적되면 향후 네이티브 광고에 대한 불신감이 증가할 수 있다.

(3) 네이티브 광고의 유형

네이티브 광고는 온라인 및 모바일의 앱 또는 웹의 서비스 내에 자연스럽게 결합되어 있는 광고 포맷을 말한다. 미국 인터랙티브광고협회(Interactive Advertising Bureau: IAB)의 정의에 따르면, 네이티브 광고는 커뮤니케이션 메시지가 페이지 내용과 적절한 조화를 이루고, 디자인과도 잘 어울리며, 플랫폼의 성격과 조화를 이루고 있다고 사용자들이 느끼는 유료 광고를 말한다. 따라서 네이티브 광고는 플랫폼의 유형에 따라 폐쇄적 플랫폼 광고(closed platforms ad)와 개방형 플랫폼 광고(open platform ad)로 구분된다. 폐쇄적 플랫폼

•표 13-3• 미국 인터랙티브광고협회(IAB)의 네이티브 광고의 분류

광고 분류	설명
인피드 네이티브 광고	가장 광범위하게 사용되는 네이티브 광고로, 페이스북, 트위터, 웨이신(微信) 내에 사용자의 피드에 나타나는 스폰서 포스팅이 대표 사례임
검색 엔진 광고	구글, 네이버, 바이두(百度) 등 검색 포털 사이트에 키워드 검색 시 결과와 함께 노출되는 광고임. 광고 표시 배너와 함께 상단에 노출됨
프로모션 목록	쇼핑 플랫폼 내에서 특정 프로모션 상품을 추천하는 광고임. 아마존, 타오바오(淘宝) 등 쇼핑 관련 플랫폼에서 많이 사용함
추천 위젯	현재 사용자가 보고 있는 콘텐츠와 연관된 다른 콘텐츠를 추천해 주는 광고임. 인기 검색어, 추천 검색, 랭킹 리스트 등의 형식으로 노출됨
기사 맞춤형 광고	일반적인 광고 유닛 안에 다른 형태의 광고를 추가로 넣는 방식을 지정함. 텍스트 광고 유닛 안에 동영상 광고를 추가하는 형태가 대표적임
플랫폼 맞춤형 광고	각 매체의 독자적 환경에 어울리게 커스터마이징한 광고 형식을 말함. 플립보드, 텀블러 등의 플랫폼에서 사용함

출처: 김우정(2018. 2. 28.).

광고는 플랫폼에 규격화된 형태로 제작되어 다른 플랫폼을 통해 게재할 수 없으며, 개방형 플랫폼 광고는 다른 플랫폼을 통해서도 게재할 수 있다. 폐쇄적 플랫폼 광고는 주로 피드 형태의 광고이며, 개방형 플랫폼 광고는 주로 언론사의 기사형 광고가 이에 속한다. 미국 인터랙티브광고협회(IAB)는 2013년에 발간된 보고서를 통해 네이티브 광고의 유형을 미디어 플랫폼의 유형(동영상, 인쇄 미디어 등), 성격(예: 검색 엔진, 이커머스, SNS 등), 콘텐츠 등에 따라 〈표 13-3〉에서 보이듯이 여섯 가지 형식으로 분류하고 있다.

① 인피드 네이티브 광고

인피드 네이티브 광고(in-feed native ad)는 웹이나 앱의 일반 콘텐츠 서비스 페이지인 피드 영역에 있는 광고 유닛으로, 게시자와 공동 작업으로 또는 주변 이야기와 일치하도록 콘텐츠가 작성된 것처럼 보이는 광고이다. 보통 피드와 같은 서비스 페이지에 올라오는 홍보글이나 언론사 사이트에 올라오는 일반 기사와 동등하게 배치되며, 제작비를 협찬받은 사실을 명확히 기재해야 한다. 즉, 소셜미디어 등의 피드 영역에 광고임을 표시하는 문구가 붙어 있어야 한다. 인피드 네이티브 광고는 다른 기사, 게시물, 또는 에디토리얼 콘텐츠와 비슷한 위치에 게재된다. 인피드 네이티브 광고 유닛은 각 사이트의 고유한 사용자 환경에 적합하므로 사이트마다 광고의 형태가 조금씩 다르다. 예를 들어, 페이스북의 인피드 네이티브 광고 유닛은 Sponsored Post, 트위터는 Promoted Tweets, 링크드인(LinkedIn)은 스폰서 콘텐츠 등의 이름으로 불린다.

가장 통상적으로 사용되는 광고임을 알리는 문구에는 'Advertisement' 혹은 'AD'(Google, YouTube), 'Promoted' 혹은 'Promoted by [brand]'(Twitter, Sharethrough), 'Sponsored' 혹은 'Sponsored by [brand]' 혹은 'Sponsored Content'(LinkedIn, Yahoo), 'Presented by [brand]'+'Featured Partner' tag(BuzzFeed, Huffington Post), 'Suggested Post'+a 'Sponsored' tag(Facebook) 등이 포함된다. 인피드 네이티브 광고는 개인화되어 타겟팅되며, 단순히 일방적인 홍보가 아닌 충분한 양질의 콘텐츠를 제공한다는 점에서 보는 이들을 몰입하게 만드는 장점이 있다. 다른 온라인 광고와 마찬가지로 클릭을 하면 랜딩 페이지로 연결된다.

[그림 13-1] 구글의 인피드 네이티브 광고의 예

출처: 수학부부(2018. 11. 13.)

② 검색 엔진 광고

검색 엔진 광고(search engine ad)는 키워드 검색 광고의 일종으로, 자연 검색 결과처럼 보이는 광고를 말한다. 검색 결과 목록에 나타나기 때문에 일반적으로 자연 검색 결과의 위 또는 아래, 또는 검색 엔진 페이지의 최적 게재 위치가 보장되어 광고주에게 판매된다. 검색 엔진 광고는 일반적으로 공개 측면을 제외하고 페이지의 다른 결과와 같은 모양을 가지고 있다. 네이티브 검색 엔진 광고는 구글의 대표적인 네이티브 광고 상품으로서 사용자가 구글에서 키워드 검색을 할 경우 노출된다.

[그림 13-2] 구글의 검색 엔진 광고의 예

출처: 구글.

③ 프로모션 목록

프로모션 목록(promoted listings)은 네이버, 아마존과 같은 쇼핑 플랫폼에서 특정 프로모 션 상품을 추천하는 광고이다. 일반적으로 아마존처럼 이커머스 사이트와 같은 콘텐츠 기 반이 아닌 웹사이트에 게재되며, 지정된 사이트에서 제공되는 제품이나 서비스와 동일한 방식으로 노출된다. 검색 광고와 유사한 경험을 제공한다.

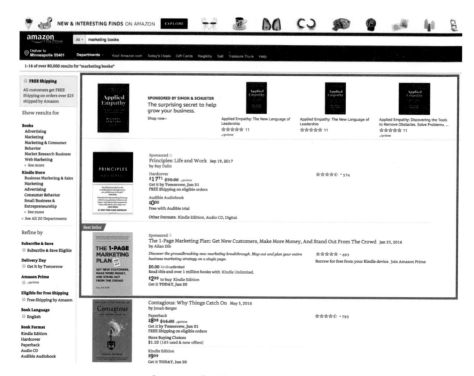

[그림 13-3] 아마존 프로모션 목록의 예

출처: Kylee Lessard (2018. 8. 25.).

④ 추천 위젯

위젯(widget)은 PC, 휴대폰, 블로그·카페 등에서 웹브라우저를 통하지 않고 날씨, 달 력, 계산기, 시계 등의 기능과 뉴스·게임·주식정보 등을 바로 이용하거나 스크랩 혹은 다운로드할 수 있도록 바로가기(단축) 아이콘 형태로 만든 미니 애플리케이션(응용 프로그 램)이다.

추천 위젯(recommendation widget) 혹은 콘텐츠 추천 위젯(content recommendation

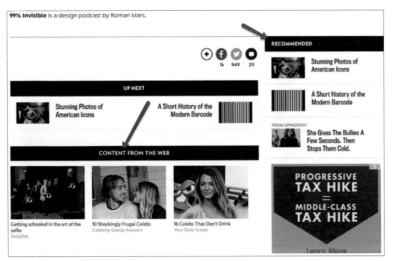

[그림 13-4] 콘텐츠 추천 위젯의 예

출처: ЧоПочом.

widget)은 주로 웹페이지의 측면이나 기사의 끝부분에 배치되며, 게시자 사이트, 소셜미디어, 검색 엔진 결과 페이지에서 웹브라우저를 통하지 않고 현재 사용자가 보고 있는 콘텐츠와 연관된 다른 콘텐츠(예: 제품 관련 정보 및 제안 등)를 추천해 준다. 추천 위젯은 사이트 콘텐츠의 일부라는 점에서 네이티브 광고로 간주되지만, 보장된 광고 위치가 있는 뉴스 피드의 콘텐츠와 비슷한 방식으로 게재되지는 않는다. 즉, 인피드 네이티브 광고처럼 보장된 광고 위치가 있는 것이 아니라, '당신이 좋아할 것' '당신이 좋아할지도 모르는 것' '웹에서 찾은 것' '찾지 못한 것' 또는 '권장 사항'이라는 클릭을 유도하는 문구들을 사용하여 사용자들을 링크 페이지로 연결한다.

⑤ 기사 맞춤형 광고

기사 맞춤형 광고는 네이티브 요소가 포함된 디스플레이 광고(display ad with native elements)로 불리며, 온라인에서 볼 수 있는 다른 표준 IAB 디스플레이 광고 형식과 같다. 다만 광고가 게재되는 사이트의 콘텐츠와 문맥적으로 관련이 있다는 점에서 네이티브 광고로 분류된다. 예를 들어, 캠벨(Campbell)은 레시피 수집을 위한 광고를 'allrecipes.com'에 게재했다. 비록 광고가 사이트에 나열된 실제 요리법과 유사하지는 않지만, 문맥적으로 페이지와 관련 있다.

[그림 13-5] 기사 맞춤형 광고의 예

출처: Kylee Lessard (2018. 8. 25.).

[그림 13-6] 플랫폼 맞춤형 광고의 예

출처: Kylee Lessard (2018. 8. 25.).

⑥ 플랫폼 맞춤형 광고

플랫폼 맞춤형 광고(custom ad)는 각 미디어 플랫폼의 독자적 환경에 어울리게 커스터마이징한 광고 형식을 말한다. 주로 플립보드, 텀블러, 스냅챗 등의 플랫폼에서 사용한다. 예를 들어, 대부분의 앱이 가로가 넓은 수평(horizontal) 영상을 쓰고 있는 반면에, 스냅챗(snapchat)은 모바일에 적합한 수직(vertical) 영상을 사용하여 UX 관점에서도 광고가 매우 편하게 설계되어 있다. 즉, [그림 13-6]에서 보이듯이 풀스크린을 활용하여 사용자가 광고임을 알더라도 다른 사이트들에 비해 영상에 몰입·집중하게 한다. 또한 새로운 스냅챗 필터를 만들어 사용하는 것도 맞춤 기본 광고의 예이다. 이 필터는 유료 미디어 형태이지만 스냅챗의 다른 필터와 함께 앱의 사용자 인터페이스에 적합하다고 할 수 있다.

⑦ 기사 형식의 네이티브 광고

기사 형식의 네이티브 광고(native editorial ad)는 통상적인 에디토리얼 콘텐츠처럼 보이지만 실제로는 브랜드를 홍보하기 위한 광고의 한 유형이다. [그림 13-7]의 Guiness 'Guide to' 시리즈는 온 · 오프라인에서 오랫동안 유명세를 얻은 기사 형식의 네이티브 광고의 대표적인 사례이다.

[그림 13-7] 기사 형식의 네이티브 광고의 예

출처: Guinness.

⑧ PPL 형식의 네이티브 광고

[그림 13-8]에서 보이듯이 카메라의 기능(예: 야간 촬영 시 발생하는 적목현상)을 설명하는 기사에 캐논(Canon)이라는 브랜드명이 PPL 형식으로 들어가 있는 것도 네이티브 광고의 한 형태라고 할 수 있다.

[그림 13-8] PPL 형식의 네이티브 광고의 예

출처: Demian Farnworth (2014. 5. 28.).

3) 튜토리얼

튜토리얼(tutorial)은 사전적 의미로 무언가를 배우기 위해 사용하는 교습 소재를 뜻한다. 튜토리얼 영상은 제품의 사용법과 같은 교육용 영상을 말한다. 주로 게임이나 뷰티 크리에 이터 혹은 마이크로 인플루언서를 이용한 화장품 제품의 튜토리얼 영상이 여기에 포함된 다. 예를 들어, 신세계의 고급 화장품 브랜드인 '뽀아레'는 가을 메이크업 컬렉션 신제품을 출시할 때 가을 메이크업을 하는 튜토리얼 모습을 영상으로 제작하여 배포하였다. 게임에 서 튜토리얼은 게임을 하기 전에 사람들이 이 게임에 대한 것들을 알게 해서 게임을 수월 하게 할 수 있게 하는 요소이다. [그림 13-9]에서 보이듯이 게임의 조작법에 대한 기본적 인 설명과 아이템이나 유닛을 비롯한 게임 구성요소의 해설이 나오는 경우가 일반적이다. 또 하나의 사례로 2010년에 미국에서 설립된 뷰티 구독 서비스인 '버치박스(Birchbox)'를 들 수 있다. 버치박스는 고객이 잡지를 구독하듯 매달 구독료를 내면 구독 회원에게 유명 화장품의 샘플을 멋진 박스에 담아 정기적으로 발송한다. 구독 회원은 샘플을 직접 사용해 보고 마음에 들면 비로소 정품을 구매한다. 버치박스는 뷰티 제품을 이용하는 메이크업 노 하우와 헤어 스타일링 튜토리얼 영상을 제작해 콘텐츠 마케팅을 펼친다.

[그림 13-9] 튜토리얼 영상의 예

출처: 한게임 마구마구.

4) UGC

UGC(User Generated Contents)는 사용자(user)가 직접 창작한(generated) 콘텐츠 (contents)를 의미한다. 즉, UGC는 특정 제품을 사용하는 고객이 제품과 관련된 콘텐츠를 텍스트, 음악, 사진, 비디오 영상 등 형태로 제작해 인터넷에 공유하는 것을 의미한다. SNS 를 주도하고 있는 세대들은 디지털 세상에서 기업이 만든 콘텐츠를 단순히 소비하는 것 에 머물지 않는다. 그들은 기업이 만든 콘텐츠를 적극적으로 해체하고 그들의 생각을 담 은 새로운 콘텐츠로 재해석해 공유한다. UGC의 중요한 특징은 다음과 같다. 첫째, 제품 홍보 콘텐츠 자체가 사용자들에 의해 만들어지고 온라인상에 배포된다. 둘째, UGC는 회 사가 상업적 의도를 갖고 사용자를 시켜 억지로 만들 경우 그 효과가 반감될 수 있다. 물론 UGC는 기업의 마케팅 전략에 따라 만들어질 수 있지만, 콘텐츠 제작에 회사가 많이 개입 할수록 콘텐츠가 광고 형태를 띠게 되기 때문에 SNS 사용자들은 금방 알아채고 외면하게 된다. 따라서 동영상 카메라 전문 기업인 고프로(GoPro)처럼 사용자 자신이 사용하는 제 품을 좋아해서 자발적으로 만들 수 있도록 동기를 부여하는 것이 좋다. 셋째, UGC는 콘텐 츠 자체가 온라인에서 업로드되고, 온라인에서 다른 사용자들에게 보이게 된다. 혼자만의 공간에서 혼자 즐기기 위해 만든 콘텐츠는 온라인에서 제품을 홍보하는 데 도움이 되지 않 기 때문에 UGC라고 보기 힘들다.

UGC는 인터넷 사업자나 콘텐츠 공급자가 아닌 일반 사용자들이 직접 만들어 유통하는 콘텐츠로서 의미가 있으나, 점차 상업적 목적으로 사용되고 있다. 기업들은 사용자들에게 인기 있는 UGC 콘텐츠 앞뒤에 광고하는 방법 이외에 공모전 등을 통하여 사용자들을 직접 광고 제작에 참여시키거나, PPL의 형태로 UGC를 직접 제작하기도 한다. 기업들이 상업적 목적으로 광고를 제작할 경우 사용자의 참여를 끌어내기 위하여 사용자가 직접 제작한 광고처럼 위장하거나 리얼리티, 유머, 익살, 해학 등 흥미를 불러일으킬 수 있는 요소들을 가미하여 사용자들의 관심을 유도한다. 기업이 마케팅의 수단으로서 UGC를 제작한 경우 상업적 메시지가 UGC에 어떤 형태로 녹아 있느냐에 따라 광고의 기법은 다양한 형태로 나타난다. 예를 들어, UGC 동영상에 자사 제품을 PPL(Product Placement)로 간접 노출하거나, 마케팅 전략에 따라 제품을 광고 소재로 활용하여 재미있는 브랜디드 엔터테인먼트 콘텐츠(branded entertainment content)로 제작하거나, UGC 동영상 광고에 의도적으로 브랜드를 노출하지 않음으로써 사용자들의 궁금증을 불러일으켜 주목 효과를 극대화하는 등 다양한 기법이 시도되고 있다. 그러나 기업이 상업적 목적으로 제작한 경우는 엄밀한 의미에서 UGC라고 보기 어렵다는 비판도 제기된다.

UGC는 주로 우리 자신과 주변의 이야기를 소재로 하기 때문에 사용자의 높은 공감대를 끌어낼 수 있으며, 사용자들의 자발적인 참여로 인하여 메시지에 대한 거부감이 적기 때문에 사용자들의 메시지 몰입도가 타 매체에 비해 높다고 할 수 있다. 반면, 기업이 만든 브랜디드 콘텐츠 형식의 UGC는 제품을 직접 광고 소재로 사용하거나 UGC에 자사 제품을 PPL 형태로 간접적으로 노출함으로써 브랜드 인지도 증대뿐 아니라 이미지 제고에 효과적이다. 또한 UGC를 보고 난 후 화면을 클릭하면 광고주 홈페이지나 프로모션 페이지로 곧바로 이동하여 구매로 연결할 수도 있다. 기업들은 UGC를 통해 단발성 이벤트뿐만 아니라 자사 홈페이지 내에 코너를 만들어 제작된 콘텐츠를 노출함으로써 기존의 홈페이지 방문자에게 볼거리를 제공하며 그로 인해 방문자를 늘릴 수 있다.

UGC는 UGC 동영상 사이트 혹은 사회적 네트워크 기능이 강조된 카페 등의 커뮤니티 서비스를 통하여 일차적으로 배포된 후 SNS와 블로그 등의 1인 미디어를 통하여 급속히 확산되기 때문에 신제품 소개 및 브랜드 이미지 제고에 큰 영향력을 발휘한다. 따라서 기업들에게 상품에 관한 구전(viral) 효과를 얻을 수 있는 도구로 그 효용성을 인정받고 있다. 또한 일부 연구에 따르면, UGC 동영상 광고가 일반적인 온라인 광고보다 CTR(클릭률, 노출 대비 클릭 수)이 훨씬 높게 나타났으며, UGC 동영상 광고가 일반적인 온라인 광고보다 광고 효율 측면에서 1.88배, 참여 효율성 측면에서 1.3배의 효과가 있는 것으로 나타났다. 하지만 특정 기업의 홍보를 위해 제작된 동영상이라는 사실이 드러날 경우 오히려 네티즌들의 거부감을 불러일으키고 브랜드 이미지에 부정적인 영향을 미칠 수도 있다.

UGC를 활용한 콘텐츠 마케팅의 대표적인 성공 사례로 HD 고화질에 방수 기능까지 포함된 동영상 제작용 카메라 브랜드인 '고프로(GoPro)'를 들 수 있다. 고프로는 익스트림 스포츠 이벤트와 선수들을 후원하고 이와 관련된 콘텐츠를 생산, 다양한 미디어를 통해 배포한다는 점에서 레드불의 콘텐츠 마케팅과 유사하다. 하지만 고프로가 배포하는 UGC는 이용자가 직접 출연하고 제작한 동영상이라는 점에서 차이가 있다. 예를 들어, 이용자들이 스스로 자신의 몸에 장착한 액션캠으로 익스트림 스포츠와 같은 모험과 액션을 즐기는 모습을 촬영한다. 따라서 소비자는 1인칭 주인공 시점에서 영상 시청이 가능하며, 이를 통해 마치 자신이 선수가 된 것 같은 생생한 영상을 감상할 수 있다. 이러한 UGC를 활용한 콘텐츠 마케팅을 통해 고프로는 익스트림 스포츠와 같은 극한의 상황에서도 제대로 된 촬영이 가능한 카메라라는 이미지를 소비자에게 성공적으로 심어 주는 효과를 거두었다.

5) 인플루언서 콘텐츠

인플루언서 콘텐츠(influencer content)는 인플루언서들이 제작하는 콘텐츠를 말한다. 대표적인 인플루언서 콘텐츠는 뷰티 유튜버 혹은 뷰티 크리에이터가 생산하는 콘텐츠이다. 인플루언서 콘텐츠가 효과적인 이유는 인터넷에서 주도적인 역할을 하는 세대인 Z세대들이 인플루언서들이 만드는 콘텐츠에 대해 관대하다는 것이다. 미국의 유명한 광고지인 『AdWeek』가 13~20세 사이의 청소년을 대상으로 조사한 결과, 80%의 응답자가 물건이나 서비스를 지나치게 강조하지 않는다면 광고에 기반한 브랜디드 콘텐츠에 대해 괜찮게 생각한다고 답했다. 그리고 61%의 응답자가 인플루언서들이 제품을 특별히 언급하지 않으면서도 콘텐츠를 노출하는 것은 괜찮다고 응답했다. Z세대들은 가수, 배우 등 유명인 못지않게 SNS 스타의 이야기를 신뢰한다고 응답했다.

손희진(2018)의 뷰티 유튜버의 영상 콘텐츠 분석 논문에 따르면, 유튜버의 메이크업 영

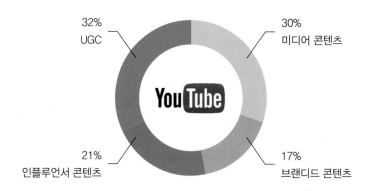

[그림 13-10] 유튜브에 업로드된 동영상 유형

출처: Slideshare (2017. 2. 23.).

상 콘텐츠 중 캐릭터 및 테마 메이크업, 메이크업 튜토리얼, 제품 리뷰 영상 등 세 가지 유형이 많이 나타났으며, 캐릭터 및 테마 메이크업의 경우에는 아트워크의 요소를 갖고 있는 특수 분장, 아트 메이크업, 커버 메이크업으로서 이는 오락적이고 흥미를 유발하는 유희형 콘텐츠로 소비되었다. 메이크업 튜토리얼 영상의 경우는 쉽게 따라 할 수 있고 유익한 정보들로 구성되어 있어 정보형 영상에 속하였다. 제품 리뷰 영상의 경우는 제품에 대한 정확한 평가와 신뢰할 수 있는 정보 중심형 콘텐츠로 파악되었다.

100인의 뷰티 유튜버의 콘텐츠별 조회 수가 가장 높은 영상을 분석한 결과, 크게 정보형과 유희형의 영상으로 구분되었다. 유튜버의 5가지 속성은 전문성, 매력도, 진실성, 유명도, 친근감으로 나타났으며, 이들 5가지 특성을 기준으로 포니, 씬님, 이사배, 연두콩 등 10인의 뷰티 유튜버를 분석한 결과, 뷰티 유튜버의 이미지(정체성)는 크게 전문가 속성, 셀럽 속성, 일반인 속성의 세 가지로 나타났다. 전문가 속성은 메이크업 분야의 전문적 지식, 테크닉, 정보 전달 능력, 영상 콘텐츠 기획력을 포함하며, 셀럽 속성은 외모, 개성, 오락적 요소, 일반인 속성은 시청자와의 동질감(homophile), 친근감(familiarity), 진실성(sincerity)으로 나타났다.

6) 인포그래픽

인포그래픽(infographic)은 정보 그래픽이라고도 불리며 정보와 데이터, 지식을 시각적으로 표현하는 것을 말한다. 단순히 정보를 그래프화해서 나열하는 것으로 끝나는 것이 아니라 수집한 정보를 분석하고 가공해서 여기에 스토리텔링과 디자인을 더한 것이라고 할 수 있다. 인포그래픽은 표지판이나 지도, 언론, 기술보고서, 교육 분야에서 발생하는 복잡한 정보를 빠르고 명확하게 표현하는 것이 핵심이다. 우리가 흔히 접하는 교통표지판과 복잡한 지하철 노선도가 대표적인 인포그래픽이며, 차트, 사실 박스, 지도, 다이어그램, 흐름도, 로고, 달력, 일러스트레이션, 텔레비전 프로그램 편성표 등이 인포그래픽에 포함된다.

한 장에 수많은 데이터를 요약해 표현하는 인포그래픽은 예전부터 지역별 날씨를 그림으로 나타낸 일기예보 기상도나 기사 내용 중의 통계 수치를 그래프로 나타내는 등 신문과 방송, 미디어에서 많이 활용되고 있으며, 데이터 저널리즘[3]에서 데이터 시각화(data visualization)[4]의 한 종류로 사용되어 왔다. 최근에 인포그래픽의 활용 범위는 교육, 광고, 홍보 등 다양한 분야로 확장되고 있으며, 인포그래픽의 활용 범위가 확장된 이유는 정보량의 급속한 증가에 따라 비주얼 콘텐츠의 필요성이 대두되고, 시대적 변화의 흐름 속에서 사물을 본질적으로 바라볼 수 있는 통찰력을 인포그래픽을 통해 나타낼 수 있기 때문이다.

콘텐츠 마케팅에서 인포그래픽은 넘쳐 나는 정보 속에서 타겟으로 삼은 고객의 주목을 끌고, 정보를 쉽게 전달하고, 이해시킬 수 있도록 도와준다. 콘텐츠 마케팅에서 인포그래픽을 사용해야 하는 10가지 이유는 다음과 같다. 첫째, 인포그래픽은 쉽게 시선을 끈다. 인간은 시각적인 동물이기 때문에 시각적 요소에 쉽게 현혹이 된다. 정보를 처리할 때 활성화되는 시신경은 시각적 정보를 받아들인다. 추상적이고 복잡한 개념을 설명할 때는 그래픽이 텍스트와 만나 만들어 내는 시너지효과가 크다고 할 수 있다. 텍스트와 그래픽이 합쳐진 인포그래픽은 넘치는 정보 속에서 콘텐츠가 사람들의 뇌리에 박힐 수 있도록 해 준다. 둘째, 인포그래픽은 브랜드 인지도를 높여 주며, 콘텐츠가 입소문이 나도록 도와준다. 또한 인포그래픽은 사용자의 주목을 끌어 구독자와 팔로워를 늘리는 데 도움이 되며, 검색이 잘되게 하여 마케팅 실적을 올려 준다. 셋째, 인포그래픽은 콘텐츠를 더 이해하기 쉽게

---

3) 데이터를 통해 사실이나 사건을 보도하는 활동을 말한다.
4) 데이터 분석 결과를 쉽게 이해할 수 있도록 시각적으로 표현하고 전달하는 과정을 말한다.

[그림 13-11] 까스활명수의 인포그래픽의 예
출처: 디지털 인사이트(2017. 10. 16.).

만들어 주며, 분석하기 쉽게 해 준다.

최근에 인포그래픽은 제품 시장에 본격 등장하고 있다. 예를 들어, '까스활명수 큐 액'은 모델이 등장할 법한 제품광고에 인포그래픽을 활용했다. 제품 탄생 115주년 기념 광고는 수직 형태의 타임라인 기법으로 정보를 배열한 후 제품이 갖는 의미를 숫자로 표현했다. 또한 [그림 13-12]는 이마트 매장 내에서의 인포그래픽 활용 사례를 보여 준다. 이마트에서 판매하는 수입 맥주의 종류가 많아 소비자는 무엇을 사야 할지 혼란스러울 수 있다. 이러한 소비자의 불편을 해소하기 위해 이마트는 맥주에 있는 바코드를 모니터 하단 센서에 가까이하면 인포그래픽으로 제품에 관한 정보가 모니터에 나타나게 해서 정보를 알기 쉽게 제공한다. 이것은 인포그래픽과 디지털 기기의 만남의 하나의 예라고 할 수 있다.

[그림 13-12] 이마트 매장 내에서의 인포그래픽의 예
출처: 디지털 인사이트(2017. 10. 16.).

인포그래픽은 디지털 시대에 더욱 필요한 커뮤니케이션 방법이지만, 사실 가장 아날로그한 사고력이 필요한 분야이다. 수집한 자료는 정독해야 하고, 문장은 하나하나를 해부해야 하는 끈기와 섬세함이 필요하다. 자료 제공자와 직접 대화를 통해 전달하려는 주제와 의미도 파악할 수 있어야 하며, 심도 있는 정보 분석이 뒷받침될 때, 시각적 표현 역시 강한 전달력을 가질 수 있다. 인포그래픽의 구현 기법에는 여러 도구가 있다. 예를 들어, 엑셀 및 구글 독스와 같은 스프레드시트와 퀀텀(Quantum), 구글 리파인(Refine)과 같은 지도정보시스템이 있다. 또한 데이터 랭글(Data Wrangle) 및 비프로그래밍 시각화 소프트웨어가 있다. 비프로그래밍 시각화 소프트웨어로는 차트 방식으로 시각화하는 매니아이즈(ManyEyes) 및 태블루(Tableau)가 대표적이며, 기타 구글 퓨전 테이블, 타임라인, 스토리맵, 지오피디아(Geofeedia), 래이야(Layar), 구글 트랜드, 구글 디벨로퍼, 구글 캘린더, 구글 북스 등의 다양한 시각화 기법이 존재한다.

7) 리스티클

리스티클(listicle)은 목록(list)과 기사(article)의 합성어로, 특정 주제에 관한 정보를 이미지나 영상과 함께 번호를 붙여 순서대로 나열하는 방식의 기사를 말한다. 리스티클은 그 자체가 하나의 기사이기 때문에 리스티클을 활용한 광고는 네이티브 광고의 형태를 띤다고 볼 수 있다. 허핑턴, 인사이트, 위키트리 등 요즘 핫한 소셜미디어에는 '~하는 4가지' '~하지 말아야 할 10개' '~소개하는 7선' 등 제목에 숫자가 들어가는 기사가 많이 보인다. 예를 들어, [그림 13-13]의 '20대에 배웠다면 좋았을 10개의 리더십 교훈'은 리스티클 형태의 네이티브 광고로서 『포브스(Fobes)』의 매체 성격과 잘 매칭이 된다. 해당 리스티클은 광고임에도 불구하고 뛰어난 콘텐츠 품질로 높은 사용자 반응을 보였다.

이 외에도 '당신의 몸을 관리하는 10가지 습관' '20대를 후회 없이 보낼 수 있는 10가지 이유' '소개팅에서 먹지 말아야 할 음식 5가지' 등의 생활 정보성 콘텐츠를 예로 들 수 있다. 이처럼 일상생활에 도움이 되는 요약형 콘텐츠로서 소비자들이 흥미를 느낄 만한 것들을 일정한 주제 하에 여러 가지로 늘어놓아 사용자들이 재미있는 상식을 얻고자 하는 차원에서 콘텐츠를 들여다보게 한다. 리스티클의 또 하나의 장점으로 원클릭에 여러 개의 정

표식을 통해 광고임을 인식 가능

의미 있는 콘텐츠로, 사용자들의 자발적인 공유가 높게 나타남

[그림 13-13] 리스티클 형태의 네이티브 광고

출처: 메조미디어(2014. 6. 10.).

보를 얻을 수 있고, 인지적 노력 없이도 쉽게 읽힌다는 점을 들 수 있다. 이처럼 리스티클
은 이동 중에도 간편하게 즐기면서 지루함을 덜어 주는 스낵 컬처 시대의 인기 콘텐츠 유
형이라고 할 수 있다. 예전에도 이런 유형의 기사는 있었지만 이렇게 선풍적인 인기를 얻
게 된 것은 바로 미국의 소셜미디어 사이트 버즈피드(Buzzfeed) 때문이다. 버즈피드는 월
방문자만 2억 명에 달하는 소셜미디어로, 주로 흥미를 끄는 리스티클을 배포한다. 국내에
서는 소셜미디어뿐만 아니라 오프라인 매체에서도 리스티클이라는 섹션을 별도로 운영하
고 있다. 페이스북 팬 수만 70만이 넘는 위키트리에서는 사람들의 공감을 많이 이끌어 낸
10대 리스티클을 선정하였는데, 여기에는 연애, 섹스, 영화, 소비, 브랜드, 사진 등 다양한
주제로 '아 맞아! 그래그래.' 하고 무릎을 치며 공감하게 하거나 '와, 진짜? 신기하네.' 하고
고개를 끄덕이게 하는 콘텐츠들이 포함된다. 리스티클에서 글의 형식은 매체에 따라 달라
질 수는 있어도 좋은 콘텐츠 자체가 가지고 있어야 하는 본질은 바로 공감과 재미라고 할
수 있다.

8) 카드뉴스

카드뉴스(card news)는 어떤 정보를 제공하거나 스토리텔링을 통하여 콘텐츠를 소비하
는 사람들의 반응을 유도하는 콘텐츠이다. 카드뉴스는 이미지와 텍스트로 정리되어 있으

며, 한 장의 사진으로 핵심 내용을 적절하게 표현한다. 즉, 카드뉴스는 하나의 핵심적인 메시지를 전달함으로써 시선을 사로잡는 하나의 메시지 전달 형태이다. 모바일 스마트폰 등으로 간결하게 표현된 카드뉴스는 상대방의 관심을 끄는 소통 도구가 된다. 카드뉴스는 이미지가 텍스트가 결합된 배너형이자 썸네일형 콘텐츠이다. 최근 PC 사용이 줄고 스마트폰 등의 모바일 사용이 증가하면서 카드뉴스는 모바일에서 보기 편하도록 형태가 바뀐 새로운 형식으로 사용되고 있다. 원칙적으로는 한 장의 사진 안에 그 사진의 내용을 함축적으로 작성한 형태가 바람직하다. 언론사명, 담당 기자의 이름, 연락처, 카드뉴스를 제작, 발행한 시기가 기재되었을 때에 카드뉴스의 형태가 된다. 카드뉴스의 장점은 주요 핵심 내용으로 간결하게 표현하는 것을 가능하게 하고, 가독성이 뛰어나며, 사진, 이미지, 텍스트로 표현되어 오래 기억에 남고, 또한 빠르게 슬라이드를 넘기면서 점점 콘텐츠에 빨려 들어가는 기분이 들게 한다는 점이다. 또한 사용자들은 카드뉴스에서 일상생활 이야기를 읽으며 즐거움을 느끼기도 한다. [그림 13-14]는 망고보드로 제작된 카드뉴스의 사례이다. 이 사례는 제목 페이지, 내용 페이지, 엔딩 페이지로 구성되어 있다.

카드뉴스의 활용 범위는 다양하다. 카드뉴스는 SNS 광고, 홍보, 마케팅의 수단으로 사용되고 있다. 블로그, 페이스북 인스타그램, 카카오스토리, 카카오톡, 모두홈페이지, 밴드 등에서 공유 빈도가 높아지고 있다. 사업체에서 SNS, 광고, 홍보 매개체를 활용해서 매출을 올릴 수도 있으며, 언론의 뉴스보도, 관공서, 회사에서도 활용 도구로 사용된다. 또한 개인 또는 업체가 자신의 일상 스토리로 카드뉴스를 기획한다면, 후대 자손에게도 남길 수 있다. 여러 개의 카드뉴스를 만들면 스토리텔링 형식으로도 가능하며 초간단 무료 제작 도구를 이용할 수 있다.

카드뉴스 제작 시 주의사항은 다음과 같다. 첫째, 주제를 많이 담지 않아야 하며, 내용은 짧고 구체적이고 명확해야 한다. 둘째, 카드뉴스 1건당 이미지는 1~2장에서 10장 사이로 한다. 만약 이미지가 너무 많으면 읽기 어렵고, 너무 적으면 내용이 없다. 여기서 이미지는 상대방에게 강렬하게 전달되는 콘텐츠가 좋다. 디자인은 일관성 있게 꾸미고, 색상은 3가지 이상을 쓰지 말아야 하며, 글꼴도 1~2개 정도만 사용한다. 셋째, 이미지 가로와 세로의 비율은 1:1로 맞춘다. 1:1의 이미지는 모바일에서 보기 편한 사이즈이다. 넷째, 명확한 주제를 선정하고, 그 주제와 일치하는 내용을 선정한다. 다섯째, 포토스케이프, 파워포

제목 페이지   내용 페이지   엔딩 페이지

[그림 13-14] 카카오톡 카드뉴스(망고보드 제작)

출처: 망고보드(2019. 7. 1.).

인트, 포토샵을 이용하거나, 모바일 앱을 활용해서 카드뉴스를 만드는 것이 좋다. 카드뉴스를 만들 때 쉽게 제작이 가능한 도구를 이용한다. 이들 도구로는 파워포인트, 망고보드, 라인 카메라, 움짤카메라, 포토퍼니아, 타일 등이 있다.

9) 브랜드 저널리즘

브랜드 저널리즘(brand journalism)은 브랜드 스토리텔링과 저널리즘의 합성어로, 기업이 운영하는 SNS나 블로그, 웹사이트 등에 올라간 콘텐츠를 고객이 뉴스로 인식하고 브랜드를 자연스럽게 알리는 과정을 뜻한다. 이제는 PR 기사 혹은 보도자료 배포(publicity)로 기업의 브랜드를 알리는 전통적인 방식에서 벗어나, 기업들도 뉴스룸 개념을 도입하여 콘텐츠 생산에 적극적으로 나서고 있다. 이제는 언론사를 거치지 않아도 다양한 채널로 기업의 메시지를 소비자에게 전달할 수 있다. 예를 들어, 애플은 뉴스 가치가 있는 아이폰의 신제품 발표행사를 올드 미디어에 의존하지 않고 자사 홈페이지를 통해서만 생중계한다. 전 세계 미디어와 소비자들은 신제품에 대한 정보를 이곳에서만 얻게 된다.

세계 최고의 반도체 회사인 인텔은 2012년에 '웹진 iQ'를 창간하여 젊은 고객층과 소통하고 인텔을 소개하는 채널로 활용하고 있다. 인텔이 발행하는 웹진 iQ는 기술과 관련해 젊은이들이 관심을 가질 수 있는 흥미롭고 재미있는 이야기들을 소개하고 있다. iQ에는

[그림 13-15] 풀무원 뉴스룸

출처: 이재설(2017. 1. 19.).

인텔의 직원이나 프리랜서가 작성한 기사뿐 아니라, 인텔과 협업하는 파트너 회사가 제공한 자료나 외부의 제3자가 큐레이팅한 글도 업로드된다.

10) 블로그 콘텐츠

블로그 콘텐츠(blog content)는 크게 일반인이 운영하는 개인(전문) 블로그와 기업이 운영하는 브랜드 블로그가 있다. 개인 블로그는 개인의 경험이나 느낌을 담은 글로, 부담 없이 읽을 수 있다. 반면, 기업이 운영하는 블로그는 콘텐츠 마케팅의 수단으로서 간접적 홍보 효과를 얻을 수 있다. 개인 블로그는 IT 기술과 개인적 경험을 담은 조성문의 실리콘밸리 이야기처럼 유명한 블로그가 많고, 만화, 게임, 음식, 독후감 등 다양한 형태가 등장하고 있다. 개인 블로그는 사용자의 콘텐츠에 대한 욕구가 다양해지면서 네이버, 다음 등 포털 사이트를 벗어나 티스토리, 위블(이전 위드 블로그) 등과 같이 자신의 개성을 표출하기 쉬운 개방형 전문 블로그들이 선호된다. 개인 각자가 작성한 블로그는 다른 블로그, 카페, 페이스북, 트위터, 라인, 밴드, 이메일 등을 통하여 확산이 이루어지도록 플랫폼 UI가 구성되어 있다. 초기의 블로그는 포털 사이트가 운영하는 블로그로, 검색서비스의 콘텐츠 DB로 활용되며 템플릿이 제한되었다.

　기업 블로그는 네이버와 구글 등의 검색 엔진에 등록해서 고객 유입 수를 늘려야 한다. 검색 엔진에 등록하는 것은 거의 무료인데, 검색 엔진 최적화(Search Engine Optimization: SEO)를 위한 비용이 발생하기도 한다. 기업 블로그는 기업과 운영자를 소개해서 이를 인지하게 하고, 기업 제품이나 서비스를 소개한다. 이때 고객 이탈이 발생하지 않도록 친구에게 소개하듯 자연스럽게 글쓰기를 해야 한다. 이어서 고객들이 쉽게 찾아올 수 있도록 오시는 길과 구매 방법을 소개하고, 고객 후기를 작성한다. 고객 후기는 다른 사람들의 의견을 객관적으로 확인시켜 주기 때문에 중요하다. 효과적인 블로그 글쓰기 10단계는 '① 고객의 눈높이를 맞추라, ② 글의 주제를 명확하게 하라, ③ 주제를 뒷받침하는 핵심 논거를 나열하라, ④ 데이터 및 사진, 기사 등의 소스를 수집하고 활용하라, ⑤ 자신만의 색깔로 스토리텔링하라, ⑥ 중요한 내용은 앞부분에 작성하라, ⑦ 문장을 짧고 간결하게 쓰라, ⑧ 제목이 내 글의 돌출도를 결정한다, ⑨ 자신만의 의견이나 관점으로 재가공은 필수이다, ⑩ 배우고 고치고 꾸준히 노력하라'이다.

11) 기사

　기사(article)는 뉴스 기사(보도 기사)와 PR 기사(보도자료)로 구분된다. 뉴스 기사(news article)는 뉴스를 전달하는 글이며, 주로 육하원칙이 요구하는 내용을 담고 있다. 정보 제공 위주의 짧은 길이의 기사는 주로 스트레이트 기사(straight articles)로 부르고, 심층 보도와 같은 긴 길이의 기사를 피처 기사(feature articles)로 부른다. 뉴스 기사는 뉴스 가치에 의해 선택되며, 기자 자신의 주관을 배제하고 객관적으로 작성하는 것이 원칙이다. 또한 뉴스 기사의 내용은 정확하고 분명하여야 하며, 전체 중 일부만을 강조하거나 편파적이지 않아야 한다.

　한편, PR 기사는 언론 홍보를 위한 글이라는 점에서 뉴스 보도를 목적으로 하는 뉴스 기사와 다르다고 할 수 있으며, 그 대상 또한 일반 대중이 아닌 PR 활동의 대상인 공중이나 메시지 수용자들이다.

PR 기사 혹은 보도자료는 언론 기사를 위한 밑그림으로 작성되는 기사이다. 기업이 브랜드와 관련된 내용(예: 신제품 소개 글 등)을 기사화하는 가장 일반적인 방법은 보도자료라고 불리는 PR 기사를 작성하여 관련 분야의 담당 기자들에게 이메일 등으로 송고하는 것이다. 그 이면에는 반드시 조직의 경영 목적이 개입되며, 기업 및 제품과 관련된 보도자료 배포를 퍼블리시티(publicity)라고 한다. 고객에게 신뢰를 주는 가장 효과적인 방법 중 하나는 언론을 통해 기사화하는 것이고, 그 기사가 온라인과 모바일을 통해 노출되는 것이다. 기사는 길이나 형식이 다양한 매체로, 기업이 특정 오디언스가 관심을 두는 주제와 사안에 관해 이야기할 기회를 열어 준다. 기사를 활용할 때 핵심 사항은 한 번으로는 부족하고, 연속기획을 하여야 효과적이며, 자신의 웹사이트뿐 아니라 다른 웹사이트에 기사를 실을 기회를 물색하여야 한다는 것이다.

기사와 블로그의 차이점은 기사는 관점이 없는 대신에 블로그는 관점, 즉 개성이 분명하다. 기사는 관점이 없는 대신에 정보의 보물 창고의 역할을 한다. 또한 블로그나 페이스북과 같은 매체 자체를 위한 PR 기사는 육하원칙[5]을 따르는 기사와 같은 딱딱하고 사무적인 문체보다는 친구와 대화를 나누는 것처럼 친근하고 부드러운 어투를 사용해야 한다. 신제품 출시, 신기술 개발, 이벤트 등과 같은 기업의 홍보성 보도자료는 기자들에게 수없이 많이 들어오기 때문에 기사화되기 어렵다. 그러므로 트렌드나 화제가 되는 정보가 가미된 보도자료를 송고해야 한다. 설령 정보성 보도자료를 내보냈다 하더라도 일차적으로 게이트키퍼(gatekeeper)인 기자들에게 읽히고 채택되어야 하기 때문에 기사화된다는 보장이 없다고 할 수 있다. 따라서 언론사의 기자에게 보낼 자료가 성공적으로 기사화되기 위해서는 항상 편집자의 관점에서 생각해야 하고, 매체의 요구 사항이나 보도 기사와 유사한 글쓰기 양식(육하원칙, 길이, 어조 등)을 지켜야 하며, 즉각 독자의 흥미를 끌어야 한다.

---

5) 보도 기사 등의 문장을 쓸 때 지켜야 하는 기본적인 원칙으로서 누가, 언제, 어디서, 무엇을, 어떻게, 왜의 여섯 가지 요소를 말한다.

1단계: 보도자료 작성

2단계: 전문기자에게 송고

3단계: 기사화

4단계: 포털사이트에 노출

5단계: 기사 공유

[그림 13-16] 언론 홍보의 절차

출처: 유성철(2017).

디 지 털 시 대 의 애 드 테 크 신 론

제14장

국내외 주요
광고 플랫폼 소개

FTSE 200
8942.95
+1.65%

1. 네이버 광고

네이버 광고는 사업 목적과 마케팅 방식에 최적화된 광고 상품, 쉽고 편리한 플랫폼을 통해 교육과 체계적인 가이드 등을 포함한 광고주의 비즈니스 성장의 확실한 솔루션을 제공한다. 네이버 광고 상품의 유형은 크게 검색 광고와 디스플레이 광고로 구분되며, 디스플레이 광고는 다시 보장형 디스플레이 광고와 성과형 디스플레이 광고로 구분된다. 검색 광고 상품은 다시 사이트 검색 광고(파워링크/비즈사이트), 쇼핑 검색 광고, 콘텐츠 검색 광고, 브랜드 검색 광고, 플레이스 광고(beta), 지역 소상공인 광고, 클릭초이스 플러스, 클릭초이스 상품광고로 구분된다.

●표 14-1● 네이버 광고 유형

검색 광고	디스플레이 광고	
	보장형	성과형
사이트 검색 광고(파워링크, 비즈사이트 유형) 쇼핑 검색 광고 콘텐츠 검색 광고(파워콘텐츠 유형) 브랜드 검색 광고 플레이스 광고 베타버전(플레이스 유형) 지역 소상공인 광고(플레이스 유형) 클릭초이스 플러스 클릭초이스 상품광고	스페셜 DA 브랜딩 DA 타임보드	스마트채널 네이버 메인/서브광고 밴드/카페 피드광고

출처: 네이버 광고 시스템.

1) 검색 광고 상품

(1) 사이트 검색 광고(파워링크/비즈사이트 유형)

이 광고 상품은 네이버 통합검색 및 네이버 내/외부 페이지의 검색 결과에 노출되는 네이버 대표 검색 광고 상품으로, 고객이 광고를 클릭하고 사이트에 방문한 경우에만 광고비를 지불하는 CPC 기준의 종량제 방식의 상품이다. 노출 영역은 크게 검색 매체와 콘텐츠 매체로 나뉜다. 검색 매체 노출 영역은 검색 시 검색 결과 페이지에 노출되는 파워링크, 비즈사이트, 네이버 쇼핑, 검색 탭 노출, 광고 더 보기 영역이 있다. 반면, 콘텐츠 매체는 지식in, 네이버 카페와 같은 콘텐츠 영역에 노출된다.

네이버의 대표적인 통합검색 탭 결과에 노출되는 검색 광고는 페이지 상단에 파워링크 영역 광고와 하단에 비즈사이트 영역 광고로 나뉜다. 네이버 검색 광고는 네이버가 입찰가 및 품질 지수 등을 고려하여 노출 순위를 결정하는데, 노출 순위 1~10위는 상단의 파워링크 영역에 노출되며, 노출 순위 10~15위는 하단의 비즈사이트 영역 광고에 최대 5개까지 노출된다. 모바일 검색 광고의 경우 네이버 모바일웹 서비스인 모바일 네이버 (m.naver.com)의 통합검색 결과에 광고를 노출하는 상품이 있다. 이 광고 상품은 모바일 네이버 통합검색 페이지에 최대 3~5개의 광고가 노출되고, 2~5페이지에는 최대 3개의 광고가 노출된다. 네이버쇼핑(PC, 모바일) 영역은 네이버쇼핑 검색 결과 하단에 최대 5개의 광고가 노출되고, 모바일 네이버쇼핑 검색 결과 하단에는 최대 3개의 광고가 노출된다.

검색 탭 노출 영역은 네이버 PC 검색 결과 상단 VIEW, 지식in, 동영상, 통합검색 2페이지를 클릭하면 우측 상단 파워링크 영역에 최대 5개 광고가 노출된다. 검색 사용자의 니즈에 맞추어 노출 영역을 확대할 수 있다. 광고 더 보기 노출 영역은 노출된 광고 외에 더 많은 광고 정보를 보기 원하는 검색 사용자가 찾는 페이지로, 홈페이지 이미지도 함께 노출되어 더욱 효과적으로 광고를 집행할 수 있다. 첫 페이지에 25개의 광고가 노출되며, 사용자가 페이지를 변경하면 나머지 광고도 노출된다. 반면, 콘텐츠 매체 노출 영역의 경우 PC 및 모바일 버전의 네이버 지식in 페이지 하단, 네이버 블로그 포스팅 하단, 네이버 카페 페이지 하단의 노출 영역이 있다.

광고 노출 형식의 경우 사이트 검색 광고는 기본적으로 '제목 15자+설명 45자+사이트 주소'로 구성되며, 모바일에서는 노출 영역에 따라 조금씩 다르다. 광고 노출 결정 방식의 경우 기본적으로 광고 노출은 각각의 광고주들이 그 키워드에 얼마의 입찰가를 입력했느냐에 따라 입찰 경쟁 방식에 의해 키워드마다 광고 노출 순서가 결정된다. 단, 광고 노출 여부와 순위는 입찰가만 100% 고려하여 결정되는 것이 아니며, 각 광고마다 부여되는 '품질지수'라는 광고 품질 측정 기준을 종합적으로 고려하여 결정된다. 광고주 입찰가는 광고를 사용자가 한 번 클릭할 때마다 최대 얼마까지 지불할 수 있는지를 의미하는 클릭당 최

[그림 14-1] 입찰가의 예

출처: 네이버 검색 광고 Self Study.

대 금액을 말한다. 입찰가는 키워드별로 설정할 수 있으며, 최소 70원에서 최대 10만 원까지 광고주가 직접 입력할 수 있다.

광고비 정산 방식은 광고 노출 기간 동안 클릭이 일어난 횟수에 따라 비용을 지불하는 CPC(Cost Per Click) 과금 방식이다. 사용자가 해당 광고를 몇 번이나 클릭했는지와 CPC를 곱하여 광고비가 산정된다. 여기에서 CPC는 각 키워드에 광고주들이 입력한 입찰가와 여러 조건을 고려하여 최종 결정된다. 즉, 광고주가 입력한 입찰가가 실제 지불 비용이 되는 것이 아니라, 자사 광고 아래 순위(차순위) 광고의 입찰가 및 품질지수를 고려하여 CPC가 결정된다. 단, 이때 CPC는 광고주가 입력한 입찰가를 초과하지 않는다. 예를 들어, '청바지'라는 키워드를 구매했는데 키워드의 CPC가 200원이고 사용자가 광고를 100번 클릭했다고 가정한다면, 광고주가 지불해야 하는 광고비는 총 2만 원이 된다. 단, 광고비는 선불 혹은 후불로 계산하는 방식이 아니라, 광고주 계정에 원하는 만큼 일정 금액을 미리 충전해 놓으면 해당 금액에서 광고 클릭이 발생할 때마다 차감되는 방식이다. 따라서 계정에 잔액이 없으면 광고 노출이 자동으로 중단된다.

사이트 검색 광고 상품의 광고 진행 절차는 1단계는 광고주 가입 완료, 2단계는 광고 등록 완료, 3단계는 네이버의 광고 검토, 4단계는 광고 노출의 순으로 진행된다. 먼저 광고주 가입은 약관 동의 후 간단한 절차만으로 완료된다. 가입 완료 후 네이버 광고시스템에서 바로 광고를 등록할 수 있다. 이 과정에서 어떤 목표를 갖고 광고를 운영할지에 따라 광고 집행 캠페인과 광고그룹을 만들고, 어떤 키워드에 광고를 보여 줄지, 또 어떤 내용으로 광고를 소개할지를 결정하여 키워드와 소재를 등록하고 비즈머니[1]를 충전한다.

광고시스템은 '캠페인'을 중심으로 광고를 운영하는 구조로 되어 있다. 광고시스템에서는 광고주가 복수의 계정을 생성할 수 있으며, 광고 목적에 따라 다수의 캠페인을 운영할 수 있다. 캠페인 하위에는 광고 그룹을 생성하여 광고 그룹 단위로 광고를 운영할 수 있다. 광고 그룹은 캠페인 활동에 대한 개별 실행 방법을 설정하는 단위이다. 누구에게(타겟팅, 키워드), 무엇을 보여 주고(웹사이트, 소재, 확장 소재), 어디로 안내할 것인가(연결 URL)을 설정할 수 있다. 또한 웹사이트, 매체, 지역, 노출 요일과 시간대, 하루 예산, 기본 입찰가, 콘텐츠 매체 전용 입찰가 등을 설정할 수 있다. 소재는 고객에게 보이는 자사의 상품/서비스에 대한 홍보 문구(제목, 설명)로 차별성이 잘 드러나도록 작성해야 하며, 한 광고그룹당 최대 5개까지 등록할 수 있다.

광고 등록이 완료되었다면 네이버 검색 광고 내부 기준에 따라 광고 검토가 진행된다. 구체적으로 등록한 광고에 유해한 콘텐츠는 없는지, 사용자가 클릭했을 때 광고주의 사이트로 문제없이 잘 연결되는지 등을 확인한다. 단, 이때 광고주 계정에 비즈머니가 있어야만 광고 검토가 진행된다. 계정에 잔액이 하나도 없으면 광고 등록이 완료되었더라도 검

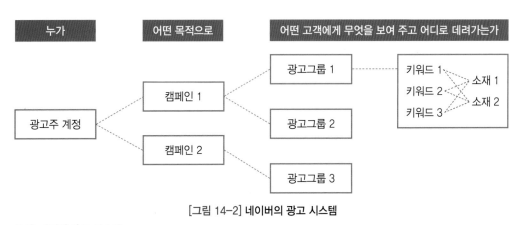

[그림 14-2] 네이버의 광고 시스템

출처: 네이버 광고 시스템.

---

[1] 비즈머니는 네이버 검색 광고의 광고 상품을 결제하는 데 사용되는 충전금이다. 충전된 비즈머니로 광고 비용을 지불하며, 비즈머니가 없으면 광고를 집행할 수 없다.

토가 진행되지 않고 광고 노출도 되지 않으니, 반드시 비즈머니를 충전해야 한다. 마지막으로 광고 검토가 통과되었다면, 등록한 소재로 광고가 노출된다. 광고는 'ON'으로 되어 있어야 하며, 광고주가 입력한 입찰가 및 품질지수에 따라 광고 노출 순위가 결정된다.

(2) 콘텐츠 검색 광고(파워콘텐츠 유형)

콘텐츠 검색 광고는 사용자의 정보 탐색 의도가 깊은 키워드에 대해 해당 분야의 전문가인 광고주가 블로그, 포스트, 카페 등의 콘텐츠를 이용해 보다 정확하고 신뢰성 있는 정보를 제공하는 광고 상품이다. 콘텐츠 검색 광고는 신뢰성 있는 정보를 찾고자 하는 사용자의 의도가 담긴, 지정된 키워드에 한해 광고가 가능하다. 네이버 PC/모바일 통합검색 결과 페이지의 VIEW 영역 및 모바일 콘텐츠 지면에 제목, 설명 등의 정보와 썸네일 이미지가 함께 노출된다.

노출 영역은 크게 검색 매체와 콘텐츠 매체로 나뉜다. 검색 매체 노출 영역은 파워콘텐츠 PC, 파워콘텐츠 모바일, 파워콘텐츠 광고 더 보기의 세 가지 유형이 있다. 파워콘텐츠 PC의 영역에는 네이버 PC 통합검색 VIEW 영역에서 최대 2개까지 광고가 노출되며 노출 여부는 그룹 전략에서 설정이 가능하다. 파워콘텐츠 모바일 영역에는 네이버 모바일 통합 검색 VIEW 영역에서 최대 2개까지 광고가 노출되며 노출 여부는 그룹 전략에서 설정할 수 있다. 파워콘텐츠 광고 더 보기 영역에는 통합검색 결과 화면에 노출되지 못한 파워콘텐츠 광고가 VIEW 탭 검색 영역을 통해 노출된다. 반면, 콘텐츠 매체의 영역에는 네이버 모바일 뉴스, 네이버 블로그(PC/모바일), 네이버 모바일 카페, 네이버 모바일 지식in, 네이버 모바일 웹소설의 영역이 있다. 광고 노출 결정 방식과 광고비 정산 방식은 사이트 검색 광고와 동일하며, 광고 등록은 광고시스템에서 '파워콘텐츠 유형' 캠페인을 선택한 후 광고를 생성한다.

(3) 브랜드 검색 광고

브랜드 검색 광고 상품은 사용자가 브랜드 키워드를 검색할 때 통합검색 결과 상단에 브랜드와 관련된 최신 콘텐츠를 텍스트, 이미지, 동영상 등을 이용하여 노출하는 상품이다. 네이버의 광고 플랫폼을 이용하여, 최신 브랜드 콘텐츠로 사용자와 소통하고 브랜딩 효과를 높일 수 있다. 브랜드 검색을 구매하는 광고주와 직접적으로 연관이 있는 상호명, 상품명 등의 브랜드 키워드에 한해 브랜드 검색 광고 집행이 가능하며, 브랜드 키워드가 아닌 일반 키워드로는 브랜드 검색 광고를 집행할 수 없다. 노출 영역은 네이버 통합검색 페이지 상단 영역에, 광고주가 구매한 브랜드 키워드에 대해 한 개 광고가 단독 노출된다.

브랜드 검색 광고의 광고 상품 유형은 다음과 같다. 첫째, PC 라이트형 일반은 PC 검색 영역으로 노출되며 메인 이미지와 썸네일 등 다양한 이미지와 텍스트를 등록할 수 있고 세부 페이지로 연결 URL을 설정할 수 있다. 둘째, PC 프리미엄형 일반은 검색 영역으로 노출되며 메인이미지를 직접 디자인할 수 있고, 브랜드 아이덴티티를 나타내는 컬러를 사용할 수 있다. 셋째, PC 프리미엄형 갤러리는 PC 검색 영역으로 노출되고, 여러 장의 이미지를 갤러리처럼 노출할 수 있고 자동 슬라이딩 기능도 지원한다. 넷째, PC 프리미엄형 동영상 메뉴는 PC 검색 영역으로 노출되며 동영상 영역이 전면 강조된다. 이 상품은 우측에 다양한 메뉴를 추가 노출하여 마이크로 사이트처럼 활용할 수 있다. 다섯째, PC 프리미엄형 동영상 슬로건은 PC 검색 영역으로 노출되며 동영상 영역이 전면 강조된다. 상단에 브랜드 슬로건을 함께 노출할 수 있다. 여섯째, 모바일 라이트형 일반은 모바일 검색 영역으로 노출되며 메인 이미지와 텍스트, 하단 메뉴를 등록할 수 있고 세부 페이지로 연결 URL을 설정할 수 있다. 메인 이미지의 노출 위치에 따라 '이미지 우측'과 '이미지 좌측'의 두 가지 상품으로 구분된다. 일곱째, 모바일 라이트형 썸네일은 모바일 검색 영역으로 노출되며 모바일 라이트형 일반 이미지 좌측 스타일 하단에 썸네일 이미지 등록이 가능하다. 여덟째, 모바일 프리미엄형 오토플레이는 모바일 검색 영역으로 노출되며 소재 내 5초간 영상이 자동 재생된다. 또한 자동재생화면 클릭 시 원본 동영상을 추가로 노출시킬 수 있다. 아홉째, 모바일 프리미엄형 오토플레이썸네일은 모바일 검색 영역으로 노출되며 기존 오토플레이 상품의 하단에 썸네일 3장이 붙는 형태로, 동영상과 함께 보다 다양한 이미지 노출이 가능하다. 열째, 모바일 프리미엄형 와이드는 모바일 검색 영역으로 노출되며 좌우로 넓은 상단 메인 이미지가 좌측으로 슬라이딩되면서 버튼이 서서히 노출된다. 하단의 구성요소에 따라 '메뉴'와 '썸네일'의 두 가지 상품으로 구분된다. 열한째, 모바일 브랜드존은 네이버쇼핑 브랜드패키지 가입 후 브랜드스토어를 운영하는 브랜드에게만 제공되며 통합검색 최상단에 브랜딩 크리에이티브와 스토어 정보가 동시에 노출된다. 브랜딩 크리에이티브는 모든 키워드에 동일하게 노출되며, 하단 스토어 정보는 사용자의 검색어에 따라 적합한 검색 결과가 노출된다. 광고비는 상품 유형, 광고 노출 기간(최소 7일, 최대 90일), 광고 가능한 키워드의 기간 조회 수(최근 30일 조회 수) 합계에 따라 산정된다. 최소 광고비는 50만 원으로, 광고 등록 방식은 광고시스템에서 '브랜드 검색 유형' 캠페인을 선택한 후 광고를 생성하는 과정을 거친다.

(4) 지역 소상공인 광고(플레이스 유형)

이 상품은 오프라인 가게를 알리고 싶은 지역 소상공인이 쉽게 집행할 수 있는 광고 상품이다. 네이버 콘텐츠 서비스를 이용하는 지역에 거주하는 사용자에게 노출하는 배너 광고로, 스마트 플레이스에 등록한 업체 정보를 바탕으로 쉽고 빠르게 광고를 생성할 수 있다. 특정 가게 주변의 잠재고객에게 가게 오픈 소식, 이벤트 내용, 신규 메뉴 등을 알리고 싶은 경우 사용하여 홍보는 물론 매장 방문까지 유도할 수 있다. 노출 영역은 네이버의 뉴스, 블로그 등 콘텐츠 서비스 페이지이며, 이 페이지에 업체명, 태그 정보, 업체 이미지, 위치, 설명 문구와 리뷰 수 등의 부가 정보가 노출된다. 광고 노출 기회는 지역 소상공인 광고를 등록한 모든 광고주에게 균등하게 배분되며, 여러 업체의 정보가 카드 슬라이딩 형태로도 노출될 수 있다.

광고비는 광고가 유효 노출된 횟수에 따라 과금되며, 광고비는 유효 노출당 1원이다. 여러 업체가 카드 슬라이딩 형태로 노출될 경우, 첫 번째 카드에 해당하는 광고의 유효 노출에만 과금된다. 광고 진행 절차는 총 4단계로 진행된다. 1단계에서 지역 소상공인 광고는 업종이 정해져 있어 등록 가능한 업종이 맞는지 확인한다. 2단계에서 스마트 플레이스에서 '소재'를 등록한다. 3단계에서 '플레이스 유형' 캠페인을 선택하고 하루 예산과 노출 지역을 설정하여 광고를 생성한다. 4단계에서 광고시스템의 비즈머니를 충전한다.

(5) 클릭초이스 플러스

클릭초이스 플러스는 네이버 모바일 통합검색 화면에 노출되는 모바일 광고 상품으로, '펜션, 포토스튜디오, 파티 이벤트기획, 유아용품 대여' 업종에 한해서만 진행할 수 있고, '구 광고관리시스템'에서 클릭초이스 플러스를 클릭한 후 광고를 생성한다. 사용자의 검색 패턴에 따라 업종별로 최적화 · 맞춤화된 광고 형태(UI)를 선보이며, 통합검색 결과 페이지 외에도 미리 보기 화면을 제공하여 업체 및 상품에 대한 다양한 정보를 전달할 수 있다. 노출 영역은 네이버 모바일 통합검색 페이지에서 최대 5개가 노출되고 '더 보기' 링크를 통해 추가로 노출할 수 있다. 광고비 정산 방식은 CPC 방식이며, 광고주 업체로 연결되는 클릭 영역(전화 걸기, 홈페이지, 가격표 등)에 한해 과금되고 그 외 영역은 과금되지 않는다.

(6) 클릭초이스 상품광고

클릭초이스 상품광고는 통합검색 결과 페이지에 상품을 상품 이미지, 가격 정보와 함께 노출해 주는 '상품 단위'의 광고 상품으로, 패션의류, 패션잡화, 주얼리 업종에 한해 광고 진행이 가능하다. 상품에 따라 최적화 · 맞춤화된 광고 형태(UI)를 선보이며, 미리 보기 화면을 제공하여 상품에 대한 다양한 정보를 전달할 수 있다. 노출 영역은 네이버 모바일 통합검색 페이지 상단 영역에 최대 9개, 네이버 PC 통합검색 페이지 우측 상단 영역에 최대 8개가 노출되며 '더 보기' 링크를 통해 추가 노출이 가능하다. 광고비 정산 방식은 CPC 방식으로, 광고주의 업체로 연결되는 '상세보기' 버튼을 클릭할 경우에만 과금이 된다. 광고 등록은 '구 광고관리시스템'에서 가능하며, 광고주가 광고관리시스템에 입력한 상품 정보를 토대로 해당 상품에 적합한 키워드들이 자동으로 추천된다.

2) 디스플레이 광고 상품

(1) 보장형 디스플레이 광고

보장형 디스플레이 광고는 정해진 기준 단가에 따라 약정한 기간 동안 노출 수를 100%로 보장하여 안정적으로 메시지를 노출하는 네이버의 핵심 광고 상품이다. 이 광고 상품은 거래 방식에 따라 광고주 직접 운영 혹은 대행사/공식 파트너사 운영 방식 중 선호하는 방식으로 거래 및 집행이 가능하다. 즉, 국내 다양한 대행사 혹은 공식 파트너사를 통해 광고 상품 구매 및 대행 운영이 가능하다. 대행 운영을 할 경우 광고 등록부터 관리까지 광고 운영에 필요한 도움을 받을 수 있으며, 네이버는 광고비 외 대행 운영에 대한 별도의 비용을 부과하지 않는다.

(2) 성과형 디스플레이 광고

성과형 디스플레이 광고는 광고주의 브랜드, 제품, 마케팅 목적에 맞는 성별/연령/지역/관심사/디바이스 OS 등을 정교하게 타겟팅하여 프리미엄 지면에 광고를 노출하는 상품으로, 실시간으로 입찰(CPC 혹은 CPM) 및 운영하는 상품이다. 이 상품의 특징은 기본적인 데모 타겟팅뿐 아니라 네이버 행태 기반 관심사 타겟팅 및 고객 데이터를 접목해 보다 다이내믹하고 최적화된 타겟팅 활용이 가능하다. 대표 상품인 네이버 모바일 메인은 물론, 스마트채널 및 서브 및 밴드 등에 광고를 게재할 수 있다. 또한 일반 이미지형 및 네이티브형, 이미지 슬라이드형, 동영상형 등 다양한 형식으로 보다 효과적으로 광고 메시지를 전달할 수 있다.

2. 구글 애즈

구글(Google)의 광고 플랫폼에는 구글 애즈(Google Ads), 구글 애드몹(Google AdMob), 구글 애드센스(Google AdSence), 구글 애드 매니저(Google Ad Manager)가 있다. 이 플랫폼들은 광고주를 위한 플랫폼과 게시자를 위한 플랫폼으로 구분된다. 구글 애즈는 광고주를 위한 플랫폼이다. 반면, 구글 애드센스, 구글 애드 매니저, 구글 애드몹은 게시자(예: 앱과 웹 소유자 혹은 개발자)를 위한 플랫폼이라고 할 수 있다.

구글의 대표적인 광고 플랫폼인 구글 애즈(Google Ads, 구 Google 애드워즈)는 구글 검색, 유튜브(YouTube), 그 외 웹사이트에서 비즈니스를 홍보하기 위해 사용하는 온라인 광고 솔루션이다. 구글 애즈에서는 광고주가 전화 통화 유도, 웹사이트 방문자 증대 등의 구체적인 광고 목표를 설정할 수 있다. 구글 계정을 이용해 광고주는 예산 및 타겟팅을 맞춤 설정할 수 있고 언제든지 광고를 시작 또는 중지할 수 있다. 광고주는 먼저 구글 애즈에 계정을 만든 다음, 웹사이트 방문자 수 증대 등의 광고 목표를 선택한다. 이어서 광고를 게재할 지역을 선택한 다음 광고를 만들고 월 예산 한도를 설정한다. 광고가 승인되면 타겟 지역의 사용자가 제품 또는 서비스를 검색할 때마다 광고주의 광고가 노출될 수 있다. 광고비는 사용자가 광고를 클릭하거나 업체에 전화할 때만 청구된다. 구글 애즈의 광고상품 종류로는 검색 광고, 디스플레이 광고, 동영상 광고의 세 가지 기본 형식이 있으며, 이 외에도 쇼핑 광고와 앱 광고가 있다. 구글 애즈는 예산 규모에 관계없이 이용할 수 있으며, 사용자가 웹사이트를 방문하거나 광고를 클릭하여 전화하는 등 광고와 상호작용할 때에만 비용이 청구된다. 구글 애즈는 최소 지출 요구 사항이 없고 계약 기간 조건이 없으므로 언제든지 광고를 중단할 수 있다.

1) 검색 광고

검색 광고는 보통 텍스트 형식으로, 사용자가 비즈니스와 유사한 제품이나 서비스를 검색하면 구글 검색 결과 페이지에 게재된다. 구글에서 매일 수십억 건의 검색이 발생하는 만큼 검색 광고를 사용하면 잠재고객의 브랜드 인지도 및 구매 고려도를 높이고 사용자 액션(action)을 유도할 수 있다. 검색 광고 캠페인을 설정할 때 웹사이트 방문 유도, 리드(lead) 창출, 온라인 또는 매장 판매 증대 등의 목표를 선택할 수 있다. CPC 방식의 검색 광고를 활용하면 사용자가 광고를 클릭하여 웹사이트를 방문하거나 업체로 전화를 거는 등 실제 비즈니스 성과가 나타날 때만 광고 비용을 지불한다. 또한 광고 확장 기능을 사용하여 업체 위치, 웹사이트의 특정 페이지 링크, 제품 리뷰 등의 추가 정보를 광고에 포함하는

[그림 14-3] 구글 검색 광고의 예

출처: 구글 애즈 완벽 가이드북: 구글 광고의 종류와 사용방법 2021-헤들리 디지털.

등 중요한 비즈니스 정보를 부각할 수 있다. 구글 애즈에서는 여러 버전의 텍스트 광고를 만들어 가장 효과가 좋은 광고를 확인할 수 있고, 캠페인 종료 후 대시보드에서 광고 실적을 확인할 수 있으며, 구글의 웹로그 분석 도구인 구글 애널리틱스를 통해 성공적인 캠페인 운영에 도움이 되는 보고서, 통계, 유용한 팁을 받아 볼 수 있다.

2) 디스플레이 광고

디스플레이 광고는 보통 배너와 같은 이미지 형식으로, 고객이 방문하는 웹사이트나 앱에 게재된다. 예를 들어, 상호작용 요소나 애니메이션이 포함된 이미지 또는 리치 미디어 광고, 단순 텍스트 기반 배너 광고, 지메일(gmail) 맞춤 광고, 모바일 앱에 게재되는 이미지 광고 중에서 선택할 수 있다. 구글 디스플레이 광고 네트워크는 수백만 웹사이트, 뉴스 페이지, 블로그, 지메일이나 유튜브 등의 제휴 사이트들을 통해 90%의 인터넷 사용자에게 도달한다. 이 광고 상품을 활용한 캠페인은 인기 있는 사이트와 앱에 광고를 게재할 수 있으며 도달 범위가 넓어 브랜드 홍보, 제품 인지도 제고, 판매 증대, 리드 창출 등의 다양한 목적 달성에 효과적이다. 특히 사용자가 웹서핑을 할 때, 유튜브 동영상을 시청할 때, 지메일을 확인할 때, 휴대기기 및 앱을 사용할 때 자사 비즈니스를 홍보하는 데 유용하다. 또한

[그림 14-4] 구글 디스플레이 광고의 예

출처: 구글 애즈 완벽 가이드북: 구글 광고의 종류와 사용방법 2021-헤들리 디지털.

키워드, 인구통계, 위치, 리마케팅과 같은 타겟팅 최적화 옵션으로 상품에 적합한 더 많은 잠재고객에게 도달할 수 있다. 구글 애즈는 노출 수 및 클릭 수 등의 캠페인 실적을 측정하고 이에 맞게 조정하여 목표를 달성할 수 있게 해 준다.

3) 동영상 광고

구글 애즈의 동영상 광고는 일반적으로 6~15초 길이의 동영상 형식으로, 주로 유튜브와 연동되어 집행되기 때문에 유튜브 동영상 광고로도 불린다. 동영상 광고는 많은 사람의 관심을 끌고 대규모 수요를 창출할 수 있어 브랜드 인지도를 넓히는 데 도움이 된다. 동영상 광고를 통해 사용자에게서 유도하고자 하는 행동 목표를 다음과 같이 설정할 수 있다. 첫째, '웹사이트 방문'으로 사용자에게 제품을 소개하고 브랜드를 알릴 수 있다. 둘째, '유튜브 채널의 동영상 조회 수 증대'로서 도달 범위를 확대하고 브랜드 인지도를 구축할 수 있다. 또한 위치 및 관심 분야 등을 토대로 동영상 광고를 게재할 잠재고객을 선택할 수 있다. 동영상 광고상품은 사용자가 광고를 보거나 클릭하는 등 광고와 상호작용할 때에만 광고비를 지불한다. 유튜브의 분석 도구를 사용하여 실시간으로 누가 광고를 보았고 어떤 액션을 취했는지와 조회 수 등의 실적 통계를 파악할 수도 있다.

구글 애즈 동영상 광고는 6가지 유형이 있다.

첫째, 건너뛸 수 있는 인스트림 광고(skippable instream ad)는 유튜브 동영상 전후 또는 시청 중간에 광고가 삽입되는 광고 형식으로 5초 후 광고를 건너뛸 수 있다. 광고는 유튜브에 업로드한 동영상, 구글 동영상 파트너(CNN 등 구글과 연계된 웹사이트), 혹은 광고를 허용한 애플리케이션에서 건너뛸 수 있는 광고 형태로 노출된다. 과금 방식은 크게 CPV와 CPM의 두 가지 방식이 있다. CPV 입찰을 사용하는 경우 시청자가 동영상을 30초 지점까지(동영상 광고가 30초 미만인 경우 광고 전체) 시청하거나 동영상과 상호작용하면 비용을 지불한다.

둘째, 건너뛸 수 없는 인스트림 광고(non-skippable instream ad)는 최대 15초 이하의 건너뛸 수 없는 인스트림 광고 형식이다. 즉, 모든 메시지가 전달될 때까지 강제로 노출시키는 광고로, 유튜브 동영상 전후 또는 시청 중간에 광고가 삽입된다. 이 광고 상품은 유튜브에 업로드한 동영상, 또는 구글 동영상 파트너, 광고를 허용한 애플리케이션에 게재된다. 이 광고 상품의 과금 방식은 CPM 입찰 방식으로서 광고가 1,000회 노출될 때 지불된다. 이 광고 상품은 브랜드 인지도 제고에 효과적이지만 15초 동안 강제 노출되기 때문에 잘 만든 광고 영상이 아니면 오히려 시청자의 거부감을 불러일으킬 수 있다.

셋째, 아웃스트림 광고(outstream ad)는 모바일 전용 광고이며 유튜브가 아닌 구글 동영상 파트너에서 운영하는 웹사이트 및 앱에서만 게재되는 광고 형식이다. 아웃스트림 광고는 다양한 모바일 게재 위치에 게재될 수 있다. 즉, 모바일 웹에서 배너 게재 위치에 게재되며, 모바일 앱에서는 배너, 전면 광고, 인피드, 네이티브 게재 위치로 게재된다. 또한 아웃스트림 광고는 세로 모드 및 전체 화면 모드를 모두 지원하고, 광고 비용은 CPM을 기준으로 하며, 사용자가 최소 2초 이상 동영상을 본 경우에만 비용이 청구된다.

넷째, 인피드 동영상 광고(in-feed video ad)는 유튜브 동영상 옆, 검색 결과의 일부분, 혹은 유튜브 모바일 홈페이지를 비롯하여 피드 내부나 발견 가능한 위치에서 동영상 콘텐츠를 홍보하고자 할 때 사용된다. 인피드 동영상 광고는 주로 뉴스 사이트나 이커머스 사이트의 피드 내부에 네이티브 광고처럼 자연스럽게 배치되어 콘텐츠를 보완하는 방식이기 때문에 사용자의 시청 흐름을 방해하지 않으면서 게시물처럼 보이는 장점이 있다. 인피드 동영상 광고는 동영상의 썸네일 이미지와 텍스트로 구성되며, 사용자가 동영상을 클릭하면 유튜브 보기 페이지 또는 채널 홈페이지에서 동영상이 재생된다. 인피드 동영상 광고의 정확한 크기와 모양은 게재 위치에 따라 다르지만, 모든 광고는 사용자가 동영상을 클릭하여 시청하도록 유도한다. 광고 비용은 시청자가 썸네일을 클릭하여 광고를 실제로 시청한 경우에만 청구된다.

다섯째, 범퍼 광고(bumper ad)는 6초 미만의 소재를 사용하여 건너뛰기가 불가능한 광고 형식이다. 주로 PC나 모바일에서 유튜브 영상의 시작 전이나 영상 중간에 '건너뛸 수 없는 광고' 형태로 노출된다. 범퍼 광고는 유튜브나 구글 광고를 허용한 웹사이트 및 앱에 노출된다. 과금 방식은 광고가 1,000회 게재될 때 지불하는 CPM 입찰 방식이다. 범퍼 광고는 6초라는 짧은 시간에 감성적·직관적으로 임팩트 있게 메시지를 전달할 수 있기 때문에 브랜드 인지도를 높이는 데 효과적이다.

여섯째, 마스터헤드 광고(masterhead ad)는 주로 큰 기업에서 유튜브 메인 홈페이지에 띄우는 광고 형식이다. 마스터헤드 광고는 PC, 모바일, TV에서 최대 30초 동안 소리 없이 자동 재생되는 형식으로 진행된다. 마스터헤드 광고는 PC와 유튜브가 지원되는 TV 화면의 경우 와이드스크린 또는 가로세로 비율 16:9 형식으로 게재되며, 음소거 아이콘을 클릭하면 동영상 소리가 재생된다. 자동재생 후 메인 동영상은 기본적으로 썸네일로 표시되며 사용자가 동영상이나 썸네일을 클릭하면 해당 동영상의 유튜브 보기 페이지로 이동한다. 반면, 모바일의 경우 마스터헤드 광고의 추천 동영상은 유튜브 앱 또는 m.youtube.com 홈 피드의 상단에서 전체 동영상이 소리 없이 자동으로 재생된다. 사용자가 모바일 동영상 마스터헤드 광고를 클릭하면 유튜브 보기 페이지에서 추천 동영상이 재생된다. 주로 대기업이나 홍보 예산이 많은 기업이 새로운 제품이나 서비스에 대한 인지도를 높이거나, 할인 행사와 같이 단기간 내에 방대한 잠재고객에게 도달하고자 할 때 효과적이다. 마스터헤드 광고는 구글 영업 담당자를 통한 예약을 통해서만 게재할 수 있다. 또한 예약 방식으로만 제공되므로 CPM 방식으로 비용이 청구되며, 구글 광고팀과 협력하여 비용 견적을 내고 캠페인 노출 목표를 설정할 수 있다.

● 표 14-2 ● 동영상 광고 형식

형식	작동 방식	과금 방식
건너뛸 수 있는 인스트림 광고	유튜브 동영상 전후 또는 시청 중간에 삽입. 재생 5초 후 건너뛰기 가능	CPV/CPM
건너뛸 수 없는 인스트림 광고	최대 15초 이하의 건너뛸 수 없는 인스트림 광고 형식	CPM
아웃스트림 광고	유튜브가 아닌 구글 파트너의 모바일 웹이나 앱에서 재생되는 모바일 전용 광고	CPM
인피드 동영상 광고	웹사이트 피드 내부에 자연스럽게 배치되는 네이티브 광고 형식	CPV
범퍼 광고	6초 미만의 건너뛰기가 불가능한 광고 형식	CPM
마스터헤드 광고	유튜브 홈 피드 상단에 게재되는 광고로, 구글 영업 담당자를 통해서만 집행 가능	CPM

출처: Google Ads.

4) 쇼핑 광고

구글 쇼핑 광고는 기존의 검색 광고와 유사한 방식으로 운영되며, 모든 기기에서 제품 키워드 검색 시 상품 이미지를 위주로 노출된다. 쇼핑 광고는 검색 광고와는 달리 광고 문구나 키워드를 선택하지 않고 제품 목록을 구글 판매자 센터에 업로드하면 된다. 또한 구매자가 접속하는 기기(PC/모바일/태블릿)에 상관없이 구글 검색 영역과 쇼핑 영역에 노출된다.

쇼핑 광고 상품은 제품을 찾는 가장 중요한 리드고객에게 광고를 노출하는 것으로서 고객이 광고를 클릭하여 웹사이트를 방문하거나 오프라인 판매점의 인벤토리를 조회할 때만 비용을 지불하면 된다. 이 광고상품은 온라인 및 오프라인 판매점이 보유한 상품을 홍보하거나, 우수한 리드고객을 확보하거나 웹사이트 트래픽 및 오프라인 상점 방문을 증가시킬 수 있다. 쇼핑 광고는 단순한 텍스트의 나열이 아니다. 제품 사진을 비롯하여 제품, 가격, 매장 이름 등의 정보를 광고에 활용해야 한다. 첫 쇼핑 광고를 만들려면 먼저 구글 판매자 센터에 가입해야 한다. 구글에서 제공하는 다양한 도구와 상세한 보고서를 통해 효과적인 광고와 그렇지 않은 광고를 구분하고 부족한 광고를 개선할 수 있는 방법을 찾을 수 있다.

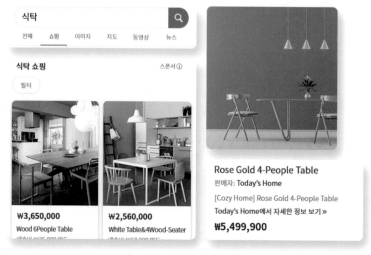

[그림 14-5] 쇼핑 광고의 예

출처: Google Ads.

5) 앱 캠페인

구글 앱 캠페인 혹은 유니버설 앱 캠페인(Universal App Campaign: UAC)은 앱을 프로모션(promotion)하는 상품으로서, 앱 설치, 앱 참여, 앱 사전 등록(안드로이드)의 세 개의 캠페인으로 구분된다. 앱 설치 캠페인은 구글에서 비즈니스 실적으로 연결되는 행동을 취할 가능성이 높은 사용자에게 앱 설치를 홍보하는 광고를 게재한다. 앱 참여 캠페인은 이미 설치한 사용자를 참여시키고 타겟팅한 방문 페이지로 연결한다. 앱 사전 등록 캠페인은 구글 플레이(Google Play)에 출시하기 전에 앱과 게임에 대한 기대감과 인지도를 높이는 광고를 게재한다. 이 캠페인에서 광고를 클릭한 사용자는 구글 플레이 스토어에서 앱 또는 게임에 사전 등록할 수 있다.

구글 앱 캠페인은 광고주의 앱에 관심 있는 사용자에게 도달하도록 구글의 기술을 활용해 광고를 최적화할 수 있다. 구글 앱 캠페인은 활용하면 구글 플레이, 구글 검색 네트워크(Google.com), 구글 모바일 디스플레이 네트워크(mGDN), 유튜브 등에 광고가 노출된다. 광고주는 사용자로부터 얻기를 원하는 행동을 선택하기만 하면 된다. 대부분의 구글 애즈 캠페인과 달리 앱 캠페인에서는 광고주가 직접 개별 광고를 만들지 않고, 앱 스토어 등록 정보에 있는 광고주의 광고 문안 아이디어, 이미지, 동영상, 광고자산(asset)을 사용해 여러 네트워크에 게재할 수 있는 다양한 형식의 광고를 만든다. 광고주 혹은 마케터는 앱 캠페

| 구글 플레이 | 구글 검색 네트워크 | 애드몹 | mGDN | 유튜브 |

[그림 14-6] 구글 앱 광고의 다양한 게재 위치

출처: 구글 애플리케이션에 노출되는 구글 UAC광고.

인에서 광고 문안, 시작 입찰가, 시작 예산을 설정하고, 광고에 사용할 언어 및 광고를 게재할 위치를 설정하면 된다. 구글에서는 기계학습(machine learning)을 사용하여 자동으로 광고를 교대 배치(rotation)하고 입찰가를 조정하므로 비즈니스에 적합한 가격으로 적합한 사용자에게 광고가 게재된다. 구글 앱 캠페인을 통해 충분한 데이터(전환 약 100건)가 확보되면 광고, 입찰가, 예산을 최적화할 수 있다.

3. 카카오모먼트

1) 카카오모먼트란

카카오모먼트(Kakao Moment)는 카카오톡, 다음, 카카오스토리, 카카오페이지 등 카카오그룹 서비스를 활용한 카카오의 대표 광고 플랫폼이다. 카카오모먼트는 오디언스 바잉(audience buying) 형태의 광고 플랫폼이다. 오디언스 바잉이란 기존의 광고 지면과 광고 상품을 선택해서 광고를 구매하는 방식이 아니라 카카오그룹 서비스의 사용자를 기반으로 광고가 노출되는 형태를 말한다.

카카오모먼트 광고 플랫폼의 특징은 다음과 같다. 첫째, 모든 국민이 항상 로그인 상태인 카카오톡을 중심으로 다양한 지면에 광고를 노출한다. 카카오톡은 모든 연령대가 이용하는 서비스인 만큼, 광고주의 핵심 고객을 빠르게 찾아 공략할 수 있다. 또한 카카오톡뿐만 아니라 카카오톡 계정과 연결하여 많은 사람이 이용하고 있는 카카오의 핵심 서비스 그리고 주요 파트너 서비스 등 다양한 지면에 광고를 노출할 수 있다. 둘째, 카카오모먼트는 카카오그룹 서비스에서 확보한 데이터를 바탕으로 고도화된 타겟팅을 지원한다. 카카오그룹의 서비스에서 확보한 데이터를 기반으로 맞춤 타겟, 모먼트, 데모그래픽, 상세 타겟 설정 등 다양한 오디언스 설정을 통해 최적의 타겟에게 광고를 노출할 수 있다. 셋째, 다양한 광고 목적에 맞는 최적화된 지원을 제공한다. 광고주가 원하는 지면으로 방문을 극대화하고, 광고주의 비즈니스에 대한 관심을 구매 또는 참여, 설치 등의 행동으로 전환을 유도할 수 있다. 또한 광고주의 동영상 광고를 많은 사람이 조회하도록 유도하여 홍보 및 브랜딩 강화 등 목표별 최적화를 통해 광고 성과를 높일 수 있다. 넷째, 지면에 가장 알맞은 광고 크리에이티브를 사용한다. 효과적인 브랜딩이 가능한 동영상 소재, 직관적인 이미지 소재, 이용자의 카카오톡으로 전달되는 메시지형 소재까지 다양한 종류의 크리에이티브를 주목도 높게 전달할 수 있다.

　카카오모먼트에서는 카카오 비즈보드, 디스플레이, 카카오톡 채널 메시지, 동영상, 쇼핑 광고 등을 집행할 수 있다. 카카오모먼트에서는 광고 상품, 목적, 지면, 디바이스, 타겟팅 옵션 등을 선택적으로 세팅(setting)하면서 광고 집행을 할 수 있다. 광고 캠페인 세팅 시 설정 가능한 목적은 동영상 홍보하기, 카카오 친구 늘리기, 웹사이트 방문 늘리기, 전환 늘리기, 다이렉트 메시지 보내기, 온타임(on-time) 메시지 보내기 등이 있다. 광고 캠페인 세팅 시 설정 가능한 타겟팅 방법은 맞춤 타겟팅(리타겟팅), 카테고리 타겟팅, 웹사이트 방문 늘리기 타겟팅 등이 있다. 맞춤 타겟팅(리타겟팅) 기법에는 광고 반응 타겟팅[2], 픽셀 & SDK 타겟팅[3], 플친(플러스 친구) 사용자 타겟팅, 고객 파일 타겟팅[4], MAT 타겟팅[5], 유사 타겟팅[6] 등이 포함되며, 카테고리 타겟팅에는 사용자 행동, 관심사, 사용자 이용 서비스, 키워드 타겟팅 등이 포함된다. 또한 웹사이트 방문 늘리기 타겟팅은 데모 타겟팅과 유사하며, 성별, 나이, 지역 타겟팅 등이 포함된다. 카카오 광고의 게재 지면은 광고 상품 유형별, 카카오 플랫폼의 매체별, 디바이스별, 소재 유형별로 다르다.

---

2) 카카오모먼트 광고 노출을 통해 광고에 반응했던 사용자를 다시 타겟팅하는 기법이다.
3) 사이트 혹은 앱에 전환 추적 태그를 달아서 사용자들의 행동 상태를 파악하는 기법이다.
4) 광고주가 광고 집행 및 브랜드 운영을 통해 확보한 고객의 광고 식별자를 업로드하여 타겟팅하는 기법이다.
5) 픽셀 & SDK과 비슷한 형태의 타겟팅 기법으로 앱 캠페인 진행 시 활용하는 제3자 트래킹 툴과 연동해서 광고 반응 사용자를 끌어오는 기법이다.
6) 광고하고자 하는 타겟 모수와 유사한 타겟을 끌고 오는 기법이다.

•표 14-3• 카카오 광고의 유형별, 매체별, 디바이스별, 소재 유형별 게재 지면

소재 유형	캠페인 유형				카카오톡		카카오스토리		다음		카카오서비스		네트워크	
	카카오 비즈보드	디스플레이	다음쇼핑	동영상	모바일	PC	모바일	PC	모바일	PC	모바일	PC	모바일	PC
이미지 배너	○				○				○		○		○	
이미지 네이티브		○			○	○	○		○	○	○		○	○
이미지 카탈로그		○			○				○					
동영상 네이티브			○	○	○				○		○			
이미지 박스			○						○					

출처: 카카오 비즈니스.

2) 카카오모먼트 광고 상품 종류

[그림 14-7] 카카오 비즈보드 광고

출처: 카카오 비즈니스.

(1) 카카오 비즈보드

카카오 비즈보드(Kakao Bizboard)는 카카오톡 채팅탭의 트래픽을 활용하여 최적의 광고 효율을 이끌어 낼 수 있는 상품이다. 카카오톡 채팅리스트 최상단에 고정된 배너로부터 효율적인 톡 내 랜딩 방식을 광고주가 선택할 수 있으며 광고주가 원하는 최종 액션으로 안내한다. 카카오 비즈보드는 일간 메시지 수신과 발신 100억 건, 하루에도 수많은 사람이 찾는 카카오톡 채팅탭에 노출되며 톡 내에서 비즈니스 액션을 완결시킬 수 있게 도와준다. 즉, 다양한 카카오비즈 솔루션으로 사용자의 최종 마케팅 액션까지 막힘없이 연결할 수 있다. 광고주가 선택할 수 있는 마케팅 액션으로는 원클릭 결제하기, 톡

오브젝트형	썸네일형	마스킹형	텍스트형
- 배경이 제거된 오브젝트 이미지를 사용합니다.	- 박스형, 블러형, 멀티 썸네일이미지를 사용합니다.	- 반원형, 원기둥형 이미지와 로고이미지를 사용합니다.	- 텍스트로만 된 소재로 강조하고 싶은 내용을 담을 수 있습니다.
- 비즈솔루션 배지 또는 앱다운로드 카피를 추가로 설정할 수 있습니다.			

[그림 14-8] 카카오 비즈보드의 네 가지 배너 유형

출처: 카카오 비즈니스.

으로 회원 가입하기, 참여/설문/응모/예약하기, 톡으로 문의하기, 구매하기, 주문하기, 선물하기, 상품구독, 시승 신청하기, 채널 포스트 랜딩하기, 채널 추가하기, 톡캘린더 저장하기 등이 있다.

카카오 비즈보드 광고는 앱스토어 또는 앱, 카카오 서비스, 혹은 애드뷰로 연결할 수 있다. 카카오 비즈보드는 카카오톡뿐만 아니라 다음 앱, 다음 웹툰, 카카오의 주요 서비스에도 노출된다. 카카오 비즈보드는 카카오모먼트에서 등록이 가능하며, 등록 시 광고그룹 게재·지면을 선택할 수 있다. 카카오 비즈보드 광고는 카카오모먼트를 이용하여 광고 등록부터 맞춤 타켓팅, 보고서 확인까지 직접 운영할 수 있어 광고주로 하여금 효율적인 관리를 할 수 있게 해 준다. 또한 캠페인 목표에 따라 픽셀과 SDK를 설치할 때 전환 최적화 기능을 지원해 준다. 카카오 비즈보드는 오브젝트형, 썸네일형, 마스킹형, 텍스트형의 네 가지 유형의 배너를 다양한 형태로 변형해서 마케팅에 최적화된 광고 소재를 제작할 수 있게 해 준다.

(2) 디스플레이 광고

카카오모먼트의 디스플레이 광고는 PC, 모바일의 다양한 지면에 다양한 유형의 크리에이티브로 마케팅 메시지를 전달하는 광고 상품이다. 이 광고 상품은 광고 유형과 광고 목

표를 선택하고, 원하는 집행 대상과 게재 지면을 설정하여 소재를 등록하면 쉽게 디스플레이 광고를 시작할 수 있다. 디스플레이 광고 캠페인의 목표는 도달, 방문, 전환 목표를 설정할 수 있다. 먼저, 도달 목표는 광고주의 제품 또는 서비스를 홍보하기 위해 많은 사람에게 광고를 노출시켜 인지도를 높인다. 둘째, 방문 목표는 광고주가 원하는 랜딩 페이지로 사용자들의 방문을 극대화하여 원하는 마케팅 목표를 달성한다. 셋째, 전환 목표는 광고주의 비즈니스에 대한 관심을 구매 또는 참여, 설치 등의 행동으로 전환한다. 즉, 전환 가능성이 높은 대상에게 최적화된 광고를 노출한다.

광고는 카카오톡, 카카오스토리, 다음, 카카오페이지 및 프리미엄 네트워크 서비스의 지면에 노출된다. 카카오톡에는 친구탭, 채팅탭, #탭, 더보기 탭의 모바일 지면과 PC 로그인 시 노출되며, 다음에는 다음 PC와 모바일 앱 초기 화면, 주요 서비스 최상단 등 콘텐츠 소비 영역에 노출된다. 카카오스토리에는 카카오스토리 사용 시 소식 피드 사이에 자연스럽게 광고가 노출되며, 카카오 서비스에는 카카오 페이지, 카카오 헤어샵과 같은 프리미엄 네트워크 서비스에서 노출이 가능하다. 팝업 그리고 채팅창 하단까지 다양한 콘텐츠 소비 영역에 노출이 되는 카카오 광고는 동영상, 네이티브, 배너 등 다양한 광고 형식을 지원한다.

[그림 14-9] 카카오 디스플레이 광고 노출 영역

출처: 카카오 비즈니스.

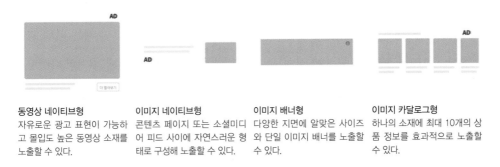

동영상 네이티브형
자유로운 광고 표현이 가능하
고 몰입도 높은 동영상 소재를
노출할 수 있다.

이미지 네이티브형
콘텐츠 페이지 또는 소셜미디
어 피드 사이에 자연스러운 형
태로 구성해 노출할 수 있다.

이미지 배너형
다양한 지면에 알맞은 사이즈
와 단일 이미지 배너를 노출할
수 있다.

이미지 카달로그형
하나의 소재에 최대 10개의 상
품 정보를 효과적으로 노출할
수 있다.

[그림 14-10] 카카오 디스플레이 광고 형식

출처: 카카오 비즈니스.

카카오 광고 플랫폼은 카카오의 기술력으로 적합한 사용자를 찾고 광고가 필요한 순간
을 포착해 광고를 노출할 수 있다. 즉, 데모그래픽(demographic)뿐 아니라 오디언스의 행
동, 관심사, 카카오 서비스, 키워드, 현재 위치에 따라 다양하고 정교한 타겟팅과 오디언스
설정이 가능하다. 카카오모먼트의 디스플레이 광고는 광고 목적에 따라 입찰 방식이 다
르며, 광고주는 선택하는 입찰 방식에 따라 실시간 입찰 경쟁에 참여한다. 예를 들어, 광
고 목표가 방문인 경우 CPC와 CPM 방식으로 입찰에 참여하며, 목표가 전환인 경우 CPA,
CPC, CPM 방식이 모두 가능하다.

디스플레이 광고를 처음 시작하는 경우 카카오모먼트의 '광고 만들기' 프로세스를 통해
캠페인에서 소재 등록까지 순차적으로 진행할 수 있다. 첫째, 카카오 계정으로 카카오모
먼트 플랫폼에 직접 가입한다. 둘째, 원하는 광고 목표와 광고 유형을 선택한다. 셋째, 캠
페인과 광고그룹을 만든다. 여기에서는 선택한 광고 유형과 목표에 필요한 캠페인, 광고
그룹 정보 설정을 진행하고, 광고그룹에서 집행 대상(오디언스, 게재지면, 디바이스) 및 집행
전략(입찰 방식, 예산, 기간 등)을 설정할 수 있다. 넷째, 이미지, 동영상 소재를 등록한다. 다
섯째, 심사 진행과 완료 후 자동으로 광고를 노출한다.

디스플레이 광고 집행의 성공 사례로 제주항공 광고 캠페인을 들 수 있다. 제주항공의
광고 집행 목표는 타겟 지역별 지방발 노선 상품의 인지도 제고이며, 구체적인 목적은 웹
사이트 방문 늘리기를 통한 고객 수 증대이다. 오디언스 타겟팅은 카카오 데이터를 활용
하거나 나이 및 지방발 노선 상품에 따른 지역과 같은 인구통계적 정보를 기준으로 설정

하였다. 디바이스는 가능한 모든 디바이스에 노출하는 것으로 설정하였으며, 게재 지면은 카카오톡, 다음, 네트워크를 선택하였다. 과금 방식은 CPM이며, 광고 소재는 배너 광고를 선택했다. 2019년 3월에 1주간에 걸쳐 광고를 집행한 결과, 이전 캠페인(지역 타겟팅 미설정) 대비 CTR이 2.1배나 증가했다.

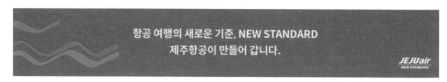

[그림 14-11] 제주항공 광고 캠페인 사례

출처: 카카오 비즈니스.

(3) 카카오톡 채널 메시지 광고

메시지 광고 상품은 카카오톡 채널의 카카오톡 채팅방으로 전달되는 메시지형 광고이다. 메시지 광고는 카카오톡 채널을 더 강력한 비즈니스 수단으로 활용할 수 있으며, 마케팅 목적에 맞게 최적의 순간에, 최적의 친구를 찾아, 최적의 메시지를 발송할 수 있다. 따라서 타겟 관여도가 높은 메시지 광고를 통해 더 효과적으로 사용자들의 카카오톡 채팅방에 마케팅 메시지를 노출할 수 있다. 광고 유형은 와이드 이미지형, 와이드 리스트형, 기본

[그림 14-12] 메시지 광고 형식

출처: 카카오 비즈니스.

텍스트형이 있다. 와이드 이미지형은 큰 사이즈의 이미지를 활용해 주목도 높은 메시지를 구성할 수 있다. 와이드 리스트형은 다양한 주제의 메시지를 리스트 형식으로 구성할 수 있다. 기본 텍스트형은 상품이나 서비스에 대한 자세한 설명이 필요할 때 활용된다.

메시지 광고는 카카오톡 채널과 친구 관계인 사용자 혹은 전화번호, 앱 사용자 아이디로 만든 친구 그룹에게만 발송하거나 카카오톡 채널의 친구인 사용자 중 데모그래픽, 관심사 등을 활용해 타겟 오디언스로 추정되는 사용자에게 메시지를 발송할 수 있다. 메시지 광고는 발송당 구매 방식인 CPMS(Cost Per Message Send)로 제공되며, 메시지는 설정한 발송 일시와 오디언스 설정에 맞춰 한 번에 일괄 발송한다. 데이터, 카카오 데이터, 데모그래픽 중 전체가 아닌 성별, 연령, 지역을 선택하여 발송하는 경우와 실시간 맞춤 타겟 선택 시 건당 금액은 20원이며, 타겟팅 미적용이나 데모그래픽 중 지역−전체(국내), 전체(국내+해외), 디바이스로 설정한 경우 건당 금액은 15원이다.

메시지 광고 캠페인의 성공 사례로 패밀리 레스토랑 브랜드인 VIPS를 들 수 있다. 이 캠페인은 회원이 아닌 LF몰 친구를 대상으로 회원 가입을 유도했다. 구체적인 광고 집행 목표는 신규 회원 가입 증대이고, 발송 대상은 맞춤 타겟이고, 발송 방식은 다이렉트 메시지 보내기이며, 오디언스 설정은 '내 데이터 가져오기 〉고객 파일'에서 설정했다. 메시지 형식은 와이드 리스트형이며, 과금 방식은 CPMS 방식이다. 메시지 발송일은 2019년 1월 14일이었고 광고 집행 결과 기존 대비 2배 이상의 회원 가입률을 달성했다.

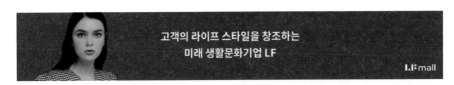

[그림 14-13] LF몰 광고 캠페인 사례

출처: 카카오 비즈니스.

(4) 동영상 광고

카카오 동영상 광고는 카카오 서비스에서 제공하는 동영상 형태의 광고로서 다양한 지면에 노출할 수 있으며, 광고주의 광고를 많은 사람이 조회하도록 유도하여 홍보 및 브랜딩을 강화할 수 있다. 카카오 동영상 광고는 카카오의 다양한 서비스의 프리미엄 콘텐츠 영

[그림 14-14] 카카오 동영상 광고

출처: 카카오 비즈니스.

역 및 영상 콘텐츠에 전 국민 대상 사용자 풀(pool)을 기반으로 브랜드에 적합한 최적의 오디언스에게 동영상 광고를 노출할 수 있으며, 카카오의 전체 사용자들을 기반으로 높은 타겟 커버리지를 확보할 수 있게 해 준다.

카카오 동영상 광고는 인스트림과 아웃스트림 동영상 광고의 두 가지 유형으로 나뉜다. 인스트림 동영상 광고는 시청하는 영상과 동일한 형태로 영상 시청 전과 중간에 몰입도 높은 동영상 소재를 노출할 수 있다. 인스트림 동영상 광고는 카카오톡을 중심으로 뷰탭, 카카오TV앱/웹, 다음 스포츠 영상 등 다양한 동영상 지면에 노출된다. 반면, 아웃스트림 동영상 광고는 카카오의 뉴스, 웹툰 콘텐츠 등에 In-Read[7] 형태로 노출되어 콘텐츠 가독성을 방해하지 않고 자연스러운 브랜드 경험을 제공할 수 있다. 아웃스트림 동영상 광고는 카카오톡, 다음, 카카오스토리, 카카오 서비스 지면에 노출된다. 카카오 동영상 광고는 동영상 조회당 비용이 과금되는 방식(CPV)으로 진행된다.

[그림 14-15] 인스트림(왼쪽)과 아웃스트림(오른쪽) 광고

출처: 카카오 비즈니스.

---

7) 사설(editorial) 형식의 콘텐츠 속에 동영상 광고가 삽입된 네이티브 광고의 일종이다.

(5) 쇼핑 광고

카카오 쇼핑 광고는 입점을 통한 진행으로, 단순 광고 노출이 아닌 쇼핑몰 간의 효율적인 연결을 통해 상품 검색, 카테고리 분류, 가격 비교 등 다양한 서비스를 제공하는 광고이다. 다음은 물론 카카오 스타일, 네이트(Nate) 서비스 사용자에게 모바일과 PC 등 다양한 유입 채널을 통한 광고가 가능하다. 카카오 쇼핑 광고는 쇼핑박스에서 사용자가 다양한 소재를 카탈로그를 보며 쇼핑하는 듯한 경험을 제공할 수 있으며, 성장하고 있는 모바일 결제를 통해 자연스러운 구매 연결을 유도한다. 또한 쇼핑 트렌드, 핫딜, 플러스샵, 카카오 스타일 등 타겟에 맞는 광고가 가능하며, 쇼핑몰의 DB 연동을 통해 쇼핑하우 메인, 상품 검색 및 가격 비교 등 다양한 서비스 영역을 통해 효과적으로 상품을 홍보할 수 있다. 카카오 쇼핑 광고는 사용자가 쇼핑몰로 바로 유입될 수 있는 쇼핑몰 명칭 영역이 제공된다. 이 광고 상품은 모바일 다음의 웹, 앱 내 뉴스, 랭킹, 연예, TV 등 총

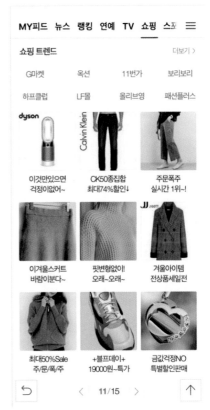

[그림 14-16] 카카오 쇼핑 광고
출처: 카카오 비즈니스.

여덟 개 탭과 PC의 다음 메인 페이지 우측 중단 등 쇼핑에 특화된 영역에 집중하여 노출된다. 쇼핑 광고의 구성은 이미지, 텍스트, 랜딩 URL의 결합으로 되어 있으며, 광고 판매 방식은 구좌 단위 판매 및 CPT(Cost Per Time) 과금 방식이다.

4. 페이스북 광고

1) 페이스북 광고란

페이스북(Facebook)은 2018년 기준 월 사용자 수가 22억 명에 달하는 SNS이자 광고 미디어 플랫폼이다. 페이스북 광고(Facebook advertising)는 상품 판매나 브랜드 홍보를 위해

페이스북 비즈니스 계정을 만들어 일정한 광고비를 지불하고 사람들에게 피드를 통해 광고를 노출하는 방식이다. 페이스북 광고는 크게 '게시물 홍보하기'와 '비즈니스 홍보하기'의 두 가지 방식으로 나눌 수 있다. '게시물 홍보하기'는 말 그대로 비즈니스 게시물을 사람들에게 노출하고 고객 유입을 이끌어 내는 것을 목적으로 한다. 반면, '비즈니스 홍보하기'는 주변 지역에 비즈니스를 홍보하고 웹사이트 트래픽을 늘릴 수 있다. 이 두 가지 방식의 광고는 페이스북 광고 관리자 도구를 통해 세부적으로 타겟팅, 노출 위치, 다양한 광고 형식을 지원할 수 있다.

2) 페이스북 광고 유형

페이스북 광고 유형에는 사진, 동영상, 스토리, 메신저, 슬라이드, 슬라이드쇼, 컬렉션, 플레이어블 등이 있다.

사진 광고는 눈길을 끄는 이미지와 문구를 사용하는 깔끔하고 단순한 광고 형식이다. 사진으로 구성된 고화질 이미지나 그림을 통해 비즈니스 정보와 상품 인지도 제고와 같은 상품 및 서비스 홍보가 가능하다. 페이스북 페이지에서 바로 사진 광고를 만들 수 있다.

동영상 광고는 이동 중에도 볼 수 있는 피드 기반의 짧은 형식부터 긴 형식까지 다양한 길이와 형태로 제작 가능하다. 동영상 광고는 뉴스피드와 와치(watch) 등 콘텐츠가 조회되는 모든 곳에서 재생되며, 주로 동영상 시청 중에 재생되는 미드 롤(mid-roll) 형태로 게재된다. 동영상 광고는 시각 효과와 사운드, 모션을 통해 스토리를 전달하며 광고 및 브랜드 인지도, 구매 의향을 높이는 데 도움을 준다.

스토리 광고는 직접 디자인할 수 있는 전체 화면 광고 형식으로 몰입도 높은 경험을 제공한다. 사람들이 좋아하는 다른 사람들의 일상 이야기를 통해 매 순간 사람들과 소통하며 일상을 벗어나 새로운 경험을 할 수 있게 해 준다. 메신저 광고는 메신저 앱의 '채팅' 탭에 노출되는 광고로서 사람들이 광고를 누르면 메신저 내에서 상세 화면으로 이동된다. 보통 상세 페이지에는 광고주의 웹사이트나 앱, 혹은 메신저 대화로 연결되는 CTA 버튼이 포함된다.

메신저 광고는 사람들이 비즈니스와 대화를 시작하는 데 도움을 주며, 더 많은 고객과 손

쉽게 대화를 시작하게 해 줌으로써 기존고객 또는 잠재고객과의 관계를 형성하게 해 준다.

슬라이드 광고는 여러 컷의 이미지로 이루어진 슬라이드를 옆으로 넘기면서 보는 광고이다. 하나의 광고에 이미지 또는 동영상을 최대 10개까지 추가하고 슬라이드마다 별도의 링크를 포함할 수 있다. 여러 상품을 홍보하거나 한 가지 제품 혹은 서비스에 대한 자세한 정보를 담을 수 있으며, 브랜드 스토리를 각 슬라이드에 이어서 전달할 수 있다. 이 광고는 상품에 대한 고객의 이해도를 높일 수 있으며, 고객은 슬라이드를 넘기면서 더 많은 내용을 확인할 수 있다.

슬라이드쇼 광고는 100% 동영상이 아닌 사운드, 텍스트, 모션이 추가된 여러 컷의 슬라이드 모션 형식이다. 슬라이드쇼 광고는 적은 제작 비용으로 쉽게 만들고 수정할 수 있으

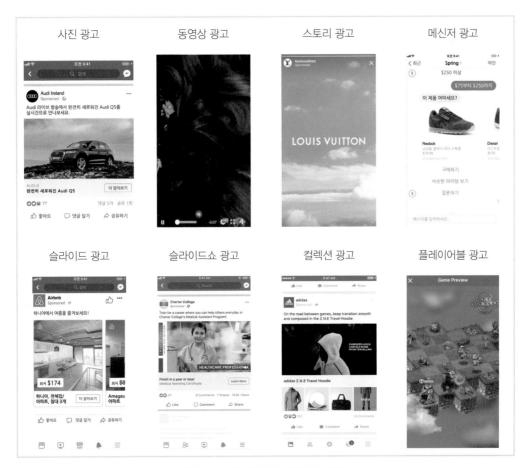

[그림 14-17] 페이스북 광고 형식 종류

출처: Facebook for Business.

며, 인터넷 연결 속도가 느리고 구형 휴대폰 기기를 사용하는 사람이 많은 시장에서 낮은 사양의 동영상 클립 형식으로서 동영상 광고의 장점을 활용할 수 있다.

컬렉션 광고는 메인 동영상 혹은 이미지가 있고, 그 밑에 작은 이미지 세 개가 그리드 레이아웃으로 배치된다. 보통 제품이 네 개 이상 포함된 카탈로그가 있는 경우 한 곳에서 제품을 둘러볼 수 있게 한다. 이 광고 상품은 사람들이 비즈니스의 상품/서비스를 빠르게 둘러보고 제품을 발견한 후 광고를 눌러서 특정 상품에 대해 자세히 알아볼 수 있게 하고 구매까지 가능하게 한다.

플레이어블 광고는 사람들이 플레이할 수 있는 게임 형식의 인터렉티브 동영상 광고이다. 이 광고 상품은 사람들이 게임 앱을 다운로드하기 전에 참여해 볼 수 있는 미리 보기 기능을 제공한다. 따라서 게이머와 고객이 앱을 구매하기 전에 미리 체험해 볼 수 있게 함으로써 앱을 다운로드할 의향이 높은 사용자를 찾는 데 도움을 준다.

3) 페이스북 광고 절차

페이스북 광고 캠페인은, 첫째, 광고를 만들기 전에 먼저 비즈니스 목표를 설정해야 한다. 페이스북 광고의 형식과 종류는 광고주의 비즈니스 목적에 따라 달라진다. 적절한 목표를 선택하기 위해 현재 무엇을 달성하고 싶은지 파악하는 것이 중요하다. 광고 목표는 광고를 본 사람들에게서 유도하려는 행동으로서 세 카테고리에 11개의 세부 목표를 포함한다(〈표 14-4〉 참조).

둘째, 타겟을 선택한다. 도달하려는 사람들에 대해 알고 있는 정보(예: 연령, 위치 및 기타 상세 정보)를 사용하여 인구통계학적 특성, 관심사, 행동 특성을 기준으로 선택한다. 페이스북은 비즈니스의 광고에 공감할 가능성이 가장 높은 사람들에게 광고를 자동으로 노출한다. 페이스북의 세 개의 타겟 선택 도구를 이용하여 광고 게재 대상을 세분화할 수 있는데, 핵심 타겟은 연령, 관심사, 지역 등의 기준에 따라 정의되며, 맞춤 타겟은 온라인이나 오프라인에서 비즈니스에 반응을 보인 사용자에게, 그리고 유사 타겟은 우수 고객과 관심사가 비슷한 새로운 사용자에게 도달한다.

셋째, 타겟 선택 후 광고의 노출 위치를 결정한다. 페이스북, 인스타그램, 메신저, 오디

●표 14-4● 페이스북 광고의 목표

목표	세부 목표	비즈니스 목표
인지도	브랜드 인지도	비즈니스, 브랜드 또는 서비스에 대한 인지도를 높인다.
	도달	타겟 대상에 해당하는 최대한 많은 사람에게 광고를 노출한다.
관심	트래픽	사람들이 페이스북에서 광고주의 웹사이트 랜딩 페이지, 블로그 게시물, 앱 등 원하는 URL로 이동하도록 유도한다.
	참여	게시물에 참여할 가능성이 높은 사람들에게 도달한다. 참여에는 좋아요, 댓글, 공유가 포함되며 광고주의 페이지에서 발급된 쿠폰도 포함된다.
	앱 설치	광고주의 비즈니스의 앱을 다운로드할 수 있는 스토어로 사람들을 유도한다.
	동영상 조회	비즈니스의 동영상을 시청할 가능성이 높은 페이스북 사용자에게 동영상을 공유한다.
	잠재고객 확보	뉴스레터 등록하기 등 광고주의 제품에 관심이 있는 사람들로부터 정보를 수집하는 광고를 만들어 비즈니스에 맞는 잠재고객을 확보한다.
	메시지	페이스북을 이용하는 사람들과 교류하고 잠재고객 또는 기존고객과 소통하여 고객이 광고주의 비즈니스에 관심을 갖도록 유도한다.
전환	전환	사람들이 광고주의 비즈니스 사이트에서 장바구니에 담기, 앱 다운로드, 사이트 가입 또는 구매 등의 특정 행동을 취하도록 유도한다.
	카탈로그 판매	이커머스 매장 카탈로그의 제품을 표시하여 매출을 창출한다.
	매장 유입	오프라인 비즈니스 위치를 근처 사람들에게 홍보한다.

출처: Facebook for Business.

언스 네트워크(audience network) 중에서 선택하거나 모두 선택할 수 있으며, 특정 모바일 기기에 광고가 게재되도록 할 수도 있다.

넷째, 예산 설정이다. 여기에서는 일일 예산이나 총 예산을 입력하고 광고를 게재할 기간을 선택하며, 광고 비용은 설정한 예산을 초과하여 지출되지 않는다.

다섯째, 여덟 개의 광고 형식 중 원하는 형식을 선택한다. 광고에 하나의 이미지나 동영상만을 표시하거나 더 넓은 공간에 여러 이미지를 담는 형식을 사용할 수도 있다.

여섯째, 주문하기에서 광고를 제출하면 올바른 사람들에게 표시될 수 있도록 페이스북 광고 경매로 전송된다.

일곱째, 광고 성과의 측정 및 관리 단계이다. 광고가 게재되면 페이스북 광고 관리자에서 성과를 추적하고 캠페인을 수정할 수 있다. 어떤 광고 버전이 다른 버전보다 성과가 좋은지 또는 광고가 효율적으로 게재되고 있는지 확인하고, 필요한 경우 변경하거나 조정할 수 있다.

5. 인스타그램 광고

1) 인스타그램 광고란

인스타그램 광고(Instagram advertising)는 인스타그램에 공유한 게시물을 홍보하는 것이다. 이미 공유한 게시물이나 스토리를 홍보하고, 새 게시물이나 스토리를 만든 다음 홍보할 수도 있다. 또한 홍보하려는 게시물을 선택한 다음 얼마나 많은 사람이 홍보 게시물을 보고 반응을 보이는지 추적할 수 있다. 따라서 대부분의 소셜미디어 웹사이트와 마찬가지로 인스타그램 광고는 피드에 게재될 수 있다. 인스타그램 광고는 피드를 스크롤(scroll)할 때 비즈니스 이름이 제품 사진 및 캡션과 함께 상단 표시줄에 나타나는 등의 몇 가지 차이점을 제외하고 일반 게시물과 동일한 형식으로 나타난다. 이러한 광고는 회사나 비즈니스의 공식 계정뿐만 아니라 인플루언서로부터 직접 만들어질 수 있다.

인스타그램 광고의 가장 주목할 만한 기능은 사진 아래쪽 가장자리에 있는 '자세히 알아보기' 배너이다. 클릭이 가능한 밝은 색상의 이 배너는 지정한 인스타그램 계정으로 바로 연결되어 제품에 대해 자세히 알아볼 수 있게 해 준다. 계정에 들어온 사람들은 스크롤을 통해 다른 게시물을 확인하거나 공식 웹사이트를 계속 탐색하여 잠재적 구매고객이 될 수 있다. 또한 인스타그램 인사이트 기능이 있는데, 인사이트 화면에 접속하면 '좋아요' '댓글', 노출 수, 프로필 방문, 팔로워, 공유, 웹사이트 클릭 수, 코멘트, 위치를 찾은 사람 수, 연락한 사람 수, 발견 수 등의 캠페인 성과 데이터를 확인할 수 있다. 이를 통해 사용자가 프로필과 관련된 모든 유형의 참여, 특히 프로모션에 따른 내용을 추적할 수 있다.

인스타그램에서 광고를 게재하려면 비즈니스 계정을 설정해야 한다. 비즈니스 계정은 무료이며, 몇 가지 간단한 단계를 통해 설정할 수 있다. 비즈니스 계정의 설정이 완료되면 인스타그램에 광고를 게재하는 세 가지 방법이 있다. 첫째, 인스타그램에 사진과 글을 올리는 등 인스타그램에서 직접 광고를 만들 수 있다. 둘째, 페이스북 페이지에서 광고를 만든 다음 페이스북과 인스타그램에 모두 게재할 수 있다. 셋째, 페이스북의 데스크탑과 '모바일 앱인(App-in) 광고 관리자'에서 모든 앱 제품군의 광고를 만들고 편집하고 인사이트를 얻을 수 있다. 광고 관리자에서는 페이스북과 동일한 효과적인 광고 도구를 통해 한곳에서 모든 인스타그램 캠페인, 광고 세트 및 광고를 설정, 변경하고 성과를 확인할 수 있다. 인스타그램의 광고 게재 절차는 사용자를 보낼 랜딩 페이지와 광고의 노출 대상, 지출할 예산, 광고 기간을 설정하기만 하면 된다. 인스타그램 광고는 클릭당 비용을 뜻하는 CPC 또는 1,000회 노출당 비용(CPM) 방식으로 제공되며, 광고 비용은 구글 애즈와 마찬가지로 광고 입찰 금액에 따라 결정된다. 또한 광고 예산은 일일 예산과 평생 예산 중에서 선택할 수 있으며, 일일 예산의 경우 하루 지출을 제한하고 평생 예산의 경우 예산이 소진될 때까지 일정 시간 동안 광고가 게재되도록 설정할 수 있다.

인스타그램의 주 사용자는 비교적 어린 연령대(18~24세)로서 남성에 비해 여성이 많다. 인스타그램 광고는 브랜드의 정확한 타겟팅을 도와주기 위해 특정 성별, 연령, 위치, 관심사 및 행동을 대상으로 하는 인구 통계 정보를 제공한다. 맞춤 또는 유사 잠재고객을 생성하여 특성을 가진 사용자나 유사한 특성을 가진 사용자에게만 광고를 노출할 수 있다. 또한 타겟층이 가장 활발한 시간대에 따라 광고를 게재할 특정 시간 또는 요일을 지정할 수 있다.

인스타그램 광고를 통해 얻을 수 있는 가장 큰 장점은 전체 캠페인에 대한 통제이다. 예산에서 광고 소재, 잠재고객 환경 설정에 이르기까지 언제든지 캠페인을 시작 및 중지하고 변경할 수 있다. 광고를 게재할 준비를 마치면 '홍보 만들기'를 누르고, 광고가 승인되고 게재 준비가 끝나면 알림이 표시된다. 인스타그램 광고는 '인스타그램 파트너' 제도를 운영한다. 인스타그램 파트너는 인스타그램의 엄격한 심사를 통해 인증된 각 분야의 전문가를 말한다. 만약 빠른 지원이나 추가적인 도움이 필요한 경우 인스타그램 파트너를 통해 광고 구매, 크리에이티브 소싱 및 게재 등에 대한 지원을 받을 수 있다.

2) 인스타그램 광고 유형

인스타그램 광고에는 일곱 개의 광고 유형이 있다. 첫째, 이미지 피드 광고는 사진 한 장을 피드의 게시물로 게재하는 형식이며, 단순하면서도 깔끔하고 아름다운 크리에이티브

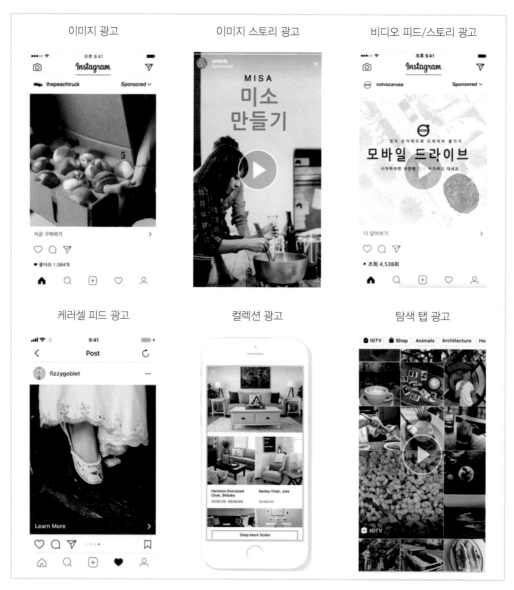

[그림 14-18] 인스타그램 광고 유형

출처: Facebook for Business.

공간을 통해 브랜드 스토리를 전달할 수 있다. 정사각형, 가로 방향 또는 세로 방향의 이미지를 사용할 수 있다. 둘째, 이미지 스토리 광고는 인스타그램의 스토리로 나타나는 단일 사진 또는 여러 사진을 말한다. 셋째, 비디오 피드 광고(동영상 광고)를 사용하면 시각, 음향 효과 및 역동적인 요소를 통해 이미지 광고 못지않게 몰입도 높은 시각적 경험을 제공할 수 있다. 최대 60초 길이의 동영상을 공유할 수 있다. 넷째, 비디오 스토리 광고는 인스타그램 스토리에 나타나는 짧은 동영상으로서, 행동을 유도할 수 있도록 독창적이고 눈길을 끌며 몰입도 높은 전체 화면 광고 형식을 제공한다. 다섯째, 케러셀(carousal) 피드 광고는 슬라이드 광고로서 옆으로 살짝 밀어 하나의 광고에서 여러 이미지나 동영상을 볼 수 있다. 여섯째, 컬렉션 광고는 피드에서 여러 제품의 이미지가 그리드 레이아웃 형태로 보이는 광고 형식이다. 일곱째, 탐색 탭 광고(explore tab ad)는 이미지와 동영상으로 이루어지며, 탐색 그리드 자체에는 광고가 표시되지 않지만 사용자가 탐색 게시물을 탭하고 검색 피드를 스크롤하면 광고가 표시되기 시작한다.

디 지 털 시 대 의 애 드 테 크 신 론

제15장

구글 애널리틱스 (GA)

1. 구글 애널리틱스(GA)란

정확한 통계 수치가 나와 있지는 않지만 국내에서도 많은 기업이 웹로그 분석 서비스를 이용하고 있다. 대기업 등 일부 업체에서는 구글(Google)이나 어도비(Adobe) 등에서 제공하는 고가의 프리미엄 웹로그 분석 서비스를 이용하기도 하지만, 대부분의 기업들은 무료 서비스인 구글 애널리틱스(Google Analytics: GA)와 네이버 애널리틱스, 유료 서비스인 에이스 카운터와 로거 등의 분석 도구를 주로 사용한다. 이들 웹로그 분석 도구 중에서 가장 많이 사용되고 있는 것은 구글 애널리틱스이다. 2015년 기준 전 세계 포춘 500대 기업의 구글 애널리틱스 사용률은 69%에 달하며, 데이터 분석 도구 시장에서 2020년 9월 트래픽 기준으로 70% 이상을 점유하고 있다. 구글 애널리틱스를 사용하는 이유는 무료 서비스, 강력한 기능, 우수한 사용자 인터페이스, 광고솔루션의 확장성과 통합성, 지속적인 기능 업데이트, 활용법 학습의 용이 등을 들 수 있다.

첫째, 구글 애널리틱스를 사용해야 하는 첫 번째이자 가장 명확한 이유는 비용이 전혀 들지 않는다는 점이다. 운영할 웹사이트와 구글 계정만 있으면 누구나 구글 애널리틱스를 사용할 수 있다.

둘째, 구글 애널리틱스는 무료 서비스임에도 불구하고 그 어느 디지털 분석 도구보다 강력하고 뛰어난 기능을 제공한다. 좀 더 자세히 살펴보면, 구글 애널리틱스는 ① 100가지가 넘는 표준 보고서(standard reports)를 제공하는 등 방문자에 관한 방대한 데이터를 제공한다. ② 구글에서 기본적으로 제공하는 표준 보고서 이외에 분석하고자 하는 데이터(측정기준과 측정항목)를 선택하여 나만의 맞춤 보고서(custom reports)를 만들어 활용이 가능하다. ③ 시스템 세그먼트 및 맞춤 세그먼트 기능을 사용하여 심층적인 세그먼트 분석이 가능하다. ④ 구매나 회원 가입 등 매크로 전환(목표/이커머스) 설정, 상담 신청, 자료 다운로드와 같은 마이크로 전환에 대한 이벤트 설정, 다양한 기기를 통한 유입을 파악할 수 있도록 하는 사용자 ID(User ID) 설정 기능을 통해 고객을 보다 심층적으로 이해하는 데 도움이 되는 데이터를 추가로 수집할 수 있다. ⑤ 구글의 강력한 클라우드 인프라에 힘입어 데이터 처리 속도가 빠르다.

셋째, 사용자 인터페이스(user interface)가 간결하고 직관적이기 때문에 사용하기 쉽다. 또한 표 이외에 그래프, 파이 차트 등 다양한 시각화 방식으로 지표를 제공함으로써 데이터를 쉽게 이해할 수 있다.

넷째, 솔루션의 확장성과 통합성이 뛰어나다. 디지털 광고 솔루션인 구글 애드워즈뿐만 아니라 구글 태그관리자, 구글 데이터 스튜디오, 구글 옵티마이즈 등 디지털 분석 시 함께 활용하면 좋은 다른 구글 도구들과 쉽게 연동·통합하여 사용이 가능하다.

다섯째, 지속적인 기능 업데이트가 이루어진다. 2017년 한 해만 보더라도 홈(Home), 탐색(Discover) 메뉴와 더불어 고객 생애 가치, 사용자 탐색기, 잠재고객 보고서 등이 추가되고, 새로운 방식의 태그(global site tag)가 도입되는 등 기능 업그레이드가 지속적으로 이루어지고 있다. 또한 2020년부터 모바일 앱로그 분석 기능이 추가되어 웹과 앱 데이터의 교차분석(cross analysis)이 가능하다. 이처럼 사용자가 쫓아가기 힘들 만큼의 지속적인 기능 개선은 구글 애널리틱스가 갖는 또 다른 중요한 장점에 해당된다.

여섯째, 활용법 학습이 용이하다. 최근에 개선된 구글 공식 도움말 사이트, 동영상 강좌 등 다양한 방법으로 주요 기능과 그 활용법을 익힐 수 있다. 또한 필요한 정보를 획득할 수 있는 국내외 블로그도 많이 있다. 좀 더 효율적이고 체계적인 학습을 원하면, 오프라인 강의를 들어 보는 것도 좋은 방법이다. 구글 애널리틱스 학습에는 구글 웹로그 분석 고객센터(https://support.google.com/analytics#topic=3544906) 혹은 구글 애널리틱스 아카데미 공식 동영상 강좌(https://analytics.google.com/analytics/academy)에서 도움을 받을 수 있다.

2. 구글 애널리틱스 활용하기

구글 애널리틱스를 사용하면 ① 웹사이트에 어떤 사용자들이 방문하는지, ② 이 방문자들이 어떤 채널을 통해서 방문하는지, ③ 웹사이트에 도착해서는 어떤 행동 패턴을 보이는지, ④ 최종적으로 구매, 상담 신청 등 웹사이트의 전환이 얼마나 발생했는지 등 고객과 관련한 광고주/마케터의 많은 질문에 대해 인사이트를 얻을 수 있다. 다음은 그러한 질문의 예이다.

- 얼마나 많은 사용자가 웹사이트를 방문하는가?

- 웹사이트 방문자들의 연령대와 성별, 거주 지역은 어떠한가?

- 데스크탑과 모바일 중 어느 기기에서의 유입 비중이 더 높은가?

- 어떤 검색 엔진 혹은 웹사이트에서 주로 트래픽이 유입되는가?

- 구매 전환에 가장 많은 기여를 하는 마케팅 활동은 무엇인가?

- 브랜드 키워드를 통한 유입은 지속적인 증가 추세를 보이는가?

- 웹사이트에서 방문자들이 가장 선호하는 페이지 혹은 콘텐츠는 무엇인가?

- 어떤 랜딩 페이지에서 리드가 가장 많이 생성되는가?

- 구매가 주로 일어나는 시간대 혹은 요일은?

- 구매 전환으로 이어진 방문자들은 그동안 어떤 경로를 통해 웹사이트를 방문했는가?

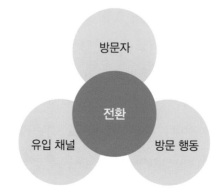

[그림 15-1] 구글 애널리틱스의 주요 분석 카테고리

출처: 김종진(2018. 5. 21.).

3. 구글 애널리틱스의 계층 구조

1) 조직

구글 애널리틱스는 구 버전인 유니버설 애널리틱스(Universal Analytics: UA)와 2020년에 업데이트된 새로운 버전인 GA4가 있다. 구글 애널리틱스는 조직(organization), 계정(account), 속성(property), 데이터 스트림(data stream), 구 버전의 경우에는 보기(view) 수준의 네 가지 계층으로 구조화되며, 각 계층 수준마다 마케터에게 사용자의 사이트 방문 시발생하는 웹로그 데이터 분석 권한을 부여할 수 있다. 제일 상위 계층인 조직은 회사를 나타내며, 회사의 제품 계정(예: 애널리틱스, 태그 관리자, 최적화 도구)에 액세스하여 제품 사용자의 권한과 제품 간 통합을 관리할 수 있게 해 준다. 구글 애널리틱스의 접속 사이트인 marketingplatform.google.com/home에서 조직에 접속하며, 조직의 설정은 선택사항이지만 조직이 제공하는 이점 때문에 권장된다.

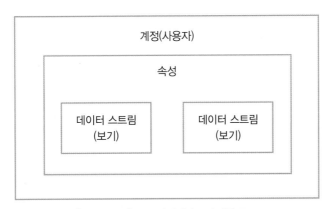

[그림 15-2] 구글 애널리틱스의 계층 구조

2) 계정

구글 애널리틱스 계정(account)은 GA에 접속할 수 있는 지점으로 가장 중요한 위치이다. 단일 구글 로그인에서 계정을 100개까지 만들 수 있다. 구글 애널리틱스 계정은 애널리틱스의 출입구(gateway)로, 애널리틱스 속성의 컨테이너(container)를 제공한다. 계정을 만들 때 기존 조직에 계정을 추가할 수 있다. 구글 애널리틱스 사용자는 구글 이메일 주소로 계정을 식별한다. google.com/analytics에서 구글 이메일 주소 및 비밀번호를 사용하여 애널리틱스에 로그인하면 이메일 주소가 연결된 모든 계정 및 속성에 액세스할 수 있다. 구글 애널리틱스의 계정 수준에서 이용 권한이 있는 경우 해당 계정에 속하는 모든 속성을 볼 수 있다. 속성 하위 집합에 대한 권한만 있는 경우 해당 속성과 데이터 스트림만 볼 수 있다.

특정 웹사이트를 추적하기 위한 추적 코드는 자바스크립트(웹페이지 기능을 향상시키기 위해 광범위하게 사용되는 가벼운 프로그래밍 언어)로 작성되어 있다. 구글의 업데이트 버전인 GA4는 웹사이트와 모바일 앱의 두 가지 유형을 추적할 수 있다. 이럴 때 웹사이트와 모바일 계정 각각을 따로 만들어야 한다. 모바일 앱의 경우 웹과 달리 기본 설치는 안드로이드 SDK나 iOS SDK를 통해 추적이 이루어진다. 모바일 구글 애널리틱스에서 SDK가 설치되면 ADID나 IDFA 자료를 수집할 수 있다. 하나의 웹사이트에 앞의 두 가지 설치 방식을 모두 사용할 수 있지만, 일반적으로 둘 중 하나를 사용한다.

구글 애널리틱스 계정 생성은 매우 간단하다. 구글 계정이 있는 누구나 구글 애널리틱스를 검색하고 계정 생성에 동의하기만 하면 나만의 구글 애널리틱스 계정을 만들 수 있다. 첫째, 구글 애널리틱스 홈페이지(http//www.google.com/analytics)에 접속해서 계정 만들기를 클릭한다. 이때 반드시 구글 계정이 있어야 계정 만들기가 가능하고, 구글 애널리틱스의 사용은 크롬에서 최적화되기 때문에 크롬 브라우저를 권장한다. 둘째, 새 계정을 생성한다. [그림 15-3]에서 보이듯이 빈칸의 내용을 빠짐없이 하나씩 작성하고 체크한다. 셋째, 이어지는 '공유 설정' 화면에서 데이터 공유 설정을 디폴트값으로 모두 선택된 상태 그대로 둔 후 좌측 하단의 '추적 ID 가져오기' 버튼을 클릭하면 구글 애널리틱스 서비스 약관 창이 새로 뜬다. 약관 창 좌측 상단에 있는 드롭다운 메뉴에서 국가를 대한민국으로 선택한 후 '동의함' 버튼을 클릭하면 나만의 계정 생성이 완료된다.

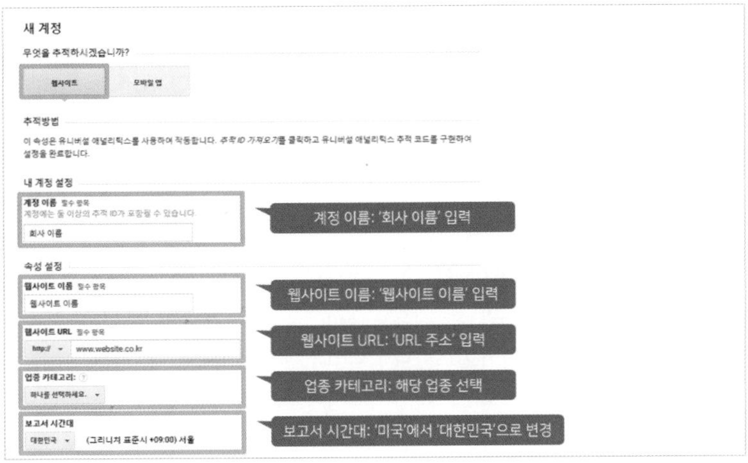

[그림 15-3] 구글 애널리틱스 계정 만들기-계정 정보 입력

출처: 김종진(2018. 5. 24.).

[그림 15-4] 구글 애널리틱스 계정 만들기 - 공유 설정

출처: 김종진(2018. 5. 24.).

3) 속성

구글 애널리틱스 속성(property)은 분석 대상인 웹사이트 혹은 모바일 앱을 말한다. 나의 계정에 속성을 추가해야만 웹사이트 혹은 모바일 앱에서 원하는 데이터 수집이 가능하다. 단일 구글 애널리틱스 계정은 최대 50개의 속성을 가질 수 있다. 구글 애널리틱스 속성

● 표 15-1 ● 구글 유니버설 버전과 GA4 버전 차이

유니버설(universal) 속성(구 버전)	GA4 속성(업데이트 버전)
구글 유니버설 애널리틱스(UA)는 구 버전으로서 웹사이트만 분석할 수 있지만, 편리성 때문에 아직도 많은 마케터가 사용하고 있다. UA의 구조는 '계정-속성-보기'로 이루어져 있다. 보기는 속성에 종속되며 속성은 계정에 종속된다. 만약 한양대학교에서 운영하는 웹사이트가 두 개라면, 한 개의 계정에 두 개의 속성으로 구성된다. 웹사이트마다 계정을 여러 개 생성할 필요가 없다. 계정을 많이 생성하면 관리가 그만큼 어렵다.	새 버전인 GA4 속성에는 기존의 웹사이트에서 앱을 추가되었다. 예를 들어, 구글 플레이와 앱 스토어를 통해 판매하는 게임 앱이 있고 해당 앱의 마케팅 웹사이트가 있는 경우, 앱만 나타내거나 앱과 웹사이트를 나타내는 속성을 만들 수 있다. GA4 속성에는 하위 계층에 '보기' 대신에 '데이터 스트림(data stream)'이 있다. 즉, GA4 속성은 속성으로 데이터를 전송하는 고객 터치포인트에 별도의 데이터 스트림이라는 개념을 사용한다.

은 앱과 사이트에서 수집하는 데이터를 기반으로 하는 보고서를 담는 컨테이너(container)이다. 구글 애널리틱스 계정 생성에 이어서 두 번째 단계인 속성 생성에서 한 계정에 최대 100개의 속성을 만들 수 있다. 속성에는 업데이트 버전인 구글 GA4와 과거 버전인 유니버설 애널리틱스(UA)의 두 가지가 있다. 계정당 하나의 속성과 같이 일대일 관계를 사용하거나 계정당 여러 개의 속성과 같이 일대다 관계를 설정할 수 있다.

4) 데이터 스트림

데이터 스트림(data stream, GA4 버전)은 '연결' 혹은 '정보 전송 흐름'이라는 뜻으로 고객 터치 포인트(앱, 웹)에서 애널리틱스로의 데이터 흐름을 말한다. 업데이트된 버전인 구글 GA4는 하나의 속성 안에서 웹과 앱의 로그 데이터를 모두 분석할 수 있으며, 두 개 이상의 웹사이트 분석도 가능하다. 따라서 두 개 이상의 연결, 즉 데이터 스트림이 필요하다. 데이터 스트림 생성 단계에서 각 GA4 속성은 최대 50개의 데이터 스트림(앱 및 웹 데이터 스트림의 조합)을 포함할 수 있다. 데이터 스트림을 만들 때, 애널리틱스는 해당 데이터를 수집하기 위해 앱 또는 사이트에 추가하는 코드 스니펫을 생성한다. 데이터는 코드를 추가할 때 수집되며, 해당 데이터는 보고서의 기반이 된다. 안드로이드 및 iOS와 같은 여러 플랫폼에서 단일 논리 애플리케이션의 데이터를 수집하는 경우 각 플랫폼에 대한 데이터 스트림을 만든다 (예를 들어, 구글 플레이의 게임 앱에 대한 데이터 스트림 하나와 앱 스토어의 게임 앱에 대한 다른

데이터 스트림 하나). 데이터 스트림을 삭제하는 경우 이전 데이터가 애널리틱스에 남아 있게 되지만 이전 데이터는 추가로 처리되지 않으며 보고서 필터에 사용할 수도 없다.

5) 보기

일반적으로 구글 애널리틱스 계정을 생성하면 한 개의 속성과 한 개의 보기가 생성된다. 구 버전인 유니버설 애널리틱스에만 있는 '보기'는 속성의 데이터를 볼 수 있게 한다. 속성 하나에 여러 개의 보기를 추가해 지정된 데이터 보고서를 볼 수 있다. 각 구글 애널리틱스 속성은 최대 25개의 속성 보기를 포함할 수 있다. 만약 실수로 보기를 삭제해도 35일 동안 복원이 가능하다. 보기는 보고용, 테스트용, 원본의 최소 세 개를 생성하는 것이 좋다. 목표를 설정하거나 필터를 적용하는 경우 테스트용 보기에 미리 적용하고 이상이 없을 경우 보고용 보기에 적용하는 습관을 길러야 한다. 보기를 복사하는 방법은 먼저 보기 설정에 접속해서 'Copy View' 버튼을 클릭한 후 신규 보기의 이름을 입력하고 생성 버튼을 클릭하면 된다. 기존 보기를 복사하게 되면 보고용 보기에는 내부 직원 트래픽을 제외하는 필터를 적용한다.

4. 구글 애널리틱스 추적 코드 설치

1) 추적 코드란

구글 애널리틱스 계정의 생성이 끝났더라도, 보고자 하는 데이터가 어디 있는지 구글 애널리틱스에 알려 주지 않았기 때문에 내가 원하는 데이터는 볼 수 없다. 그럴 때 필요한 것이 바로 사용자 '추적 정보'이다. 구글 애널리틱스에서 데이터를 보기 위해서는 사용 권한이 있는 사이트에 구글 애널리틱스 계정의 추적 정보를 심어 주기만 하면, 해당 사이트에 대한 정보가 실시간으로 입력된다. 구글 애널리틱스의 구조는 상위 레벨에서부터 아래로 '계정-속성-보기'의 3단계로 구성되어 있으며, 이 중 속성 단위에서 GA 추적 코드(GA

Tracking Code: GATC)가 발급된다. 이 추적 코드는 고유한 추적 ID를 담고 있으며 자바스크립트(JavaScript) 코드로 되어 있다. 모든 구글 로그인은 무제한으로 계정, 속성, 속성 보기에 대한 접근 권한을 받을 수 있다.

2) 추적 코드 설치 과정

기본 추적 코드는 태그(tag) 혹은 스크립트(script)라고도 불리며, 구글 애널리틱스 계정에서 확인이 가능하다. 구체적으로 보기 화면 왼쪽 하단에 위치한 '관리'를 클릭한 후 '속성 만들기'를 클릭하면 하단에 '추적 정보'가 나온다. '추적 정보' 아래의 '추적 코드'를 클릭하면 추적 코드가 보인다. 즉, 추적 코드 설치의 1단계는 GA 계정〉관리자〉속성〉추적 정보〉추적 코드(gtag.js) 확인을 거친다.

2단계는 범용 사이트 태그(gtag)로 구글 애널리틱스를 연결하는 과정이다. 일반적으로 구글 애널리틱스를 연동하기 위해서는 계정에 나와 있는 추적 코드인 태그(gtag)를 전부 복사해서 웹사이트 소스(source) 코드의 헤드 부분의 〈head〉와 〈/head〉사이에 갖다 붙이

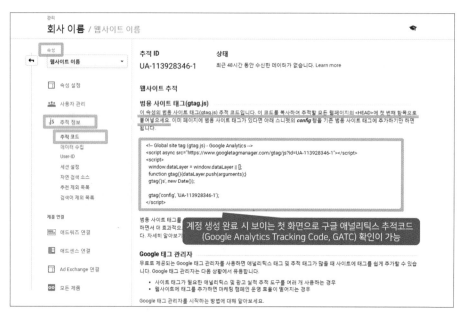

[그림 15-5] 구글 애널리틱스 계정 내 추적 코드의 예

출처: 김종진(2018. 5. 24.).

면 된다. 구체적으로 구글 애널리틱스 계정의 추적 ID 밑에 나와 있는 태그 내용을 모두 긁어서 붙여 넣으면 된다. 흔히 태그(tag)라고도 부르는 구글 애널리틱스 추적 코드를 웹사이트 내 모든 페이지에서 실행되도록 헤드(head) 부분에 심어 놓으면, 사용자가 웹사이트를 방문할 때마다 이 태그가 실행되면서 방문자 데이터를 수집하여 구글 애널리틱스 서버로 전송하게 된다. 만약 티스토리와 같이 별도로 플러그인이 마련되어 있는 사이트의 경우, 내 구글 애널리틱스 계정의 추적 ID 입력만으로 연동이 가능하다.

태그 관리자(Google Tag Manager: GTM)를 통해서 추적 코드를 설치할 수도 있다. GTM을 통해 설치할 때는 웹사이트의 모든 페이지에 GTM 컨테이너를 포함시키고, 구글 애널리틱스를 GTM 컨테이너 속에 태그(스크립트)로 추가하면 된다. 실제로 추적 코드(스크립트)를 자사에서 운영하는 웹사이트에 설치하는 구체적인 방법은 웹사이트가 어떤 솔루션 (예: 카페24, 메이크샵 등 임대형 쇼핑몰, 워드프레스, 홈페이지 요리사 등의 솔루션, 기타 자체 제작)으로 제작되었는지에 따라 조금씩 방법이 다르다. 하지만 기본 원칙은 웹사이트 관리자 메뉴의 디자인 편집 기능을 사용하거나 FTP 접속을 통해 홈페이지 소스 코드의 헤드 (head) 부분에 구글 애널리틱스 스크립트를 추가하면 된다. HTML, CSS, 자바스크립트 등 개발 언어에 대한 지식이 전혀 없어 앞의 설명이 이해가 안 되면 사이트 개발자에게 부탁해야 한다.

[그림 15-6] 추적 코드 설치 예

출처: 김종진(2018. 5. 24.).

추적 코드 설치 시 주의할 점은 웹사이트 내 모든 페이지에서 태그가 실행될 수 있도록 해야 한다는 것이다. 그 이유는 구글 애널리틱스를 포함한 웹 분석에서는 사용자가 광고주 웹사이트를 방문한 시점부터 웹사이트를 떠나는 시점까지의 모든 행동 데이터를 수집해서 분석하기 때문이다. 또한 모바일 웹사이트를 별도로 운영하는 경우, 모바일 페이지에도 추적 코드(스크립트)를 설치하여 모바일 트래픽 데이터가 누락되지 않도록 한다. 카페24, 고도몰, 메이크샵 등의 주요 임대형 쇼핑몰의 경우 모두 모바일 페이지가 별도로 존재한다. 페이스북의 공통 픽셀, 구글 애드워즈의 리마케팅 스크립트, 네이버 검색 광고 공통 스크립트 등 모든 페이지에 적용하는 광고 성과 측정용 스크립트도 동일한 방식으로 설치가 가능하다. 솔루션별 자세한 스크립트 설치 방법은 '구글 애널리틱스 스크립트 설치 가이드' 링크를 참조하면 된다.

여기까지 추적 코드 설치 작업이 완료되면 이제 진짜 구글 애널리틱스를 시작할 수 있다. 최종적으로 추적 코드(스크립트)가 제대로 삽입되었는지는 실시간 보고서를 통해 쉽게 확인할 수 있다. 즉, 구글 애널리틱스 추적 코드가 심어져 있는 웹사이트에 방문하게 되면 구글 애널리틱스 실시간 보고서를 통해 방문자의 실시간 유입 현황을 파악할 수 있다. 처음에는 실시간으로 사이트에 들어오는 사용자를 파악할 수 있게 되는 정도에 불과하지만, 추후에 다양한 캠페인의 목표를 설정하고, 이벤트를 설정하고, 잠재고객을 생성하게 되면 더 풍부한 데이터를 볼 수 있게 된다.

3) 추적을 위한 브라우저 요구사항

구글 애널리틱스에서 웹페이지로부터 데이터를 기록하려면 브라우저가 자바스크립트, 쿠키(cookies), 이미지(images)의 세 개의 기능을 지원해야 한다. 다행스럽게도 이 모든 브라우저가 기능을 지원하지 않는 방문자의 비중은 매우 낮다. 기껏해야 3% 이내이고 대체로 1% 미만에 해당한다. 더구나 그러한 방문자를 추적할 수 있다고 하더라도 대부분의 경우에는 의도적으로 일반 사용자 경험에서 벗어난 잠재고객 세그먼트를 분석하거나 최적화하는 데 초점을 맞추는 것은 바람직하지 않다.

(1) 자바스크립트

자바스크립트는 웹페이지 기능을 향상시키기 위해 광범위하게 사용되는 가벼운 프로그래밍 언어이다. 웹사이트를 추적하기 위한 구글 애널리틱스의 모든 구성요소는 자바스크립트로 작성되었으며, 다음을 포함한다. 첫째, 페이지에 넣은 구글 애널리틱스 추적 코드 스니펫(GA tracking code snippet), 둘째, 구글 애널리틱스 추적 코드 스니펫이 참조하는 주 analytics.js 파일, 셋째, 이커머스 거래처럼 페이지에서 별도로 실행하는 구글 애널리틱스 추적 자바스크립트이다. 구글 애널리틱스 추적 자바스크립트와 자바가 구문적으로는 어느 정도 관련이 있지만, 이들은 다른 목적으로 사용되는 다른 언어이다.

(2) 쿠키

구글 애널리틱스 추적 코드(GATC)를 실행하면 가장 먼저 사용자가 현재 웹사이트를 열어 둔 브라우저에 _ga 쿠키가 존재하는지 확인한다. 만약 쿠키가 삭제되어 있거나 없다면 새 쿠키가 생성된다. 쿠키가 있는 경우 그 세션은 구글 애널리틱스에 재방문자로 기록된다. 이 두 경우 모두 만료일자는 현재 일자 기준 2년으로 설정된다. 일부 조사에 따르면, 평균 30%의 웹 사용자가 최소 한 달에 한 번은 쿠키를 삭제하는 것으로 나타났다. 방문자가 브라우저에 자사 쿠키를 비활성하거나 추적을 막아 두었다면 그 세션은 구글 애널리틱스에 기록되지 않는다. 방문자가 2년 이내에 동일 브라우저와 동일 기기를 사용해 재방문했고 쿠키를 삭제한 적이 없다면 구글 애널리틱스는 그 방문자를 재방문 사용자로 인식한다.

단일 브라우저에서 여러 _ga 쿠키를 저장할 수 있다는 사실은 중요하지 않다. 사용자가 방문했던 웹사이트 중 구글 애널리틱스가 추적하는 웹사이트별로 _ga 쿠키가 하나씩 있다. 구글 애널리틱스의 많은 계산은 해당 웹사이트를 열어 둔 브라우저의 기존 _ga 쿠키 검출에 직접 의존한다. 다음 조건에 하나라도 해당하면 구글 애널리틱스에서 재방문자를 신규 방문자로 기록한다. ① 다른 기기, ② 동일 기기의 다른 브라우저, ③ 이전 세션 이후 사용자가 쿠키를 삭제한 경우, ④ 이전 세션이 브라우저 시크릿 모드에서 이루어진 경우이다. 앞의 네 가지 경우 모두 구글 애널리틱스 보고와 기능에 영향을 미쳐, 방문 수 및 재방문자 수가 적은 것으로 왜곡하거나 마지막 방문 이후 경과일 수가 더 작은 것으로(더 최근인 것으로) 왜곡하고, 사용자 수가 더 많은 것으로 왜곡하거나 다채널 유입경로 보고서에서 지원 채널이 손실된다.

(3) 이미지

이미지도 구글 애널리틱스 데이터를 생성하기 위해 브라우저에서 반드시 사용할 수 있어야 한다. 이는 analytics.js가 추적 픽셀(tracking pixel)이라고도 불리는 단일 픽셀로 이루어진 __utm.gif라는 이름의 이미지 파일을 구글 애널리틱스 서버에 요청함으로써 구글 애널리틱스 서버에 데이터를 전달하기 때문이다. analytics.js가 추적 픽셀을 요청할 때 URL과 타임스탬프, 브라우저 버전 같은 구글 애널리틱스 데이터를 덧붙인다. 아주 드물게 추적 픽셀을 직접 처리해야 하는 경우가 생기지만, 이 추적 픽셀은 화면 뒷단에서 데이터를 수집하는 기능으로 이해하는 것이 좋다.

5. 구글 애널리틱스 표준 보고서의 5가지 유형

사용자가 구글 애널리틱스 추적 코드가 삽입된 페이지에 접속하면 추적 코드가 바로 사용자 데이터를 수집한다. 예를 들어, 사용자가 어떤 페이지를 보고, 어떤 페이지로 이동했는지, 어떤 국가 IP에서 접속했는지, 어떤 기기를 통해 접속했는지, 방문자의 성별 및 연령은 어떠한지 등의 데이터를 수집한다. 흔히 표준 보고서(standard reports)라고 하는 구글 애널리틱스 기본 보고서는 실시간, 잠재고객, 획득, 행동 및 전환 보고서를 포함한 총 5개의 유형으로 구성된다. 실시간 보고서(real-time report)는 현재 웹사이트에 접속해 있는 방문자의 개략적인 정보를 보여 준다. 잠재고객 보고서(audience report)는 방문자의 정보(성별, 나이 등의 인구통계와 행동)를 보여 준다. 획득 보고서(acquisition report)는 방문자가 웹사이트에 어떤 경로(검색, SNS, 광고 등)로 유입되었는지를 보여 준다. 행동 보고서(behavior report)는 방문자가 웹사이트에 유입되어 어떤 행동(예: 어떤 페이지를 보고, 어디서 이탈하며, 종료하는지 등)을 하는지를 추적한다. 전환 보고서(conversion report)는 방문자가 웹사이트 내에서 광고주가 정한 캠페인 목표(예: 회원 가입, 장바구니 담기, 결제 등)를 달성하는지 등의 전환 행동을 추적한다.

●표 15-2● **구글 애널리틱스의 표준 보고서 종류**

표준 보고서 유형	내용
실시간	사용자의 웹사이트 내 활동의 실시간 모니터링
잠재고객	어떤 사용자가 웹사이트를 방문하는가
획득	어떤 캠페인/채널을 통해 웹사이트를 방문하는가
행동	웹사이트에서 어떤 행동 패턴을 보이는가
전환	전환으로 얼마나 이어졌는가

1) 실시간 보고서

실시간 보고서는 사이트의 동향이나 방문자의 활동 정보를 실시간으로 파악하기 위해 사용한다. 실시간 보고서에는 전반적인 개요, 접속 위치, 트래픽(매체) 소스, 콘텐츠(모바일 앱 속성의 경우 화면), 이벤트, 전환 등 여섯 개의 세부 보고서가 있다. 이러한 여섯 개의 세부 보고서에는 활성 사용자, 최근 30분의 분당 조회 수와 최근 60초의 초당 조회 수 등과 같은 정보가 공통으로 제공된다. 실시간 보고서에서 가장 중요한 개념은 '활성 사용자'이다. 활성 사용자는 최근 5분 이내에 구글 애널리틱스 데이터를 전송한 사용자이다. 만약 사용자가 5분이 되기 전에 사이트를 이탈하였거나 아무런 활동 없이 5분이 지났다면 해당 사용자는 집계에 포함되지 않는다.

세부적으로 살펴보면, 첫째, 개요 보고서에서는 활성 사용자를 기본으로 현재 인기 있는 페이지, 유입 채널, 유입 키워드, 인기 위치 등 사이트의 전반적인 현황을 실시간으로 확인할 수 있다. 둘째, 위치 보고서에서는 활성 사용자의 지역적 위치와 함께 최근 30분 동안 각 도시에서 조회한 페이지 수 또는 화면 수를 확인할 수 있다. 셋째, 트래픽 소스 보고서에서는 사용자의 유입 정보를 확인할 수 있다. 기본적으로 직접 유입, 무료 검색, 유료 검색, 추천, SNS 등의 유입 채널의 유형과 IP주소와 같은 소스, 그리고 유입 시 검색한 키워드까지 확인이 가능하다. 넷째, 콘텐츠 보고서에서는 활성 사용자들이 최근 30분 동안 조회한 페이지 또는 화면을 확인할 수 있다. 예를 들어, 오늘 게시한 콘텐츠가 인기를 얻고 있는지를 확인하는 것이 가능하다. 여기에서 '사용 중인 페이지'를 클릭하면 해당 페이지를 보고 있는 사용자의 유입 정보를 함께 볼 수 있다. 다섯째, 이벤트 보고서에서는 이벤트

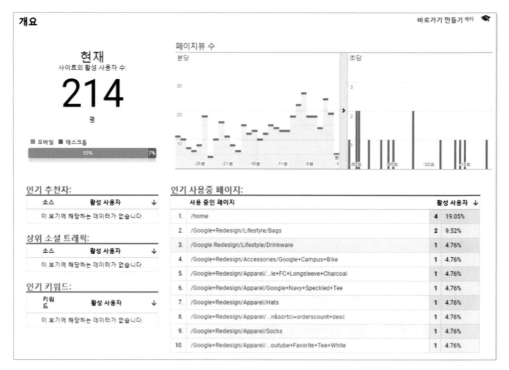

[그림 15-7] [실시간-개요] 보고서의 예

출처: 다차타.

의 실시간 실행을 확인할 수 있다. 최근 30분 동안 발생한 이벤트에 대해 상위 20개의 이벤트 카테고리가 해당 이벤트와 상호작용한 사용자의 수를 기준으로 정렬되어 표시된다. 이벤트 보고서에서는 사이트에 이벤트 태깅을 해야 이벤트 발생을 확인할 수 있다. 여섯째, 전환 보고서에서는 도착 및 이벤트 목표로부터 발생한 전환이 표시된다. 전환 보고서는 구글 애널리틱스의 '관리'의 '보기' 및 '목표' 설정에서 사용자의 특정 행동이나 데이터를 기준으로 목표를 생성한 경우에만 확인할 수 있다. 즉, 전환 보고서를 통해 실시간 목표 달성 횟수를 확인할 수 있다.

2) 잠재고객 보고서

잠재고객 보고서는 웹사이트 방문자의 정보에 관한 보고서이다. 여기에는 방문자의 인구통계적 정보(성별, 연령, 지역 등), 방문자의 신규방문 및 재방문 여부, 방문 빈도 정보, 접

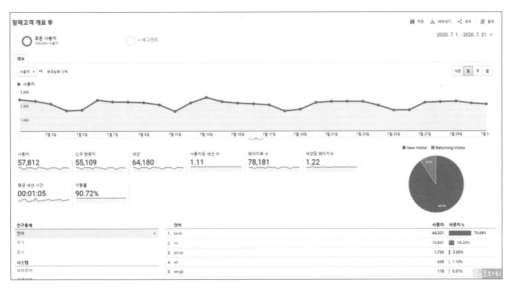

[그림 15-8] [잠재고객-개요] 보고서의 예

출처: 코왈(2020. 8. 25.).

속 기기(데스크톱, 모바일, 태블릿 등), 접속 브라우저, 운영체제 등과 같은 기술 환경 정보도 포함된다.

잠재고객 보고서는 관리하고 있는 웹사이트에 방문한 방문자 데이터를 기반으로 어떤 고객을 타겟으로 결정해야 하는지 혹은 어떻게 하면 방문자의 페이지 이탈률은 줄이고 방문 지속 시간을 길게 만들 수 있는지를 알 수 있게 해 주는 보고서이다. 하지만 실제 사용자의 성별은 전부 쿠키값에 의존해서 분석하기 때문에 100% 확신할 수 없다.

잠재고객 보고서는 인구통계, 관심 분야, 지역, 행동, 기술, 모바일, 벤치마킹 보고서 등의 세부적인 보고서들을 포함한다. 첫째, 인구통계 보고서는 방문자의 성별과 연령에 관한 정보를 보여 주고, 둘째, 관심 분야 보고서는 방문자의 관심 분야(쇼핑, 영화, 여행, 스포츠, IT 등)에 대한 선호도를 보여 준다. 셋째, 지역 보고서는 방문자 브라우저의 IP를 기반으로 방문자가 거주하는 대륙, 국가, 도시를 나타낸다. 넷째, 행동 보고서는 방문자(신규 및 재방문자)별로 트래픽(방문 빈도), 유입 채널, 행동, 전환 목표의 측정을 보여 준다. 다섯째, 기술 보고서는 방문자가 사용하는 브라우저, 운영체제, 화면 해상도, 색상 등을 보여 주어 사이트 UI 및 UX 개선에 도움을 줄 수 있다. 여섯째, 모바일 보고서에서는 방문자가 PC, 휴대폰, 태블릿 등 어떤 기기를 사용했는지를 확인할 수 있어 기기별 트래픽을 마케팅에 활용할 수 있다. 일곱째, 벤치마킹 보고서는 업계 카테고리별, 국가 및 지역별, 일일 세션별 크기를 설정해서 비슷한 범위의 업체들의 채널별 트래픽을 비율로 확인시켜 준다. 잠재고객 보고서는 구글 애널리틱스 계정으로 로그인한 후 화면 상단에 내가 분석하고자 하는 웹사이트를 선택하고, 화면 왼쪽 보고서 메뉴에서 '잠재고객〉개요 메뉴' 버튼을 클릭하면 확인할 수 있다.

3) 획득 보고서

획득 보고서에서는 방문자들이 어떤 경로(채널/캠페인)를 통해 웹사이트에 방문했는지를 확인할 수 있다. 따라서 각각의 채널별 트래픽을 비교해서 어떤 채널을 통해 방문자의 유입이 가장 많이 이루어졌는지 혹은 적게 이루어졌는지를 확인할 수 있다. 또한 각 채널이 미리 설정된 목표 및 전환에 얼마나 많은 영향을 주었는지에 대해서 알 수 있다. 획득 보고서를 활용하면 광고마케팅을 효율적으로 진행할 수 있는 인사이트를 도출할 수 있다. 획득 보고서에서의 핵심적인 개념은 소스(source)와 매체(media)이다. 소스는 방문자의 트래픽이 유입된 위치를 말한다. 예를 들어, 방문자가 구글 검색을 통해 접속했다면 소스는 '구글'이 되고, 네이버를 통해 접속했다면 소스는 '네이버'가 된다. 매체는 어떤 '경로'를 통해 접속했는지를 말한다. 매체의 유형은 〈표 15-3〉과 같다.

● 표 15-3 ● 매체의 유형

매체 유형	설명
직접	직접 사이트 주소 입력이나 즐겨찾기를 통해 유입된 트래픽
자연 검색	구글, 네이버 등 검색 엔진의 검색 페이지를 통해 유입된 트래픽
유료 검색	키워드 광고와 같은 유료 검색을 통해 유입된 트래픽
리퍼럴	검색 엔진이 아닌 웹사이트의 링크를 통해 유입된 트래픽
디스플레이	디스플레이(배너) 광고를 통해 유입된 트래픽
소셜	페이스북, 인스타그램, 트위터, 블로그 등을 통해 유입된 트래픽
이메일	자신에게 온 이메일을 통해 유입된 트래픽
제휴	제휴 사이트를 통해 유입된 트래픽

출처: 파인데이터(2021. 1. 29.).

획득 보고서에는 채널 보고서, 소스/채널 보고서, 추천 보고서, 구글 애즈 보고서, 캠페인 보고서 등이 포함된다. 채널 보고서는 매체의 소스 정보를 보여 주며, 매체를 클릭하면해당 매체의 소스를 확인할 수 있다. 소스/채널 보고서에서는 소스와 채널별로 트래픽을구분해서 트래픽 정보를 확인할 수 있다. 즉, 소스와 채널을 조합해서 얼마나 많은 트래픽이 유입되고 방문자의 참여도(이탈률, 세션당 페이지 뷰, 평균 세션 시간)가 어느 정도 되는지를 알 수 있으며, 목표와 전환 설정이 미리 되어 있으면 어떤 소스와 매체가 목표 및 전환달성 비율이 높은지를 알 수 있다. 추천 보고서에서는 검색 엔진을 통하지 않고 웹페이지링크를 클릭해서 방문한 데이터를 확인할 수 있다. 즉, 소스에 해당하는 부분이 어느 웹사이트의 링크를 통해 들어왔는지를 알 수 있다. 구글 애즈 보고서에서는 구글 애널리틱스와 연동해서 ROAS와 같은 광고마케팅 성과 지표들을 바로 확인할 수 있다. 구글 애즈에서사용한 광고마케팅 비용을 알 수 있으며, 따라서 구글 애즈 광고와 연동하게 되면 ROAS와같은 투입한 광고 비용 대비 광고 성과를 확인할 수 있다. 캠페인 보고서에서는 맞춤 캠페인을 통한 트래픽을 확인할 수 있다. 예를 들어, 특정 광고 캠페인을 구분해서 분석하고자할 때 맞춤 캠페인을 설정하고 캠페인 보고서에서 결과를 확인할 수 있다.

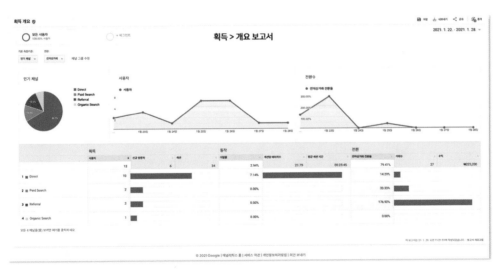

[그림 15-9] [획득-개요] 보고서의 예

출처: 파인데이터(2021. 1. 29.).

4) 행동 보고서

　행동 보고서에서는 웹사이트를 방문한 사용자가 콘텐츠를 어떻게 이용하는지에 대한 지표를 확인할 수 있다. 행동 보고서는 사용자들이 주로 보는 페이지는 어떤 페이지인지, 종료하는 페이지는 어떤 페이지인지에 대한 데이터를 수집·분석한다. 또한 이벤트를 설정하면 페이지에 있는 버튼(상담 신청 버튼, 회원 가입 버튼 등), 동영상 재생, 자료 다운로드 등의 전환 데이터를 수집·분석할 수 있다. 행동 보고서에는 행동 흐름 보고서, 사이트 콘텐츠 보고서, 방문 페이지 보고서, 종료 페이지 보고서, 사이트 속도 보고서, 사이트 검색 보고서, 이벤트 보고서 등이 포함된다. 행동 흐름 보고서는 방문자가 어떤 매체를 통해서 어떻게 접속하고 어떤 페이지로 이동을 하고 있는지와 같은 전체적인 방문자들의 흐름을 보여 주며, 해당 페이지를 클릭하면 유입된 트래픽과 이탈한 트래픽을 알 수 있다. 사이트 콘텐츠 보고서에서는 방문자가 조회한 모든 페이지를 수집·분석할 수 있다. 예를 들어, 페이지 뷰 수, 순 페이지 뷰 수, 평균 페이지 체류 시간, 방문 수, 이탈률, 종료율 등의 페이지 참여도를 확인할 수 있다. 이 측정 항목들은 콘텐츠가 우수한지, 혹은 조회율이 떨어진다면 무엇이 문제인지를 분석해서 사이트에 대한 사용자 경험(UX)을 개선하는 근거를 제

[그림 15-10] [행동-개요] 보고서의 예

출처: 김종진(2018. 6. 14.).

공해 준다. 방문 페이지 보고서에서는 방문자가 처음 도착한 페이지 정보를 확인할 수 있다. 여기에서 각 방문 페이지의 이탈률을 알 수 있기 때문에 이탈률이 높으면 방문 페이지의 콘텐츠가 방문자에게 관련이 없거나 관심을 끌지 못하는 페이지라는 것을 알 수 있다. 즉, 이러한 이탈률 데이터는 랜딩 페이지 개선의 근거를 제공한다. 종료 페이지 보고서에서는 방문자가 웹사이트를 이용하다가 종료한 페이지 정보를 확인할 수 있다. 해당 페이지의 종료 수, 페이지 뷰 수, 종료율을 알 수 있고, 종료율이 높으면 왜 높은지를 파악하게 함으로써 종료율을 개선하는 것에 대한 근거를 제공한다. 사이트 속도 보고서에서는 웹사이트의 전체 속도를 확인할 수 있다. 웹사이트의 평균 페이지 로드 시간을 알 수 있고, 구글에서 제공하는 구글 페이지스피드(PageSpeed) 인사이트 솔루션을 이용해서 개선점을 찾아내고 수정할 수 있다. 보통 개발자들이 많이 참고하는 보고서로서 로드 속도의 수치를 보고 개선해야 할 여지가 있다면 빨리 개선해야 한다. 사이트 검색 보고서에서는 방문자가 사이트 내에서의 검색 기능을 이용한 현황을 확인할 수 있다. 방문자들이 검색 기능을 얼마나 사용하고, 어떤 검색어를 입력하고, 검색결과 사이트에서 방문자의 참여도가 어느 정도인지를 확인할 수 있다. 이벤트 보고서에서는 방문자의 웹사이트에서의 구체적인 행동(action)을 확인할 수 있다. 예를 들어, 방문자가 상담 신청 버튼을 클릭한다든가 콘텐츠를 보면서 스크롤링을 하거나 상품을 조회하는 등의 행동을 취하면 구글 애널리틱스에서 그 데이터를 받아서 지표를 통해 보여 준다.

5) 전환 보고서

전환 보고서에서는 설정한 목표(상담 신청, 회원 가입 등)와 이커머스 전환(상품 구매)과 같이 비즈니스에서 가장 중요한 전환 데이터를 확인할 수 있다. 특히 이커머스 데이터를 수집하기 위해 기본 추적 코드 외에 이커머스 추적 코드를 별도 설치해야 한다. 전환 보고서는 목표 보고서, 이커머스 보고서, 다채널 유입 경로 보고서 등의 세부 보고서를 포함한다. 세부적으로 살펴보면 목표 보고서에서는 상담 신청, 회원 가입, 구매 완료와 같은 전환 목표의 달성 횟수와 위치, 전환률 등 전환목표와 관련된 지표들을 확인할 수 있다. 목표 보고서는 '관리〉보기〉목표설정' 과정을 통해 미리 목표를 설정해야 확인할 수 있다. 이커머

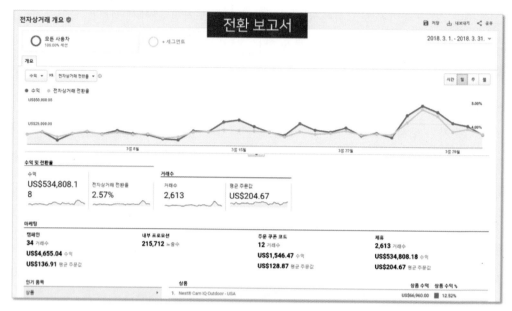

[그림 15-11] [전환-개요] 보고서의 예

출처: 김종진(2018. 6. 14.).

스 보고서에서는 웹사이트에서 발생한 구매 활동에 대한 데이터를 확인할 수 있다. 예를 들어, 결제 시에 매출이 얼마나 발생했으며, 어떤 상품을 얼마의 가격에 몇 개나 구매했는지 여부, 거래와 제품 정보의 데이터를 수집하고 분석할 수 있다. 또한 평균 주문 가격, 이커머스 전환율, 구매까지 걸린 소요 시간 등을 확인할 수 있다. 다채널 유입 경로 보고서에서는 유입 매체(직접, 유료 검색, 추천 등)가 전환에 기여하는 방식을 확인할 수 있다. 예를 들어, 지원 전환 수, 인기 전환 경로, 구매까지 이르는 시간과 경로 길이까지 확인이 가능하며, '기여분석'이라는 기능을 통해 방문자가 처음 접한 매체, 전환을 일으킨 직접적인 매체, 시간에 따른 기여도 등의 방문자 기여 모델(attribution model)을 알 수 있다.

참고문헌

김미경, 이혜규(2016). 정보 발신자 유형과 정보 속성 유형에 따른 네이티브광고(Native ad)효과 연구. 광고학연구, 27(6), 32.

김재필, 허정욱, 성민현(2011). 국내 모바일 광고 시장 및 플랫폼 사업 동향. KT경제경영연구소.

김현진, 유정목, 박찬우, 김아영, 이준우(2014. 2. 15.). 모바일앱 분석 플랫폼 동향. 한국전자통신연구원.

나스미디어(2016). 디지털 광고의 이해: 프로그래매틱 바잉을 중심으로.

방송통신위원회, 한국인터넷진흥원(2017. 2.). 온라인 맞춤형 광고 개인정보보호 가이드라인.

유성철(2017). 혼자서도 할 수 있는 바이럴 마케팅. 경기: 앤써북.

이경렬(2019). 디지털 시대의 광고매체론(2판). 서울: 서울경제경영.

이광성(2015). 매출 100배 바이럴 마케팅. 서울: 생각비행.

정보통신정책연구원(2014. 4. 16.). 개발자를 중심으로 한 모바일 앱 생태계 분석. 정보통신정책연구원, 제26권 7호 통권575호, p. 8.

조창환, 이희준(2018). 디지털 마케팅 4.0(제2판). 서울: 청송미디어.

한국디지털광고협회(2017. 5.). 빅데이터를 활용한 온라인 광고 생태계 발전 방안에 대한 토론회 기록집.

DMC REPORT (2014. 6. 17.). 모바일 앱 및 광고 시장의 현황과 전망. p. 22.

DMC REPORT (2015. 3. 6.). 디지털 광고 플랫폼의 트렌드와 전망. p. 12.

Real Media Korea (2013). 성공적인 인터넷 광고캠페인을 위한 광고효과 측정 솔루션.

Benjamin Mangold. Guide to Google Analytics Attribution Models. https://www.lovesdata.com/blog/google-analytics-attribution-models

Bradley Nickel. How To Choose Profitable Publishers For Your Display Campaigns. https://blog.adbeat.com/how-to-choose-publishers-advertising-campaigns

Designers+Geeks (2016. 7. 21.). Art vs. Science: Using A/B Testing To Inform Your Designs (Netflix at Designers + Geeks). https://youtu.be/RHWVWiiW8DQ

Emily Carrion (2016. 7. 29.). The Mobile App Marketing Funnel. https://www.linkedin.com/pulse/mobile-app-marketing-funnel-emily-carrion

Goward, C. (2013). *You should test that: Conversion optimization for more leads, sales and profit or the art and science of optimized marketing.* NJ: Sybex.

Hyundai. Cookie Policy. https://www.hyundai.com/almajdouie/en/utility/cookie-policy

Hyundai Chile (2015. 3. 30). 'Brilliant Interactive art' at Times Square, New York. https://www.youtube.com/watch?v=Z1oDSXEPZCg

IPG Media Lab & Sharethrough (2018. 5. 6.). Exploring the effectiveness of native ads. http://www.iab.net/media/file/Sharethrough?IPG?Infographic?11x17?CMYK_nobleeds.pdf

Kimberlee Morrison (2015. 4. 3.). Why Influencer Marketing is the New Content King. https://www.adweek.com/performance-marketing/why-influencer-marketing-is-the-new-content-king-infographic/

Kivanc Kilic (2016. 9. 22.). E-commerce Conversion Rate(CR) and What are the Factors That Effects To CR. https://www.epriceanalysis.com/e-commerce-conversion-rate/

Kotler, P., Kartajaya, H., & Setiawan, I. (2017). 필립 코틀러의 마켓 4.0: 4차 산업혁명이 뒤바꾼 시장을 선점하라 [*Marketing 4.0: Moving from traditional to digital*]. (이진원 역). 서울: 더퀘스트.

Krugman, H. E. (1972). Why three exposures may be enough. *Journal of Advertising Research, 12*(6), 11-14.

Kylee Lessard (2018. 8. 25.). What Is Native Advertising? The 6 Universal Types & How To Use Them. https://www.linkedin.com/business/marketing/blog/content-marketing/what-isnative-advertising

Lavidge, R. J., & Steiner, A. G. (1961). A model for predictive measurements of advertising effectiveness. *Journal of Marketing Research, 25*(October), 59-62.

LMD Power Marketing (2019. 2. 14.). Lead Nurturing Improves Conversions. It's a fact. http://lmdpowermarketing.com/lead-nurturing-improves-conversions-fact

MarketBridge (2015. 5. 12.). Caterpillar Your Leads—Infographic (Lead Transformation). https://www.slideshare.net/Market-Bridge/caterpillar-your-leads-infographic-lead-transformation

McKinsey Quarterly (2009. 6. 1.). The consumer decision journey. https://www.mckinsey.com/business-functions/marketing-and-sales/our-insights/the-consumer-decision-journey

Nubitel (2019. 6. 20.). Multichannel vs Omnichannel and its Impact on Contact Center Solution. https://nubitel.blogspot.com/2019/06/omnichannel-contact-center-solution.html

Oliver McAteer (2020. 2. 19.). Ad of the Week: PUMA dominates the uncharted with hologram sneaker drop. Campaign US. https://www.campaignlive.com/article/ad-week-puma-dominates-uncharted-hologram-sneaker-drop/1674391

Optimizely (2021). Optimization glossary A/B testing. https://www.optimizely.com/optimization-glossary/ab-testing

Paras Chopra (2010. 6. 24.). The Ultimate Guide To A/B Testing. https://www.smashingmagazine.com/2010/06/the-ultimate-guide-to-a-b-testing

Saadia Minhas (2019. 11. 27.). 10 Rules of Dashboard Design. https://medium.muz.li/10-rules-of-dashboard-design-f1a4123028a2

Sam Stemler (2019. 11. 12.). 37 ToFu, MoFu, and BoFu Content Types for Your Sales Funnel Stages. https://www.webascender.com/blog/27-tofu-mofu-and-bofu-content-types-for-your-sales-funnel-stages

SKYWORD (2020. 10. 2.). How the Marketing Funnel Works From Top to Bottom. https://www.skyword.com/contentstandard/how-the-marketing-funnel-works-from-top-to-bottom/

Verhoef, P. C., Kannan, P. K., & Inman, J. J. (2015). From multi-channel retailing to omni-channel retailing. *Journal of Retailing, 91*(2), 174-181.

공감스토리(2020. 10. 21.). 유입 대비 구매전환율 얼마가 적당할까?. http://naver.me/5y4f5g2w

김도연(2018. 11. 27.). 전환율을 높이는 쉽고, 구체적인 15가지 socialproof 전략. https://yeonlab. com/socialproof-nudge-fomo-marketing

김명철(2019. 6. 12.). "어차피 끼리끼리 노는 거 아니냐?" 페이스북 유사 타깃 기능 활용하기, https://ppss.kr/archives/197183

김영경(2018. 1. 30.). 누군지는 잘 모르지만, 뭘 좋아하는 지는 가장 잘 아는 비식별고객 정보. https://blog.b2en.com/321

김우정(2018. 2. 28.). 中, 떠오르는 네이티브 광고 시장. https://news.kotra.or.kr/user/globalBbs/ kotranews/782/globalBbsDataView.do?setIdx=243&dataIdx=164907

김종진(2018. 5. 21.). [GA기본] 1. 구글애널리틱스 시작하기 ― 왜 사용해야 하는가. https:// analyticsmarketing.co.kr/digital-analytics/google-analytics-basics/2211

김종진(2018. 5. 24.). [GA기본] 2. 구글애널리틱스 계정을 생성하고 추적코드 설치하는 법. https:// analyticsmarketing.co.kr/digital-analytics/google-analytics-basics/2232

김종진(2018. 6. 14.). [GA기본] 5-2. 구글애널리틱스 표준 보고서 (Standard reports). https:// analyticsmarketing.co.kr/digital-analytics/google-analytics-basics/2318

김태원(2017. 5.). 머신러닝의 시대, 마케팅의 재정의. https://www.thinkwithgoogle.com/intl/ko-kr/future-of-marketing/emerging-technology/redefining-marketing-machine-learning

김현우(2019). 커머스 빅데이터와 애드테크의 만남. https://drive.google.com/file/d/1jJ_7cxEIbR48 0OL0LQYW5FRYaxvwIR4S/view

넷스루(2011. 10. 7.). 로그 분석의 기초. https://nethru.tistory.com/34

노벨라 소프트(2021). 구글 SEO 상위노출의 놀라운 매출 효과는?. https://novela-soft.com

노상규(2015. 9. 2.). 바이럴만 살아남는 좁은 세상, 그것이 알고 싶다. https://organicmedialab. com/2015/09/02/small-world-and-viral-marketing

다른생각마케팅(2014. 11. 4.). 타겟팅게이츠 제휴 지면. https://blog.naver.com/d_idea/ 220171095084

데이터마케팅 코리아(2018. 8. 6.). 개인의 영향력은 어디까지?! 시장을 움직이는 인플로언서 마케팅, https://m.blog.naver.com/PostView.naver?isHttpsRedirect=true&blogId=datamarketing& logNo=221333721580

디앤에이소프트(2017). RealClick DSP 상품소개서. http://www.dnasoft.co.kr/kr/aboutus.html

디지털 인사이트(2017. 10. 16.). 인포그래픽 활용 사례. https://ditoday.com/인포그래픽-활용-

사례

라이언 킴(2018. 1. 4.). '스타트업판 특수부대' 그로스팀이 필요할 때. https://www.venturesquare. net/757596?utm_source=feedburner&utm_medium=feed&utm_campaign=Feed%3A+vs- rss+%28VentureSquare%29

류석(2016. 3. 3.). (단독)삼성SDS, 비디오 분석 시장 진출⋯광고시장 블루오션. http://www. newstomato.com/ReadNews.aspx?no=630508

마케톨로지(2018. 2. 12.). 쇼핑몰 주제별로 정밀하게 타겟팅하기—GDN 잠재고객 타겟팅. https:// marketology.co.kr/all-category/google-ads/쇼핑몰-주제별로-정밀하게-타겟팅-하기

망고보드(2019. 7. 1.). 카드뉴스 예시! 카드뉴스 만들기에 큰 도움 됩니다. https://m.blog.naver. com/PostView.naver?isHttpsRedirect=true&blogId=mangoboard&logNo=221573520609

메조미디어(2014. 6. 10.). 네이티브 광고의 성장과 미래. http://www.mezzomedia.co.kr

메조미디어(2017. 2. 14.). 메조미디어 DMP, DATA MAX 소개서. https://www.slideshare.net/ MezzoMedia/data-max

메조미디어 데이터마케팅팀(2017. 2. 15.). 숨어있는 고객 가치도 발굴하는 'Data' 마케팅. https:// brunch.co.kr/@mezzomedia/26

메조미디어 DATA마케팅센터(2018. 2. 5.). AD TECH TREND UPDATES Vol.14 블록체인과 광고. http://www.mezzomedia.co.kr/data/insight_m_file/insight_m_file_813.pdf

박문각 시사상식 편집부(2017. 4. 5.). 블록체인. http://naver.me/GROW4szf

박수호, 나건웅(2018. 5. 4.). 인플루언서가 광고판 흔든다 | 연예인 · CF모델 시대 넘어 마이크로 인 플루언서 뜬다. 매일경제. https://www.mk.co.kr/news/economy/view/2018/05/284501

분석마케팅(2017. 8. 28.). [Google Analytics] A/B 테스트 그리고 구글 옵티마이즈. https:// analyticsmarketing.co.kr/digital-analytics/google-analytics/1549

분석마케팅(2018. 6. 11.). 구글애널리틱스 주요 메뉴와 보고서. https://analyticsmarketing.co.kr/ digital-analytics/google-analytics-basics/2316

비즈웹코리아 책길(2018. 5. 17.). 마케터라면 반드시 알아야 할 마케팅 퍼널 전략. https://blog. naver.com/bizwebkorea/221277666697

사랑스러운 파이3.14(2020. 3. 10.). 쿠키와 세션. https://astralworld58.tistory.com/149

선한인공지능연구소(2020. 3. 8.). 4-2. 직업의 선순환. https://brunch.co.kr/@stormktu9/122

손은진(2016. 7. 14.). 전환율을 높이는 방법—개인화 마케팅 1편. http://www.goldenplanet.co.kr/

blog/2016/07/14/전환율을-높이는-방법-개인화-마케팅-1편-2

수학부부(2018. 11. 13.). 애드센스 네이티브 인피드 광고 넣기 https://dodo-hd.tistory.com/91

오픈애즈(2019. 1. 28.). 고객 퍼널 모델−TOMOBOFU 이론. http://www.openads.co.kr/content/contentDetail?contsId=2252

오픈애즈(2022. 4. 5.). 구글 타겟팅 3탄: 콘텐츠 타겟팅의 종류와 특성. http://openads.co.kr/content/contentDetail?contsId=8046

와이즈트래커(2018. 8. 6.). 오디언스 타겟팅이 광고 퍼포먼스를 높이는 이유. http://www.wisetracker.co.kr/blog/audience-targeting

와이즈트래커(2021. 11. 10.). 앱 어트리뷰션 가이드−인스톨 어트리뷰션 방법. https://www.wisetracker.co.kr/blog/install-attribution/#

이재설(2017. 1. 19.). 브랜드 저널리즘은 왜 주목받고 있나?. https://news.pulmuone.co.kr/pulmuone/newsroom/viewNewsroom.do?id=672

이진규(2019. 1. 7.). Internet Cookies. https://www.slideshare.net/callmejk/internet-cookie

임여사(2020. 4. 7.). 퍼널 전략으로 최적의 광고 만들기. https://me2.do/FqVcQC4h

재밌는 그로스 해킹(2019. 10. 28.). A/B테스트로 서비스 성장시키기. https://growthacking.kr/a-b-테스트로-서비스-성장시키기

제이킴의 스마트워커(2015. 10. 11.). 아이폰 6S 미국 후기 리뷰. https://jaykim361.tistory.com/130

지식 기록소(2019. 12. 29.). 전환율을 높이는 쉽고, 구체적인 15가지 social proof 전략. https://ohjiyeondesign.tistory.com/243

채널톡(2019. 11. 21.). [온라인 고객 경험 최적화하기] 구매전환율 최적화를 위해 알아둬야 할 공식. https://www.mobiinside.co.kr/2019/11/21/channel-ioko-compra

채반석(2016. 4. 26.). 콘텐츠 마케팅, 최우선 목표는 브랜드 인지도. BLOTER, https://www.bloter.net/newsView/blt201604260006

최진용(2013. 4. 15.). CRO(Conversion RateOptimization, 구매전환율 최적화)란 무엇인가?. https://blog.naver.com/seomkt/50169475253

카울리(2021). 카울리 통합 상품소개서. https://www.cauly.net/index.html#/home/ads/info

코왈(2020. 8. 25.). [1분 꿀팁] 구글 애널리틱스(GA) 잠재고객 보고서 분석하기. https://kowal.tistory.com/376

크리테오(2018. 11. 8.). Targeting 101: 문맥 타겟팅 vs. 행동 타겟팅. https://www.criteo.com/kr/

blog/문맥-타겟팅-vs-행동-타겟팅

클로비스(2019. 11. 6.). SEO(검색엔진최적화)의 성과를 확인해보자. https://www.clvs.co.kr/post/measure-seo-result-natural-search-report

파인데이터(2021. 1. 29.). 구글 애널리틱스(Google Analytics) 획득보고서. https://finedata.tistory.com/29

한국디지털마케팅아카데미(2019. 12. 23.). 웹로그 데이터분석을 해야하는 이유? https://m.blog.naver.com/qnaac/221747155179

Affde (2020. 12. 18.). 작은 단어 변경이 큰 차이를 만든 6가지 A/B 테스트. https://www.affde.com/ko/copywriting-ab-tests.html

Airbridge (2020. 4. 13.). 웹과 앱 어트리뷰션의 차이와 파편화—웹&앱 통합 People-Based 어트리뷰션의 필요성. https://blog.ab180.co/posts/web-app-attribution-and-people-based

AppsFlyer (2022. 2. 2.). 모바일 웹-투-앱 어트리뷰션 솔루션. https://support.appsflyer.com

BizSpring (2011. 8. 19.). 마케팅 성과 측정을 위한 SNS 분석의 방법. http://wp.bizspring.co.kr/?p=1446

Chai Lee (2012. 1. 11.). 초기 광고의 거래 형태와 진화. https://itmobile.tistory.com/entry/AdsStudyDisplayAds

D.MENTION (2018. 5. 15.). GA 데이터 분석 용어 정리—이탈률(Bounce rate) 이해하기. https://www.d-mention.net/blog/insight/634

Demian Farnworth (2014. 5. 28.). 네이티브 광고: 네이티브 광고의 12가지 예. https://sprawnymarketing.pl/blog/reklama-natywna-12-przykladow-native-advertising

DIGIOCEAN (2021. 7. 6.). 디지털 마케팅 캠페인을 위한 UTM 설정 및 활용 가이드. https://www.digiocean.co.kr/p/blog/?p=how-to-use-utm-parameters

Groobee (2019. 12. 16.). [다이내믹 UI 활용법] CTA(클릭 유도) 버튼 클릭률을 높이는 팁 3가지. http://groobee.net/2019/12/16/calltoaction-dynamicui

HS Adzine (2017. 1. 9.). 인바운드 마케팅, 새로운 디지털 마케팅 패러다임인가 기존 전략 프레임의 단순한 반복인가? https://blog.hsad.co.kr/2306

Jane Kim (2018). SEO에 나쁜 영향을 주는 HTTP 404 오류, 정의부터 해결책까지. https://www.twinword.co.kr/blog/website-errors-a-to-z

Jeffrey Vocell (2018. 6. 28.). Personalized Calls to Action Perform 202% Better Than Basic CTAs, https://blog.hubspot.com/marketing/personalized-calls-to-action-convert-better-data

Kangwoo Lee (2019. 10. 7.). 앱 분석 이벤트 설계를 위한 3가지 원칙. https://www.blog.adbrix.io/post/3-event-design-1

LG CNS 정보기술연구소(2018. 5. 15.). 신뢰의 인터넷을 가능하게 하는 기술 1편. https://blog.lgcns.com/1713

NHN ACE Trader (2021). ACE Trader 상품소개서. https://nhnace.com/share/docs/Ace_Trader_Proposal.pdf

NHN AD (2018. 10. 12.). 아뜨랑스: 구매 여정을 설계하는 SEM X 페이스북 퍼널 마케팅. https://blog.naver.com/ne_ad/221376156438

Park Myung Geun (2018. 6. 16.). CTA 버튼 최적화 15가지 방법. http://www.thedigitalmkt.com/call-action-buttons

Slideshare (2017. 2. 23.). 인플루언서 마케팅 비디오 커머서 사례(인플루언서 마케팅 오픈 그룹 2회 글랜스TV 박성조. https://www.pinterest.co.kr/pin/582582901775619764

Violet Seo (2010. 1. 31.). [AD Tech(애드 테크)] AD Network(애드 네트워크)와 AD Exchange(애드 익스체인지). http://blog.pandora.tv

구글 https://www.google.com

구글 애즈 완벽 가이드북: 구글 광고의 종류와 사용방법 2021-헤들리 디지털 https://www.hedleyonline.com

구글 애플리케이션에 노출되는 구글 UAC광고 https://thebarum.co.kr

네이버 https://www.naver.com

네이버 검색 광고 Self Study https://saedu.naver.com/edu/self-study/thumbnail.naver

네이버 광고 시스템 https://searchad.naver.com

다차타 https://dachata.com

동화약품 http://www.dong-wha.co.kr

마케톨로지. 구글 광고(GDN) 타겟팅의 종류와 특성, 구글 광고(GDN) 타겟팅의 종류와 특성-마케톨로지 https://marketology.co.kr

맥도날드 http://www.mcdonalds.co.kr

멜론 http://www.melon.com

본게노스주식회사 http://bongenos.com/online_ads/performance/

와디즈 https://www.wadiz.kr

위키백과. "A/B 테스트". https://ko.wikipedia.org/wiki/A/B_테스트

인지니어스랩. 검색 엔진 최적화 메타 태그. https://ingeniouslab.co.kr/seo-meta-tag

카이로스의 GA뽀개기 https://kayros.tistory.com

카카오 비즈니스 https://business.kakao.com

쿠키(Cookie)란? (2019. 2. 17.). https://ychcom.tistory.com/entry/쿠키Cookie란

한게임 마구마구 https://ma9.hangame.com

Basis Technologies—Omnichannel Strategy https://basis.net/technology

BODYLUV https://bodyluv.kr

Facebook for Business https://www.facebook.com/business

Google Ads http://ads.google.com

Google Optimize https://optimize.google.com/optimize/home/#/accounts/4704525901/
    containers/14841224

HubSpot https://blog.hubspot.com

Indiegogo https://www.indiegogo.com

IT위키 "그로스 해킹" https://itwiki.kr/w/그로스_해킹

Kyle Rush http://kylerush.net

NHN ACE 공식 블로그 http://nhnace.com

Social Media News https://www.socialmedianews.com

ЧоПочом https://www.chopochom.com

찾아보기

인명

K

Kotler, P. 344

L

Lavidge R. J. 372

S

Steiner, A. G. 372

내용

A/B 테스트 231, 284

AARRR 모델 178

acquisition report 468

ADID/IDFA 타겟팅 157

AIDA 모델 177

AIMSCAS 모델 174

AISAS 모델 173

AR 27

audience report 468

B2B 185

B2C 185

behavior report 468

BJ 타겟팅 157

BoFu(bottom of funnel) 196

conversion report 468

CPA 70

CPC 70

CPI(Cost Per Impression) 70

CPI(Cost Per Install) 71

CPM 69

CPS 71

CPV 69

CPVC 70

CRM 타겟팅 154

CTA 41

CTR 62

CVR 66

DAU 62

DMP 83

DSAVI 모델 174

DSP 77

FCB 그리드 모델 171

GAID 123

GATC 115

GDN 43

GI 61

GRPs 60

HTTP 리퍼러 315

ICT 16

IDFA 123

KPI(Key Performance Indicator) 16, 65

Marketing 4.0 175, 344

MAU 62

MoFu(middle of funnel) 196

OS 타겟팅 157

PPL 390

real-time report 468

ROAS 68

ROI 68

RTB 80

SDK 124

SSP 82

standard reports 468

STP 134

ToFu(top of funnel) 196

ToMoBoFu 모델 196

UGC 403

UI와 UX 디자인 최적화 246

UTM 315

U자형 모델 312

VR 28

VTR 62

ㄱ

가망고객 18

가상현실 28

가시성 매트릭스 347

간접 키워드 351, 353

개방형 플랫폼 광고 395

개별마케팅 336

개인식별정보 95

검색 광고 420

검색 매트릭스 347

검색 엔진 광고 397

검색 엔진 마케팅 268

검색 엔진 최적화 228, 268

게릴라 마케팅 362

게시물 홍보하기 446

게재 위치 타겟팅 155

결정론적 매칭 129

고객 생애 가치 69

고객 프로파일링 99

공유 매트릭스 348
관계 마케팅 337
관련성 매트릭스 347
관심사 타겟팅 142
광고 고유 식별자 123
광고 고유 식별자 매칭 318
광고 생태계 25
광고 아이디 123
광고 인벤토리 86
광고 플랫폼 42
광고대행사 45
광고주 45
교차 판매 344
구글 49
구글 애드 매니저 428
구글 애드몹 428
구글 애드센스 428
구글 애즈 44, 428
구글 앱 캠페인 435
구글 플레이 리퍼러 매칭 319
구매 전환율 19, 219
구매 콘텐츠 388
구전 마케팅 362
그로스 해커 19, 181
그로스 해킹 181
기계학습 20
기사 414
기사 맞춤형 광고 399
기사 형식의 네이티브 광고 401
기존고객 18

ㄴ
네이버 49

네이버 광고 420
네이티브 광고 393
네트워크 타겟팅 157
노출 사기 329

ㄷ
대량 맞춤형 마케팅 337
대중 마케팅 336
대표 키워드 351, 352
데모 타겟팅 141
데모그래픽 타겟팅 141
데이터 로깅 120, 121
데이터 마케팅 337
데이터 스트림 462
데이터 제공자 51
데이터베이스 마케팅 337
도달률 57
동영상 광고 431
디바이스 타겟팅 157
디스플레이 광고 427
디지털 사이니지 30

ㄹ
라스트 터치 모델 311
랜딩 페이지 최적화 227
로그 98
로그 데이터 101
로컬 키워드 351, 353
롱테일 45
룩백 윈도우 331
리니어 모델 311
리드 매니지먼트 210
리드 육성 339

리드 제너레이션 339
리드고객 18
리마케팅 375
리스티클 409
리타겟팅 150, 373
리퍼러 320
리퍼럴 308
리퍼럴 로그 100

ㅁ

마스터헤드 광고 432
마이크로 인플루언서 357
마케팅 리드 210
마케팅 퍼널 157
맞춤형 모델 313
매크로 인플루언서 357
머신러닝 20
멀티 터치 어트리뷰션 308
멀티 터치 어트리뷰션 모델 308
메가 인플루언서 357
메신저 광고 446
모바일 O2O 마케팅 380
무효 설치 329
무효 클릭 329
문맥 타겟팅 151
미드 롤 446
미디어렙 46

ㅂ

바이럴 마케팅 361
반송률 66
방문 57
버즈 마케팅 362

범퍼 광고 432
보안 쿠키 109
부정 노출 329
브라우저 타겟팅 157
브랜드 검색 광고 424
브랜드 저널리즘 412
브랜디드 콘텐츠 389
블로그 검색 엔진 최적화 278
블로그 콘텐츠 413
블록체인 21
비디오 스토리 광고 453
비디오 피드 광고 453
비식별 데이터 96
비즈니스 홍보하기 446
비즈사이트 421
빅데이터 17
빈도 58

ㅅ

사용자 데이터 92
사진 광고 446
사회적 증거 248
서비스 로그 98
설득지식모델 392
설치 사기 329
세부 키워드 351, 352
세션 56, 270
세션 쿠키 108
세션당 페이지 수 273
세일즈 리드 210
소비자 자산 208
소셜 콘텐츠 388
소셜미디어 최적화 339

소스 코드 115

소유 콘텐츠 388

쇼핑 광고 434

숏폼 비디오 201

순방문자 56

순환고리 모델 188

슈퍼 쿠키 109

스크립트 114

스토리 광고 446

슬라이드 광고 447

슬라이드쇼 광고 447

시간 가치 감쇠 모델 312

식별 데이터 95

신규고객 18

실시간 보고서 468, 469

싱글 터치 어트리뷰션 모델 308

ㅇ

아웃리치 376

아웃바운드 마케팅 376

아웃스트림 광고 432

애드 네트워크 46, 75

애드 서버 74

애드 익스체인지 47, 76

애드 프로드 24

애드몹 48

애드블록커 38

애드테크 16

애플 49

액세스 로그 100

앱 캠페인 435

앱로그 120

앱스토어 최적화 260

앱스토어 타겟팅 157

어트리뷰션 306

어트리뷰션 도구 324

어트리뷰션 모델 308

언어 타겟팅 157

에러 로그 100

에이전시 45

에이전트 로그 100

여섯 단계의 분리 361

연관 키워드 352

오가닉 세션 270

오가닉 유저 270, 362

오감 인식 기술 30

오타 키워드 351, 353

오퍼 377

온드 미디어 마케팅 337

옴니 쇼퍼 383

옴니채널 마케팅 382

옹호고객 18

요일 및 시간 타겟팅 157

월드 와이드 웹 36

웨비나 388

웹로그 19, 100

웹투앱 어트리뷰션 323

위치 기반 타겟팅 155

유니버셜 앱 캠페인 435

유료 검색 308

유사 타겟팅 152

이미지 스토리 광고 453

이미지 피드 광고 452

이슈 키워드 351, 352

이탈률 66

인공지능 20

인마케팅 타겟팅 158
인바운드 마케팅 376
인스타그램 광고 450
인스트림 광고 431
인지적 학습 168
인포그래픽 201, 406
인플루언서 마케팅 356
인플루언서 콘텐츠 405
인피드 네이티브 광고 396
인피드 동영상 광고 432
임대 콘텐츠 388
임프레션 55
입소문 마케팅 362

ㅈ

자바스크립트 114, 467
자사 데이터 94
자연 검색 307
잔존율 67
잠재고객 18
잠재고객 보고서 468, 470
저관여 학습 위계 모델 170
전환 66, 217
전환 보고서 468, 475
전환율 최적화 19, 216
제1자 데이터 94
제1자 쿠키 107
제2자 혹은 제2관계자 데이터 94
제3자 데이터 94
제3자 쿠키 38, 107
제3자 트래커 38
제품 시연 206
제휴마케팅 381

좀비 쿠키 109
종료 페이지 275
주제 타겟팅 144
증강현실 27
지속형 쿠키 혹은 영속형 쿠키 108
지역 소상공인 광고 426
직접 유입 307
직접 키워드 351, 353

ㅊ

체류 시간 57
체리 피커 196
추적 URL 318
추적 코드 114
추천 위젯 398
추천 키워드 352
충성고객 18

ㅋ

카드뉴스 410
카카오 비즈보드 438
카카오모먼트 49, 436
카카오톡 채널 메시지 광고 442
카페 검색 엔진 최적화 280
컨슈미디어 마케팅 31
컬렉션 광고 448, 453
케러셀 피드 광고 453
콘텐츠 검색 광고 424
콘텐츠 마케팅 340, 390
콘텐츠 제공자 51
콜 투 액션 237
쿠키 21
크로스 디바이스 128

크로스 디바이스 타겟팅 157
크롤링 오류 275
클릭 아이디 321
클릭 아이디 매칭 321
클릭초이스 상품광고 427
클릭초이스 플러스 426
키워드 마케팅 350
키워드 순위 269
키워드 타겟팅 146

ㅌ
타겟팅 134
탐색 탭 광고 453
태그 114
태그 관리자 465
테마 키워드 351, 352
특성 정보 97
틈새 마케팅 336

ㅍ
파워링크 421
퍼널 166
퍼널 분석 192
퍼널 설계 191
퍼널 전략 196
퍼블리셔 45
퍼스트 터치 모델 310
퍼포먼스 마케팅 368
페이스북 광고 445
페이지 로드 시간 274
페이지 뷰 55

페이지 태그 114
평균 세션 시간 274
폐쇄적 플랫폼 광고 395
포모 마케팅 253
표적 마케팅 336
표준 보고서 468
프로그래매틱 바잉 86
프로모션 목록 398
플랫폼 맞춤형 광고 400
플레이어블 광고 448
핑거프린트 129
핑거프린트 매칭 322

ㅎ
학습 위계 모델 169
해시태그 367
행동 로그 98
행동 매트릭스 347
행동 보고서 468, 474
행동 타겟팅 148
행동적 학습 168
행태 정보 97
헤더 115
협찬 콘텐츠 389
홀로그램 28
확률적 매칭 129
획득 보고서 468, 472
효과 위계 모델 168
휴면고객 18
히트 54

저자 소개

이경렬(Lee, Kyung Yul)

한국외국어대학교 신문방송학과를 졸업하고 University of Texas at Austin에서 광고학 석사(M.A.), University of Florida에서 광고 전공으로 커뮤니케이션학 박사학위(Ph.D.)를 받았다. 박사학위 취득 후 삼성전자 국내영업본부 마케팅팀 과장으로서 가전, C&C(Computer & Communication) 제품들을 포함하여 20개 이상의 브랜드의 광고 효과 조사 및 매체기획 업무를 담당하였다. 동아대학교 사회언론광고학부(현 미디어커뮤니케이션학과)와 한양대학교 광고홍보학부 교수를 거쳐 현재 한양대학교 ICT융합학부 미디어 테크놀로지 전공 교수로 재직 중이다. 2005, 2007, 2009년 대한민국 광고대상 심사위원, 문화관광부 홍보정책자문위원회 자문위원, 한국방송광고진흥공사 교육자문위원, 연구자문위원, 미디어포럼 광고분과위원, 한국광고학회 광고학연구 편집위원장, 한국광고학회 영문저널 JAPR 편집위원장, 한국브랜드디자인학회 부회장, 한국커뮤니케이션학회 회장을 역임하였다. 최근 관심 분야는 애드테크(AdTech), 디지털 마케팅 등이며, 다수의 논문과 저서가 있다. 대표적인 논문으로는 「Predictors of electronic word-of-mouth behavior on social networking sites in the United States and Korea」(2019)가 있으며, 저서로는 『디지털 시대의 광고매체론』(2판, 서울경제경영, 2019)이 있다.

E-mail: kylee19@hanyang.ac.kr

디지털 시대의 애드테크 신론

The Principles of AdTech in the Digital Age

2022년 8월 20일 1판 1쇄 인쇄
2022년 8월 30일 1판 1쇄 발행

지은이 • 이경렬
펴낸이 • 김진환
펴낸곳 • (주) **학지사**

　　　　04031 서울특별시 마포구 양화로 15길 20 마인드월드빌딩
대표전화 • 02-330-5114　　팩스 • 02-324-2345
등록번호 • 제313-2006-000265호

홈페이지 • http://www.hakjisa.co.kr
페이스북 • https://www.facebook.com/hakjisabook

ISBN 978-89-997-2733-7　93320

정가 28,000원

출판미디어기업 **학지사**

간호보건의학출판 **학지사메디컬** www.hakjisamd.co.kr
심리검사연구소 **인싸이트** www.inpsyt.co.kr
학술논문서비스 **뉴논문** www.newnonmun.com
교육연수원 **카운피아** www.counpia.com